Les Landes

Deuxième plus grand département de France, les Landes ont beaucoup à offrir entre littoral sauvage et riche patrimoine culturel et gastronomique. Bordé par l'océan Atlantique, le département offre une centaine de kilomètres de plages. Du sable fin à l'infini, des dunes sauvages, des endroits déserts, de charmantes villes balnéaires en chemin… La côte a tout pour plaire, que ce soit aux surfeurs chevronnés, aux baladeurs ou encore aux adeptes de farniente. Les Landes, c'est aussi un territoire de nature préservée avec la plus grande forêt de pins d'Europe, des réserves naturelles comme celles d'Arjuzanx et du marais d'Orx et le Parc Naturel régional des Landes de Gascogne. Ces vastes espaces sont un paradis pour les randonneurs, les cyclistes et les amateurs d'ornithologie. Le courant d'Huchet, surnommé «l'Amazonie landaise», permet une immersion unique au cœur d'une biodiversité exceptionnelle. Dans les terres, les vallées de l'Armagnac, de la Chalosse ou du Tursan sont particulièrement réputées pour être le berceau de la gastronomie landaise. Au menu ? Foie gras, canard confit, vins et Armagnac, bien sûr, la plus ancienne eau-de-vie française ! C'est ici aussi que les amateurs d'histoire et de patrimoine feront le plein de culture en visitant les bastides, les églises et autres musées. L'héritage local est particulièrement riche dans des villes comme Mont-de-Marsan et Dax, célèbre pour ses thermes et ses férias animées. Dans les Landes, on sait faire la fête, et ça se passe toute l'année ! Surf, gastronomie, thermalisme, vélo, nature, férias… C'est la destination de toutes les envies et de toutes les saisons. Le Petit Futé vous invite à passer à l'heure landaise et à simplement profiter !

PEFC
10-31-1895
Certifié PEFC
Ce produit est issu de forêts gérées durablement, de sources recyclées et contrôlées
www.pefc-france.org

Retrouvez cette offre en page 54

SOMMAIRE

La réserve naturelle du Courant d'Huchet. © NAVARRO RAPHAEL - SHUTTERSTOCK.COM

Point de vue sur les 3 rivières à Mont-de-Marsan. © THOMAS ROESS/EYEEM - STOCK.ADOBE.COM

6 INSPIRER

Quels sont les temps forts à ne pas manquer ? Les bonnes raisons de découvrir la région ? On vous dévoile les grandes lignes pour se mettre dans le bain... Landais !

23 DÉCOUVRIR

Histoire, géographie, gastronomie, sport, architecture, arts et culture... Toutes les clés pour comprendre le territoire.

55 LANDES

Entre les dunes et les forêts de pins, les Landes offrent de sublimes paysages. Le littoral est un vrai paradis pour les surfeurs et les amoureux de la nature.

229 ORGANISER SON SÉJOUR

Moyens de transports, agences de voyages et autres informations pratiques : tout le nécessaire pour planifier au mieux votre séjour.

Chapelle Sainte-Thérèse sur les dunes de Labenne Océan. © ITSASO - STOCK.ADOBE.COM

Océan Atlantique
D 218
SANGUINET
D 110
Beli
D 83
D 146
BISCARROSSE
PARENTIS-EN-BORN
Gastes
Ychoux
Sainte-Eulalie-en-Born
D 34
Labouheyre
D 46
MIMIZAN
D 44
Escource
Bias
D 44
Mézos
D 41
SAINT-JULIEN-EN-BORN
UZA
MORCENX-LA-NOUVELLE
LIT-ET-MIXE
D 41
D 38
Lesperon
VIELLE-SAINT-GIRONS
D 41
Rion-des-Landes
LINXE
Étang de Léon
Castets
D 14
MOLIETS-ET-MAA
LÉON
Laluque
TARTAS
MESSANGES
A 63
Herm
PONTONX-SUR-L'ADOUR
MAGESCQ
VIEUX-BOUCAU-LES-BAINS
Étang de Soustons
Téthieu
SOUSTONS
SAINT-PAUL-LES-DAX
D 79
Étang Blanc
SAINT-GEOURS-DE-MAREMNE
D 824
Hinx
SEIGNOSSE
DAX
HOSSEGOR
Saubusse
D 947
CAPBRETON
D 54
L'Adour
Réserve Naturelle Nationale du Marais d'Orx
D 33
POUILLON
Pomarez
Bélus
LABENNE
Tilh
PORT-DE-LANNE
ORTHEVIELLE
TARNOS
A 63
PEYREHORADE
L'Adour
HASTINGUES
SORDE-L'ABBAYE
D 46
Bayonne
Urt
A 64
A 64

BELGIQUE
Paris
FRANCE
LANDES
ESPAGNE
GIRONDE
LOT-ET-GARONNE
GERS
PYRÉNÉES-ATLANTIQUES
Louchats
Le Tuzan
Sore
Luxey
Labrit
Lencouacq
Brocas
ROQUEFORT
Geloux
Saint-Avit
SAINT-JUSTIN
LABASTIDE-D'ARMAGNAC
Losse
Boussès
Baudignan
Estigarde
Sos
Gabarret
Cazaubon
VILLENEUVE-DE-MARSAN
ARTHEZ-D'ARMAGNAC
MONT-DE-MARSAN
Eauze
Benquet
Hontanx
Panjas
SAINT-SEVER
GRENADE-SUR-L'ADOUR
Renung
Nogaro
AIRE-SUR-L'ADOUR
Aignan
HAGETMAU
EUGÉNIE-LES-BAINS
Lannux
Riscle
SAMADET
Geaune
Viella
Plaisance
Garlin
D 8
D 9
D 104
A 65
D 932
N 524
D 651
D 626
D 59
D 38
D 10
D 11
D 6
D 933s
D 48
D 20
D 834
D 946
D 173
10 KM

QUAND Y ALLER

JANVIER	FÉVRIER	MARS
MONT-DE-MARSAN 1° / 11°	MONT-DE-MARSAN 1° / 13°	MONT-DE-MARSAN 3° / 16°
BISCARROSSE 5° / 11°	BISCARROSSE 5° / 12°	BISCARROSSE 7° / 15°

JANVIER

RÉSERVE NATURELLE NATIONALE D'ARJUZANX *(MORCENX-LA-NOUVELLE)*

© PHILIPPE.VDE - SHUTTERSTOCK.COM

Un environnement naturel envoûtant, surtout en hiver, pour observer les oiseaux migrateurs.

FÉVRIER

MARCHÉ AU GRAS DE VILLENEUVE-DE-MARSAN

© NONGLAK - STOCK.ADOBE.COM

Foie-gras, gésiers... Les producteurs locaux proposent le meilleur des produits du Sud-Ouest lors de ces marchés traditionnels !

MARS

FESTIVAL INTERNATIONAL DES ARTISTES DE CIRQUE *(SAINT-PAUL-LÈS-DAX)*

Acrobates, voltigeurs, clowns, jongleurs... Les meilleurs artistes du monde entier s'affrontent dans des numéros spectaculaires.

FESTIVAL ITINÉRANT CHANTONS SOUS LES PINS

Une quinzaine de concerts aux quatre coins des Lande... Ce festival de musique itinérant met la musique francophone à l'honneur !

Les Landes, c'est toute l'année ! Les températures qui s'adoucissent annoncent l'arrivée du printemps et des premières belles balades à vélo ou journées sur la plage avant que l'été et sa truculence fassent leur arrivée. Là, les mots d'ordres sont fiesta et playa ! En automne, c'est le calme avant la tempête et l'on apprécie un mode de vie plus lent, mais tout aussi agréable, avant de se faire chavirer le cœur par l'hiver. Et plus il est rude, plus les landais sont tendres !

AVRIL

MONT-DE-MARSAN 5° / 19°

BISCARROSSE 9° / 16°

10 MILES DES BAÏNES
(CAPBRETON)
Entre océan, port et lac, cette belle course de 16 km (10 miles) est un défi incontournable pour les sportifs des Landes !

MAI

MONT-DE-MARSAN 10° / 22°

BISCARROSSE 12° / 19°

RASSEMBLEMENT INTERNATIONAL D'HYDRAVIONS
(BISCARROSSE)
Un événement incontournable de l'hydraviation, avec au programme shows aériens, simulateurs de vol, conférences, etc.

C'ROCK MAÏS FESTIVAL
(MESSANGES)
En plus d'être une soirée festive et conviviale incontournable, ce festival est un tremplin pour les groupes de lycéens !

JUIN

MONT-DE-MARSAN 13° / 26°

BISCARROSSE 15° / 23°

FESTIVAL DU FILM DE CONTIS
(SAINT-JULIEN-EN-BORN)
Un événement majeur du cinéma qui rassemble chaque année professionnels et cinéphiles et propose de nombreuses projections en avant-première.

LES FÊTES DE SAINT-SEVER
(SAINT-SEVER)
Ouverture des peñas et bodegas, défilé de bandas, concerts, trail, corrida, concours landais... Ce sont les Fêtes de Saint-Sever !

QUAND Y ALLER

JUILLET

MONT-DE-MARSAN

15° / 28°

BISCARROSSE

17° / 25°

JAZZ IN SANGUINET
(SANGUINET)
Un incontournable ! Au programme ? Des concerts en plein air, animations, une petite restauration et de la bonne humeur !

LES FÊTES DE LA MADELEINE
(MONT-DE-MARSAN)
Cinq jours de fête en juillet à Mont-de-Marsan avec de nombreuses animations dans les rues, des concerts et des spectacles.

MUSICALARUE
(LUXEY)
Les salles, les rues, les places de la ville résonnent des concerts et des spectacles qui cohabitent dans une joyeuse ambiance.

FESTIVAL ARTE FLAMENCO
(MONT-DE-MARSAN)
Rendez-vous incontournable pour tous les amoureux de culture hispanique et du flamenco : danse, musique, arts visuels, chant...

AOÛT

MONT-DE-MARSAN

14° / 28°

BISCARROSSE

17° / 25°

FERIA DE DAX
(DAX)
La feria de Dax, c'est cinq jours et cinq nuits de fêtes, de rires et de partage dans les rues dacquoises.

LITTLE FESTIVAL
(SEIGNOSSE)

FESTIVAL TEMPOS DU MONDE
(SAINT-PAUL-LÈS-DAX)
Depuis plus de 20 ans, ce festival invite des artistes du monde à jouer dans un cadre bucolique ! Un festival haut en couleurs !

SEPTEMBRE

MONT-DE-MARSAN

11° / 25°

BISCARROSSE

15° / 23°

FÊTES DE LA PLAGE
(BISCARROSSE)
Des concerts, des bals, des bandas, du sport et des animations traditionnelles pour petits et grands : une fête à ne pas manquer !

QUIKSILVER FESTIVAL
(HOSSEGOR)
Compétition de surf se déroulant sur les plages de Hossegor, Seignosse et Capbreton à l'automne, accompagnée de concerts.

OCTOBRE

MONT-DE-MARSAN

8° / 21°

BISCARROSSE

12° / 20°

ARMAGNAC EN FÊTE
(LABASTIDE-D'ARMAGNAC)

© EKATERINAKISELEVA - STOCK.ADOBE.COM

Célébration du breuvage gascon autour de repas, marchés de producteurs, ateliers, expositions, concerts et courses landaises.

NOVEMBRE

MONT-DE-MARSAN

4° / 14°

BISCARROSSE

8° / 14°

LE FESTIVAL DU CINÉMA QUÉBÉCOIS DE BISCARROSSE
(BISCARROSSE)

Films, docus, expos, conférences, animations... Plongez dans la richesse du patrimoine cinématographique et culturel du Québec.

DÉCEMBRE

MONT-DE-MARSAN

1° / 11°

BISCARROSSE

5° / 12°

DAX FÊTE NOËL
(DAX)

Dax passe à l'heure de Noël avec des spectacles lumineux et acrobatiques, des shows lasers, des parades et autres marchés !

LES BONNES RAISONS D'Y ALLER

© E. COWEZ - STOCK.ADOBE.COM

LES PLAGES LANDAISES

Sauvages, sportives ou familiales, elles séduisent par leur immensité.

LES MEILLEURS SPOTS DE SURF

De Biscarrosse à Tarnos, les plages de la côte d'Argent sont idéales pour le surf.

© ARCACHONPHOTO.COM - SHUTTERSTOCK.COM

© PIXATERRA - STOCK.ADOBE.COM

LA CULTURE DU SUD-OUEST

Traditions, art de vivre, gastronomie ou encore langue gasconne sont encore bien ancrés.

© JEAN-MICHEL DUCASSE

LES VIGNOBLES D'EXCEPTION

Le vignoble landais rayonne grâce à ses vins d'exception labellisés AOP et IGP.

© J. BORRUEL - STOCK.ADOBE.COM

LA NATURE PRÉSERVÉE

Les Landes offrent un espace naturel riche entre océan, forêts et paysages ruraux.

© MARGOUILLATPHOTOS - ISTOCKPHOTO.COM

LA CUISINE RÉGIONALE

Avec son terroir riche et varié, les Landes jouissent d'une gastronomie exceptionnelle.

© SUZANNE PLUMETTE - STOCK.ADOBE.COM

LES CITÉS MÉDIÉVALES

Plus dans les terres, elles sont un incontournable du patrimoine historique landais.

LES BONNES RAISONS D'Y ALLER

LES GRANDES PISTES CYCLABLES

Les 588 km de pistes cyclables balisés offrent des balades exceptionnelles.

© CLAUDIA - STOCK.ADOBE.COM

© OFFICE DU TOURISME MARSAN

LES FERIAS ET FÊTES LOCALES

Ces évènements festifs sont à ne pas manquer pour s'imprégner de la culture locale.

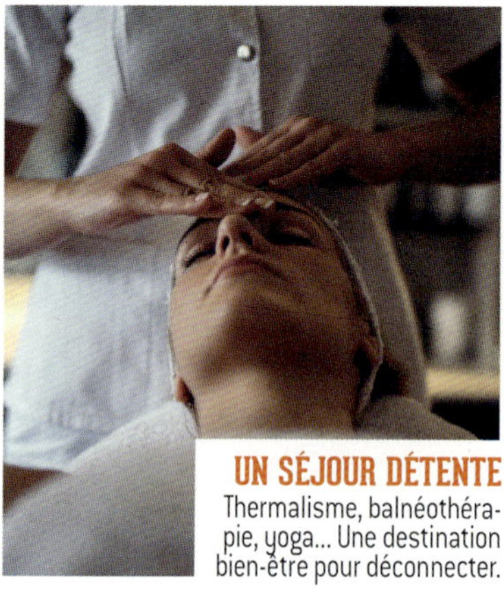

© STOCKPLANETS - ISTOCKPHOTO.COM

UN SÉJOUR DÉTENTE

Thermalisme, balnéothérapie, yoga... Une destination bien-être pour déconnecter.

LES 12 MOTS-CLÉS

ARMAGNAC

Le vignoble du Sud-Ouest n'est pas réputé uniquement pour son vin. C'est également le lieu de production de la plus vieille eau-de-vie de France : l'Armagnac. Déjà au Moyen Âge, on appréciait et préparait ce breuvage réputé pour ses vertus thérapeutiques. Dans les Landes, les producteurs perpétuent ce savoir-faire ancestral. À découvrir !

ADISHATZ

Discussion dans un bistrot, au coin d'une rue... Vous entendrez ou lirez peut-être « Adishatz ! » lors de votre séjour dans les Landes ! Littéralement « soyez à Dieu ! », ce mot signifie bonjour et au revoir en gascon. Il peut avoir plusieurs orthographe et prononciation, comme Adishàts, prononcé [A-di-shatz], ou encore Adiou prononcé [A-di-u].

ART DÉCO

Géométrie, couleurs, pureté et touches basco-landaises : l'architecture si particulière des années folles se retrouve à Dax, Mont-de-Marsan, Hossegor et d'autres petites cités landaises comme Morcenx ou Brocas. Entre villas, arènes et monuments d'exception, l'un des emblèmes Art déco landais est notamment l'hôtel Le Splendid à Dax.

BASTIDES

Au XIIIe et XIVe siècles, les populations rurales sont regroupées dans ces « villes nouvelles » articulées non plus autour de l'église, mais autour de la place centrale. Bâties selon un plan architectural spécifique, ces villes sont appelées des bastides. Éparpillées partout dans les Landes, elles offrent un remarquable témoignage du passé.

© MARTA P. (MILACROFT) - STOCK.ADOBE.COM

BANDAS

Les bandas sont des troupes de musiciens mobiles animant les fêtes locales - notamment les ferias - dans les Landes, et plus largement dans tout le Sud-Ouest. Emblème de la fête, chaque fanfare est habillée aux couleurs locales et se déplace dans les rues du village entraînant la foule à danser au son des cuivres, des bois et des percussions.

COURSE LANDAISE

Ce sport dérivé de la tauromachie est pratiqué dans les Landes et dans son département voisin, le Gers. Il fait partie du patrimoine culturel immatériel gascon depuis 2020 et anime les fêtes de villages. Sous sa forme moderne de 1830, les toreros landais affrontent des vaches espagnoles appelées « coursières ». Ici, pas de mise à mort de l'animal !

FERIA

Cette grande fête traditionnelle anime les étés des Landais et des visiteurs ! Tous habillés aux couleurs de la ville, on y vient partager de grands repas à base de produits du terroir et au son des bandas locales. Jeux, manèges, concours, défilés, spectacles, concerts, courses landaises et nombreuses autres animations y sont organisées !

PASTIS LANDAIS

Ce bon gâteau traditionnel gascon n'a rien à voir avec l'apéritif anisé ! Il s'agit d'une délicieuse brioche fondante, parfumée à la fleur d'oranger, au rhum ou encore à la vanille. On le retrouve dans de nombreuses boulangeries ou épiceries locales ainsi que sur les marchés. Il se déguste autant au petit-déjeuner, qu'au goûter et au dessert.

© LAMUREBENJAMIN - STOCK.ADOBE.COM

LES 12 MOTS-CLÉS

GASCOGNE

La Gascogne est une province historique qui s'étend sur une partie du Sud-Ouest. Ses frontières ont beaucoup évolué au cours des siècles, entre la Gironde et les Hautes-Pyrénées en passant par les Landes. Les Landes de Gascogne sont une région naturelle, classées en Parc naturel régional depuis 1970 et étant dominées par la forêt de pins.

© JAG IMAGES - STOCK.ADOBE.COM

SURF

Les Landes sont l'Eldorado du surf ! Sport incontournable sur la côte d'Argent, c'est avant tout un art de vivre, un mode de vie tourné autour de l'océan et de l'environnement. Professionnels et amateurs de la glisse viennent vivre ici la vraie culture surf landaise sur les célèbres spots d'Hossegor, Capbreton, Moliets ou encore Biscarrosse.

SHAPER

Le shaper est l'artisan du surf ! C'est lui qui crée et répare les planches dans son atelier. Ce métier artisanal et créatif exigeant demande beaucoup de rigueur : il faut avoir la maîtrise du geste parfait. Un bon shaper est également surfeur puisqu'il doit tester ses planches ! Les shapers sont nombreux sur le littoral de la côte d'Argent.

© GABRIEL - STOCK.ADOBE.COM

NATURE

Forêts de pins maritimes à perte de vue, immenses plages, réserves naturelles protégées, étangs et grands lacs... Les amoureux des grands espaces aimeront découvrir les paysages des nombreux sites naturels incontournables qui jonchent le territoire, ainsi que sa faune et sa flore uniques. Les Landes sont LA destination nature à l'état pur !

VOUS ÊTES D'ICI, SI...

- Vous prenez votre surf et votre combinaison pour filer à l'eau et dompter les vagues à n'importe quel moment de la journée dès que les conditions météorologiques sont optimales.
- Vous connaissez les règles et le lexique de la pelote basque et de la pala : chistera, fronton, pelotari ou encore trinquet n'ont aucun secret pour vous.
- Vous dites « Adiu ! », « chocolatine », « poche » et prononcez le [s] à « moins ».
- Vous ne manquez pas le moindre événement festif sur la place de votre village ou le fronton.
- Vous parlez ou comprenez le gascon, la langue locale reconnaissable à son rythme et ses sonorités !
- Vous ressortez votre panoplie rouge et blanc tous les étés à la saison des ferias de Dax, ou bleu et blanc aux fêtes de la Madeleine à Mont-de-Marsan.
- Vous allez au marché de producteurs vous procurer un bon confit ou magret de canard pour le déjeuner.
- Vous vouez un culte au ballon ovale : ici, le rugby est un sport national, que ce soit à Dax ou Mont-de-Marsan, seule la passion du sport compte !

INTERVIEW

MES LANDES

AVEC CLÉMENTINE SANTERRE, AUTEURE DU GUIDE

Qu'est-ce qui vous a mené dans les Landes ?

Je suis d'abord venue dans la région, attirée par le surf, l'océan et l'horizon infini. Je suis restée pour les locaux, la nourriture et l'ambiance. Ici, tout semble simple et facile, et quand ça ne l'est pas, on a juste à aller voir les vagues pour tout oublier (ou presque !). Il y en a pour tous les goûts : rugby, surf ou pelote ; resto landais typique ou cantine veggie branchée ; coucher de soleil romantique ou apéro convivial aux halles ; jogging au petit matin le long de la plage ou férias jusqu'au petit matin… Le mieux, c'est de tout tester ! On n'est jamais à l'abri d'une bonne surprise.

Pourquoi participer à la rédaction de ce guide ?

Je suis toujours preneuse – et donneuse ! – de bonnes adresses. J'aime découvrir, partager, échanger et apprendre. En parcourant les routes des Landes plus en profondeur, j'en ai appris davantage sur l'histoire, la culture et je me suis pas mal régalée en chemin !

Quels sont vos endroits préférés ?

J'ai une inclination particulière pour les kilomètres de plages de la côte, mais je ne dis jamais non à de petites aventures, à la découverte de bastides, de lacs ou des zones naturelles de la région. Parmi mes incontournables à ne pas manquer : une demi-journée thalasso à Dax, regarder les pros surfer la Nord à Hossegor par grosse houle, prendre un café sous les arcades de Labastide, faire les fêtes de la Madeleine de Mont-de-Marsan, ou encore aller voir un match de basket à Biscarrosse (où l'on peut même croiser Boris Diaw), pédaler sur les kilomètres de pistes cyclables ou faire du skate à Seignosse !

Vos conseils pour saisir l'essence des Landes ?

Garder l'esprit ouvert et se laisser aller. C'est en se baladant que l'on fait les plus belles trouvailles, c'est en parlant avec le boulanger que l'on aura la meilleure adresse pour le déjeuner, et c'est en suivant les cyclistes ou surfeurs que l'on trouvera des paysages à couper le souffle. Ne prévoyez pas trop, suivez tous les chemins, avec toujours le Petit Futé dans le sac au cas où !

© CLÉMENTINE SANTERRE

© CLÉMENTINE SANTERRE

© CLÉMENTINE SANTERRE

TOP 5

SE RÉGALER

Une brasserie avec une vue époustouflante sur l'océan, un restaurant gastronomique en plein cœur de Mont-de-Marsan, un comptoir de marché où déguster des spécialités à la truffe ou encore un restaurant intime et créatif… Les Landes sont incontestablement une terre de gastronomie et de générosité.

A NOSTE

Mimizan
Une excellente brasserie installée dans un ancien casino avec un menu de qualité et de saison. Vue à couper le souffle en bonus !

© A NOSTE

© THE FOOD INSTANT

COMPLICES

Dax
Intime, ce restaurant tenu par un couple de passionnés affiche des menus créatifs conçus à partir de produits de saison et locaux.

© DOMAINE DE MARQUESTAU

DOMAINE DE MARQUESTAU

Hontanx
Attablez-vous dans cette étable rénovée avec soin pour déguster un menu généreux, frais, créatif et de saison à prix doux !

LES CLEFS D'ARGENT

Mont-de-Marsan
Ce restaurant étoilé offre une délicieuse cuisine authentique avec des produits du terroir et du marché. Incontournable.

© MICHEL CAROSSIO

© MAISON BALME

MAISON BALME

Dax
Installée dans les Halles, la Maison Balme regorge de spécialités savoureuses qui associent gastronomie basco-landaise et truffe.

TOP 5

SE LOGER

Des maisons d'hôtes de charme en forêt landaise, des gites époustouflants, des logements atypiques, des campings festifs… Les Landes ne manquent pas de bonnes adresses pour poser ses valises, quels que soient vos envies et votre budget. Le Petit Futé a sélectionné pour vous 5 coups de cœur qui offrent un bel aperçu de ce que la région a de meilleur à offrir.

Ecrin des Gaves. © TRYSTAN HAMON

172

L'ÉCRIN DES GAVES

Hastingues
Maison d'hôtes avec vue sur la rivière, piscine et parc proposant de belles chambres à la déco romantique, un petit-déjeuner et de bons plats.

© @AIRIALDUBRANASSE _@LA_DA_LAND

116

AIRIAL DU BRANASSE

Seignosse
Cinq bâtisses d'exception sur 500 m². Les prestations haut-de-gamme de cet airial offre une expérience de vacances incroyable.

© MAISON MONTAUT

97

GÎTE MAISON MONTAUT

Saint-Julien-en-Born
Demeure chargée d'histoire avec quatre chambres d'hôtes formant un cocon apaisant alliant un décor élégant et un mobilier moderne.

© CAMPING LES CGALES

137

CAMPING LES CIGALES***

Moliets-et-Maa
Au cœur de la forêt, en bordure de l'océan, ce camping propose des logements insolites et de nombreuses activités.

K-HUTES

Castaignos-Souslens
Domaine écotouristique avec un poulailler, un potager en permaculture, quatre cabanes en bois avec terrasse privative et bain nordique.

© K-HUTES

192

TOP 5

ACTIVITÉS

Dans les Landes, il y a de quoi faire : du surf dans de sublimes beach breaks, du vélo entre les pins, des dégustations d'Armagnac ou de foie-gras, danser à des férias, assister à un match de basket ou encore participer à l'un des nombreux festivals estivaux… L'équipe du Petit Futé vous donne ses incontournables à expérimenter pour vous imprégner de l'esprit landais !

LE CAMION-THÉÂTRE DE L'OUEST

Onesse-et-Laharie
Entre ses spectacles, ses cinés-concerts et ses soirées thématiques, ce camion-théâtre en a sous le pied pour rythmer les soirées.

© LAETITIA MAISSE

© CHATEAU GARREAU

ESCAPE GAME AU CHÂTEAU GARREAU

Labastide-d'Armagnac
Rien de tel qu'un *escape game* pour s'imprégner de la magie du lieu. Vous avez 1 heure pour retrouver la pièce perdue de l'alambic.

© RÉSERVA ARJUZANX

MAISON DE SITE D'ARJUZANX

Morcenx-la-Nouvelle
Observation d'oiseaux, activités pour enfants, manifestations estivales... La Réserve Naturelle d'Arjuzanx est riche en surprises

ÉCOMUSÉE DE MARQUÈZE

Şabres
Écomusée authentique pour découvrir les maisons meublées des anciens habitants à Sabres.

Écomusée de Marquèze. © JAG IMAGES - STOCK.ADOBE.COM

© DEBOVE SOPHIE - ISTOCKPHOTO.COM

LES SORTIES DÉCOUVERTES EN VTT ET VTC

Morcenx-la-Nouvelle
Partez pour une exploration des Mardelles à vélo lors des mardis découverte en été, entre balades guidées et pique-niques.

TOP 5

PLAGES

C'est l'amour à la plage… Mais pas seulement ! Dans les Landes, la plage, c'est tout un art de vivre et de profiter. Si le farniente a bien sûr toute sa place, on y vient aussi pour faire du fatbike (vélo avec de grosses roues), surfer, partager des tapas ou un verre, faire du paddle, nager et bien plus !

PLAGE DES CHÊNES-LIÈGES 136

Moliets-et-Maa
Jolie plage intimiste, sauvage et naturelle à 1 km au sud de Moliets-et-Maa, idéale pour se reposer à l'abri de la foule.

PLAGE DU VIVIER 59

Biscarrosse
Ici, le temps s'arrête devant le spectacle d'un paysage sauvage immuable. Une plage qui se mérite après 10 minutes de marche.

PLAGE DE SOUSTONS 118

EN PHOTO

Soustons
Sauvage et tranquille, avec une étendue de sable et d'océan à perte de vue, cette plage est un havre de paix encore préservé.

PLAGE DE LA PISTE 123

Capbreton
Plage historique, intimiste et tranquille offrant de belles vagues puissantes et rapides, idéale pour les surfeurs confirmés.

PLAGE DE LA LETTE BLANCHE 144

Vielle-Saint-Girons
Somptueuse plage de sable fin, sauvage et préservée, proche de Vielle-Saint-Girons et Léon, idéale pour se baigner ou surfer.

IDÉES DE SÉJOUR

Deuxième plus grand département de France, les Landes sont un territoire de caractère et de diversité, mais aussi (et surtout) de grands espaces ! Côté nature, les cartes sont battues entre des plages à perte de vue, un océan plus ou moins accueillant selon les conditions, des lacs calmes, des forêts de pins majestueuses, des kilomètres de plaines ou encore des zones naturelles préservées où oiseaux et autres animaux trouvent refuge. En résumé : un paradis pour les amateurs de grand air ! Mais ce n'est pas tout. Le département abrite également des villages médiévaux pleins de charme, des châteaux qui cultivent le raisin et l'art de produire l'Armagnac depuis des siècles, des fermes où la qualité n'a d'égal que la convivialité de ceux qui les animent…

Ajoutez à tout cela des férias uniques, une culture solide et un ADN bien marqué, et vous obtenez un large éventail de choses à voir, découvrir, essayer et goûter !

6 JOURS À VÉLO SUR LA CÔTE, ENTRE OCÉAN ET PINS

Embarquez pour une aventure sportive sur la Vélodyssée ! Cette vaste route de 1 200 km traverse les Landes et vous offre 160 km de pistes entre Biscarrosse et Tarnos, en passant par les lacs, la forêt et l'océan. Mettez votre planche de surf sur le rack de votre vélo, électrique ou non (on ne juge pas !) : ça va être du sport.

› Jour 1 - De Biscarrosse-Plage à Parentis-en-Born (25,6 km)

Après vous être baladé dans le centre et avoir admiré l'océan à la plage du Vivier, partez de Biscarrosse-Plage avec vos mollets bien accrochés. Cette partie des Grands Lacs offre un peu de dénivelé, mais vaut le coup d'œil. En chemin, faites une halte au lac de Biscarrosse et au musée de l'Hydraviation. Arrivé à destination, savourez un verre au port avant de rejoindre vos pénates.

› Jour 2 - De Parentis-en-Born à Mimizan-Plage (31,1 km)

La randonnée du jour vous fera traverser Gastes, où vous pourrez déjeuner sur le port, puis la forêt domaniale de Sainte-Eulalie-en-Born avant de rejoindre la côte et votre point de chute du soir : Mimizan. Là, une fois les vélos posés, ne manquez pas de vous balader sur la promenade fleurie et de visiter le musée du Prieuré. S'il vous reste de l'énergie, parcourez le circuit de la Mailloueyre, qui vous mènera le long du courant de Mimizan.

› Jour 3 - De Mimizan-Plage à Contis (16 km)

La petite étape du jour vous mènera jusqu'à la paisible Contis, en passant par la forêt. Une fois sur place, la visite du phare de Contis et la descente du courant en canoë sont des incontournables.

© BENJY76 - STOCK.ADOBE.COM

Lac de Biscarosse.

© IMAGE_IN - STOCK.ADOBE.COM

Capbreton.

› Jour 4 - De Contis à Léon (31 km)

Aujourd'hui, embarquez vos sandwichs et préparez-vous à en prendre plein les yeux en longeant la côte et l'océan. Faites une pause au cap de l'Homy ou à la Grande Dune du Guron-Biglitte, ou waxez votre planche pour surfer un peak isolé avant de rejoindre Léon, réputé pour son lac et la descente du courant d'Huchet.

› Jour 5 - De Léon à Vieux-Boucau (14 km)

Cette courte étape à vélo vous donnera l'occasion de vous reposer un peu ou de profiter de votre temps libre de manière toujours sportive : canoë sur le lac de Léon ou le lac Marin de Vieux-Boucau, surf à Messanges ou Moliets. Si vous le souhaitez, explorez le quartier de Maâ et la chapelle Saint-Laurent à Moliets-et-Maâ.

› Jour 6 - De Vieux-Boucau à Capbreton (20 km)

Aujourd'hui, vous traverserez le charmant Soustons avec son lac et ses belles plages pour rejoindre les dynamiques et truculentes villes d'Hossegor et Capbreton, en passant par Seignosse. Là, tout ce qu'il faut pour se faire plaisir : des vagues de renommée mondiale, des restaurants à foison, le marché aux poissons de Capbreton, des cabanes de plage, en veux-tu, en voilà… Continuez ensuite votre route vers le Pays Basque en traversant la fin des Landes, le Seignanx, ou profitez ici de quelques jours de repos bien mérité !

3 JOURS D'IMMERSION DANS LA CULTURE LANDAISE

Pour vous évader pendant 3 jours, offrez-vous une immersion dans la culture landaise : visite de fermes et de châteaux, balades dans les villages et fêtes traditionnelles !

› Jour 1 - Escapade à Mont-de-Marsan

Commencez par vous plonger dans les environs de Mont-de-Marsan et de l'Armagnac, entre les forêts de pins et les collines du Chalosse. N'hésitez pas à visiter les domaines et caves sur votre chemin. Faites le plein de culture dans la charmante ville médiévale de Mont-de-Marsan, aussi connue sous les surnoms de « ville aux trois rivières » et « mille et une sculptures ». Si possible, caler votre séjour avec les fêtes de la Madeleine, qui commencent le premier mercredi après le 14 juillet et durent cinq jours. Au programme : concerts, animations, défilés, repas et spectacles. Attention à respecter les codes : les couleurs de cette féria sont le blanc et le bleu !

› Jour 2 - Découverte des bastides

Si vous n'avez pas fait d'excès la veille, profitez de cette journée pour découvrir les sublimes villages et bastides des environs. Les incontournables : Labastide-d'Armagnac, Saint-Julien, Roquefort, Grenade-sur-l'Adour. Sur votre chemin, visitez quelques caves et ne manquez pas la chapelle Notre-Dame-des-Cyclistes ou Notre-Dame du Rugby.

› Jour 3 - Visite de Dax

Prenez la route pour Dax, en passant par Tartas, l'une des plus anciennes cités de la région. Admirez les berges de la Midouze, la Maison dite de Jeanne d'Albret, et l'église Saint-Jacques avant de rejoindre la célèbre cité thermale. À Dax, baladez-vous dans le centre-ville, visitez la cathédrale Notre-Dame, et terminez votre escapade par quelques heures de félicité dans un centre thermal.

PASSEPORT

DÉCOUVRIR

Les Landes sont un territoire riche par sa culture, son histoire et ses paysages. Pendant votre séjour, découvrez un patrimoine d'exception et un littoral atlantique propice aux sports de glisse. Terre de surf, les Landes sont aussi un territoire sauvage préservé, dominé par les dunes et les forêts de pins. Elles offrent de magnifiques paysages et des réserves naturelles abritant une faune et une flore uniques. Parcourir les Landes, c'est également aller à la rencontre de ses habitants, de leurs coutumes, de leur folklore et de leur gastronomie. En effet, le Sud-Ouest est indissociable de sa cuisine de terroir, généreuse et authentique. Et pour que votre séjour soit complet, n'oubliez pas de rapporter quelques cadeaux dans votre valise ! Suivez le guide.

SURF

Les Landes, terre de surf ! Et pourtant, ce sport de glisse n'est pas né ici mais bel et bien dans l'archipel hawaïen. Arrivé à Biarritz, dans le Pays basque, dans les années 1950, il exerce une fascination immédiate auprès d'un petit groupe de locaux, les célèbres «tontons surfeurs» qui sont aux sources du surf français. Toujours à la recherche de nouveaux spots et de la vague parfaite, ces amoureux de l'océan migrent de la côte basque vers les Landes. D'autres, venus du nord de l'Europe, posent également leur planche sur le territoire landais pour dompter les vagues. Depuis cette époque, on surfe sur tout le littoral aquitain sans exception, de la Gironde au Pays basque, en passant évidemment par les Landes, de Biscarrosse à Labenne, sans oublier les spots les plus populaires de Hossegor ou Capbreton. Le Petit Futé vous fait découvrir le surf sur la côte landaise et ses spots qui attirent les amateurs de glisse du monde entier !

Le langage du surfeur

L'océan Atlantique est connu pour ses belles vagues. Rien de surprenant alors à ce que l'un des sports préférés dans les Landes soit le surf. C'est sans conteste l'activité de glisse la plus répandue dans le département, suivi par le stand up paddle, le bodyboard, le kayak de mer et le kite-surf. Avant de partir sur le littoral à la découverte du surf et des meilleurs spots des Landes, et afin que vous ne soyez pas perdu lors de votre session, faisons un petit point sur le vocabulaire ! Plus qu'un sport, le surf est un vrai mode de vie dans les Landes, caractérisé par des expressions qui lui sont propres. Un langage bien particulier, aux accents anglophones, qu'il faut s'approprier. Sachez par exemple que pour débuter, il vaut mieux chercher un *beach break*, comprendre une plage où les vagues se brisent proche du bord, qui permet de s'initier dans un environnement plus sécurisé. Pour le choix de la planche, le débutant choisit une *soft board*, une grande planche en mousse permettant de mieux flotter et de gérer son équilibre. Les confirmés, eux, ont souvent une *shortboard*, une *fish* ou encore une planche type *gun* et parfois une *longboard*, selon le type de vague et la météo. Une fois sur la planche, il faut aller se placer au *line up*, cette zone au large où l'on attend les vagues. Quand on sent la vague, on se met debout, c'est le *take off* ! Enfin, savez-vous que les planches sont pour la plupart fabriquées par des artisans, appelés les *shapers* ? Sur chacune d'entre elles est accrochée un *leash*, une sorte de « laisse » à accrocher à la cheville pour relier le pratiquant à sa planche. C'est d'ailleurs une invention de Georges Hennebutte, un des tout premiers surfeurs biarrots. C'est à Biarritz, à quelques kilomètres au sud des Landes que le surf en France est né.

Surf à Hossegor.

Le surf dans les Landes

Originaire de Hawaï, ce sport a débarqué en France par la côte basque en 1956, transformant Biarritz dans les Pyrénées-Atlantiques en berceau du surf. La quête du spot parfait mène alors les amateurs à explorer les Landes. Le surf s'étend alors sur toute la côte atlantique. Avec d'autres surfeurs, ils s'installent alors du côté de Contis pour profiter des vagues et de la quiétude de l'endroit. Depuis, toute une industrie s'est développée dans le département. De Biscarrosse à Capbreton, tous se retrouvent pour dompter les vagues toute l'année, s'adaptant à la météo, aux marées, au vent et à la houle. Le territoire landais fait partie des meilleurs spots de surf au monde, attirant les sportifs professionnels et surfeurs amateurs du monde entier. Les touristes du monde entier se ruent à Hossegor ; la ville est d'ailleurs considérée comme la capitale du surf en Europe grâce à ses nombreux spots populaires offrant d'exceptionnelles vagues et une ambiance décontractée unique. C'est ici aussi que sont venus les plus grands surfeurs du monde pour des compétitions, comme Gabriel Medina, Kelly Slater, Mick Fanning, John Florence ou encore évidemment les français Jérémy Florès, Johanne Defay, Maud Lecar ou le tahitien Kauli Vaast. Certains surfeurs professionnels se sont d'ailleurs installés à Hossegor pour profiter des conditions de ce spot toute l'année.

Les meilleurs spots de surf

Vous vous demandez peut-être où pratiquer selon son niveau ? Quand on pense au surf et aux meilleurs spots de glisse, on pense sûrement en premier à Hossegor. Populaire grâce notamment au film Brice de Nice, Hossegor est une destination bien-être et tendance où la culture surf est vibrante, où l'ambiance locale se mêle à l'ambiance internationale, aux notes californiennes. Les spots de surf sont très populaires à Hossegor : La Sud est un *beach break* idéal pour tous les amateurs, les vagues sont particulièrement accessibles et attirent de nombreux touristes. La plage est très fréquentée mais le spot vaut le détour, surtout pour les débutants. Mais il n'y a pas que les plages d'Hossegor pour profiter de belles vagues ! Les débutants pourront aussi se frotter à la houle dans la réserve naturelle du courant d'Huchet qui relie le lac de Léon à l'océan (plage centrale à Moliets), ou plus au sud à Capbreton, aux spots du Prévent et du Santocha. Si vous êtes dans le nord des Landes, les spots de Biscarrosse (La Nord) et Mimizan (Plage Remember) sont tout aussi sympathiques et accessibles pour les débutants selon les conditions météo. Pour les surfeurs plus expérimentés, le *beach break* La Piste offre de belles vagues rapides à Capbreton. Aussi, dans la jolie station balnéaire de Soustons, profitez d'un cadre paisible un peu plus intimiste avec vue sur la forêt landaise. Les spots de Vieux-Boucau et Messanges sont aussi intéressants mais très plébiscités l'été. À Seignosse, la Plage des Estagnot est reconnue pour ses vagues régulières où les surfeurs s'y aventurent pour progresser. Les sportifs aguerris iront surfer du côté d'Hossegor à La Gravière, où se tenait pendant plusieurs années la compétition Quiksilver et Roxy Pro France. Un peu plus bas, La Nord (toujours à Hossegor) offre des vagues puissantes et épaisses sur une longue distance : un spot technique et impressionnant très apprécié des surfeurs professionnels. Pour les adeptes de la nature, les 27 kilomètres de plages de Côte Landes Nature restent un lieu incontournable car préservé. Ici, le respect de la nature est une loi inviolable, en somme une côte sauvage idéale. Ici, trois petits villages offrent des conditions propices à la glisse : Contis, le Cap de l'Homme et Vieille-Saint-Girons. Au sud, à la limite avec le Pays basque, les vagues sont puissantes et continuent d'offrir de superbes paysages naturels et sauvages, comme c'est le cas sur les plages des communes de Labenne, d'Ondres ou encore de Tarnos. Surfeurs débutants ou aguerris, toute la côte landaise s'offre à vous ! Mais attention, chaque spot de surf est différent. Ils évoluent tous constamment selon la taille de la houle et du banc de sable ainsi que la marée. Pour progresser mais surtout rester en sécurité (attention aux baïnes et aux courants !), n'hésitez pas à vous faire accompagner de moniteurs agréés à travers des cours collectifs ou particuliers dans une école de surf labellisée.

Les événements incontournables

Tous les ans, d'avril à octobre, les Landes vivent au rythme des événements sportifs autour du surf. Le littoral accueille des manifestations reconnues dans le monde entier, qui attirent des milliers de spectateurs venus admirer les surfeurs professionnels en action et les stars du milieu. Parmi les épreuves, celle de Hossegor est immanquable. C'est à Hossegor que se sont tenues pendant des années en octobre les très célèbres Quiksilver et Roxy Pro France. De 1987 à 2019, ces épreuves faisaient partie du calendrier du championnat du monde de surf, une compétition où l'élite du surf mondial s'affronte pendant plusieurs jours sur les vagues. En 2020, la World Surf League a décidé de supprimer cette étape. Elle a été remplacée depuis 2023 par le Quiksilver Festival, fin septembre - début octobre, un festival autour de la culture surf à Capbreton, Hossegor et Seignosse, à l'initiative du surfeur professionnel français Jeremy Florès. Une compétition fun et innovante y est toujours organisée (mais ne fait plus partie du championnat du monde), ainsi que des concerts live, des DJ sets, des démos de skate, des projections de films, des dédicaces et de nombreuses autres animations. À Hossegor, vous pourrez également assister à la compétition Royal Barrique. Cet événement rassemble une cinquantaine de surfeurs qui se défient sur l'eau, mais ici : seuls les tubes comptent ! Découvrez également le festival Closing Spot à Biscarrosse en septembre. Sur différents endroits de Biscarrosse-Plage, ce petit festival intimiste clôture la saison avec de nombreux concerts aux styles musicaux variés, une compétition de DJ mais aussi une compétition de surf. L'ambiance y est conviviale et c'est l'occasion de finir l'été en beauté ! Enfin, pour admirer les surfeurs en compétition, vous pouvez également rejoindre la plage et déposer votre serviette face à l'océan lors de l'Open de France, des Championnats de France et d'Europe, ou encore les championnats de paddle ou de bodyboard. De Mimizan à Capbreton en passant par Moliets ou Vieux-Boucau-les-Bains, chaque année les spots varient. Le calendrier complet des championnats est disponible sur le site internet de la Fédération Française de Surf.

GÉOGRAPHIE

Entourée par l'océan à l'ouest, la Gironde au nord, les Pyrénées-Atlantiques au sud, le Lot-et-Garonne au Nord-Est et le Gers à l'Est, les Landes séduisent par la diversité de leurs paysages : leurs plages océanes bordées de dunes, leurs lacs et leurs forêts de pins, leurs terres vallonnées et leurs villages gascons. Comptant plus de 409 000 habitants, les Landes s'étendent sur 9 243 km², ce qui en fait le 2e département français en termes de superficie. À l'origine recouvertes de landes, ces formations végétales basses, le plateau fut planté de pins au milieu du XIXe siècle afin de protéger et de fixer les dunes littorales. Le département en a alors gardé le nom. Les Landes sont actuellement formées de plusieurs petits pays naturels : Hautes Landes, Petites Landes, Pays de Born, Marensin et Maremne. À savoir que l'appellation Landes de Gascogne est une région naturelle qui correspond à 1,4 million d'hectares comprenant aussi la Gironde et le Pays basque.

Le littoral landais

Riche d'environnements aux paysages dépaysants, les Landes sont bien connues pour leur littoral, jonché de plages, de dunes et de stations balnéaires. Ce littoral souvent appelé « Côte d'argent », à cause des reflets argentés à la surface de l'océan Atlantique, se constitue d'une côte longue de 106 kilomètres, sans interruption de l'embouchure de l'Adour aux portes du Bassin d'Arcachon, formée de belles plages fines, de grandes dunes protégées et de sublimes lacs. Ces immenses plages sont jalonnées de quinze stations balnéaires du sud au nord : Tarnos, Ondres, Labenne, Capbreton, Hossegor, Seignosse, Soustons, Vieux-Boucau-les-Bains, Messanges, Moliets-et-Maâ, Vielle-Saint-Girons, Lit-et-Mixe, Contis, Mimizan et Biscarrosse. Par temps clair, depuis les plages au sud du département, on peut même apercevoir la Rhune (*Larrun* en basque), sommet de 900 mètres d'altitude dans les Pyrénées, ainsi que les lumières des villes du Pays Basque. Le littoral landais bénéficie de nombreux grands lacs d'eau douce entourés d'une forêt protectrice, comme celui de Cazaux-Sanguinet, deuxième plus grand lac d'eau douce en France avec ses 55 km².

On compte également les lacs de Parentis-Biscarrosse, d'Aureilhan-Mimizan, d'Arjuzanx, les étangs blanc et noir de Seignosse, le lac de Léon (dont une partie est classée Réserve Naturelle) ou encore le lac de Soustons. Le lac marin de Port-d'Albret (sur les communes de Vieux-Bou-

Paysage vers Seignosse.

cau-les-Bains et Soustons-Plage) est alimenté lui par le Courant de Soustons et communique avec l'océan. Son île au centre est totalement sauvage et abrite une faune variée. Le lac d'Hossegor était lui, au départ, un lac d'eau douce, mais est devenu un lac marin artificiel suite à la réalisation d'un chenal permettant de désensabler la passe du Boucarot. Des parcs à huîtres y sont même installés à l'entrée, sur la rive est du lac.

La forêt des Landes

Saviez-vous que les Landes sont le département le plus boisé de France ? Son taux de boisement est d'environ 67 %. Après son aménagement au milieu du XIXe siècle, la surface du territoire landais est aujourd'hui recouverte à 58 % de forêt de pins maritimes. La forêt des Landes est la plus vaste forêt artificielle d'Europe. Elle s'étend sur 632 300 hectares jusqu'en Gironde et Lot-et-Garonne, et est composée majoritairement de résineux (87 %), de feuillus et de peupleraies. La forêt des Landes constitue une grande partie du Parc Naturel Régional des Landes de Gascogne, l'un des cinq parcs de la région Nouvelle-Aquitaine, un site classé préservant les ressources et les milieux naturels à la fois riches et fragiles. La forêt landaise est gérée à la fois par des propriétaires privés et par l'Office National des Forêts (ONF). Elle est implantée sur des terrains privés, des terrains militaires, mais aussi en forêt domaniale, communale et départementale. Dans un intérêt économique, elle est exploitée par diverses entreprises liées à la sylviculture et à la transformation du bois, mais certains secteurs restent préservés dans un intérêt écologique (notamment liés au caractère historique des milieux humides de la lande, comme le Courant d'Huchet ou encore l'Étang Blanc et l'Étang Noir) et intégrés au réseau NATURA 2000.

Les terres vallonnées

Au sud des Landes, à partir de l'Adour, les terres landaises sont plus vallonnées. Les paysages sont constitués de forêts de feuillus, de prairies de la Chalosse et de terres agricoles. Sur 2 000 km^2, on dénombre 10 cantons : le pays de Seignanx (entre Maremne et pays de Gosse), le pays de Gosse (entre Seignanx et Adour, face à Urt), le pays d'Orthe (région de Peyrehorade), le pays de la Chalosse (région entre l'Adour, le Gabas et le Béarn) et le pays du Tursan (ou Airais), région viticole bien connue au sud d'Aire-sur-l'Adour.

Comme l'Armagnac au nord-ouest de Mont-de-Marsan, la Chalosse, le Tursan et le Pays d'Orthe sont réputés pour leur richesse gastronomique et viticole, dont les produits d'excellence sont récompensés par de nombreux labels et appellations.

Une météo douce

Bordées par l'Océan Atlantique et chauffées toute l'année sous l'influence du Gulf Stream, les Landes bénéficient d'un climat océanique avec un ensoleillement important (2000 heures par an en moyenne). Ici, les hivers sont doux et les étés sont chauds et tempérés. Malgré la météo douce, les habitants peuvent en témoigner : le climat est plutôt instable. Les précipitations sont régulières et assez élevées, dues aux vents d'ouest et de nord-ouest, avec des tempêtes l'automne et l'hiver. Mais attention, il n'est pas rare d'être surpris par les averses et précipitations inégales dans le territoire, même l'été ! Malgré cela, le climat reste essentiellement tempéré, contribuant à la douceur de vivre du département.

Un territoire accessible

Facilement accessible, les Landes se voient être l'une des destinations françaises idéales pour un week-end ou un long séjour. Le département est traversé par l'A65 du côté de Mont-de-Marsan et d'Aire-sur-l'Adour, l'A64 à Peyrehorade et l'A63 reliant Bordeaux à l'Espagne par Bayonne. Côté ferroviaire, la gare de Dax est actuellement desservie par le TGV sur la ligne Paris-Dax. Un projet de LGV entre Bordeaux et l'Espagne est prévu d'ici 2027, dans le prolongement de cette ligne à grande vitesse. L'arrivée du TGV est également prévue à Mont-de-Marsan. Les Landes ne disposent pas d'aéroport mais bénéficient de la proximité de celui de Biarritz ou de Bordeaux avec leurs vols internationaux.

L'attractivité des villes et du littoral

Sur les 409 000 habitants du département, la moitié de la population dépend des deux aires d'attraction : Mont-de-Marsan, la préfecture, et Dax. Les deux villes concentrent à elles deux la moitié de la population du département. Le pôle attractivité de Dax et St-Paul-lès-Dax compte à lui seul 90 000 habitants. Sur le littoral, les aires les plus peuplées sont les communes de Biscarrosse au nord et Capbreton au sud avec plus de 20 000 habitants chacune. Les Landes voient un nombre de résidents progresser sur le littoral chaque année à plus de 1,5 %, notamment à Biscarrosse, Capbreton, Soustons ainsi que Saint-Geours-de-Maremne et Castets, villes proches de l'océan mais relativement plus accessibles financièrement à l'achat. L'attrait pour la nature, le climat et la douceur de vivre landaise se fait ressentir depuis plusieurs années : une grosse partie des logements sur le littoral Atlantique sont des résidences secondaires, souvent inoccupées durant l'année, et allant de 20 à 60 % des logements dans les zones les plus touristiques. Cela devient un enjeu supplémentaire pour les communes qui voient leurs habitants avoir de plus en plus de mal à se loger.

NATURE

Les Landes sont une destination nature à part entière. Immenses plages de sable fin, forêts à perte de vue, lacs et étangs étincelants... De nombreux sites sont protégés pour leur intérêt écologique et paysager, bénéficiant alors d'une faune riche et variée. On pense particulièrement au Parc Naturel Régional des Landes de Gascogne, à la Réserve Naturelle Nationale d'Arjuzanx, au Marais d'Orx, à la Réserve du Courant d'Huchet et même encore au fleuve La Leyre, aux Barthes de l'Adour ou encore à l'Étang Noir et l'Étang Blanc à Seignosse. Forêts et plages sont accessibles en un clin d'œil, et bénéficient d'agréables aménagements pour de belles balades à pied ou à vélo, tout comme les nombreux lacs ponctuant le territoire, idéaux pour se baigner ou pour pêcher. Le Petit Futé vous embarque dans Les Landes, destination 100 % nature !

Le Parc Naturel Régional des Landes de Gascogne

Avec son immense surface de plus de 336 000 hectares chevauchant les Landes et la Gironde, le Parc Naturel Régional des Landes de Gascogne s'étend du Bassin d'Arcachon jusqu'au sud de la Grande Lande. Le fleuve côtier La Leyre traverse la forêt de pins et serpente le massif sur près de 80 kilomètres. Le delta de La Leyre, ouvert sur le bassin d'Arcachon, est l'interface entre la terre et l'eau, constitué de prés salés, de prairies pâturées, de domaines endigués, de roselières, de bancs sableux et de vasières… Fragile et alors protégé, le delta est aussi situé sur l'une des voies de migration des oiseaux les plus importantes d'Europe, notamment celle des grues cendrées. Classée en zone NATURA 2000 (www.natura2000.fr), la Leyre fait partie des sites naturels dotés d'une grande valeur patrimoniale par sa faune et sa flore exceptionnelles. Un programme de restauration et d'entretien a d'ailleurs été mis en place. Le territoire du Parc concerne un espace riche et fragile et sa gestion a deux objectifs : préserver les paysages, les ressources et les milieux naturels ainsi que valoriser le patrimoine naturel du Parc. Le patrimoine naturel abrité dans le Parc Naturel Régional et la Leyre est ainsi riche : on compte de nombreux mammifères dont la loutre, le vison d'Europe, la genette et d'autres espèces rares et menacées par les activités humaines, des amphibiens et reptiles comme la cistude d'Europe, des invertébrés comme l'agrion de Mercure et le lucane cerf-volant, des plantes comme la dichelyme étroite ou encore des poissons comme la lamproie de Planer et le ToxosTome. Côté forêt, on peut aussi facilement observer (si on est lève-tôt ou couche-tard) de nombreux sangliers, cerfs, renards, blaireaux, chevreuils ou encore des bécasses des bois.

Alors, que explorer lors de votre visite dans cet immense espace naturel ?

- Rendez-vous à l'écomusée de la Marquèze à Sabres (p.87), ouvert au public, pour en apprendre plus sur le parc et le patrimoine de la Grande Lande. Cet espace fait partie des lieux privilégiés d'observation pour la flore et la faune du Parc.
- Embarquez en canoë ou en kayak pour une belle balade sur la Leyre (www.canoesurlaleyre.com), de 2 heures à plusieurs jours au départ de Moustey.
- Observez l'hivernage des grues cendrées dans l'un des gîtes d'accueil ornithologiques des Landes (www.grueslandesdegascogne.com), à Sabres ou à Morcenx-la-Nouvelle.
- Découvrez la Forêt d'Art Contemporain à pied ou à vélo sur les chemins du Parc
- Parcourez les milliers de lagunes disséminées dans la forêt lors de l'éco-balade des lagunes à Brocas ou sur le sentier d'interprétation botanique de l'Espace naturel sensible de Nabias à Arue.
- Pour l'agenda des activités et des animations sur l'ensemble du Parc, rendez-vous à l'Office de Tourisme des Landes d'Armagnac à Labastide d'Armagnac, à Saint-Justin et à Villeneuve-de-Marsan, à l'Office de Tourisme du Pays Morcenais (p.91) à Morcenx-la-Nouvelle, au point d'information du Parc Naturel Régional des Landes de Gascogne à Sabres ou au Syndicat d'Initiatives de Brocas.

La Réserve Naturelle du Courant d'Huchet

Né de la volonté de conserver ce site unique et riche en histoire, en patrimoine botanique et en faune, le Courant d'Huchet a été classé Réserve Naturelle en 1981 afin de limiter les activités humaines et l'excès de fréquentation touristique. D'une superficie de 618 hectares, la réserve s'étend sur les communes de Léon, Moliets-et-Mâa et Vielle-Saint-Girons. Le courant lui, d'une longueur d'environ 9 kilomètres, forme un lien entre l'Étang de Léon et l'Océan Atlantique. Il est à ce jour le seul cours d'eau du Golfe de Gascogne dont l'embouchure n'a pas été stabilisée par des travaux d'endiguement. La réserve fait partie intégrante de la zone humide littorale, qui résulte du blocage et de l'accumulation des eaux continentales provoqué par le cordon dunaire. Ici se côtoient de l'eau douce et de l'eau saumâtre, des sols très secs à inondés, abritant alors de nombreuses espèces végétales et animales. La réserve est ainsi composée de l'Étang de Léon, d'un cours d'eau rapide avec une forêt d'aulnes, de chênes et de saules, de la forêt de pins maritimes, de marais et de tourbières et enfin de la dune littorale.

▶ Le site est accessible librement sur l'un des 6 sentiers aménagés le long du Courant, entre forêt, marais et embouchure. Des visites guidées sont organisées, ainsi que des animations et des promenades en barque avec les **Bateliers du Courant d'Huchet** (p.136).
La **Maison de la Réserve** (p.136) accueille les visiteurs à Léon tous les jours en haute saison, tout comme le chalet de Pichelèbe à Moliets-et-Mâa (plus d'informations sur www.reservenaturelle-couranthuchet.org).

Les zones humides, les lacs et les étangs

Les marais et zones humides des Landes feront le bonheur des ornithologues : elles constituent des sites privilégiés de transition et d'hivernage d'oiseaux migrateurs, comme particulièrement la grue cendrée. Les Barthes de l'Adour, du côté de Saubusse, existent depuis 3000 ans : ce sont des terres agricoles inondables en période de crue du fleuve qui dégagent de magnifiques couleurs à toutes les saisons. Sa flore, constituée de plantes carnivores, du cyprès chauve ou encore d'aulnes, est protégée par l'ONF. On peut y admirer des chevaux et poneys landais en liberté, mais aussi l'envol de cigognes ou d'hérons cendrés. La **Réserve d'Arjuzanx** (p.), classée Réserve Naturelle depuis 2022, s'étend sur les communes de Morcenx-la-Nouvelle, Rion-des-Landes et Villenave sur 2205 hectares. Site majeur pour l'accueil des grues cendrées, avec un pic migratoire à 80 000 grues, on peut découvrir sa mosaïque de milieux secs, de milieux aquatiques ainsi que ses bois de toutes les manières : à pied, en vélo et même à cheval. On peut venir se baigner dans son lac d'eau transparente et y pratiquer des activités nautiques. La **Réserve Naturelle du Marais d'Orx** (p.134) joue un rôle important dans la gestion des crues. On y recense 298 espèces d'oiseaux que les visiteurs peuvent découvrir à travers des circuits balisés. N'oublions pas les Étangs Noir et Blanc, à Seignosse, qui sont eux aussi des lieux protégés. Ces étangs d'eau douce sont des espaces naturels sublimes à contempler. L'Étang Noir - son nom lui vient de sa profondeur, lui donnant un air mystérieux - abrite piverts, libellules, tortues et loutres, se faufilant entre les roseaux et les fougères. L'Étang Blanc, lui, est

© IMAGE'IN - STOCK.ADOBE.COM

Visite de la Réserve Naturelle du Courant d'Huchet en barque.

réellement blanc lorsque le ciel gris s'y reflète dessus. Embarquez dans une petite barque à rames et découvrez son calme absolu et ses canards sauvages. D'autres sublimes lacs font partie de la richesse du territoire landais : le lac de Cazaux-Sanguinet, le lac de Biscarrosse-Parentis, le lac d'Aureilhan et de Mimizan, le lac de Léon, le lac d'Hossegor, le **lac marin de Port d'Albret** (p.99) à Vieux Boucau, **le lac de Soustons** (p.118)… Idéal pour se balader, pêcher ou pour se baigner.

▶ Avant votre visite, rendez-vous à La maison du Marais pour le Marais d'Orx, à La Maison de Site pour La Réserve d'Arjuzanx et à la Maison d'accueil de la Réserve Naturelle de l'Étang Noir à Seignosse. On vous y informera des circuits, des points de vue équipés d'observatoires et des meilleures périodes d'observation des Grues cendrées.

Une nature en danger ?

Comme partout ailleurs, la biodiversité est menacée par l'activité de l'homme, les conditions climatiques mais aussi les incendies. On pense notamment aux importants feux de forêt qui ont ravagé une partie des Landes de Gascogne en 2022, détruisant plus de 30 000 hectares de pins maritimes côté Gironde, et mobilisant jusqu'à 3 000 pompiers dont 1 800 pompiers girondins. Le territoire avait déjà subi les flammes entre 1940 et 1949, ravageant 40 % de sa surface totale. En plus d'avoir des conséquences irréversibles pour l'environnement, ces feux ont un impact conséquent sur l'économie locale, car 25 % du bois utilisé en France provient des pins maritimes de la forêt des Landes de Gascogne, bois qui est ensuite transformé en papier, en meubles ou en matériaux de construction.

HISTOIRE

Au fil des siècles, les frontières de la région (et de l'actuel département des Landes) n'ont cessé d'évoluer, avant de s'établir telles que nous les connaissons aujourd'hui. Sous l'Empire romain, la côte Aquitaine était baptisée Novempopulanie. Puis, elle est conquise par les Francs, devenant le premier duché indépendant d'Aquitaine. Au Moyen-Âge, sous le règne de la célèbre Aliénor, elle rentre alors sous domination anglaise jusqu'à la fin du XVe siècle. Région de toutes les convoitises, ses terres connaissent de nombreux conflits, de la guerre des Gaules de Jules César à la Seconde Guerre mondiale du XXe siècle. La région comme le département a connu de nombreux événements historiques au fil des siècles qui l'ont définitivement marquée, et qui nécessiteraient des milliers de pages pour être racontés. À défaut, retraçons ensemble les grandes lignes de l'histoire passionnante des Landes, un voyage à travers les siècles !

DÉCOUVRIR

56 AV J.C

Conquête de l'Aquitaine historique

Sous Jules César, l'Aquitaine des neuf peuples (Novempopulanie) dont parmi eux les Tarbelles (en Chalosse, avec comme capitale la future Dax), les Tarusates (Tursan, devenus les Aturenses) mais aussi les Belindes ou encore les Cocosates du pays de Born (de Linxe à Sanguinet).

778

Royaume d'Aquitaine

Charlemagne fait de l'Aquitaine un royaume pour son fils Louis le Débonnaire. Le territoire s'étend alors du Rhône jusqu'à l'Atlantique. Les Landes n'existent pas encore.

877 - 1058

L'Aquitaine est divisée en deux territoires : le duché d'Aquitaine et le duché de Gascogne. Le territoire que nous connaissons aujourd'hui comme les Landes fait partie du duché de Gascogne. Cette période, tournant d'un nouveau millénaire, est assez apaisée. Les cultures s'intensifient, les moines construisent des églises, des abbayes et des infrastructures d'accueil, notamment sur le chemin de Saint-Jacques-de-Compostelle, pour accueillir les pèlerins.

1122 - 1204

Aliénor d'Aquitaine

Aliénor d'Aquitaine est l'un des personnages les plus influents du monde occidental de l'époque. Elle est la fille du duc Guillaume X, qui meurt en faisant de la jeune fille son unique héritière. Laissée sous la protection du roi de France Louis VI, elle est mariée au fils de Louis VII afin de pouvoir récupérer le duché. Louis VI meurt peu après les noces et Aliénor devient reine de France. Malheureusement, la mésentente règne entre les époux et aucun héritier mâle ne naît. La reine est répudiée en 1152.

1152 - 1453

L'Aquitaine, province anglaise

Répudiée par le roi de France, Aliénor épouse sans attendre Henri II Plantagenêt, comte d'Anjou et héritier du roi d'Angleterre. Elle lui offre ainsi en dot la large province d'Aquitaine. Événement phare de l'histoire de l'Aquitaine, le divorce d'Aliénor et son remariage en 1152 vont faire du Sud-Ouest une province rattachée à la Couronne d'Angleterre pendant trois siècles, jusqu'en 1453, à l'issue de la guerre de Cent Ans.

1222-1373

Les bastides

C'est durant la période anglaise que sont construites les bastides dans les Landes. Créées dans de nombreuses villes au XIIIe siècle, leur fonction militaire laisse progressivement place à une fonction commerciale. Avec ce changement, il s'agissait de favoriser les échanges entre les populations. Au début du Moyen Âge, les villes n'avaient pas d'organisation spécifique. Au contraire, la bastide est, elle, un espace constitué autour d'une place centrale servant au commerce. C'est là que se tiennent les foires et les marchés. La bastide forme une sorte de damier aux rues rectilignes. Nombreuses sont répertoriées dans les Landes, comme à Geaune, Grenade-sur-l'Adour ou encore Saint-Justin.

1786

La fixation des dunes par l'implantation de pins dans les Landes est faite sous l'impulsion de Nicolas Brémontier.

4 MARS 1790

Création du département des Landes

Pendant la Révolution française, le département des Landes est créé à partir d'une partie de la province de Gascogne. Diverses entités territoriales se réunissent, permettant à ce territoire administratif une certaine disparité, entre les pays de l'Adour au sud et les Landes de Gascogne au nord.

1900

Création de l'Union Sportive Dacquoise en 1904 et du Stade Montois en 1908, les deux clubs de rugby incontournables du département aujourd'hui.

FIN DU XIXE SIÈCLE

Essor du tourisme balnéaire dans les Landes.

1930

Création de la base d'hydraviation de Biscarrosse

Fondation de la base d'hydraviation de Biscarrosse par Pierre-Georges Latécoère afin de réaliser le montage et les essais des plus grands appareils français : ce sont alors plus de 120 gros hydravions qui décollent de l'étang de Biscarrosse et de Parentis. Parmi les aviateurs aux commandes, on retrouve les renommés Antoine de Saint-Exupéry, Jean Mermoz ou encore Henri Guillaumet. La compagnie Air France a même fait décoller ses hydravions transatlantiques depuis l'étang de Biscarrosse et de Parentis.

1932

Les fêtes patronales traditionnelles se transforment en ferias. C'est le début des fameuses fêtes de Dax et des fêtes de la Madeleine à Mont-de-Marsan.

20-21 AOÛT 1944

Libération de Mont-de-Marsan et plus largement du département des Landes.

1945

Création de la base aérienne de Mont-de-Marsan

L'aérodrome se transforme en base aérienne. La base aérienne 118 « Colonel Rozanoff » de l'Armée de l'Air est l'une des plus grandes bases en France, située au nord de Mont-de-Marsan. Elle a pour mission stratégique la dissuasion nucléaire.

1962

Création du centre d'essai des Landes

Situé à Biscarrosse, le Centre d'Essais de Lancement de Missiles (CELM) permet les essais en vol de missiles pour la Direction Générale de l'Armement. À ce jour, ce sont environ 9 000 essais en vol de missiles réalisés en 40 ans.

AOÛT 1949

Effroyables incendies dans les Landes

La forêt des Landes de Gascogne est victime d'un immense feu ravageant 52 000 hectares dont 25 000 de bois. Ce terrible incendie entraîne également la mort de 82 personnes. Il s'agit du feu de forêt le plus meurtrier de France.

1970

Création du Parc naturel régional des Landes de Gascogne. Ce territoire de 3 360,5 km^2 s'étend sur le département des Landes et de la Gironde. Son classement permet la préservation du patrimoine naturel ainsi que le développement du tourisme de découverte.

1974

La Réserve Naturelle Nationale de l'Étang Noir est créée. Il s'agit de la première du département des Landes.

ANNÉE 1990

L'activité de gemmage - pratique permettant de récupérer de l'oléorésine sur un arbre blessé - prend fin dans les Landes de Gascogne. Aussi, le bœuf de Chalosse obtient le Label Rouge en 1991 puis l'IGP en 1996.

1998

Les chemins de Saint-Jacques-de-Compostelle entrent au patrimoine mondial de l'UNESCO. La région développe son attrait touristique et son image du bien manger et du bien vivre.

2015

Hélène Darroze, cheffe cuisinière née à Mont-de-Marsan, est nommée meilleure cheffe du mondc.

2016

Les Landes font désormais partie de la nouvelle dénomination de région, celle de la Nouvelle-Aquitaine. Avant cette date, les Landes faisaient partie de la région Aquitaine, créée en 1972.

ÉTÉ 2022

Incendies dans les Landes de Gascogne

En juillet et août 2022, des incendies historiques, dits « incendies du siècle », avec des feux géants ont ravagé une partie du massif des Landes de Gascogne et de la Gironde. Au total, plus de 32 000 hectares sont partis en fumée. Hors reprise de feu, Landiras (Gironde) est le 2e plus grand incendie de l'histoire de France récente, derrière l'incendie de la forêt des Landes en 1949.

EN 2025

TGV et LGV dans les Landes

À partir des années 2000, la région s'est considérablement développée, notamment sur le plan touristique. La construction de la Ligne Grande Vitesse entre Paris et Bordeaux en 2017 a largement modifié le territoire, rendant le département des Landes plus accessible. Une nouvelle étape sera franchie avec l'extension, dans les prochaines années, de la ligne LGV vers Toulouse (à 1h05 de Bordeaux et 3h10 de Paris), puis vers Mont-de-Marsan, Dax, Bayonne et la frontière espagnole.

ARCHITECTURE

En arrivant dans Les Landes, ne manquez pas de découvrir le patrimoine architectural local. On peut se sentir dépaysé ! Prenez le temps d'admirer les nombreuses bâtisses du style Art déco jonchant le territoire, mais aussi celles à l'architecture basco-landaise, en passant par les monuments historiques, les édifices religieux exceptionnels et même les constructions civiles qui méritent le détour. Les villages landais, dotés de leur traditionnel fronton où se joue la pelote basque et la pala, et les bastides landaises, avec leurs arènes de course landaise, sont autant de preuves du savoir-faire remarquable des architectes et constructeurs de la région. Le Petit Futé vous amène à la découverte des multiples facettes des Landes à travers son architecture, ainsi que les villes, les villages, les cités remarquables et leurs édifices qui méritent d'être visités. Bonne visite !

L'Art déco dans les Landes

De Soorts-Hossegor à Mont-de-Marsan, prenez le temps de vous arrêter pour admirer les sublimes bâtisses au style « Art déco ». Ce courant artistique en plein essor dans les années 1920 - les Années folles - se définit par une décoration aux lignes sobres et géométriques, un style épuré et ordonné mais aussi coloré. L'Art déco se manifeste aussi sous plusieurs formes et dans les Landes, il est particulièrement influencé par les mouvements artistiques locaux, notamment l'architecture basco-landaise. Car oui, le Splendid Hôtel à Dax, auquel on pense naturellement, n'est pas le seul bâtiment au style Art déco qui vaut le détour ! On peut découvrir ce style architectural autour des nombreuses bâtisses de la côte landaise, particulièrement à Soorts-Hossegor. La célèbre Place des Landais, aujourd'hui protégée pour son intérêt patrimonial architectural et paysager, en est un merveilleux exemple : à l'origine, cette place prisée par la société bourgeoise accueillait de nombreux ballets d'automobiles de luxe ainsi que le défilé des élégantes. Les frères Louis et Benjamin Gomez sont à l'origine des constructions au style Art déco entourant la place. À quelques minutes de là, le Sporting Casino est inscrit, lui, au titre des Monuments historiques. Symbole du développement de la station balnéaire, mais aussi de l'architecture des Années folles, son sublime mélange entre Art déco (lignes épurées, murs blancs) et touches basco-landaises (boiseries rouges, motifs fougères...) invite tous les amateurs de design à sa découverte. Principalement situées en front de mer, le long du golf et au bord du lac, ce sont également près de 400 villas qui ont été construites dans les années 1920 et 1930, dans ce style architectural. À Dax, face aux berges du fleuve de l'Adour, c'est évidemment le grand hôtel des années 1930 « Le Splendid Hôtel » qui règne comme emblème architectural de la ville. Ce chef-d'œuvre construit en 1928 et imaginé par André Granet ne laisse aucun visiteur indifférent. Fleuron de l'Art déco, il est le symbole de l'ébullition culturelle et artistique de la ville. Il a d'ailleurs accueilli de nombreux personnages illustres tels qu'Ernest Hemingway ou Joseph Kessel.

DÉCOUVRIR

© PHILIPPEGRAILLEPHOTO - STOCK.ADOBE.COM

Labastide d'Armagnac.

On y prend évidemment en photo son architecture en forme de grand paquebot et sa façade d'un blanc immaculé et son allée de verdure. Dès le hall d'entrée, on découvre de hauts plafonds, un sol de marbre et des carrelages géométriques, un large escalier lumineux, des oriels et un magnifique mur de lumière en verre fumé coloré et orné de formes géométriques. L'Atrium-Casino, aux touches Art déco disséminées sur le bâtiment, de sa façade à son escalier intérieur, abritait autrefois un casino, une salle de spectacle, une salle de danse et un théâtre de plein-air. Aujourd'hui, c'est une salle de concert et une brasserie. Les arènes de Dax, réalisées par l'architecte landais Albert Pomade, ont bénéficié de quelques touches du style Art déco sur les parties rénovées et surélevées en 1932. De nombreuses villas ont également été influencées par la vague Art déco à Dax, conçues notamment par les mêmes architectes. Pour les découvrir lors d'une visite guidée à travers la ville, renseignez-vous auprès de l'Office de Tourisme de Dax. Du côté de Mont-de-Marsan, l'architecte Franck Bonnefous et son mentor Léonce Léglise portent le style Art déco un peu partout dans la ville.C'est le cas pour le bâtiment abritant la librairie Caractères, le bâtiment au croisement de la rue Cazaillas et Augustin Lesbazeilles ou encore le bâtiment du groupe scolaire de Saint-Jean-d'Août, influencé par les styles néo-basque et landais. Les arènes de Mont-de-Marsan furent construites en dur à la fin du XIXe siècle mais remodelées par Franck Bonnefous en 1933, mélangeant les touches épurées de l'Art déco à des tons traditionnels hispaniques.

▶ D'autres bâtiments aux esthétiques des années 1930 et aux influences basco-landaises sont à découvrir dans les Landes : le foyer populaire de Roquefort (rénové en 2008), la salle des fêtes de Linxe (désignée comme « l'ouvrage le plus insolite des Landes » par le magazine « Le Festin »), la Villa Saint-Jean à Saint-Martin-De-Seignanx (sur les rives de l'Adour), le parc des sports et le stade Rémy-Goalard de Soustons (construit pour faire « concurrence » à la station balnéaire d'Hossegor), les arènes en béton armé de Saint-Sever, de Saint-Vincent-de-Tyrosse ou encore de Pomarez (imaginées également par Albert Pomade, architecte de la reconstruction des arènes de Dax), l'église Saint-Jean-Baptiste à Brocas (construite en béton armé et recouverte par un enduit blanc), la salle des fêtes de Morcenx (par Albert Pomade) et la place Léo-Bouyssou.

Des villes à l'architecture basco-landaise

Comment ne pas être séduit par le charme des bâtisses à l'architecture basco-landaise dans les rues des villes et villages landais ? Le style basco-landais fait partie de l'identité de ces bourgades et se caractérise par différents éléments : une villa à la forme d'un parallélépipède (typique des maisons basques labourdines), le soubassement de la villa à la maçonnerie de pierre surmonté d'un mur au crépi blanc, des poutres colorées décorant le sous-toit, des briques décoratives en « feuilles de fougère » (influence landaise), des grandes ouvertures, des terrasses et loggias... De nombreux architectes ont remarquablement illustré le style basco-landais : Louis et Benjamin Gomez, Albert Pomade, Henri Godbarge, Henri Tison, Louis Lagrange, Léon Cuzol, Jean-Baptiste Prunetti... L'architecture basco-landaise se développe alors fortement dans toute la région mais c'est à Hossegor qu'on le retrouve massivement, faisant la réputation de la station balnéaire.

La maison traditionnelle landaise

Le territoire ne compte pas seulement des villas d'architectes. Les maisons traditionnelles landaises font partie de la diversité paysagère du département. Qui n'a pas rêvé d'une de ces maisons comme dans les trois petits cochons ? La maison de la lande (ou d'airial) est la plus populaire : une bâtisse basse à colombage située sur un grand terrain couvert de pelouse et planté de quelques chênes ou de pins parasols, avec un grenier, généralement orienté à l'est pour garder le frais, avec des poutres en bois apparentes et un remplissage en torchis. Dans le Bas-Armagnac, l'habitat gascon se caractérise par des maisons massives à étages et une façade au ton terre, alors qu'en Terres de Chalosse, on retrouve des sortes de maisons de maître appelées « capcazalière ».

Les bastides landaises

Nées au XIIIe et XIVe siècle, les bastides landaises permettaient de regrouper les populations rurales et de faciliter les échanges commerciaux : on en comptait plus de 30 bastides dans les Landes. Aujourd'hui, une dizaine se démarquent ; on pense notamment à Labastide-d'Armagnac, Mauvezin d'Armagnac, Hastingues ou encore Saint-Justin. Ces bastides accueillent pour la plupart des arènes pour les courses landaises, appartenant à l'identité culturelle des Landes, mais aussi pour certains des châteaux uniques et des sites insolites (Château de Ravignan, Château de Gaujacq ou même encore le Château de Fondat). Certaines sont également situées sur le chemin de Saint-Jacques-de-Compostelle (sur la voie de Tours, la voie de Vézelay et la voie du Puy). L'architecture romane est également majoritaire au milieu de ces villes et villages banco-landais. Mont-de-Marsan se distingue par ses maisons fortes romanes du Moyen-Âge, on pense notamment au donjon Lacataye). À Saint-Sever, en Chalosse, l'église de l'abbaye bénédictine est inscrite à l'UNESCO au titre des chemins de Saint-Jacques-de-Compostelle. Les amateurs d'histoire et d'architecture apprécieront cette construction d'exception avec plus de 150 chapiteaux, dont une cinquantaine datant du Moyen-Âge.

BEAUX-ARTS

Gravure, sculpture, peinture, street art, photographie... Les beaux-arts sont à l'honneur dans Les Landes. Le territoire voit émerger depuis des siècles des artistes de tous domaines, mis à l'honneur dans les musées et galeries des quatre coins du département. Robert Wlérick et Charles Despiau à Mont-de-Marsan, Gaston Larrieu à Eugénie-les-Bains, Félix Arnaudin à Labouheyre et plus récemment les nombreux artistes de street art comme SupaKitch et Koralie ou Élodie Perrier. Par leur talent et leur art, ces artistes font rayonner le territoire, dans le monde entier pour certains. Le temps de votre séjour, arrêtez-vous dans ces institutions culturelles pour découvrir la richesse du patrimoine artistique des Landes, dans l'un des nombreux musées, écomusées et galeries des Landes (et même dans la rue !). Et n'oubliez pas que les musées et monuments nationaux sont gratuits chaque premier dimanche du mois en France !

La gravure et la sculpture

La gravure et la sculpture sont les formes d'art les plus répandues dans Les Landes. Le plus connu des artistes-sculpteurs est sans doute Charles Despiau. Né à Mont-de-Marsan en 1874, il connaît un fort succès pendant l'entre-deux-guerres. Après s'être formé à l'École des Beaux-Arts à Paris, il devient collaborateur de Rodin et ami de Maillol. En 1927, une exposition est organisée à New York : une consécration pour lui. Le chef-d'œuvre de sa carrière restera malheureusement inachevé. Ses sculptures sont aujourd'hui présentées dans plusieurs musées américains, notamment à San Francisco et Chicago, mais une majeure partie de son œuvre se trouve évidemment dans sa ville natale, au musée Despiau-Wlérick.

Ce lieu unique en France est consacré à la sculpture figurative du début du XXIe siècle, où l'artiste est à l'honneur. Au nom de Despiau est rattaché celui d'un autre sculpteur montois : Robert Wlérick. Le musée montois offre un cadre remarquable, au confluent de deux rivières, la Douze et le Midou, avec une vue imprenable sur Mont-de-Marsan. Outre les sculptures de Despiau, le musée accueille les créations d'Édouard Cazaux, autre enfant du pays, né dans la commune de Cauneille. Ce sculpteur et céramiste est connu pour ses œuvres Art déco, ses décors en céramique et ses figurines en faïence reprenant le mythe d'Adam et Ève. L'artiste a également travaillé le grès, la terre cuite et le bronze.

▸ Une autre visite originale à ne pas manquer : La forêt d'Art Contemporain dans le Parc naturel régional des Landes de Gascogne (www.laforetdartcontemporain.com) dont une partie se découvre à Sabres. Dans la forêt se cache 27 œuvres atypiques ainsi qu'une dizaine de projets en cours. De belles balades mélangeant nature et culture en perspective !

La peinture

Deux peintres font la fierté du département : Le premier, Gaston Larrieu (né à Eugénie-les-Bains, décédé à Saint-Paul-lès-Dax), très attaché à la région, fréquente d'autres artistes locaux comme André Lhote ou l'écrivain Pierre Benoit. La majeure partie de son travail a été consacrée aux paysages des Landes. Il a d'ailleurs illustré l'ouvrage *Amour des Landes* de Maurice Genevoix. Le second, né à Mont-de-Marsan, est Louis Anselme Longa. Rattaché au mouvement orientaliste, la peinture religieuse occupe une place importante dans son parcours et quelques œuvres sont d'ailleurs visibles dans certains lieux de culte comme à l'église de Saint-Jacques de Tartas. Il s'installe dans la capitale landaise après un séjour en Algérie, ouvrant son atelier rue de Saint-Sever puis aujourd'hui rue Gambetta.

Enfin, pensons à citer également le célèbre peintre Théodore Rousseau ayant visité les Landes en 1844. Son séjour l'inspira à réaliser des œuvres à l'effigie des paysages de l'époque, comme *Un marais dans les Landes* (1852-1853) exposé au Louvre à Paris, *Paysage fluvial* (1842-1843) exposé au MET à New York ou encore *L'Étang* (1855) exposé au Victoria & Albert Museum à Londres.

Le street art

L'art urbain, ou le street art, s'invite de plus en plus dans nos villes et villages. À travers vos balades dans les Landes, gardez l'œil bien ouvert, car les fresques, parfois cachées, parfois exposées, sont nombreuses dans l'espace urbain. À Dax, sur les murs de l'office de tourisme, sur la place de la Fontaine Chaude, sur le cours du Maréchal Foch, les couleurs envahissent l'espace ! L'institut du thermalisme a notamment été relooké par SupaKitch et Koralie, un duo d'artistes qui réinventent totalement le street art.

Théodore Rousseau, Un Paysage Fluvial, *1845-50, huile sur toile, 41.6 x 63.2 cm.*

Les artistes mélangeant herbiers géants et fresques colorées géométriques de style Art déco pour des œuvres absolument remarquables. Un travail hypnotisant qui dépasse de loin l'image du graffeur et de sa bombe : on retrouve ici du collage, des pochoirs, de la peinture… C'est d'ailleurs dans le cadre du festival Muralis que cette œuvre, parmi tant d'autres, s'est intégrée à l'espace urbain.

À Hossegor, on retrouve l'immense vague, une peinture murale devenue populaire dans la ville, réalisée par Dominique Antony. Véritable ode à l'océan et au surf dans les Landes, elle est à retrouver en longeant la promenade depuis la place des Landais.

À Seignosse, l'association « Le MUR de Seignosse » (Modulable - Urbain - Réactif) est à l'origine de la métamorphose d'un mur de la ville - à côté des halles de la mairie - pour promouvoir l'art urbain. Depuis 2023 et tous les trois mois, un nouvel artiste vient décorer un mur avec son univers.

Enfin, vous passerez peut-être devant l'une des nombreuses œuvres d'Élodie Perrier, artiste locale peintre et illustratrice. Passionnée de nature et de surf, l'artiste - sous le pseudo Lost in Land - se lance en 2020 dans la réalisation de sublimes fresques colorées. Elle a décoré notamment le mur de la Maison Océane à Saint-Martin-de-Seignanx, promeut son art pendant le Little Festival à Seignosse, mais peint aussi les murs de nombreuses boutiques locales.

Le Little Festival est d'ailleurs l'endroit idéal pour rencontrer ces artistes urbains : durant 5 jours de musique à Hossegor, Seignosse et Capbreton, le street art est mis à l'honneur avec des réalisations en direct ! En 2023, en plus d'Élodie Perrier, ce sont les artistes Mr Blonde, Russ et Woizo qui ont réalisé de magnifiques œuvres. En 2024, le festival a accueilli Les Filles du Surf, Marie Pressmar et l'artiste Primal.

La photographie

Quel meilleur environnement que Les Landes pour les photographes ? La nature landaise, ses plages, ses forêts, sa campagne et ses paysages pleins de douceur inspirent les photographes de tous les horizons. Les origines de La Grande Lande, avec ses horizons verts et vides, à l'époque ponctués de silhouettes de bergers échassiers, ont influencé certains artistes. C'est le cas de Félix Arnaudin, ethnologue, linguiste, historien, écrivain et photographe né à Labouheyre à la fin du XIXe siècle. Il est le premier à avoir documenté la Haute-Lande en autochtone à travers des recueils de proverbes, des chants gascons mais aussi des de paysages, d'habitations et de paysans et bergers landais. Sa maison, à Labouheyre, est aujourd'hui La Maison de la Photographie des Landes - labellisée Maison des Illustres. C'est un beau lieu d'exposition et de création photographique pour le département qui existe depuis plus de 20 ans, où près de 35 expositions ont été organisées, dont une chaque année consacrée à Félix Arnaudin.

Pour admirer de beaux clichés, c'est aussi vers les galeries qu'il faut se tourner. À la Maison des 3 Poiriers à Onesse-Laharie, on peut découvrir notamment les photographies de l'artiste Bertrand Bouët-Willaumez, inspiré de la forêt landaise et de l'océan. Dans sa galerie d'art d'Hossegor, Ilan Benattar fait découvrir ses photographies de paysages et de lieux abandonnés à travers les Landes, qu'il sublime en un cliché. À Lit-et-Mixte, ce sont de nombreux artistes qui se succèdent à l'Espèce d'Espace au fil des expositions de photographies, comme celles de la photographe Elsa Beaumont, Paul D'Arcangela ou encore Cécile Ossant et Bruno Toffano.

MUSIQUES ET SCÈNES

Les Landes sont un territoire au patrimoine historique et culturel aussi riche que passionnant. Les traditions y résonnent fort, avec une identité locale très marquée, parfois assez différente des terres de la côte atlantique. Mais c'est tout le département qui vibre au rythme des artistes : musiciens, chanteurs, danseurs, chorégraphes... De Mont-de-Marsan à l'océan Atlantique, ces artistes enthousiastes au grand cœur partagent leur passion et apportent douceur, poésie et convivialité. Pendant votre séjour, partagez un moment romantique devant un concert de jazz du côté de Sanguinet, laissez-vous porter par le swing des bandas pendant les ferias, de Mont-de-Marsan à Soustons en passant par Dax, découvrez et apprenez les nombreuses danses traditionnelles qui font la fierté des habitants et partagez avec eux les traditions qu'ils ont à cœur de vous faire découvrir... pour passer des moments inoubliables !

Les festivals : rendez-vous majeur de l'année

Le Sud-Ouest est une terre de festivals ! Les amateurs de jazz ne manqueront pas de faire un tour dans les Landes. Le festival Jazz in Sanguinet anime les rues de la ville durant l'été. Pendant quatre jours, la bourgade landaise se transforme en village jazzy. Les concerts ont lieu à l'espace Gemme, une ferme landaise typique pleine de charme. Même ambiance du côté de Capbreton pour le Capbreton Jazz Festival en juillet. Créé en 1990, la cité marine organise de belles rencontres musicales gratuites aux notes jazz, soul, R&B ou encore afrobeat, sur le front de mer, en centre-ville, au jardin public et directement chez les commerçants. À Dax, le Motors n'Blues Festival rassemble les passionnés de motos mais aussi de musique blues, pendant qu'à Luxey, au nord de Mont-de-Marsan, les festivaliers dansent aux sonorités de variété française et de musique du monde tout en profitant des nombreuses animations d'arts de la rue. Lors de ce dernier, c'est d'ailleurs de belles têtes d'affiche qu'on peut régulièrement retrouver : Mika, Calogero, Louise Attaque, M ou encore Ibrahim Maalouf. Plus proche de l'océan, c'est le Little Festival qu'il ne faut pas manquer durant l'été : un délicieux mélange de musique électronique et de performances de street art et de sports de glisse dans un cadre exceptionnel. Enfin, Vieux-Boucau-les-Bains accueille depuis 2020 le Festival Essentiel début juillet, rassemblant les amateurs de pop, électro, rock, soul ou encore de variété française.

Les fêtes locales sont aussi des rendez-vous à ne pas manquer. C'est l'occasion de découvrir de la musique traditionnelle mais aussi l'ambiance et la convivialité landaise. Les fameuses ferias sont organisées à travers toutes les Landes. À l'origine, cette fête était organisée lors des foires commerciales et agricoles. Aujourd'hui, dans les Landes, les ferias prennent la forme de grandes fêtes avec de la course landaise, des bandas, des animations folkloriques avec des échassiers, des tournois de pelote basque et de nombreuses autres animations avec un code couleur vestimentaire à respecter selon la ville ! Les ferias les plus populaires dans les Landes sont celles de Mont-de-Marsan (appelées les Fêtes de la Madeleine, où l'on s'habille en bleu et blanc), de Dax (en rouge et blanc), Saint-Vincent-de-Tyrosse ou encore Soustons.

Musique et chants traditionnels

Chant, danse et instruments de musique font partie du patrimoine des Landes. En Gascogne, la cornemuse landaise, appelée boha, est l'un des instruments les plus représentatifs d'ici, et est surtout jouée dans la forêt landaise. Cet instrument à vent est une sorte de clarinette double et permet de jouer de façon polyphonique. La boha était très populaire au XIXe siècle : elle était jouée par un musicien ou deux (le Bonaire) à l'occasion des fêtes locales.

© FREEPROD - STOCK.ADOBE.COM

Échassiers landais.

© TC - STOCK.ADOBE.COM

Fanfare Banda.

L'instrument est remis au goût du jour depuis les années 1970. À ses côtés, on trouve le violon, de tradition béarnaise, mais introduit dans les Landes au XIXe siècle, ainsi que le tambourin, la flûte ou encore le hautbois. Le conservatoire landais s'efforce de faire perdurer ces instruments et chants traditionnels à travers des enseignements pluridisciplinaires. On peut se former à la flûte à 3 trous, à la boha, la caressera, la vielle à roue ou encore à l'accordéon diatonique. Pour en découvrir un peu plus sur la musique et les chants traditionnels landais, rapprochez-vous de l'Association pour la Culture Populaire dans les Landes, vous pouvez également consulter l'agenda complet des événements en ligne.

La fanfare banda

Comment parler de musique sans évoquer la banda ? La banda est une sorte de fanfare déambulatoire qui serait née entre les villes de Dax et Bayonne. Les bandas sont associées à la fête ! C'est pendant les ferias - mais aussi les fêtes de villages durant toute l'année - que vous pourrez voir déambuler les bandas qui investissent librement les rues landaises. Les cuivres, les bois et les percussions jouent des musiques traditionnelles le temps de ces festivités. Une tradition dans tout le pays gascon. C'est aussi au rythme des bandas que se pratique le paquito. Entre danse et jeu sportif, cette coutume du sud-ouest vient des ferias. Vous connaissez le principe, vous l'avez même peut-être essayé ? Plusieurs personnes assises les unes derrière les autres par terre portent à bout de bras un des participants allongés sur eux. Pendant ces festivités, vous pourrez entendre la musique Paquito el Chocolatero, un classique joué par les bandas du Sud-Ouest. Ce paso doble composé en 1937 est devenu un son incontournable.

Les danses de Gascogne

Les Landes sont un territoire de traditions. Les danses traditionnelles font d'ailleurs partie du patrimoine local. Le *congò* est l'une de ces pratiques que l'on retrouve dans une grande partie du territoire de Gascogne, notamment dans les Landes, dans la zone de la Grande-Lande et du Marsan. Inspirée des contredanses anglaises, cette danse de campagne obéit à un déplacement des danseurs très codifié, ordonné selon un cercle ou un carré. Le *congò* se danse par quatre : deux couples se font face. Les Landes de Gascogne sont également attachées à une autre danse : le rondeau. Traditionnellement, cette danse était l'occasion de socialiser entre voisins à l'occasion de fêtes, noces, carnavals... Longtemps, elle est restée l'une des pratiques les plus prisées des Landes, que ce soit la forme fermée (*rondo barrada*) ou la forme ouverte (*rondo aubèrta*), qui se pratiquait en courtes chaînes ou en couples formant un cercle. On en trouve de nombreuses variations selon les visages ou l'improvisation des danseurs. Aujourd'hui, plusieurs associations font redécouvrir ces danses traditionnelles par des stages de découverte ou des animations. C'est notamment le cas de l'Association pour la Culture Populaire dans les Landes qui organise fréquemment des manifestations culturelles. Si vous voulez découvrir les traditions locales, Landes Émotions organise des spectacles uniques de courses landaises à travers le territoire, de Soustons à Mimizan en passant par Aire-sur-l'Adour. Le village de Vieux-Boucau-les-Bains organise également à la saison estivale du folklore landais, un concentré des traditions locales : un groupe d'échassiers landais (une tradition issue des bergers landais), accompagné de danseuses en costume traditionnel, se lancent dans des chorégraphies sur le fronton avant la fameuse partie de pelote basque.

LE FESTIVAL ARTE FLAMENCO

Le Festival Arte Flamenco se tient depuis 36 ans à Mont-de-Marsan. Véritable institution à portée internationale, il réunit la fine fleur du flamenco chaque année. Le Petit Futé a voulu en savoir plus auprès de Lionel Niedzwiecki, directeur général de l'événement.

Qu'est-ce que le Festival Arte Flamenco ?

Le Festival Arte Flamenco se tient traditionnellement à Mont-de-Marsan la première semaine de juillet. Il réunit, chaque année, plus de 200 artistes, près de 180 à 190 stagiaires, pratiquants et amateurs, qui viennent assister à des spectacles, des cours de flamenco, et des rencontres dans différents lieux de la ville comme le Pôle, la scène principale du théâtre de Gascogne à Saint-Pierre-du-Mont, le Molière, et aussi le Café Musique, un partenaire de longue date du festival. Toutes les formes de flamenco (la danse, la guitare, le chant…) sont représentées. On y trouve également des spectacles gratuits, accessibles à tous, sur la scène du village, place Charles-de-Gaulle, au cœur de la ville, et sur l'esplanade du Midi. Des conférences ont lieu au Café Musique et des projections au cinéma Le Grand Club.

Comment a-t-il vu le jour ?

Il est né de la volonté du département des Landes de créer un événement culturel dont l'audience dépasse les frontières. Le flamenco s'est imposé naturellement en raison du nombre de personnes d'origine espagnole dans la région, ainsi que des amateurs et pratiquants de flamenco. Il a tout de suite eu une résonance importante grâce à notre exigence en termes de programmation. Nous avons immédiatement eu des artistes de premier plan, comme Paco de Lucía dès la 2e année ou le chanteur Camarón. Aujourd'hui, on peut y voir beaucoup de spectacles inédits, c'est une grande chance. Les artistes réservent souvent leur première au festival.

Mais Arte Flamenco, c'est plus que des spectacles…

La culture flamenca est très vaste puisqu'elle est aussi nourrie d'influences diverses et variées, que nous mettons également en avant. Par exemple, au Café Musique, nous programmons des projets en dialogue avec les musiques actuelles. Il y a également eu une lecture musicale créée par Lydie Salvayre, Prix Goncourt 2014, lors d'une résidence d'écriture qui a eu lieu ici et qui faisait partie de la programmation.

Une édition hivernale a vu le jour. D'où est venue l'idée ?

Fort de son succès, l'Arte Flamenco - qui est aujourd'hui organisé par un établissement culturel public et soutenu financièrement par le département, la région et le ministère de la Culture - a décidé de nourrir les projets culturels du territoire des Landes. Nous avons donc développé un partenariat avec la saison culturelle de Soustons, où un événement dédié à l'art flamenco, avec trois spectacles de danse et de musique dans la salle Roger Alain et des stages pour les pratiquants amateurs, se tiendra fin janvier. Il y aura aussi un rendez-vous à Mimizan, au théâtre Le Parnasse, lors d'un week-end mêlant spectacles professionnels et performances de pratiquants amateurs.

LITTÉRATURE

Terrain fertile à l'imagination des plus grands écrivains, de Pierre Benoit à Émile Despax, les Landes sont racontées, imaginées, parfois fantasmées dans quelques chefs-d'œuvre du cinquième art. Des grands noms de la littérature autrefois renommés ont fait la fierté du département, parmi lesquels l'écrivain Pierre Benoit, les poètes Jean Rameau et Émile Despax, ou encore les auteurs Bernard Manciet ou Henri Lefebvre. Les maisons d'écrivains, les sites de mémoire ou encore les associations littéraires font également partie de la richesse du patrimoine littéraire landais, comme l'Association des Amis de Jean Rameau, Les Amis de Christine de Rivoyre ou la Maison de Pierre Benoit. Pendant votre séjour, partez à la découverte des trésors de notre territoire, sur les traces de ces célèbres ambassadeurs des Landes, où chaque lieu de mémoire allie nature et culture. Retour sur plusieurs siècles de littérature dans les Landes...

Maison de Pierre Benoit à Saint-Paul-lès-Dax

Pierre Benoit connaît aujourd'hui un succès moindre, et pourtant, il fut à son époque - durant la première moitié du XXe siècle - un écrivain reconnu, distingué par l'Académie française, nommé au Goncourt et dont les œuvres furent plusieurs fois adaptées au cinéma. Auteur de romans d'aventures, plusieurs de ses récits se déroulent sur la côte aquitaine : *Don Carlos* au Pays basque, *L'Île verte* en Gironde... Fuyant la notoriété, il passe beaucoup de temps dans la maison familiale de Saint-Paul-lès-Dax, qu'il baptisa, dans l'un de ses romans, La Pelouse. Pendant de nombreuses années, la demeure a été un musée perpétuant la mémoire de ce romancier populaire. Aujourd'hui, la maison, rachetée par la ville, a ses volets clos, mais des visites sont parfois organisées.

Jean Rameau, en terres de Chalosse

Né à Gaas en 1858, en terres de Chalosse, de son vrai nom Laurent Labaigt, ce romancier et poète landais a marqué son époque. S'autoproclamant « fils spirituel de Victor Hugo », il est très tôt attiré par la nature gasconne et publie une soixantaine de romans et des milliers de contes inspirés des Landes. Également passionné de photographie, il aime photographier ses proches, ses domestiques, mais également les paysans landais jusqu'aux Pyrénées. À Mont-de-Marsan, le parc derrière la mairie et la préfecture portent son nom.

Le Dacquois Émile Despax

Ce poète landais, né en 1881 et décédé au cours de la Première Guerre mondiale, figure au Panthéon parmi les noms des hommes et femmes morts durant le conflit. Né dans une famille bourgeoise, il travaille dans le corps ministériel et préfectoral puis se consacre à l'écriture dès 1904. Ami de Guillaume Apollinaire, il écrit lui aussi de la poésie, son œuvre la plus reconnue étant *La Maison des glycines*. Dans ses autres œuvres, il aime évoquer l'ambiance et les paysages de ses Landes natales.

Et aussi, plus récemment...

Nombreux sont les auteurs nés dans les Landes et ayant trouvé l'inspiration dans leur territoire natal, notamment Jean-Henri Séqué, poète de langue française et gasconne mais aussi l'écrivain folkloriste Jean Peyresblanques, dont les ouvrages sont principalement consacrés aux Landes de Gascogne. Dans ses œuvres, il aime rassembler contes, légendes et faits historiques locaux pour mettre en avant les traditions landaises. Il aime d'ailleurs s'inspirer de l'ethnographe, poète et dialectologue landais Félix Arnaudin. Citons également Bernard Manciet, né à Sabres. Cet écrivain est l'un des plus importants auteurs gascons du XXe siècle. Son œuvre la plus significative comprend des nouvelles, romans, poèmes et pièces de théâtre, écrites à la fois en français et en occitan gascon. De nombreux autres auteurs landais rayonnent sur le territoire français par leurs œuvres. La liste ne peut être exhaustive, mais citons pour l'exemple Henri Lefebvre. Né à Hagetmau, philosophe et sociologue landais, il fait partie des premiers intellectuels diffusant la pensée marxiste. Autres figures locales, Michel Ohl né à Onesse-Laharie, Dominique Chryssoulis, romancière et auteur dramatique, la poétesse et directrice de théâtre Cora Laparcerie née à Morcenx, l'auteur de littérature fantastique Markus Leicht né à Aire-sur-l'Adour ou encore José Pierre, né à Bénesse-Maremne, écrivain et critique spécialiste du mouvement surréaliste qui côtoyait André Breton. On compte également les auteurs de Mont-de-Marsan, comme l'essayiste Stéphane Strowski, l'auteure de littérature blanche et jeunesse Hélène Duffau ou encore la romancière et poétesse Valentine Penrose. Pensons également aux auteurs dacquois José Frèches, écrivain sinologue, Serge Perez, auteur de littérature de jeunesse, Jean-Michel Iribarren, auteur de *L'Insecte*, ou même Henriette Jelinek, auteure de *Le Destin de Iouri Voronine*, ayant remporté le Grand Prix du roman de l'Académie française.

QUE RAPPORTER ?

Vous pensez à ramener un joli souvenir typique de votre séjour dans les Landes ? Difficile de résister à la tentation d'une petite spécialité culinaire landaise à ramener chez soi ou encore d'une jolie pièce unique venant d'une boutique de créateur local ou un objet d'exception d'artisanat d'art façonné et conçu par un artiste landais. Pour soi ou pour offrir, les marchés de village, les boutiques landaises des lieux touristiques et les villages pittoresques regorgent de souvenirs représentatifs du territoire. Entre souvenirs à déguster, généreux et gourmands, souvenirs symboliques ou souvenirs artistiques, des espadrilles à la planche de surf en passant par le pastis landais ou le foie gras, Le Petit Futé vous propose une liste non exhaustive de ces objets qu'on adore ramener chez soi et qui méritent d'encombrer un peu plus la valise.

Des gourmandises landaises

Pour prolonger le plaisir en rentrant de son séjour landais, quoi de mieux que de délicieuses spécialités locales dénichées directement chez un producteur ! On pense d'abord au canard, sous toutes ses formes : foie gras, gésiers, manchons, confits, magrets... Directement chez Delpeyrat, chez Lafitte ou encore Duperier, dans les fermes landaises ou au marché au gras, ils se transportent sous vide ou en conserve. Les amateurs de mets iodés retrouveront les huîtres d'Hossegor sous les Halles ou directement chez les ostréiculteurs locaux en bord de lac. Celles du bassin d'Arcachon sont à retrouver à Biscarrosse. Savez-vous que les Landes abritent des producteurs de saumons ? Le saumon remonte toutes les rivières de la région et c'est dans l'Adour qu'il s'y reproduit massivement. Fumé à l'ancienne ou en ventrèche, vous pourrez en ramener de la boutique Maison Barthouil à Peyrehorade. Pour un souvenir sucré, c'est le pastis landais qu'il faut ramener ! Au petit déjeuner, au dessert ou au goûter, ce délicieux gâteau moelleux au délicat parfum de fleur d'oranger vous rappellera la douceur landaise. Pourquoi ne pas en profiter pour ramener également une tourtière landaise ou des madeleines de Dax ? Enfin, n'oublions pas les producteurs emblématiques de la région : vignerons et producteurs d'armagnac ! Plus anciennement eau-de-vie de France, rendez-vous dans le Bas-Armagnac, du côté de Labastide-d'Armagnac et de Mont-de-Marsan pour dénicher une bouteille d'exception. Vous y trouverez également du Floc de Gascogne, apéritif local mélangeant armagnac et jus de raisin frais. Pour un délicieux vin local, retrouvez le vin du Tursan directement à la coopérative La Cave des Vignerons de Tursan (p.130) (près du vignoble de Geaune ou bien dans les boutiques revendeurs). D'autres vins IGP Landes sont également à découvrir dont les vins des sables de l'océan, les vins de Chalosse et les vins du Bas-Armagnac. Pour un cadeau original, vous pouvez aussi opter pour les bières artisanales landaises (Kanaha Beer à Biscarosse, la Brasserie Cath' à Capbreton et leurs bières bio, la Brasserie naturelle des Landes, la Brasserie de Lugazaut, Rosny Beer à Seignosse...) et même de très bons spiritueux locaux à la Distillerie Havion à Vieux-Boucau-les-Bains ou Gin 40 à Hossegor.

Une planche de surf sur mesure

On parie qu'elle ne rentrera pas dans votre valise... Mais elle tiendra bien sous votre bras ou dans votre voiture ! Les amateurs de sport de glisse se laisseront forcément tenter par une planche de surf faite main (« *shapée* ») dans la région emblématique du surf ! Les passionnés ont installé leur atelier de fabrication artisanale de Biscarrosse à Capbreton, à quelques kilomètres seulement des vagues, pour les tester évidemment ! Ces *shapers*, comme on les appelle, sont indépendants ou vendent leurs planches - parfois de vraies œuvres d'art ! - dans leur propre boutique et leur propre marque. Allez faire un tour à la zone Pédebert à Soorts-Hossegor, chez Chipiron ou encore chez Surfin Estate par exemple.

La faïence de Samadet

Pour les collectionneurs et amateurs de belles pièces d'art, rendez-vous au berceau de la faïencerie. À 30 km au sud de Mont-de-Marsan, le village de Samadet est un lieu chargé d'histoire. Ici, de 1732 à 1830, le village était occupé par la manufacture royale de faïence qui disposait d'un privilège royal pour fabriquer à la main des faïences aux multiples ornements : camaïeux bleus, décors floraux, chinoiseries... La petite cité landaise accueille aujourd'hui les curieux et amateurs d'histoire d'art, intéressés par le Musée Départemental de la Faïence et d'Art de la table (p.197), qui met en avant cet art centenaire en maintenant la réputation de Samadet grâce à ses plus de 300 œuvres d'exception. Passez par l'atelier de Muriel pour une expérience complète, où sont fabriquées les faïences sous la tradition de la Manufacture Royale du XVIIIe siècle. On y découvre une exposition permanente et évidemment une jolie petite boutique.

© PIRKE - STOCK.ADOBE.COM

Espadrilles.

De la déco 100% landaise

Pourquoi ne pas ramener un bout des Landes dans ses valises en allant dénicher une jolie création déco chez l'un des nombreux artisans et créateurs landais ? Pour une déco sympa ou un cadeau original, vous trouverez forcément ce petit objet qui fait toute la différence. On pense notamment aux fameuses illustrations néo-vintage de voyage de chez Marcel Travel Posters qu'on peut se procurer directement à la fabrique de la zone Pédebert à Hossegor, dans l'une des nombreuses boutiques Marcel de la région ou bien dans de nombreuses boutiques déco du département. Pour être toujours à l'heure de l'océan, Ocean Clock a créé une horloge à marée permettant de visualiser d'un simple coup d'œil l'état de la marée. Sa fabrique est située juste à côté de celle de Marcel Travel Poster dans la zone Pédebert. Du côté de Mimizan, vous trouverez forcément une idée cadeau chez Loopita, créateur et fabricant d'accessoires de déco et d'organisation pour la maison. À Saint-Vincent-de-Tyrosse, Nicolas fait rencontrer artisanat et design pour créer sa marque Oèst, des voiles recyclées et transformées en objets de décoration contemporains. On peut alors lui commander de jolis luminaires, des sacs, des coussins et de nombreux accessoires en voiles de bateau et de planche à voile récupérées sur la côte Atlantique. Vous pouvez également faire un tour chez Woodstache à l'atelier de Capbreton. Cette marque landaise s'inspire de l'univers de la glisse et de l'esprit voyageur franco-américain pour créer des objets faits main en bois écologique : coques de téléphone, tableaux, horloges, et de nombreux accessoires pour tous les jours. Pour de la jolie décoration réalisée à partir de bois flotté récupéré sur les plages des Landes, dirigez-vous à Art et Océan à Mont-de-Marsan, une boutique qui propose de nombreux objets (miroirs, tableaux, lampes...) réalisés avec cette ressource naturelle. Enfin, l'entreprise textile Artiga (magasin d'usine basée à Magescq), est reconnaissable parmi mille grâce à ses tissus originaux et ses toiles basques. On y trouve des articles colorés et de superbes idées-cadeaux, du linge de table aux accessoires de déco et de mode en passant par des toiles au mètre, le tout certifié Origine France Garantie et labellisé Sud Terre Textiles.

Sans oublier...

- Les célèbres marques créées dans les Landes : les caleçons Pull-in (créés à Hossegor dans les années 2000), la marque textile Southwest créée à Hossegor elle aussi ou encore la fameuse marque de doudoune et de produit de literie Pyrenex, basée à Saint-Sever, au sud de Mont-de-Marsan.
- L'Eau thermale de Saubusse, la marque de la station de Saubusse, connue pour ses eaux minérales riches en oligo-éléments. L'eau thermale sert de base à la confection de brumisateurs, gommages, crèmes de visage, gels douche, laits corporels...
- Les espadrilles, traditionnellement basques et béarnaises. On retrouve un atelier de confection 100 % landais, la Maison de l'Espadrille, à Vieux-Boucau-les-Bains.
- Les sublimes créations de Cam&Co à Seignosse, des objets du quotidien, des bijoux et des pièces uniques colorées créées avec de la résine recyclée - à l'origine utilisée pour le vernissage d'une planche de surf.
- Les sculptures et les meubles de Mindus à Seignosse, réalisés par un artisan passionné et créatif proposant des objets de déco au style industriel à partir de matériaux recyclés. On retrouve d'ailleurs nombre de ses créations chez les restaurateurs du coin.

SPORTS ET LOISIRS

Les Landes sont une terre de sports et de loisirs. Tous les paysages du département offrent de nombreuses activités originales à ses visiteurs. Découvrez ainsi les joies du surf du côté de Hossegor. Assistez à une rencontre de rugby dans une ambiance festive à Mont-de-Marsan. Longez l'Atlantique sur les multiples pistes cyclables, entre dunes et forêts. Découvrez les sports traditionnels locaux, comme la pelote basque ou la pala. Prenez de la hauteur avec un tour de paramoteur pour admirer le panorama, ou alors, détendez-vous dans un centre de thalassothérapie. Dans les eaux du territoire, sur les terrains de sport, en pleine nature ou même dans les airs : le département des Landes vous invite à découvrir son territoire à travers des activités sportives et de détente toujours plus attrayantes. Il y en a vraiment pour tous les goûts, pour tous les niveaux et pour tous les âges. Chacun trouvera son bonheur pour s'amuser dans les Landes !

Sports nautiques

Les Landes sont un endroit privilégié pour les amateurs de surf. Ce sport est devenu un incontournable de la région. Et pour cause, la côte landaise bénéficie de conditions idéales. Vous pourrez ainsi pratiquer le surf tout le long de la côte d'Argent, de Biscarrosse jusqu'à Tarnos en passant par Hossegor et Capbreton. Au cours de l'année, plusieurs compétitions et festivals animent les plages du département comme **Quiksilver Festival** (p.), l'Open de France ou les Championnats de France de surf. Si vous souhaitez essayer ce sport, dirigez-vous vers les écoles de surf labellisées « Surf in Landes » (label Qualité Tourisme) afin de vous assurer le plaisir de la glisse en toute sécurité. Dans ces écoles, on peut également apprendre à pratiquer le bodyboard mais aussi le stand-up paddle. Le surf n'est pas le seul sport pratiqué sur les vagues de la côte landaise. Moins populaire mais pratiqué, le kitesurf - avec une planche accrochée aux pieds et une sorte de cerf-volant que l'on pilote - se pratique par jour de vent. Mais attention, ce sport extrême doit s'apprendre auprès d'un professionnel. De nombreuses écoles de kitesurf proposent des stages pour particuliers sur toute la côte, de Biscarrosse à Seignosse… N'hésitez pas à vous renseigner auprès de la Fédération Française de Vol Libre. Et contrairement aux idées reçues, il ne faut pas savoir surfer ! Les Landes bénéficient aussi de spots de plongée sous-marine. Au large de Capbreton se trouve ainsi une fosse : le « Gouf de Capbreton ». Celle-ci s'enfonce sur plus de 3000 mètres de profondeur ! Dans la tête de ce canyon sous-marin, il est possible de voir de nombreuses espèces maritimes. La découverte de ce gouffre est néanmoins réservée aux professionnels. Pour les amateurs, plusieurs sites existent dans les environs, en fonction des envies et du niveau de chacun.

Terre de rugby

Que serait le Sud-Ouest sans son sport emblématique, le rugby ? Les Landes, entourées par les clubs emblématiques de Bordeaux-Bègles et de l'Aviron Bayonnais, ont, elles aussi, des clubs appartenant à l'élite française. Mont-de-Marsan et son club le Stade Montois, créé en 1908, évolue en Pro D2 depuis plusieurs années aux côtés de ses adversaires de Dax, l'Union Dacquoise. À Capbreton, le stade accueille aussi régulièrement le XV de France et l'équipe de rugby à 7, venant s'entraîner lors de stages de préparation. Le rugby fait tellement partie de la culture landaise qu'il existe même une chapelle dédiée au rugby, unique en France, la **chapelle Notre-Dame du Rugby** (p.215) à Larrivière-Saint-Savin. À l'intérieur, on découvre des vitraux avec des personnages représentant une mêlée ou encore une touche, tandis que ses murs sont recouverts de 430 maillots du monde entier.

© GABRIEL-M - ISTOCKPHOTO.COM

En pleine nature

Pour découvrir notre beau département, quoi de mieux que de pratiquer la marche à pied ? Le territoire propose plus de 3 500 km d'itinéraires de promenades et randonnées balisées dans des paysages variés et pittoresques, que ce soit sur le littoral, en forêt ou en campagne. Il existe également 4 chemins de Saint-Jacques-de-Compostelle entièrement balisés : la voie du littoral (150 km de Sanguinet à Tarnos traversant les stations balnéaires landaises), la voie de Tours (150 km traversant une partie du Parc Naturel Régional des Landes de Gascogne), la voie du Vézelay (90 km traversant le territoire de l'Armagnac) et la voie du Puy (30 km d'Aire-sur-l'Adour à Pimbo, où vous pourrez découvrir l'Église Sainte-Quitterie inscrite au patrimoine mondial de l'UNESCO). Renseignez-vous avant d'emprunter ces chemins, car certaines parties peuvent être fermées et contenir des déviations. À pied, tout est plus accessible, mais à vélo aussi ! Il existe près de 2 500 km d'itinéraires cyclables dans les Landes (dont 588 km de pistes cyclables ou voies vertes) sillonnant à travers différents paysages entre terre et mer, à l'exemple de la Vélodyssée ; une véloroute qui longe l'Atlantique jusqu'à la côte Basque ou encore la Scandibérique (tronçon français de l'EuroVelo 3 reliant Trondheim en Norvège à Saint-Jacques-de-Compostelle en Espagne). Dans les Landes, l'itinéraire de cette dernière se compose de 177 km de voies vertes de Gabarret à Saint-Laurent-de-Gosse, en passant par Mont-de-Marsan et Dax. La majorité du trajet s'effectue sur des pistes sans voiture et traverse les villes et villages emblématiques du département : de quoi profiter du patrimoine, de l'océan et de la nature en toute tranquillité.

Les sports et jeux traditionnels

L'un des sports les plus emblématiques du territoire est sans aucun doute la pelote basque. On reconnaît le *pelotari* (le joueur de pelote) à sa tenue : pantalon et chaussures blanches et polo aux couleurs du club. Ce sport complet, visuel et passionnant, ne cesse de séduire. Et pour cause, il nécessite des qualités physiques et d'adresse peu communes, un bon sens tactique et une exemplaire complémentarité dans les rencontres en double. Les origines de la pelote basque remontent à l'Antiquité. On raconte même que les Mayas pratiquaient ce sport. Appelée « pila » par les Romains, elle devient jeu de paume au Moyen Âge sous Henri IV. Ce sport se pratique alors avec des gants. Séduits, les Basques ont adapté ce jeu à leur façon avec des équipements et des installations spécifiques. C'est au milieu du XVIIIe siècle qu'ils inventent le rebond (en intégrant le caoutchouc), qu'ils intègrent aussi le mur et puis en 1857, Gaintchiki Harotcha créé le *chistera*. Avec cet objet, il révolutionne la pelote. Il serait né par hasard, inspiré par un panier d'osier de forme ovale qui servait à ramasser les fruits. Il est perfectionné au fil des siècles pour atteindre sa structure actuelle. Le sport, souvent associé au pays Basque, s'est aussi exporté dans les Landes au début des années 1900. Toutes les formes de la pelote basque ont alors un point commun : le mur, dit le fronton. D'ailleurs, la plupart des villages landais possèdent le leur. C'est un élément incontournable, souvent situé au milieu du village, un élément rassembleur qui accueille aussi souvent des manifestations et des fêtes. Le fronton est marqué par une ligne horizontale située à un mètre du sol : cette démarcation fait office de « filet ». Il ne faut pas envoyer la pelote

Randonnée dans la réserve naturelle du Courant d'Huchet.

© PHILIPPE DEVANNE - STOCK.ADOBE.COM

Survol de Seignosse en ULM.

dessous, sinon c'est faute ! Dans certains cas, le fronton peut être prolongé par un mur situé à gauche, qui se nomme le *jaï-alaï*. Cette configuration est celle utilisée pour les matchs de cesta punta, qu'on peut retrouver par exemple à Hossegor. Sur les frontons se pratiquent également la pala. Ce sport traditionnel se joue avec une raquette pleine en bois et plate (la *pala*) et doit respecter une règle : envoyer la pelote contre le fronton avec un rebond maximum dans la *cancha* (l'aire de jeu). Lors de vos balades, vous passerez peut-être devant un fronton où se joue une partie de pala entre amis ! Et si vous souhaitez découvrir un vrai match de pelote basque, renseignez-vous directement aux offices de tourisme, de nombreux matchs se jouent à la saison estivale (Vieux-Boucau-les-Bains, Hossegor, Morcenx-la-Nouvelle…).

Dans les airs

Pourquoi ne pas prendre de la hauteur pour découvrir les charmes du territoire ? Selon vos envies, les Landes présentent toutes sortes d'activités dans les cieux. Pour les amateurs de vitesse, les sites de Biscarrosse, Mimizan ou encore en Chalosse proposent des baptêmes de l'air en avion, en planeur, en hélicoptère ou ULM. Vous pourrez même effectuer du paramoteur sur le site de Bénesse-Maremne. Encadrées par des professionnels, ces activités sont ouvertes à tout le monde : de quoi s'émerveiller des paysages tout en prenant l'air ! Pour ceux qui préfèrent les déplacements plus calmes, pourquoi ne pas s'offrir un baptême de l'air en montgolfière ! Vous assisterez au gonflage du ballon et profiterez ensuite d'un paysage unique au milieu des vallons du département, avec vue sur les Pyrénées et la Rhune. Enfin, les Landes n'oublient pas les passionnés de sensations fortes. Vous pourrez ainsi faire du saut en parachute, que ce soit pour la première fois ou pour retenter l'expérience. Plusieurs structures vous attendent sur le territoire et des professionnels du secteur sont là pour vous encadrer. Vous n'avez plus qu'à sauter en toute sérénité !

Détente

Les Landes offrent à leurs visiteurs de nombreux loisirs et activités pour se détendre. Souvent, on y vient même en vacances seulement pour cela ! Le territoire propose ainsi plusieurs sites d'hydrothérapie et de balnéothérapie, notamment avec ses villes thermales comme Saubusse ou Dax. Le territoire thermal du Grand Dax est le plus important de la région. Il regroupe pas moins d'une dizaine d'établissements prêts à vous accueillir. Vous y trouverez tout pour passer un séjour entre tourisme et remise en forme. Chacun fournit en effet des prestations ciblées dans un cadre unique et reconnu pour ses qualités. Toujours dans l'univers de l'eau, les Landes regorgent aussi de spots de baignade. Le long de l'océan Atlantique vous attendent de nombreuses plages, que ce soit pour vous jeter dans les vagues ou vous reposer sur le sable. Mais la région a aussi de nombreux lacs naturels et marins, offrant toutes sortes d'activités comme le paddle, le kayak, la voile ou encore des balades en barque. Enfin, pour les amateurs de sports doux, les Landes offrent un large choix d'adresses où pratiquer le yoga et le pilates, en studio, sur la plage ou même sur l'eau ! Une cinquantaine d'établissements sur tout le territoire vous proposent de les rejoindre pour une séance de bien-être, les pieds dans le sable, au lever du soleil ou en équilibre sur une planche sur le lac, où vous pourrez aussi découvrir les bienfaits de la relaxation et de la méditation.

GASTRONOMIE

Le département des Landes est un territoire de traditions gourmandes et authentiques. La cuisine landaise est une cuisine familiale emblématique du Sud-Ouest qui séduit par ses recettes d'antan : la salade landaise, la garbure, le pastis landais, la tourtière... Gourmande, savoureuse et généreuse, elle plaît aux bons vivants et aux épicuriens. De la viande aux légumes, du dessert au vin landais, pour que votre séjour rime avec gourmandise, le Petit Futé vous emmène à la découverte des spécialités incontournables des Landes.

Les spécialités et plats traditionnels

Parmi les spécialités, le canard occupe une place de choix : il est le roi de la gastronomie landaise. Le canard fermier des Landes labellisé Label Rouge et Indication Géographique Protégée est élevé en plein air pendant 102 jours et nourri au maïs en grain entier. Les producteurs respectent un cahier des charges rigoureux pour être à la hauteur de leur réputation. En confit, aiguillettes, magrets ou foie gras, le canard se savoure de nombreuses façons. Incontournable, le foie gras est un produit gastronomique emblématique du terroir. Issu des volailles grasses, il est le résultat d'un savoir-faire d'exception. Il se savoure nature, sur une tranche de pain ou avec une compote de figues. Certains le préfèrent mi-cuit ou carrément poêlé. Le confit de canard est l'une des recettes typiques de la cuisine landaise qui remonte à plusieurs millénaires.

Déjà dans l'Antiquité, les canards gras étaient élevés puis cuits dans la graisse. Cette pratique a perduré notamment dans les campagnes et trouve même une place sur les tables de la cour d'Henri IV. La technique est toujours la même : la viande de canard cuit dans de la graisse chaude durant deux heures minimum, avant d'être mise en conserve et recouverte de graisse. La conservation peut ainsi durer plusieurs mois. Prêt à savourer le confit ? Faites-le griller quelques minutes de chaque côté à la poêle ou au four dans un peu de graisse. La peau doit être dorée et craquante, et la chair toujours tendre. La salade landaise est un condensé des spécialités de la région. Gourmande et copieuse, c'est un plat complet qui est composé de produits du terroir landais : foie gras de canard, tranches de magrets de canard fumé, gésiers de canard, jambon de Bayonne et quelques asperges blanches, maïs et pignons de pin pour la fraîcheur ! On trouve parfois des tomates et des croûtons de pain aillés et grillés. La simplicité alliée à la gourmandise. Que demander de plus ? Pour trouver foies gras, canards et oies, magrets et confits, rendez-vous sur les marchés au gras ou les marchés de producteurs locaux. En hiver, les étals se multiplient dans tout le département : Dax, Mont-de-Marsan, Saint-Sever, Peyrehorade, Villeneuve-de-Marsan… La cuisine du terroir landais ne rime pas seulement avec foie gras et confit de canard. La garbure est un plat moins connu du patrimoine culinaire. Cette soupe traditionnelle, aux allures de ragoût du Sud-Ouest, est riche en féculents, légumes et viandes. La recette se décline à l'envie et tient ses origines de la campagne. Plus qu'une soupe, la garbure est un plat rustique dans lequel on trouve traditionnellement des haricots tarmais (des haricots blancs du Sud-Ouest), des fèves, du chou vert, des pommes de terre, du céleri, des navets, des carottes et des poireaux. Le choix de viande est également varié : canard des Landes, jambon de Bayonne, saucisse ou couenne de porc… Un plat complet à savourer bouillant lors d'un jour froid d'hiver ! Les gourmets apprécient également les volailles fermières des Landes IGP. Poulets, poulardes, chapons, dindes et cailles sont élevés également en plein air, au cœur du massif forestier des Landes, pendant 81 jours minimum. En 1965, le poulet jaune des Landes, aussi connu sous le nom de poulet de Saint-Sever, a reçu le premier Label Rouge alimentaire.

L'élevage des volailles fermières est inséparable des marensines, ces petites cabanes mobiles intégrées au paysage, développées dans les années 1960 et permettant de respecter au mieux l'environnement naturel des bêtes. Quelques gibiers complètent la carte des spécialités landaises que l'on retrouve en ragoût. N'oublions pas non plus le bœuf de Chalosse, élevé dans les pâturages des Landes, qui bénéficie d'une certification IGP. Il se caractérise par la tendreté de sa chair, due aux 10 jours de maturation minimum. Envie d'un dessert ? Le pastis landais est un incontournable ! Rien à voir ici avec la boisson anisée, il s'agit d'une bonne brioche compacte à la texture fondante, au parfum de vanille, rhum, fleur d'oranger ou à l'anis. On le déguste à tout moment de la journée, au petit déjeuner, au goûter mais surtout en dessert avec pourquoi pas, une bonne crème anglaise ! Les gourmands découvriront aussi la tourtière landaise, une spécialité locale à base de pâte feuilletée, de pommes légèrement acidulées au parfum d'Armagnac.

TOP 10

GASTRONOMIE LOCALE

Dans les Landes, c'est indéniable : on aime bien manger et boire, et surtout de bons produits du terroir ! Si la région est connue pour ses recettes riches et généreuses, elle est aussi réputée pour la qualité de ses produits locaux, dont beaucoup bénéficient d'une origine contrôlée.

LE VIN DU TURSAN

Déjà consommé à l'époque gallo-romaine, le vin du Tursan est fameux dans les Landes. Il se décline en rouge, blanc et rosé.

LE PASTIS LANDAIS

Aussi surnommée Bourrit, cette brioche est une déclinaison aérienne à la fleur d'oranger, au rhum ou à la vanille.

© LAMUREBENJAMIN - STOCK.ADOBE.COM

LA CROUSTADE

Un dessert croustillant à partir de pommes ou de pruneaux à l'armagnac et recouvert de feuilles de pâte extrêmement fines.

© ERIC - STOCK.ADOBE.COM

LES VOLAILLES

Titulaire du premier Label Rouge alimentaire en 1965, le poulet des Landes est réputé pour sa tendreté.

© FOMAA - STOCK.ADOBE.COM

LA SALADE LANDAISE

Composée de salade, foie gras, jambon de Bayonne, gésiers et magret de canard, asperges blanches en saison, maïs et pignons.

© JÉRÔME ROMMÉ - STOCK.ADOBE.COM

LE KIWI DE L'ADOUR

Introduit il y a une trentaine d'années, ce fruit du bout du monde s'épanouit particulièrement bien dans le terroir landais.

© NITR - STOCK.ADOBE.COM

LE CANARD

Magret, confit, foie gras, gésiers… Le canard se décline sous toutes ses formes ici !

© PHILETDOM - STOCK.ADOBE.COM

L'ARMAGNAC

L'Armagnac est la plus ancienne eau-de-vie de France, et c'est aux Landes que l'on la doit !

© EKATERINAKISELEVA - STOCK.ADOBE.COM

LES ASPERGES DES SABLES

De mars à mai, les asperges des Landes sont les stars du marché et se trouvent très facilement.

© HANDMADEPICTURES - STOCK.ADOBE.COM

LA GARBURE

Cette soupe rurale traditionnelle mijotée se compose de légumes qui changent selon les saisons et de viandes (canard ou porc).

© ALF PHOTO - STOCK.ADOBE.COM

© ALF PHOTO - STOCK.ADOBE.COM

Confits de canard.

Astuce futée : la réchauffer quelques minutes avant de la déguster ! Pour finir, les fameuses Madeleines de Dax font partie de la belle liste des spécialités landaises. Ce délicieux biscuit artisanal d'exception est fabriqué et vendu dans l'un des plus vieux commerces de la ville !

Une richesse gastronomique à portée de main

Canard, volailles, bœuf… mais aussi de nombreux fruits et légumes labellisés ! La liste des spécialités landaises ne serait pas complète sans évoquer quelques autres produits gourmands de qualité. On trouve notamment les pommes de terre primeurs cultivées dans les landes sableuses. Reconnaissable à sa peau fine et sa chair tendre, cette pomme de terre est appréciée des connaisseurs pour son goût unique. Citons l'incontournable asperge des sables, qui bénéficie d'une Indication Géographique Protégée. Produite dans les Landes (le premier département producteur), cette variété d'asperges se retrouve sur les étals des marchés d'avril à juin. Les gourmands les cuisent rôties au jambon de pays ou en gratin avec du magret séché. Parmi les autres spécialités, on trouve également le kiwi de l'Adour. Il s'agit du seul kiwi français à bénéficier de la double certification IGP et Label Rouge, il se consomme entre mi-décembre et avril. Enfin, citons d'autres produits emblématiques du département, comme le saumon de l'Adour, les huîtres d'Hossegor, le miel des Landes de Gascogne ou encore les cacahuètes de Soustons ! Pour vous immerger totalement dans la vraie gastronomie landaise lors de votre séjour, guettez le label du « Réseau Gourmand » ! Le « Réseau Gourmand » rassemble les restaurateurs, producteurs, artisans, commerçants et hébergeurs landais s'engageant dans la préservation du terroir et des savoir-faire landais. À travers leur métier, ils sont les ambassadeurs de la gastronomie landaise et garantissent la qualité des produits et l'utilisation des circuits courts.

Les vignobles landais

Dotées de trois terroirs bien marqués, le Tursan, la Chalosse et le Bas-Armagnac, le vignoble landais s'étend sur plus de 1 650 hectares. Le Tursan, situé entre Dax et Mont-de-Marsan, et grâce à sa proximité avec le Parc Naturel Régional des Landes de Gascogne, bénéficie d'une situation climatique privilégiée. Pour **l'AOP Tursan** (p.130), on retrouve des vins rouges et rosés aux différents cépages : Cabernet franc, Tannat, cabernet sauvignon, Fer-Servadou, Merlot. Pour le blanc, ce sont les cépages Baroque, uniques aux Landes, le Gros-Manseng et Sauvignon Blanc qui dominent.

En terre de Chalosse, sur les Côtes de l'Adour ainsi que du côté des sables de l'océan et des sables fauves, où sont produits rouges, rosés et blancs, l'IGP Landes est marqué par des arômes fruités. Pour en découvrir plus sur les vignobles du Sud-Ouest, jetez un œil à www.vignobles-sudouest.fr.

Enfin, la gastronomie landaise brille également par son apéritif local. Le Bas-Armagnac est réputé pour son eau-de-vie connue depuis le Moyen Âge : l'Armagnac. AOC depuis 1936, l'Armagnac est élaboré selon une recette artisanale et un réel savoir-faire d'antan. Cet alcool distillé à partir d'un vin blanc sec est produit du côté de Mont-de-Marsan, Roquefort et Labastide-d'Armagnac. C'est aussi le cas du Floc-de-Gascogne, un apéritif où se marient subtilement 2/3 de jus de raisin et 1/3 d'Armagnac.

Vous l'aurez compris, grâce à son climat favorable et doux, les Landes offrent une richesse viticole à découvrir et à déguster, mais bien sûr, avec modération !

larre de passer des heures
ur internet pour trouver
es bons plans ?
my petit fute
M'A FAIT GAGNER UN TEMPS FOU AVEC SES RECOMMANDATIONS D'ITINÉRAIRES ET SES BONS PLANS TESTÉS PAR DES RÉDACTEURS LOCAUX.
VOTRE GUIDE NUMÉRIQUE SUR MESURE EN MOINS DE 5 MINUTES POUR 2,99 €
mypetitfute.fr

AGENDA

Concerts, spectacles, festivals, manifestations folkloriques, férias... L'agenda des Landes est riche en événements. Pour organiser au mieux votre séjour, le Petit Futé vous propose une sélection de rendez-vous immanquables. Du côté de la capitale landaise, on vit au rythme des fêtes de la Madelaine durant l'été ainsi que du festival de flamenco de Mont-de-Marsan pour les amateurs de musique. Festival du film, rassemblement d'hydravions, festival de musique du monde, fête de l'Armagnac... Il y en a pour tous les goûts ! Certaines manifestations sont typiques de notre territoire et méritent le coup d'œil, notamment la féria de Dax ou le Quiksilver Festival où se rassemblent les amoureux de glisse. Événements uniques, moments de partage et de convivialité... Bienvenue dans les Landes !

RASSEMBLEMENT INTERNATIONAL D'HYDRAVIONS

Lac de Biscarrosse-Parentis
BISCARROSSE
✆ 05 58 78 00 65
www.hydravions-biscarrosse.com
Fin mai, début juin. Show aérien gratuit. Restauration. Animations musicales.

C'est depuis 1991 et ce, tous les 2 ans, que la capitale française de l'hydraviation accueille cet événement incontournable avec ses passionnés du monde entier. Au programme : des shows aériens spectaculaires au-dessus du lac, des ateliers, des structures gonflables pour les enfants, un village d'exposants, des simulateurs de vol (Alphajet, Rafale et Mirage III), des conférences, des baptêmes de l'air... Un bel événement à ne pas manquer pour toute la famille.

LES OCEANES DE LA RADIO

Biscarosse-Plage - **BISCARROSSE**
✆ 05 58 78 19 19
www.frequencegrandslacs.fr
Le 1er samedi de juin. Gratuit.

Début juin chaque année, c'est presque les pieds dans l'eau qu'on vient danser à Biscarrosse-Plage !

Le très attendu festival des Océanes de la Radio rassemble plus de 15 000 personnes autour d'une grande scène accueillant de nombreux artistes francophones et internationaux... Le tout, totalement gratuit ! En 2024, on a pu y voir Irma, Emma Daumas ou encore Les Frangines, mais aussi Skip the Use ou encore Benabar en 2022. Toujours de belles affiches d'années en années pour un événement populaire et réputé, à deux pas de l'océan !

FESTIVAL DU FILM DE CONTIS

49, Rue des Avocettes - **SAINT-JULIEN-EN-BORN**
https://festivalcontis.fr/
En juin. Entrée : 8,50 € par séance (réduit : 6,50 €). Pass festival : 70 €, Pass courts métrages : 40 €.

Voilà 30 ans que le Festival du film de Contis rassemble chaque année les professionnels, cinéphiles et curieux venant partager le même amour du cinéma. Emblématique de la programmation des festivals de films en France, il propose des longs-métrages en avant-première, des rencontres avec des équipes des films, deux compétitions de courts-métrages, du cinéma en plein air, des ateliers mais également un ciné-goûter pour les enfants, et des soirées musicales.

LES FÊTES DE SAINT-SEVER

SAINT-SEVER
En juin. Restauration sur place et animations.

L'Association des Fêtes de Saint-Sever prépare encore une belle édition des Fêtes de la Saint-Jean. Tout commence notamment par le fameux trail, puis la journée se poursuit en musique avec un concert, une cavalcade, la remise des clés et le feu de la Saint-Jean. Le samedi est la journée consacrée aux enfants tandis que le dimanche est dédié à la corrida. Le lundi, c'est course des cuisinières aux arènes et feu d'artifice. On termine avec la journée Coursayre avec repas et concours landais. Mais aussi : *peñas* et bodegas, défilé de bandas, concerts, manèges, etc.

FESTIVAL ARTE FLAMENCO

MONT-DE-MARSAN
✆ 05 58 06 36 66
https://festivalarteflamenco.fr/
Du lundi 30 juin au samedi 05 juillet 2025

Tous les étés depuis 36 ans, Mont-de-Marsan se pare de couleurs andalouses pour accueillir le plus grand festival de Flamenco en France. Créé en 1989, le Festival international Arte Flamenco est le rendez-vous incontournable pour tous les amoureux de culture flamenca. Chaque édition témoigne de la qualité de cet événement, auquel participent des artistes de renom et des jeunes talents. Mais l'esprit même d'Arte Flamenco, au-delà de la tradition, c'est son incomparable programme réunissant danse, musique, arts visuels, chant et littérature.

MUSICALARUE

LUXEY
✆ 05 58 08 05 14
www.musicalarue.com
En juillet.

Rendez-vous à Luxey pour ce festival qui a fêté ses 35 ans d'existence en 2024. Les salles, les rues et les places de la ville résonnent de concerts et de spectacles de rue qui cohabitent dans une joyeuse ambiance tout au long de ces trois jours. En plus des nombreuses scènes improvisées, certains spectacles se déroulent dans la salle baptisée Les Cigales, d'une capacité de 450 personnes debout et 236 assises. A côté des concerts (80 groupes de musique), les arts de la rue sont également mis à l'honneur avec des compagnies très éclectiques !

LES FÊTES DE LA MADELEINE

MONT-DE-MARSAN
http://regiefetes.montdemarsan.fr
Du 16 au 20 juillet 2025. Tarifs des corridas, novilladas et concours landais en ligne.

Les fêtes de la Madeleine réunissent chaque année des milliers d'habitants et de touristes venus profiter des différentes animations organisées dans les rues de la ville : concerts, défilés, repas, spectacles... Au programme, cinq jours et cinq nuits de festivités et de réjouissances. Le lancement des fêtes de la Madeleine est officialisé par la procession, qui conduit la statue de sainte Marie Madeleine de l'église de la Madeleine vers la chapelle des arènes du Plumaçon.

LATINOSSEGOR

Place des Landais
HOSSEGOR
www.hossegor.fr
Fin août - début septembre. Gratuit.

Face à l'océan sur la fameuse place des Landais, plus de 30 000 personnes se rassemblent chaque année pour profiter de 3 jours de concerts salsa et reggaeton lors de ce festival latino, l'un des plus reconnus de France. En plus de la musique, vous profiterez aussi de nombreuses animations et de stands : initiations aux danses latines et cubaines, DJ sets et concerts du matin au soir, marché, ateliers créatifs... Découvrez le programme sur le site Internet de l'office de tourisme d'Hossegor ou sur la page Facebook Latinossegor.

JAZZ IN SANGUINET

Espace Gemme - **SANGUINET**
✆ 05 58 78 67 72
En juillet.

Démarré en 1999, le Festival Jazz in Sanguinet est le moment de passer un week-end 100 % jazz ! A l'époque, le succès a été tel que la mairie et l'office de tourisme ont décidé d'en faire un événement annuel sous forme de festival. Un projet applaudi des deux mains par les amateurs de jazz, nombreux dans ce village landais, très vite rejoints par les curieux des villages alentour. Le public vient en masse, à tel point que dès la deuxième édition, les organisateurs prennent la décision de quitter la place de Sanguinet, trop petite et bruyante, pour s'installer à l'Espace Gemme. C'est ici, que la musique jazz se laisse écouter dans toute sa diversité, dans toutes ses origines.

LITTLE FESTIVAL

Avenue des Arènes
SEIGNOSSE
https://little-festival.fr
5 jours début août. Concerts gratuits à Capbreton et à Hossegor. Tarif jour au Tube à Seignosse : 31,90 €.

Le Little Festival, c'est 5 jours de fête à Capbreton, Hossegor et Seignosse et plus de 10 000 amoureux de la musique électronique qui se retrouvent depuis 2017 pour venir danser sur les sets d'artistes de renom : Yuksek, Étienne de Crécy, Folamour, Bon Entendeur... Cet événement landais incontournable de l'été offre chaque année une jolie programmation ainsi que des performances de street art et une mise à l'honneur des sports de glisse. En partenariat avec l'association Surfrider, le festival s'investit dans une démarche écoresponsable.

TEMPOS DU MONDE

Lac de Christus
SAINT-PAUL-LÈS-DAX
www.temposdumonde.com
Fin août. Pass 1 jour : de 20 € à 34 €.
Gratuit -12 ans.

Dans un cadre bucolique et convivial, le festival Tempos du Monde vous fait vivre deux jours de fête et de musique autour de la diversité des cultures et de l'éco-responsabilité. Ambiance colorée et épicée, ce festival rassemble les amoureux de reggae, latino, de jazz ou encore de cumbia. En plus d'une scène principale à la programmation variée, rendez-vous au Village des Tempos avec son souk artisanal et ses nombreux stands d'artisans aux créations uniques et authentiques, mais aussi des food trucks, des spectacles, des ateliers et des démonstrations.

FERIA DE DAX

DAX
✆ 05 58 90 99 09
www.daxlaferia.fr
En août.

Amis fêtards et amateurs de bonne humeur, sortez votre foulard rouge et votre chemise blanche pour ce rendez-vous incontournable du mois d'août ! *Novillada*, courses landaises et course de *rejón* (à cheval) dans les arènes, lâchers de taureaux dans les rues et bodegas sans discontinuité : toute la ville est en liesse pour cet événement populaire et festif. La feria de Dax, ce sont cinq jours et cinq nuits de fêtes, de rires et de partage dans les rues dacquoises ! Jeunes et moins jeunes se retrouvent autour du rythme des percussions pour communier ensemble.

QUIKSILVER FESTIVAL

Avenue de la Gare
HOSSEGOR
www.tourismelandes.com
Durant 7 jours, de fin septembre à début octobre. Restauration. Compétition de surf, concerts, projection de films.

C'est LE festival dédié à la culture du surf à ne pas rater ! Jérémy Florès, surfeur international, a souhaité relancer un festival après l'arrêt du Quiksilver Pro France. Rendez-vous alors au début de l'automne pour assister à une compétition entre 20 surfeurs internationaux depuis les plages de Hossegor, Seignosse et Capbreton. Pendant une semaine, vous pourrez aussi profiter de projections de films en avant-première, de concerts live, de DJ sets, de démos de skate et d'une séance de dédicaces avec la crème de la crème des surfeurs. Incontournable !

TOROS Y SALSA

Arènes de Dax - **DAX**
✆ 05 58 90 99 09
www.daxlaferia.fr
Début septembre. Entrée dans les arènes avec spectacles taurins de 5 € à 37,50 €. Concerts gratuit. Restauration.

Dans les arènes et sur son parvis, le Festival Toros y Salsa se déroule pendant 3 jours. Un programme riche pour les amoureux de fête, de musique et de traditions : « La nuit du Toro », corrida portugaise, visite des « toros », spectacles de danses latines, concours de pintxos, initiations et ateliers de danses et de musique, initiation de course landaise et corrida, concerts et DJ sets, animations et jeux pour les enfants... Un bel événement pour toute la famille à ne pas manquer pour découvrir et profiter de toutes les animations autour des traditions locales.

ARMAGNAC EN FÊTE

Place Royale - **LABASTIDE-D'ARMAGNAC**
✆ 05 58 03 40 31
www.armagnacenfete.fr
Dernier week-end d'octobre chaque année. Restauration.

C'est un événement culturel et festif qui se déroule dans le pays de l'Armagnac chaque dernier week-end d'octobre, juste après les vendanges. Labastide-d'Armagnac, mais aussi Eauze, Montréal-du-Gers ou Montesquiou célèbrent le fameux breuvage gascon le temps de quelques jours. Au programme de ces festivités hédonistes qui se déroulent sur la place Royale, la plus ancienne eau-de-vie de France est célébrée au gré de concerts, repas, marchés de producteurs, ateliers, expositions, mais aussi courses landaises. Un festival joyeux et convivial à ne pas manquer !

LANDES

Logé entre la Gironde et le Pays basque, le département des Landes est bercé par les flots de l'Atlantique. Ses larges plages sont de véritables coins de paradis pour les baigneurs et les surfeurs, avec ses cités balnéaires propices aux vacances au bord de la mer : Hossegor, Biscarosse ou la très familiale Mimizan. Le département est également réputé pour ses vastes pinèdes et ses grands lacs comme celui d'Aureilhan. Vous apprécierez la richesse des possibles tant les Landes ont à vous offrir. Partez à la découverte de ses villages au charme fou qui méritent le détour, ses monuments qui font la force de son patrimoine et ses sites naturels où il fait bon se ressourcer, à l'instar de la Réserve naturelle nationale d'Arjuzanx.

Le patrimoine gastronomique n'est pas en reste avec un terroir exceptionnel – son Armagnac qu'on ne présente plus – et ses producteurs locaux qui vous attendent pour vous faire déguster leurs spécialités.

10 KM
Océan Atlantique
SANGUINET
Hameau Sainte Barbe
D 146
BISCARROSSE
D 652
PARENT
Gastes
D 46
Sainte-Eulalie-en-Born
D 87
D 47
Pontenx-les-Forges
Étang d'Aureilhan
D 626
MIMIZAN
D 46
Piric
Leych
Bias
Maisonnave
D 63
D 140
D 38
Contis-Plage
SAINT-JULIEN-EN-BORN
D 340
D 403
Mesple
UZA
LIT-ET-MIXE
D 5
D 140
Lesperon
VIELLE-SAINT-GIRONS
D 42
D 41E
LINXE
D 382
D 10E
Étang de Léon
D 328
LÉON
Castets
D 142
MOLIETS-ET-MAA
D 10E

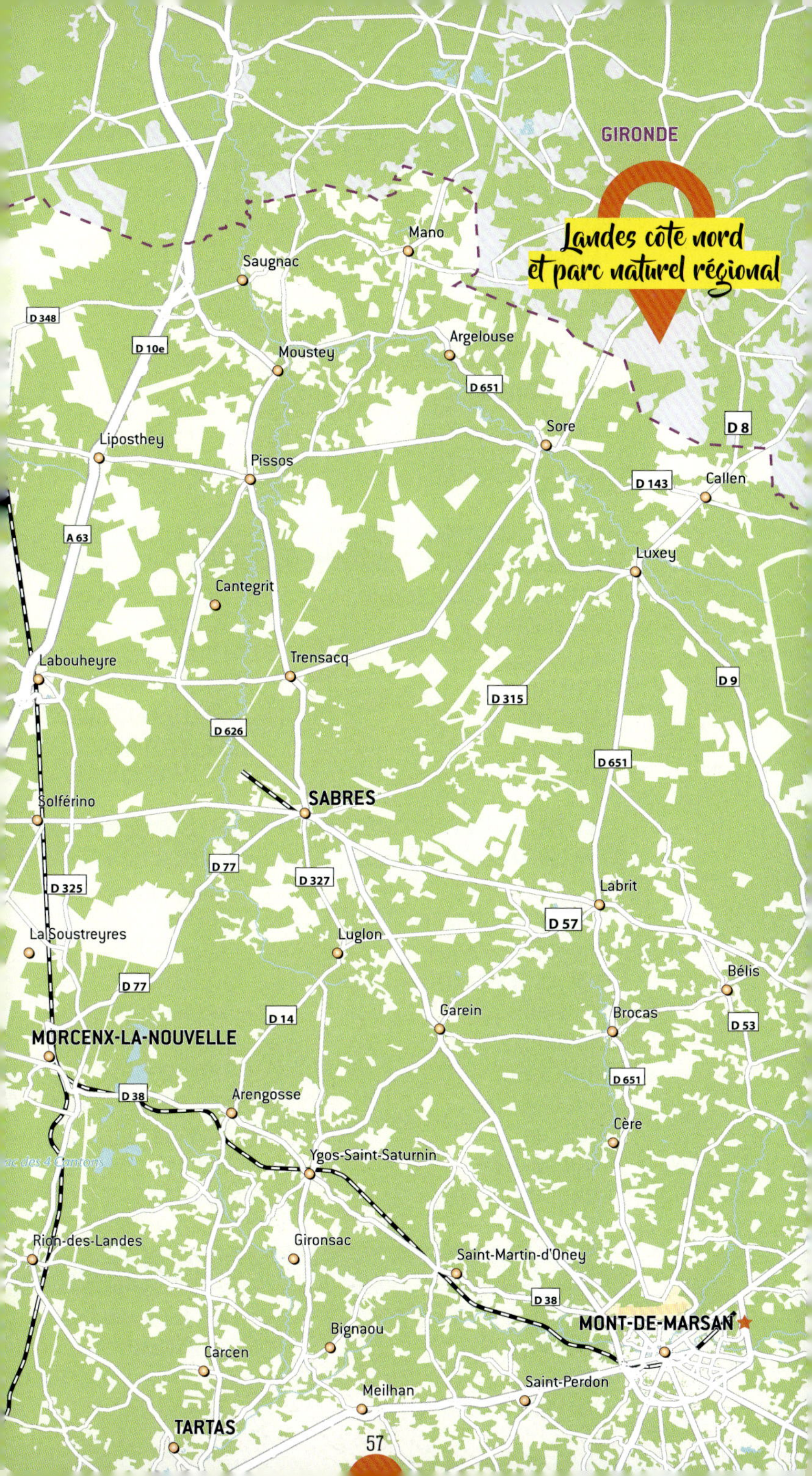
GIRONDE
Landes côte nord et parc naturel régional
Mano
Saugnac
D 348
D 10e
Moustey
Argelouse
D 651
Sore
D 8
Liposthey
Pissos
D 143
Callen
A 63
Luxey
Cantegrit
Labouheyre
Trensacq
D 9
D 315
D 626
D 651
Solférino
SABRES
D 77
D 327
Labrit
D 325
D 57
La Soustreyres
Luglon
Bélis
D 77
D 14
Garein
Brocas
D 53
MORCENX-LA-NOUVELLE
D 651
D 38
Arengosse
Cère
Ygos-Saint-Saturnin
Rion-des-Landes
Gironsac
Saint-Martin-d'Oney
D 38
MONT-DE-MARSAN
Bignaou
Carcen
Meilhan
Saint-Perdon
TARTAS

PAGES

Limitrophe du Marensin et du Pays de Born, ce village habité à l'année a su préserver son cadre de vie à mi-chemin entre monde rural et station balnéaire. En saison, les touristes ne boudent pas ce coin des Landes. La plage de Contis, avec son phare blanc et bleu, est à 8 km, accessible par une piste cyclable. En juillet et août, une navette gratuite relie le village à la plage de Contis et du Cap de l'Homy.

BISCARROSSE ★★

Biscarrosse se situe entre le lac de Cazaux-Sanguinet et le lac de Parentis-Biscarrosse et se divise en trois parties : Biscarrosse-Ville, Biscarrosse-Plage et Biscarrosse-Lac. D'importantes découvertes sublacustres renseignent sur l'histoire de la région. C'est au début du XIXe siècle que les dunes ont été fixées par des pins et c'est à cette époque également que la station de Biscarrosse-Plage a commencé à se construire. Actuellement troisième ville des Landes avec près de 15 000 habitants, elle est la plus étendue avec plus de 19 000 hectares (près du double de Paris). Elle propose ses multiples facettes sur un triptyque océan, lac et forêt.

MUSÉE DES TRADITIONS ★

216, rue Louis Bréguet ✆ 06 76 39 14 74
www.museetraditions.com

Ouvert d'avril à mi-septembre (le reste de l'année sur rdv). Adulte : 5 €. Enfant (de 5 à 12 ans) : 4 €. Animations.

Grâce à ce musée, on découvre que Biscarrosse abrite une forêt vieille de plusieurs siècles et des lacs cachant dans leurs eaux des sites archéologiques. Une cabane permet également de se familiariser avec l'histoire du gemmage et la vie du résinier. Outils, objets, costumes, mobiliers, livres et documents anciens sont autant de témoignages pour passer un moment teinté de nostalgie. Sur réservation, des promenades en barque sont organisées par des bénévoles au fil des canaux entre lacs et marais. Sans oublier, la ferme pédagogique très appréciée des enfants.

AQUAPARK

18, chemin de Maguide
✆ 06 51 50 25 65
https://aquapark.fr

Tous les jours de juin à septembre (horaires variables). De 15 € (1h) à 20 € (2h). Water jump : 5 €. Autres tarifs.

Sur le lac de Cazaux-Sanguinet, Port Maguide est un terrain de jeu exceptionnel. L'Idylle Plage vous propose une multitude d'activités aquatiques parmi lesquelles le plus grand parc aquatique de jeux gonflables au monde, rien que ça ! De 8 à 88 ans, l'AquaPark est équipé de structures géantes : trampolines, murs d'escalade, toboggan, boudins de traversée, tyroliennes, balançoires, roue de hamster, slackline, terrain de volley… Sans oublier la catapulte géante ! Les 4-10 ans profitent d'un espace dédié (3 matins par semaine) pour s'amuser tranquillement.

PLAGE DU VIVIER

www.biscagrandslacs.com

Plage surveillée de juin à septembre.

À l'extrême nord de Biscarrosse, la plage du Vivier offre un paysage sauvage époustouflant. On y accède directement par la piste cyclable si l'on vient à vélo, on peut aussi se garer facilement au parking payant en juillet/août, à l'ombre des pins, puis suivre le petit sentier à travers les pins. Seulement 10 minutes de marche suffisent pour arriver à cette magnifique plage océane située dans une zone protégée. Les amateurs de surf sont nombreux à venir dompter les vagues et profiter de cette nature préservée. La plage est surveillée de juin à septembre.

LANDES

© ELÉONORE H - FOTOLIA

Plage de Biscarosse.

OFFICE DE TOURISME DES GRANDS LACS

55, place Georges Dufau ✆ 05 58 78 20 96
www.biscagrandslacs.com
Qualité Tourisme. Accueil vélo. Tourisme & Handicap. Ouvert toute l'année, horaires variables selon la saison.

Ne cherchez plus la bonne adresse pour vous documenter et trouver comment passer un bon séjour grâce aux nouvelles technologies, car c'est ici ! Vous trouverez de nombreuses informations sur le site internet mais aussi sur les écrans installés à l'intérieur de l'Office de Tourisme des Grands Lacs. En juillet et août, vous pourrez également vous rendre au bureau d'information touristique de Biscarrosse Ville dans l'ancien hall d'accueil du cinéma Le Renoir (avenue du 14 juillet).

LOISIRS BOULEVARD

543, boulevard d'Arcachon ✆ 05 58 78 33 63
www.location-velos-biscarrosse.com
Ouvert tous les jours d'avril à fin octobre de 9h30 à 13h et de 14h à 19h (hors période sur rdv). Tarifs en ligne.

Chez ce spécialiste du vélo, vous n'aurez que l'embarras du choix : VTC, VTT, e-bike, cruiser californien, tandem, vélo pour enfant... *Loisirs Boulevard* assure aussi la vente et la réparation de vos deux-roues. Autres points de location : camping Campéole *Le Vivier* (Biscarosse-Plage), camping *Le Bimbo* (Biscarosse-Lac), *Slow Village* (Maguide), résidence Pierre et Vacances *Domaine de Gascogne*, camping Campéole Navarrosse et Port Navarrosse. Et dans les hébergements partenaires ! Réservation en ligne et possibilité de livraison du matériel sur votre lieu de séjour.

CAMPING CAMPÉOLE NAVARROSSE PLAGE**** €€

712, chemin de Navarrosse ✆ 02 53 81 70 00
www.ms-vacances.com
Ouvert de mai à mi-septembre. Emplacement : 22 € à 51,50 €. Cottages (2 à 8 pers.) de 255 € à 4 394 €/sem. Animations.

Le camping offre un cadre naturel exceptionnel, avec accès direct au lac de Biscarrosse. Idéal pour les sports nautiques. Les emplacements sont spacieux, les cottages et lodges parfaitement équipés. Avec bain à remous privatif pour certains. Côté détente : piscine chauffée, lagon, rivière de marche, banquettes anatomiques, pataugeoire pour les plus jeunes. Mais aussi mini-golf, beach-volley, padel tennis... Les pistes cyclables permettent de rejoindre l'océan par la Vélodyssée (8 km).

CAMPING CLICOCHIC BIMBO**** €€

176, chemin de Bimbo ✆ 05 58 09 82 33
https://www.clicochic.com
Qualité Tourisme. Du 29 mars au 6 septembre 2025. Emplacements, locatifs (Chalet 2 chambres (4/6 pers.) : dès 469 €.

Près du lac de Biscarrosse, le Bimbo se réinvente chaque année. Avec son bel espace de restauration, vous profiterez de l'espace aquatique dès l'ouverture de la saison (bassin couvert, jets d'eau, pontons, pataugeoire...). À l'extérieur : piscine chauffée, toboggans, bains à remous... Emplacements pour tentes, caravanes, camping-cars, locations de mobil-homes, chalets, cabanes sur pilotis... Impossible de ne pas trouver l'hébergement rêvé pour vos vacances ! Grandes tribus bienvenues.

LA CARAVELLE*** €€

5314, route des Lacs ✆ 05 58 09 82 67
www.lacaravelle.fr
Ouvert de mars à octobre. Chambre double de 102 à 160 € selon la saison. Demi-pension. Restauration. Amarrage bateau.

Dans la baie d'Ispe, les rives sablonneuses du lac de Sanguinet-Cazaux ont conservé leur caractère sauvage. Les 11 chambres (entièrement rénovées) de ce charmant petit hôtel disposent d'un balcon ou une terrasse avec une vue exceptionnelle sur le lac. Le restaurant profite aussi de ce superbe panorama. C'est là, au bord de l'eau, que vous pourrez prendre tous vos repas dans la véranda ou sur la terrasse ombragée. Amarrez votre bateau gratuitement le temps de votre séjour à l'hôtel ou à la résidence les Roseaux, ou lors d'une escale gourmande. Un bel endroit !

CÔTE & LAC** €€

15, rue des Parterres
✆ 05 58 09 83 13
www.cote-et-lac.com
Ouvert toute l'année. Chambre double de 70 € à 125 € ; chambre (4 pers.) de 150 € à 250 €. Location de vélos et canoës.

A 150 mètres du lac de Navarrosse et à 8 km de l'océan, l'hôtel Côte & Lac porte bien son nom. Au-delà, il est idéalement situé pour un agréable séjour (réservation de 3 nuits minimum en haute saison). En plus des chambres classiques (éco, standard ou terrasse), cabanes et familiales (10,5 à 30 m²) avec vue sur la nature, l'établissement a de nombreux atouts : quai d'accostage privé, piscine extérieure ouverte de mai à octobre, bar à vins et tapas, jardin fleuri, et grande terrasse couverte côté lac où sont servis les petits déjeuners aux beaux jours.

CÔTE ET DUNE €€

675, avenue Gabriele d'Annunzio
BISCARROSSE-PLAGE ✆ 06 08 96 31 73
www.cotedune.fr
De juin à fin septembre. Chambre double : 185 € en haute saison. Chambre 3/4 personnes : 215/245 € en haute saison.

Imaginez une grande et superbe maison d'hôtes en bois blanc avec un toit-terrasse panoramique... Philippe et Antoine vous reçoivent près de l'océan dans l'une des 5 chambres, nommées Malibu, Prainha (4 personnes), Puerto Viejo, Bondi Beach et Byron Bay. Autant de souvenirs de voyage pour vos hôtes ! Colorées, très bien décorées, chaque chambre dispose d'un balcon ou d'une terrasse ouverts sur un patio, un jardin de plantes ou la piscine chauffée de mai à septembre. En plus des extérieurs, vous profiterez d'un bel espace lounge (micro-ondes à disposition).

DOMAINE DE LA RIVE••••• €€

6523, route de Bordeaux
✆ 05 58 78 12 33
www.larive.fr
D'avril à fin septembre. Haute saison : emplacement 154 €/2 nuits. Mobil-home à partir de 298 € /2 nuits (4 pers).

Le Domaine de la Rive est impressionnant par sa taille et par la multitude de services à la disposition d'une clientèle qui n'aura qu'un seul souci : le choix. A commencer par l'hébergement : emplacements, mobil-homes de diverses catégories ou chalets. Les activités : piscines et jeux aquatiques dans un parc de 6 500 m² (l'un des plus grands de France) avec sa rivière sauvage et son couloir de nage, spa, beach-volley, skate park, ski nautique sur le lac de Cazaux-Sanguinet... Et toujours des nouveautés : mini-golf, club de plage, salle de sport, aire de jeux...

MUSÉE DE L'HYDRAVIATION ★★

332, rue Louis Breguet
✆ 05 58 78 00 65
www.hydravions-biscarrosse.com
Ouvert de février à septembre 2025. De 3,50 à 10 €. Forfait famille nombreuse. Visite guidée. Boutique.

Préparez-vous à un voyage entre ciel et eau ! Situé sur l'ancienne base Latécoère, le musée de l'Hydraviation (de type scientifique et technique) raconte l'histoire de l'hydraviation mondiale. Unique musée au monde dédié spécifiquement aux hydravions, il propose aux visiteurs d'entrer dans la légende : celle des vols transatlantiques vers New York ou Fort-de-France à l'âge d'or des hydravions. Laissez-vous transporter à travers les époques et parcourez les différentes salles du musée qui vous entraîneront au gré des histoires fabuleuses de ces paquebots géants. Les supports et pièces de collection sont variés et vous invitent à vivre une expérience unique sur les traces de grands noms comme Latécoère, Saint-Exupéry et Mermoz. Récente acquisition du musée : le Grumman Albatross avec ses 25 mètres d'envergure ; un exemplaire unique en France ! Depuis 2020, les visiteurs peuvent également visiter un cockpit de Canadair CL 215, restauré par les bénévoles de l'Association des Amis du Musée. Demandez également le guide gratuit « Bienvenue à bord » qui permettra à vos enfants de 3 à 12 ans de visiter le musée tout en s'amusant. De son côté, la boutique vous propose toute une sélection de souvenirs, de cadeaux et d'ouvrages pour prolonger le voyage à travers l'épopée de l'hydraviation. A noter aussi que suite à un projet de refonte du parcours scénographique et muséographique, le musée sera fermé de septembre 2025 à mai 2026.

LA FERME D'EN CHON** €€

346, chemin d'en Chon ✆ 05 58 78 80 94
www.lafermedenchon.com

Ouvert d'avril à fin septembre. Chambre double de 70 € à 120 €. Petit déjeuner : 12 €. Réceptions et mariages.

C'est l'endroit idéal pour organiser un mariage (wedding awards 2021), un séminaire ou un baptême ! La privatisation de la propriété inclut les 12 chambres et les 2 appartements conçus pour 4 personnes (2 chambres), disponibles pour une nuit comme pour une semaine. La promesse ? Un séjour au calme dans un parc d'un hectare très bien entretenu avec un plan d'eau et des jeux pour enfants. *La Ferme d'en Chon* est un havre de paix où tout est pensé pour vos événements (salle de 300 m² avec cheminée, bar, piste de danse). Vous n'avez plus qu'à choisir votre traiteur.

MAYOTTE-VACANCES***** €€

368, chemin des Roseaux ✆ 05 33 52 12 38
www.mayottevacances.com

Ouvert du 3 avril au 4 octobre 2025. Mobil-home ultimate avec bain bouillonnant (5 pers.) : à partir de 772 €.

Situé près du lac, avec plage privée pour des baignades (non surveillées) dans des eaux calmes, port de plaisance et club de voile, vous pourrez profiter des multiples aménagements pour faire du sport, vous détendre au Spa, distraire vos enfants et bien d'autres choses encore dans ce camping aux multiples services (boutiques, coiffeur, etc.). Le parc aquatique impressionne lui aussi par ses équipements : 4 bassins extérieurs, 1 piscine couverte chauffée ouverte toute la saison, 4 toboggans, geysers, pataugeoire... Hébergements avec ou sans bain bouillonnant privé.

LA FORESTIÈRE*** €€

1300, avenue du Pyla
✆ 05 58 78 24 14
www.hotellaforestiere.com

Ouvert d'avril à octobre. Chambre double de 88 € à 163 €. Petit déjeuner : 12 €

Proche de l'océan, dans un quartier résidentiel en lisière de forêt, *La Forestière* fait face au tennis-club, sur la route menant au lac Nord et, plus loin, à la dune du Pilat. On apprécie la piscine chauffée à 26°, ouverte d'avril à fin septembre, ainsi que le solarium où il fait bon lézarder à l'abri des regards. Si toutes les chambres sont climatisées, récemment rénovées, et parfaitement équipées, quelques-unes offrent également une agréable vue sur la piscine ainsi qu'un salon de jardin privatif. Possibilité de réserver des chambres familiales communicantes.

LA PETITE MAISON D'ÉTÉ €€

148, chemin des Milouins ✆ 06 78 50 56 28

Ouvert toute l'année. Pour 4 personnes (2 chambres). De 100 à 180 €/nuit.Panier d'accueil.

Imaginez un grand jardin, un ru bordé d'osmondes, une construction en bois comme celles rencontrées en bordure des Grands Lacs... Traversée par la lumière, *La Petite Maison d'été* possède deux jolies chambres, une très belle salle de bains et une cuisine bien équipée. Le matin, le soleil joue avec le feuillage en créant un rideau naturel. Ici, on vit autant dehors que dedans. Stéphanie, qui vous accueille toujours avec un panier de bienvenue pour votre petit déjeuner, vous indiquera comment rejoindre les berges du lac à pied par le chemin qui longe la parcelle.

HYPE HOTEL*** €€

40, rue du Lieutenant de Vaisseau Paris
✆ 05 58 07 36 35
www.hypehotel.fr

Chambre double dès 88 €. Suite dès 112 €. Petit déjeuner : de 6,50 € à 12 €. Galerie d'art. Salle de sport.

« *Hype* » pour « tendance » ! En façade, les pins en acier galvanisé donnent le ton de ce petit hôtel indépendant, contemporain et chic. Avec ou sans terrasse, les 14 chambres ont été pensées pour le bien-être, le beau et le fonctionnel avec des matériaux choisis avec soin par David et Lisa. Pour le copieux *breakfast* (buffet), David moud lui-même son café et cuisine les œufs brouillés et œufs/bacon à la demande au son d'une douce musique jazzy. Et aussi ? Un bistro et une galerie-boutique d'art. La piste cyclable est à 200 mètres (lac Sud à 5 min à vélo).

SAINT-HUBERT** €€

588, avenue Pierre-Georges Latécoère
✆ 05 32 00 20 31
www.hotelsainthubert.net

Toute l'année. Haute saison : chambre double de 95 € à 120 €, chambre triple de 110 € à 120 €. Petit déjeuner : 9 €.

L'Hôtel Saint-Hubert se trouve sur la route du lac de Latécoère ; un lieu de promenade avec son port, son musée de l'Hydraviation... Vous êtes en effet à 500 mètres du centre-ville et de la base nautique. Ce petit hôtel familial de 16 chambres (privatisable en format gîte) est un petit écrin de verdure où vous pourrez librement profiter du jardin, des jeux pour enfants et/ou de la piscine extérieure chauffée entre 24 et 26 °C. Notez qu'elle est ouverte uniquement en saison. Vous pourrez encore pique-niquer en utilisant les barbecues mis à disposition.

SLOW VILLAGE BISCARROSSE LAC*** €€

7141, route des Lacs
✆ 05 45 91 13 65
www.slow-village.fr/biscarrosse-lac/
Ouvert du 3 avril au 2 novembre 2025. Parking hors emplacements. Cabane (4 pers.) à partir de 88 €/nuit. Club enfants.

Les eaux transparentes du lac pour horizon, le craquement des aiguilles de pin sous vos pas, l'absence de voitures, ce hamac qui n'attend que vous… Bienvenue au Slow Village Biscarrosse pour un retour aux sources au plus proche de la nature. Le concept ? Des vacances placées entre camping chic et village-vacances *green* au bord de l'océan où il fait bon lever le pied. Cabane en bois, cottage nature… Vous trouverez l'hébergement qui vous convient ! Nombreux services.

LES VAGUES*** €€

99, rue des Iris ✆ 05 58 83 98 10
www.lesvagues.com
Écolabel européen. Qualité Tourisme. Logis. Accueil vélo. De fin mars à novembre. Chambre double standard dès 67 €.

Point de départ rêvé pour des balades à vélo, l'hôtel-restaurant Les Vagues se trouve au calme, sous la pinède. Avec sa déco actuelle, l'établissement offre un confort douillet à l'image de ses chambres lumineuses et agréablement éclairées, conçues pour accueillir 1 à 5 personnes. Certaines disposent d'un balcon ou d'une terrasse. Comme un clin d'œil, de superbes photos de Biscarrosse signées Yannick Le Toquin décorent les têtes de lit. Le petit déjeuner est servi sous forme de buffet. Terrains de sport, jardin paysagé, panier pique-nique… Nombreux services.

VIA BAHIA €€

15 bis, impasse Peyjehan ✆ 06 35 24 64 92
www.via-bahia.com
Gîtes de France (4 épis). Chambre double de 91 à 172 €/nuit, chambre familiale de 105 € à 195 €/nuit.

Si le Brésil est le pays d'origine d'Anne-Laure, Les Landes, et plus particulièrement Biscarrosse, font aussi partie des racines de la jeune femme. Sur 245 m², les 5 chambres de cette maison d'hôtes ont été imaginées sur le thème des différentes régions du Brésil : Manaus, Ouro Preto, Recife, Buzios et Rio Grande. Sur les murs, les toiles de son grand-père et, accrochés dans le couloir, des petits sacs en toile qui contiennent de vraies tongs à emprunter pour déambuler autour de la piscine. Végétation tropicale, petit déjeuner de spécialité… Que de clins d'œil !

LE GRAND HÔTEL DE LA PLAGE**** €€€

2, avenue de la Plage ✆ 05 58 82 74 00
www.legrandhoteldelaplage.fr
Tte l'année. Basse saison de 99 à 359 €/nuit. Haute saison de 279 à 519 €/nuit. Piscine chauffée. Petit déjeuner inclus.

Le Grand Hôtel de la plage offre un emplacement rêvé en front de mer. Les chambres profitent d'ailleurs d'une magnifique vue sur l'océan. Un privilège accordé depuis un balcon ou une terrasse dans les étages. Depuis la baignoire au pied du lit des chambres Premium, l'océan vous appartient ! Solarium, bar et piscine à débordement s'étirent sur la façade sud, idéal pour le farniente. Quant aux pauses gastronomiques, le chef Alexandre Bousquet propose une cuisine locavore et créative.

CHEZ CAMETTE €

532, avenue Pierre-Georges Latécoère
✆ 05 58 78 12 78
Toute l'année (lundi au samedi midi et soir en juillet/août). Formule midi : 20.5 €. Terrasse. Réservation conseillée.

© CAMETTE

Depuis 1943, le restaurant Chez Camette, avec sa façade blanche et ses volets rouges, est un emblème du paysage local. Cette auberge propose une cuisine traditionnelle, préparée par le chef Cédric, qui privilégie les produits frais du terroir. Le menu offre un bon rapport qualité-prix. Les gourmands, faites-vous plaisir avec l'entrecôte de bœuf légèrement maturée. Aux beaux jours, la terrasse et le jardin créent un cadre idéal pour profiter du plein air et l'équipe souriante se charge de rendre votre repas des plus plaisants. Escale landaise à ne pas rater !

LODGE ISPE €€€

5189, route des Lacs
✆ 06 87 32 68 18
www.gites-de-france-landes.com

Gîtes de France (4 épis). Ouvert toute l'année. Pour 6 pers. (3 ch.). A partir de 1 500 €/semaine. Bain bouillonnant.

Ispe est considérée comme l'une des plus belles anses du lac de Biscarrosse. Face aux eaux calmes du lac, ce lodge en bois de plain-pied bénéficie d'une situation incroyable puisque la piste cyclable passe juste devant et longe le lac avec tous les loisirs nautiques. Et le golf tout proche... Cuisine entièrement équipée, coin salon avec poêle à bois, salle à manger, 3 chambres, 2 salles d'eau avec douche à l'italienne, grande terrasse couverte, barbecue, spa privatif... Avec ses nombreux atouts, ce lodge est le lieu idéal pour un séjour nature !

LE RIVAGE €€€

121, avenue de l'Aviation - **BISCARROSSE-PLAGE**
✆ 06 65 06 60 06
www.gites-de-france.com

Gîte de France. Ouvert d'avril à mi-novembre. Gîte 6 pers à partir de 842 €/semaine. Deux vélos adultes à disposition

Cette jolie bâtisse des années 1900 a été achetée par la famille de Carole dans les années 1950. Théâtre des vacances de son enfance, elle avait très envie de faire partager un tel trésor. L'enjeu était alors de conjuguer confort et modernité en conservant le charme un peu désuet de l'architecture. La cuisine a la particularité de s'ouvrir sur une terrasse couverte. La décoration est faite d'objets, de photographies et de tableaux de famille. Chaque chambre possède une entrée individuelle sur le patio, la terrasse en façade ou la cour. La plage est à 200 mètres.

CAMPING LE VIVIER****

681, rue du Tit - **BISCARROSSE-PLAGE**
✆ 02 53 81 70 00
www.ms-vacances.com

Du 23 mai au 21 septembre 2025. Emplacement à partir de 34,55 €. Cottage de 2 à 8 personnes de 232 € à 4 553 €/semaine.

A deux pas du spot de surf de la plage du Vivier, vous profiterez d'un lieu unique protégé par une forêt de pins au bord de l'océan. Entre les jeux pour enfants avec les animateurs, les tournois sportifs, le mini-golf, le tir à l'arc et les pauses rafraîchissantes dans la piscine, tout est réuni pour passer un bon séjour. Club enfant et ados, espace bien-être, pistes cyclables pour découvrir la région... Vous aurez le choix entre les emplacements nus ou les cottages jusqu'à 8 personnes. Nouveautés 2025 : Emplacements campeurs avec terrasse équipée.

CAMPING PLAGE SUD****

230, rue des Bécasses - **BISCARROSSE-PLAGE**
✆ 02 53 81 70 00
www.ms-vacances.com

Du 05 avril au 27 septembre 2025. Emplacement dès 32 €. Cottage confort (6 pers.) : de 661 € à 1649 €. Animations.

A 800 m de l'océan, à l'ombre de la pinède près du bourg de Biscarosse et du spot de surf par excellence, Plage Sud vous aspire dans un tourbillon de bonheur. Les piscines et les animations offrent détente et amusement. Vous n'aurez même plus besoin de prendre votre voiture. Les pistes cyclables et pédestres vous mèneront jusqu'à la Dune du Pilat, les lacs... Sur place, vous profiterez de tout le confort et les services : club enfants et ados, bar, snack, point chaud, location de vélo. Nouveautés 2025 : emplacements campeurs signature avec terrasse équipée.

RÉSIDENCE LES ROSEAUX €€

5505, route des Lacs
✆ 05 56 09 82 67
www.lodge-ispe.com

Ouvert d'avril à octobre. Studios (2 à 3 pers.) de 92 à 160 € /nuit ; Appartements (2 ch.) de 500 à 1 250 €/semaine.

Dans la baie d'Ispe, entre forêt et océan sur les rives du lac à 500 mètres du Golf et à 5 minutes de l'océan en voiture, *Les Roseaux* profitent d'un environnement naturel exceptionnel. Gérée par la même équipe que l'hôtel-restaurant *La Caravelle*, la résidence vous propose des studios climatisés pour 2 à 3 personnes avec kitchenette (2 nuits minimum et 4 en haute saison) et des appartements meublés en duplex pour 2 à 4 personnes. Sur réservation, vous pourrez prendre vos petits déjeuners et vos repas à La Caravelle, facilement accessible par un chemin forestier.

L'ANNEXE €€

327, boulevard d'Arcachon
✆ 05 58 78 38 99
www.lannexe-bisca-plage.fr

Ouvert de mi-avril à fin octobre. Horaires variables (consulter le site). Menu à 37 €. Carte : 45 € environ. Terrasse.

Envie de vous faire plaisir ? Réservez votre table pour dîner à L'Annexe, vous ne le regretterez pas ! D'abord, parce que l'équipe est aux petits soins. Ensuite, pour les beaux cocktails et le cadre chic (mais sans chichis). Enfin, pour toutes les préparations du chef à commencer par les amuse-bouche. Menu, plats à la carte ou suggestions, croyez-nous, le choix n'est pas si évident tant tout est appétissant. Ah, et aussi pour la générosité et le dressage des assiettes bien sûr. Un spectacle pour les yeux autant que pour les papilles ! Réservation recommandée.

LES DOCKS DU LAC €€

400, chemin de Maguide
© 05 58 09 81 55
www.docksdulac.com
D'avril à fin septembre. Tous les jours en haute saison. Plats de 18 à 24 €. Chèques non acceptés. Terrasse. Bar tapas.

Imaginez un restaurant les pieds dans le sable avec une belle terrasse, une vue imprenable sur le lac de Cazaux, une jolie déco' et des plats qui ne laissent personne indifférent… Ce sont les *Docks du Lac* ! Visualisez encore quelques chaises longues sur la petite plage, et c'est le paradis ! A l'ombre des pins, le chef concocte une cuisine bistronomique aux accents du coin. Avec des produits frais et de qualité, la carte est volontairement courte, agrémentée de quelques planches et assiettes à partager. Voilà un spot parfait pour apprécier le coucher du soleil.

L'INSTANT GOURMET €€

1300, avenue du Pyla
© 05 58 04 28 57
Ouvert d'avril à octobre (tous les jours le midi et le soir en juillet et août). Menus de 26 à 78 € environ. Terrasse.

Après son apprentissage avec Bernard Lepesteur, chef reconnu à Parentis-en-Born, Sylvain Girard a pris les rênes de L'Instant Gourmet pour vous proposer une cuisine entièrement maison. Au petit matin, il prépare la soupe de poisson, épicée comme il se doit, et les ravioles de Saint-Jacques accompagnées d'un fumet crémé. Dans son menu du terroir, il met en scène le magret de canard sauce miel avec des oignons grelots glacés et un foie gras poêlé à la mangue. La maîtrise est à saluer ! Du côté des vins, la carte est bien fournie avec près de 80 références.

LE PARCOURS GOURMAND €€

400, avenue du Golf © 05 58 09 84 84
Ouvert toute l'année. Menu retour du marché : de 19,50 € à 33,50 €. Réservation recommandée. Terrasse. Parking privé.

Sur le golf de Biscarosse, entre le lac et l'océan, Christelle et Frédéric prônent une cuisine où la simplicité des produits frais et de saison se mêle à l'originalité. Illustration à la carte et dans la formule déjeuner concoctées par le chef ! Les saveurs du « fait maison » sont également au rendez-vous. Lieu convivial, vous y passerez pour un verre, un apéritif, un déjeuner ou un dîner, que vous soyez golfeur ou non. Naturellement calme et verdoyant, le cadre s'apprécie aussi bien depuis la grande terrasse panoramique que dans la salle de restaurant.

RESTAURANT LA CARAVELLE €€

5314, route des Lacs
© 05 58 09 82 67
www.lacaravelle.fr
Ouvert d'avril à fin octobre. Réservation recommandée. Menus de 29 à 39 €. Jardin. Terrasse. Lac.

Dans la baie d'Ispe, dans un écrin de verdure, l'établissement dispose d'une vue époustouflante sur le lac de Sanguinet-Cazaux. Depuis la terrasse ombragée, ou la véranda lumineuse, profitez d'une escale gourmande dans ce superbe panorama au bord de l'eau. La restauration est un savant mélange de traditionnel et de nouveauté, qui favorise les produits frais et le locavore. Une carte évolutive qui aiguise vos papilles. Le petit plus, pour ceux qui louent ou possèdent un bateau : amarrez-vous gratuitement le temps de votre repas !

© LA CARAVELLE

© LA CARAVELLE

LANDES

PICKLES €€

271, avenue de la République
✆ 06 82 31 24 78
Du mardi au samedi 9h-0h. Formule du midi : dès 18,90 €. Bar. Concerts et DJ sets le samedi. Espaces de coworking.

Place à la convivialité dans ce lieu hybride : bar, coworking et bistrot de partage. Côté cuisine, priorité aux produits locaux et de saison. Albondigas, saucisse de Toulouse façon grand-mère, entremet poire et pépites de chocolat… le menu se renouvelle chaque semaine. Et le jeudi, c'est soirée fumoir. Du potimarron farci au Mont D'or à l'effiloché d'agneau du pays Basque, il y en a pour tous les goûts. On apprécie le côté zéro déchet. Ce qui n'est pas utilisé se transforme en délicieux pickles à l'apéro, ou en soupes savoureuses. Un spot *healthy* incontournable.

YEW €€

475, avenue de la Plage
✆ 05 58 04 34 81
Ouvert toute l'année. Jours et horaires variables. Plats de 7 € à 22 €. Tapas et cocktails. Terrasse. Animations.

Rouleau de printemps, tacos, gyozas, tataki de thon... Le Yew s'oriente cuisine du monde. La carte est courte, mais régulièrement renouvelée. Parmi les recettes de la maison, n'hésitez pas à goûter les fameux tacos beef Rendang avec sa viande marinée aux épices indonésiennes. Le voyage est aussi dans l'ambiance bord de plage avec ses confortables fauteuils en rotin qui investissent la rue piétonne pour agrandir la terrasse. De quoi attirer les gourmands ! Les recettes à partager et les soirées animées terminent de dresser le portrait de ce spot à la mode.

LE FOURNIL D'YCHOUX

40, rue Felix Arnaudin
YCHOUX
✆ 05 58 78 85 52
lebellis.com
Ouvert du lundi au samedi de 6h à 19h30.

Déjà propriétaire de la boulangerie-pâtisserie Le Bellis à Gujan-Mestras, Gaëtan Cossoul a repris l'établissement où il a appris son métier : le Fournil d'Ychoux. Ses pains avec des farines du Sud-Ouest, ses pâtisseries, ses viennoiseries... Tout est fabriqué sur place comme à la boutique du Bassin. Et ce sont les mêmes recettes ; celles qui font la renommée de cet artisan plusieurs fois récompensé. Parmi les incontournables, vous retrouverez le fondant au chocolat, le gâteau basque et le fameux Pastis Landais. Le mieux, c'est encore d'y aller !

MAMA FREDA

Plage Sud - **BISCARROSSE-PLAGE**
✆ 05 24 27 81 95
www.mamafreda.fr
Ouvert tous les jours d'avril à fin septembre. Planches de 18 € à 35 €. Tapas à partir de 8 €.

Avec ses 400 m² de terrasse et de sable à l'entrée de la plage Sud de Biscarrosse, MaMa FreDa est un endroit comme on les aime. Bars intérieur et extérieur, comptoirs face à l'océan, balançoires suspendues, tables à l'ombre ou au soleil... les espaces ne manquent pas. Vous partagerez des huîtres du bassin d'Arcachon directement ouvertes par l'écailler ou une planche de charcuterie dont les salaisons proviennent du Pays basque. MaMa FreDa sert aussi de délicieux cocktails. On vient pour déjeuner comme pour admirer le coucher du soleil au rythme des mini-concerts.

LA SIESTA

Rond point Nord
✆ 05 58 78 36 75
Ouvert d'avril à fin septembre. Haute saison : ouvert tous les jours de 9h à 0h. Petit déjeuner. Bar et tapas.

Une adresse qui a les pieds dans le sable ! Mais attention, car on s'y presse dès le matin pour prendre un petit déjeuner avec une vue imprenable sur l'océan, le midi pour un déjeuner de première fraîcheur, dans la journée pour un verre bien mérité à l'ombre des voiles d'ombrage, mais surtout après une bonne journée de surf ou de visite, et pour l'heure tant attendue du coucher du soleil. Les cocktails défilent souvent accompagnés de tapas et les odeurs de barbecue chatouillent les narines. DJ set et autres soirées sont au programme durant tout l'été.

KANAHA BEER

143, rue de la Ferronnerie
✆ 05 58 04 64 78
www.kanahabeer.com
Ouvert toute l'année (jours et horaires variables). Boutique en ligne. Visite de la brasserie : 4 €. Atelier brassage.

Pour Alexandra et Laurent, qui ont séjourné aux États-Unis à la découverte de brasseries artisanales, la passion pour ce breuvage s'est imposée au point de créer leur propre brasserie. Ici, ils vous expliqueront le travail très particulier pour obtenir des bières aux saveurs étonnantes allant de la blanche à la brune à partir de produits sélectionnés avec beaucoup de rigueur. Les malts, les céréales et les épices sont bio. Ils brassent une douzaine de bières différentes et des séries limitées. Oubliez les bières industrielles !

© LES VAGUES

© LES VAGUES

© LES VAGUES

LES VAGUES €€

99, rue des Iris
✆ 05 58 83 98 10
www.lesvagues.com

Ouvert de mars à début novembre. Tous les soirs en haute saison. Menu du jour : 28 € (25 € en demi pension).

Façon bistronomie, la cuisine de cet hôtel-restaurant où l'accueil et le service sont toujours impeccables fait la part belle aux produits frais de la mer et du terroir. L'été, le chef ajoute ses Maxi Salades à déguster sur la terrasse ombragée, au milieu du jardin paysager ou à l'intérieur (salle climatisée). La carte des vins est riche et variée. Le menu enfant est plutôt intéressant, et le chef s'adapte à leurs demandes. L'établissement se trouve à proximité des plus beaux circuits à vélo du coin, notamment la Vélodyssée pour faire une pause gourmande.

© LES VAGUES

© LES VAGUES

PLANÈTE PLAGE

284, avenue de la Plage
✆ 05 58 78 29 09

L'été, ouvert tous les jours de 10h à 22h. Jours et horaires d'ouverture variables selon la saison.

Bouées ? Maillots de bain ? Parasols ? Ce sont bien des articles de plage que l'on pouvait trouver ici lorsque que Planète Plage a ouvert en 1985. Aujourd'hui, la boutique a évolué et vous propose aussi une large gamme d'objets de décoration, de bijoux, d'accessoires et de mobilier. Quant aux articles pour la plage, rien de kitsch. Promis ! C'est bien pour cette raison qu'il s'agit là de l'une de nos boutiques coup de cœur de l'avenue de la plage. Tapis d'extérieur, luminaires, vaisselle, miroirs... on aime particulièrement les couleurs et les matières naturelles.

SURF PALACE €€

7, rue de la Garole
✆ 09 51 80 84 50
www.surfpalacebiscarrosse.com

Haute saison : tlj de 10h à 0h. Carte : 30 € environ. Formule brunch : 28 €. Bar. Boutique. DJ sets. Concerts.

Vous aimez les cocktails bien frais ? Les tacos épicés ? Les brises off shore et les sunsets de l'été ? Alors, ne cherchez plus, le Surf Palace est le plus californien des spots landais ! Né de la passion du surf et de sa culture, le Palace est l'endroit parfait pour refaire le plein d'énergie. Au menu : beef tacos, fish and chips, smashed burger, grilled cheese truffé, aguachile de dorade, lemon pie, peanut butter bowl... Le Surf Palace, c'est aussi un bar, une boutique, une école de surf et trois appartements meublés pour 4 à 6 personnes.

AQUITAINE HYDRAVIONS

Rue Costes et Bellonte ✆ 06 07 36 59 33
www.aquitaine-hydravions.fr

Ouvert toute l'année. Baptêmes de l'air (30 min) : 140 €. Autres tarifs et prestations en ligne.

Suite à la disparition des gros hydravions Latécoère qui firent la fierté de la génération des Mermoz, Guillaumet et consorts, les avions à flotteurs finirent par déserter nos lacs, rivières et bords de mer, puis les hydrobases et autres hydrosurfaces. Voilà pourquoi, seule l'hydrobase de Biscarrosse peut encore se prévaloir de ce titre aujourd'hui, bien qu'elle soit ouverte à la circulation aérienne générale. Baptême, vol au-dessus des dunes, du Bassin... Faites-vous plaisir tout en soutenant l'équipe de bénévoles passionnés.

BISC'AVENTURE

1200, avenue de la Plage
✆ 05 58 82 53 40
www.biscaventure.fr

Qualité Tourisme. D'avril à octobre. Parcours accrobranche de 14 € à 23 €. Autres tarifs et activités. Restauration.

Imaginé par le père fondateur du concept de « parcours dans les arbres », Monsieur Payan, *Bisc'Aventure* est le premier parc du genre à ouvrir sur un site côtier en juillet 2000. Et c'est aussi l'un des plus grands parcs d'accrobranche d'Europe ! Les plus petits peuvent venir s'y amuser dès 4 ans et parfois jusqu'à 6 mètres de haut. Pour les plus grands : Free Jump ou Catapulte Géante ? L'offre s'étoffe d'année en année avec diverses activités. Aujourd'hui, ce sont plus de 200 jeux dans les arbres répartis sur 19 parcours de difficulté croissante. Alors, on y va ?

CENTRE NAUTIQUE BISCARROSSE OLYMPIQUE

1427, avenue Pierre-Georges Latécoère
✆ 05 58 78 10 51
www.cnbo.fr

Toute l'année. Catamaran 50 €/h. Planche à voile 30 €/h. Paddle 18 €/h. Canoë dès 15 €/h. Stages, cours particuliers.

Le Centre Nautique Biscarosse Olympique vous accueille à Latécoère sur le lac sud et à Navarrosse sur le lac nord en période estivale. Ici, on vous propose de profiter de l'école de voile pour vous initier toute l'année, de vous essayer à la compétition, ou de pratiquer la voile de loisir pour celles et ceux qui savent déjà naviguer. De 3 à 5 jours et sur inscription, les stages d'été sont accessibles pour tous les niveaux, débutant ou perfectionnement à partir de 5 ans.

GOLF DE BISCARROSSE

400, avenue du Golf
✆ 05 58 09 84 93
www.biscarrossegolf.com

Ouvert toute l'année. Tlj de 9h à 18h. Parcours 18 trous : Green Fee à partir de 48 €/adulte. Restauration. Boutique.

Vous avez le choix entre un parcours 9 trous «Les Grands Lacs» (Par 32 de 2 172 m) et un parcours 18 trous «Forêt & Océan» (Par 71 de 5 674 m). Le practice comprend vingt-cinq postes dont sept couverts. C'est donc un vrai plaisir pour les amoureux de golf de se retrouver ici au cœur de la forêt landaise, à proximité du lac de Biscarrosse. Côté hébergement, le Domaine du Golf de Biscarrosse propose des locations saisonnières de villas avec piscine pouvant accueillir 6 à 12 personnes. Vous pourrez aussi vous attabler à la table du *Parcours Gourmand*.

LA TOQUE CUIVRÉE

126, route de Bordeaux
✆ 05 58 82 30 74
www.la-toque-cuivree.fr
Ouvert tous les jours. Horaires variables selon la saison. Livraison. Retrait en magasin.

© TOQUE CUIVRÉE

Véritable emblème bordelais, le canelé est un délice qui date du XVIe siècle. Une pâtisserie à base de farine, d'œufs, de lait, de vanille et de rhum dont la fabrication est un véritable défi. La Toque Cuivrée le réalise parfaitement, en obtenant un gâteau moelleux à l'intérieur et croustillant à l'extérieur. Qu'importe la boutique où vous irez, vous bénéficierez toujours d'un accueil chaleureux. Et s'il existe trois tailles de canelés, vous pourrez aussi vous laisser tenter par les tourtières pommes-pruneaux, le bordelais amande, ou le fondant au chocolat...

H2O KITE

368, chemin des Roseaux
✆ 06 26 91 21 29
www.h2okite.com
École de kite, de voile et de wingfoil. Location de bateaux avec ou sans permis. Autres prestations et tarifs en ligne.

Au programme : découverte du kitesurf, apprentissage de la planche à voile, sensations en wakeboard ou en foil, virée tranquille en paddle, en canoë... Et une bonne dose de fun en ski nautique, mais surtout sur la bouée tractée avec toute la famille (jusqu'à 8 personnes), c'est le fun assuré ! Avec ou sans permis, vous pourrez aussi louer un bateau à moteur pour une sortie sur le lac, aller à la pêche ou passer une journée entière sur l'eau... La cabane de l'école H2O Kite se trouve sur la plage située devant le camping Mayotte Vacances.

PARENTIS-EN-BORN

Doté d'un lac de plus de 3 000 hectares, le lac de Parentis-Biscarrosse, ou lac Sud, Parentis-en-Born allie tranquillité et plaisirs de la côte. Saveurs gastronomiques, promenades pédestres ou cyclistes, pêche, sports nautiques, baignade... Cette petite ville a tout d'un lieu de repos et de loisirs. Un forage réalisé en 1954 a révélé le plus important champ de pétrole d'Europe occidentale. Encore exploité aujourd'hui, c'est le plus important gisement sublacustre de France métropolitaine. L'été, de nombreuses animations sont organisées comme les Fêtes du lac ou la plus importante Féria du nord des Landes aux arènes de Parentis-en-Born.

DOMAINE DE L'ESCUDERIA €€

797, route de Blaise ✆ 05 58 09 35 58
lescuderia.com
Chambre d'hôtes de 110 € à 130 €/nuit (base 2 pers.). Gîte (13 pers.) tarifs en ligne. Table d'hôtes.

Il était une fois un haras du XIXe siècle, un parc de 5 hectares, un chêne 4 fois centenaire, et une ancienne ferme landaise de 1850... La famille Lafforgue vous propose de séjourner en chambre d'hôtes ou dans un gîte indépendant. Avec son bain bouillonnant, le gîte peut accueillir jusqu'à 13 personnes réparties dans 4 chambres. Au Domaine de l'Escuderia, les animaux, mais surtout les chevaux, sont aussi les bienvenus (supplément de 15 euros/nuit/cheval). Proche du lac de Parentis, cet endroit en marge de l'agitation citadine fait aussi table d'hôtes.

L'ESTANQUET €€

9, avenue de la Côte d'Argent - **GASTES**
✆ 06 78 56 81 29
www.estanquet.net
Ouvert toute l'année. Petit déjeuner inclus. Chambres et suites à partir de 74 €/nuit. Accueil et prêt de vélos.

Ancien hôtel-restaurant à 200 m du lac de Gastes, *l'Estanquet* est une maison des années 30 avec des chambres d'hôtes pour 2 à 4 personnes. Volets gris, stores bleus dans la pièce du petit déjeuner, nuance *slipper* satin dans une des chambres, bois blanchi... Tout ramène à l'eau et à la fluidité. La terrasse couverte est idéale pour les soirées d'été et le jardin clos rassure les parents. La maison est le départ de nombreuses promenades à pied ou en vélo (à disposition). Reconvertie en gîte, la grange (jardin privé) permet de recevoir 8 personnes (4 chambres).

LANDES

LES COTTAGES DU LAC*** €€

190, chemin des Cottages
✆ 05 58 82 04 56
www.lescottagesdulac.fr

De fin mars à début novembre. Cottage 3 pièces (4 pers) : à partir de 490 €. Appartement (2 pers) : à partir de 280 €.

Situés au calme du lac de Biscarrosse-Parentis, *Les Cottages du Lac* s'étendent sur un parc de 5 ha sur les bords d'une plage surveillée. Les locations profitent d'espaces verts et de places de parking à proximité. Au choix : appartement (terrasse ou balcon) ou cottage plus spacieux type chalet, avec vue sur le lac pour certains. Le petit plus : un bel espace aquatique avec piscine extérieure et couverte, couloir de nage et bains à remous. Service billetterie à la réception, et restaurant le *Why Not* ouvert à tous, avec une belle programmation musicale.

© LES COTTAGES DU LAC

© LES COTTAGES DU LAC

MAISON DU LAC €€

164, rue des Bruyères - **GASTES**
✆ 06 42 20 31 11
www.coteouestvacances.com

Pour 7 personnes (3 chambres). Tarifs sur demande. Parking privée. Rangement pour vélos et planches de surf.

A 100 mètres d'un grand lac d'eau douce entouré de ses plages de sable, la Maison du lac porte bien son nom. Conçue pour recevoir 4 adultes et 2 enfants, elle a été construite en mélèze, en pin et en cèdre blanc avec des matériaux locaux durables. Avec sa belle hauteur sous plafond et ses poutres apparentes donnant une impression de volume et d'espace, la maison est vraiment très agréable à vivre. Toutes les pièces ont des portes-fenêtres qui ouvrent directement sur la terrasse exposée sud-ouest et le jardin. On profite du barbecue pour les belles soirées d'été.

SIBLU VILLAGES - CAMPING LA RÉSERVE**** €€

1229, avenue Félix Ducournau - **GASTES**
✆ 05 56 07 90 17
www.camping-la-reserve.fr

Du 4 avril au 1er novembre 2025. Mobil-home à partir de 455 €/semaine (2 ch) ; 460 € (3 ch) ; 525 € (4 ch). Animations.

Situé en bord de lac avec sa plage privée et un ponton pour votre bateau (sur réservation), *La réserve* a tout pour plaire. Accessibles à pied, les activités de la base nautique sont très nombreuses et pour toute la famille. Sur place, le complexe aquatique surveillé de 500 m² séduit les petits et les grands. Au programme : transats, lagon et bassin de nage extérieurs, toboggans et pistes de glisse, pataugeoire, jeux d'eau, piscine intérieure tempérée avec spa, cascade d'eau...

SIBLU VILLAGES - CAMPING LE PIPIOU**** €€

382, route des Campings ✆ 05 58 78 57 25
www.camping-pipiou.fr

Du 4 avril au 28 septembre. Emplacement dès 20 €. Mobil-home (4 pers) : 315 € à 1500 €/sem. Bain bouillonnant. Piscine.

Profitant d'un accès direct au lac de Biscarosse-Parentis, Le Pipiou profite d'une situation privilégiée. Farniente sur la plage surveillée, baignade dans le lac... Vous pourrez encore découvrir de multiples activités nautiques, vous adonner à la pêche, faire une balade ainsi qu'une virée gourmande. D'ailleurs, sachez qu'il est possible de louer un vélo, un paddle ou un canoë directement auprès de la réception du camping. Ce camping familial dispose d'un espace aquatique de 600 m².

AU LAC DE BISCARROSSE••••• €€€

Route Théophile Gautier ✆ 05 58 08 06 40
https://camping-lac-de-biscarrosse.com
Du 11 avril au 21 septembre 2025. Emplacement à partir de 25 €/nuit. Mobil-home (4 pers.) de 525 € à 1 904 €/semaine.

Près du lac de Parentis-Biscarrosse, ce camping Yello ! Village impressionne par sa surface et ses infrastructures. Coup de cœur pour les emplacements en forêt ! Le camping est organisé en quartiers, par ambiance et style avec ses mobil-homes et ses tentes meublées Coco Sweet. Du côté de l'espace aquatique, c'est un paradis de 1 200 m² avec piscines extérieures chauffées dès le mois d'avril, un bassin couvert, des toboggans, une aire de jeux... Nombreux services sur place.

CHEZ FLO €€

9, rue Saint-Barthélémy
✆ 05 58 78 40 21
https://chezfloparentis.fr
Du mardi au samedi midi et soir (+ le dimanche en juillet et août). Menu carte : de 39 € à 44 €. Formule du midi : 21 €.

Ici, « *il n'y a pas d'étoiles, que du soleil* » ! En tout cas, c'est ce qu'affirme le Chef Florent Carle, qui, croyez-nous, en connaît un rayon en maison étoilée. Ce Monsieur a en effet travaillé chez les frères Ibarboure au Pays basque. De ses diverses expériences, il a gardé le goût de l'inventivité, de la cuisine gastronomique à prix doux, des producteurs locaux et du choix de produits frais et de saison. La carte change tous les mois et la formule déjeuner rivalise (déjà) de créativité. Laissez-vous conseiller pour le vin. Réservation recommandée.

LE WHY NOT €€

190, chemin des Cottages
✆ 05 58 83 63 86
www.lescottagesdulac.fr
Ouvert en haute saison, tous les jours de 9h à 23h. Plats de 15 € à 27 €. Terrasse. Vente à emporter. Bar. Concerts.

Tapas, pizzas, burgers, salades, côte de bœuf (selon arrivage)... Le Why Not bat son plein essentiellement en haute saison. Au programme de l'été ? Une carte snacking très abordable, une ardoise du jour et des suggestions selon l'humeur du chef. Sans oublier les grillades à déguster sur la grande terrasse bien sûr. Et les cocktails à savourer côté bar ! Le soir, la piscine éclairée apporte un charme fou. Aux beaux jours, les concerts acoustiques attirent les résidents des Cottages du Lac, mais aussi les habitants du coin et les touristes des alentours.

LA KAHUT

40, rue Saint-Barthélémy
✆ 05 58 78 40 21
https://chezfloparentis.fr
Ouvert toute l'année (jours et horaires variables selon la saison). Boutique en ligne. Bar à tapas.

Chez Flo est aussi au 40 de la rue Saint-Barthélemy ! Mais ici, vous êtes à la Kahut, avec une promesse simple : « Du fait maison dans votre maison ». La Kahut est donc une épicerie fine où l'on retrouve tous les bons produits des artisans et des agriculteurs locaux qui ont croisé la route de Flo. Ainsi, la Kahut est une belle adresse pour garnir un panier pique-nique, organiser un brunch, un apéro ou un goûter. Et pour combler toutes les soifs bien sûr puisqu'il y a des vins, de la bière et des spiritueux. Vous êtes aussi au bon endroit pour boire un verre.

NAUTILCLUB

1229, avenue Félix Ducournau - **GASTES**
✆ 06 15 91 59 26
https://nautilclub.com
Du 30 mai au 30 septembre 2025. Pédalo : 25 €/h. Paddle 15 €/h. Cours, stages et location : tous les tarifs en ligne.

Le *Nautilclub* est une école de voile et de location de bateaux pour naviguer sur le lac de Biscarrosse-Parentis. Catamaran, funboard, voilier, paddle, pédalo, kayak... En famille ou entre amis, partez à la découverte de ce grand lac naturel de 3 500 hectares. L'eau est douce, peu profonde et sablonneuse. Vite tiède, elle facilite notamment l'apprentissage de la planche à voile. Séance d'initiation, session de groupe ou cours particulier, le *Nautilclub* s'adresse à tous ceux qui veulent s'essayer à la glisse. Les tarifs sont abordables, ne vous privez pas !

SANGUINET

Sanguinet est la première étape landaise sur le chemin de Saint-Jacques-de-Compostelle par la voie dite de Soulac ou la « Voie Littorale ». Apprécié des touristes, le lac de Cazaux-Sanguinet (lac Nord) recouvre d'étonnants champs de ruines. Depuis la fin de l'année 1970, les plongeurs ont en effet découvert les vestiges de Losa (un hameau gallo-romain établi près du pont qui permettait de franchir la Gourgue). Outre son lac de 5 600 ha et sa forêt de pins, Sanguinet offre la promesse d'agréables promenades et baignades. Sanguinet est aujourd'hui tournée vers les services et le tourisme. Un marché nocturne se tient en juillet et en août à partir de 20h.

LANDES

MUSÉE DU LAC SANGUINET

112, place de la Mairie ✆ 05 58 78 02 33
www.musee-lac-sanguinet.fr

Ouvert d'avril à fin septembre. Visite guidée sur réservation. Adulte : 6 €. Enfant (de 6 à 18 ans) : 3 €.

Fruit de 40 ans de recherches archéologiques subaquatiques, le Musée du Lac Sanguinet qui s'associe aux grands événements culturels nationaux, vous invite à découvrir l'histoire de la formation des lacs de la côte Aquitaine, mais aussi la vie aquatique du lac et son écosystème. A travers un patrimoine archéologique exceptionnel, vous en apprendrez tout autant sur la vie des hommes à Sanguinet de 1500 av. J.-C. au IVe siècle. Le parcours de visite est articulé autour de trois thèmes : l'eau, le sable et l'homme. Le lac de Sanguinet se trouve à 10 minutes à pied.

AU PARADIS DU PAPILLON

1748, route de Bordeaux
✆ 05 58 78 67 42
https://leparadisdupapillon.fr/

Ouvert tous les jours de mi-avril à mi-septembre. Adulte : 7 €. Enfant : 5,50 €.

Dans ce paradis, des centaines de papillons exotiques venant d'élevages des quatre coins du monde cohabitent et évoluent en liberté autour de vous. Certains dépassent les 20 cm d'envergure et beaucoup arborent de belles couleurs chatoyantes. Les animateurs racontent les œufs, les chenilles, les chrysalides et les cocons composant le cycle naturel du papillon. Vous découvrirez des papillons de Tanzanie, du Kenya, d'Inde, de Madagascar, mais des plantes carnivores et des insectes, quelques poissons d'eau de mer, des tortues, des oiseaux colorés et une ruche.

CYCLES VACANCES PLUS

Avenue de Losa
✆ 06 59 23 21 75
https://location-velo-sanguinet.fr/

Ouvert de mi-avril à fin septembre. Livraison possible. Vélo adulte de 14 € à 17 €/jour ; vélo électrique 33 €/jour.

Location, réparation, vente en fin de saison... Situé en face du Camping Campéole *Le Lac*, *Cycles Vacances Plus « Plage »* a tout ce qu'il faut pour vos balades de loisirs et vos virées plus sportives. VTC Confort Alu, VTT, tricycle, tandem, triporteur, modèles de 10 à 26 pouces pour les enfants et les ados... Toute la famille va pouvoir trouver le vélo idéal ! Et pour découvrir les Landes en vélo à assistance électrique, le mieux est encore de réserver. Afin de faciliter vos vacances, *Cycles Vacances Plus* a plusieurs points de location et propose la livraison.

LES ARUMS DE SANGUINET €€

253, chemin de Basile
✆ 09 84 53 95 83
www.lesarumsdesanguinet.fr

Ouvert de mars à fin novembre. 4 chambres. Chambre double de 85 à 130 € ; suite parentale de 145 à 180 €. Prêt de vélos.

Tournée vers le tourisme écoresponsable, la maison est équipée de panneaux photovoltaïques, d'ampoules à économie d'énergie, de réducteurs de débit d'eau, et on se régale du potager. D'ailleurs, Ana et Maurice utilisent le puits pour arroser les extérieurs. Cette agréable maison de style landais propose deux chambres au rez-de-chaussée, et deux autres à l'étage, dont une suite parentale très spacieuse. Aux beaux jours, on apprécie le petit déjeuner sur la terrasse couverte. Le petit plus : des vélos sont à disposition pour vos virées sur les berges du lac.

CAMPING SANGUINET PLAGE***** €€

1039, avenue de Losa
✆ 05 58 78 61 74

Qualité Tourisme. Du 4 avril au 22 septembre 2025. Emplacement dès 41 €/2 nuits. Cottage (4/5 pers.) dès 283 €/semaine

Dans ce camping Sandaya, l'Aqua Caraïbes (et sa plage végétalisée) réserve de bonnes sensations grâce à 500 gallons d'eau qui déferlent à toute vitesse d'une hauteur de 9 mètres et les 50 mètres de toboggan qui feront le bonheur des plus joueurs ! Tout est mis en œuvre pour que les petits et les grands s'amusent. Les animateurs professionnels du club enfants proposent d'ailleurs tout un tas d'animations et de spectacles. Vous êtes plutôt toile de tente, cottage ou roulotte ?

LES EAUX QUI RIENT €€

274, avenue Charles Castets
✆ 05 58 09 37 68
www.leseauxquirient.fr

Ouvert toute l'année. 4 chambres de 70 € à 130 €/nuit. Prêt de parasol, serviettes de plage, glacière, jouets de plage.

Ancien hôtel entièrement rénové, la chambre d'hôtes *Les Eaux qui Rient* se trouve au bord de la plage. D'ailleurs, les eaux du lac sont comme une toile de fond que l'on admire depuis la pièce de vie au rez-de-chaussée. À l'étage, trois des quatre chambres de style très différent s'ouvrent sur un balcon au-dessus du lac, tandis que la quatrième est ouverte sur le jardin. Le petit-déjeuner est servi sur la terrasse face à la plage (sans gluten sur demande 48h à l'avance). Ici, on prête parasol, serviettes de plage, glacière, jouets de plage... Un bel endroit !

LES ORÉADES••••• €€

602, chemin de Sabas

✆ 05 58 78 60 79

www.domainelesoreades.com

Du 2 avril au 20 septembre 2025. Cottage lodge (2 pers) : dès 225 €/sem. Cabane de pêcheur (4 pers) : dès 71 €/nuit.

Piscines, plage privée, activités pour petits et grands, espace aquatique, balnéo, et cadre verdoyant. Au bord du magnifique lac de Sanguinet, ce camping est le spot idéal pour se baigner, profiter de la plage, ou pratiquer les sports nautiques. Un véritable oasis de détente, à seulement quelques kilomètres de l'océan. Côté hébergement, vous avez le choix entre cottages tout équipés, cabanes de pêcheur, et luxueuses pagodes avec bain à remous privé. Une équipe à l'écoute des clients, des prestations de qualité, et la promesse de vacances inoubliables.

LE FANUM

Port de l'Estey

✆ 06 52 10 60 11

https://lefanum.com

Ouvert du 1er avril au 2 novembre 2025. Ardoises et tapas à partir de 7 €. Terrasse. Bar à tapas. Glaces & gaufres.

Au bord du lac de Sanguinet, sur une terrasse bordant le port de l'Estey, *Le Fanum* est l'endroit parfait pour boire un verre, s'offrir une glace ou une gaufre à l'heure du goûter (ou pas), mais aussi pour déguster quelques tapas en famille ou entre amis. Brochettes de poulet mariné, gambas à la persillade, acras de morue, assiette de fromages et/ou de charcuteries... La Maison, dont le nom évoque un petit temple gallo-romain de tradition indigène en référence au passé historique du lac de Sanguinet (à découvrir sur le site internet), favorise les circuits courts.

LÉON

Station verte d'à peine 2 000 habitants, site inscrit et classé de la Côte Landes Nature, Léon vous offre de belles maisons anciennes à l'architecture typique de la région du Marensin. Le territoire est parsemé de pistes cyclables. Quelles que soient vos envies, de nombreuses balades à pied au cœur de la réserve naturelle ou la descente en barque du courant d'Huchet permettent de profiter d'un environnement naturel exceptionnel. Le lac est un lieu attractif avec baignades, jeux, pédalos, paddle, canoë... En juillet et août, n'utilisez pas votre voiture et pensez à monter à bord de la navette gratuite qui relie notamment le centre-ville à la plage.

A L'ARTMONIE DES DEUX CHÊNES

410, avenue du Marensin

✆ 07 77 34 97 08

http://sebastien-gleize.com

Ouvert en juillet/août du lundi au vendredi de 14h à 19h.

Après l'école Boulle, Sébastien Gleize va délaisser la fabrication de meubles pour se tourner vers la création de sculptures contemporaines en taille directe. Dans l'enseignement professionnel des métiers du bois et de l'habitat, il a passé trois années de sa vie au Mali, source d'inspiration pour des thèmes tels que la fertilité, le corps de la femme et du couple. Les pièces sont réalisées en chêne, en châtaignier et en acajou d'Afrique. À découvrir dans son atelier !

LA RESERVE NATURELLE DU COURANT D'HUCHET ★★

374, rue des Berges du Lac ✆ 05 58 48 73 91

www.reservenaturelle-couranthuchet.org

Réserve en accès libre. Maison de la Réserve : horaires variables. Visites guidées et sorties à thèmes. Animations.

Dotée d'une grande richesse botanique et faunistique, ainsi que d'une grande diversité de milieux, la Réserve naturelle du Courant d'Huchet constitue le dernier ensemble d'étangs et de courant côtiers du littoral aquitain ayant préservé son caractère naturel. Partez à la découverte de ce site remarquable en visite libre (gratuit) sur les itinéraires de promenades qui traversent la partie forestière de la réserve ou en compagnie d'un guide naturaliste pour une visite guidée (1 à 9 km).

LA BERGERIE SAINT-MICHEL €€

50, chemin du Plomb - **SAINT-MICHEL-ESCALUS**

✆ 05 58 55 23 46

Ouvert toute l'année. Suite de 45 m2 (2-3 pers.) : de 95 € à 150 €/nuit. Prêt de vélos. Spa. CB non acceptée.

Face au panneau de *La Bergerie Saint-Michel*, prenez le temps d'observer la chapelle et son clocher si particuliers. C'est dans cet environnement calme, à l'orée de la forêt, que deux maisons en bois et une suite indépendante vous attendent pour passer d'agréables vacances en famille ou entre amis. Équipé d'un lit en 160 et d'une banquette-lit en 90, l'Atelier (40 m² avec terrasse privative) peut accueillir de 2 à 3 personnes, et La Bergerie (75 m²) 4 personnes. Le petit déjeuner est servi dans la maison forestière de 1850, dont la façade est recouverte de bois.

Réserve naturelle du courant d'Huchet.

CAMPING LANDES OCEANES**** €€

800, route de Linxe - **SAINT-MICHEL-ESCALUS**
✆ 05 58 49 85 16

Ouvert du 11 avril au 30 septembre 2025. Mobil-home (4 pers.) à partir de 310 €/semaine. Aire de fitness.

Ce camping haut de gamme apparaît au détour d'une petite route menant à Saint-Michel Escalus. Au calme, mais sans être isolé, ce camping ou plutôt cette hôtellerie de plein air, dispose de mobil-homes et chalets (6 personnes) tout confort. Sur place : piscine couverte chauffée avec pataugeoire, jeux pour enfants, boulodrome, animations pour tous, miniclub... Depuis le sauna, le hammam ou le bain bouillonnant, vous profiterez de la vue sur la forêt. La plage de Moliets est à 10 minutes.

DOMAINE DU CAYRE €€

751, route des Chevreuils
SAINT-MICHEL-ESCALUS ✆ 06 30 36 64 28
www.domaineducayre.com

D'avril à fin septembre. Emplacement : adulte 8 €/ enfant 2-7 ans 5 €. Minigalow à partir de 50 €/ nuit (base 2 adultes).

A quelques minutes des plages et du lac de Léon, Le Domaine du Cayre fait partie des tout premiers campings des Landes. Ravissant des générations de campeurs en quête d'authenticité, cet ancien arial est à lui seul un véritable trésor. Maison familiale, bergerie transformée en sanitaires, chai, grange à foin... Toutes ces constructions sont encore présentes sous les chênes centenaires et les pins. L'accueil abrite une buvette où il est possible de prendre un petit déjeuner. Côté hébergement, notez que les 5 gîtes (2 à 4 personnes) sont accessibles toute l'année.

LE CLOS DU PIGNE-MITCHE €€

778, avenue du Lac
www.gites-de-france-landes.com

Gîtes de France (3 épis). Gîtes 4 pers. et 6 pers. à partir de 368 €/sem ; gîtes 14 pers. et 15 pers. à partir de 893 €.

A proximité du lac de Léon, des attraits touristiques de ce coin des Landes, et encore plus près du restaurant Couleur Terroir (c'est le même propriétaire) où vous aurez certainement envie d'aller savourer la cuisine, le Clos du Pigne-Mitche est une belle propriété familiale. Isabelle et Nicolas vous accueillent dans leurs gîtes (l'un est modulable). Au total, près d'une trentaine de personnes pourront séjourner ici. Idéal pour les réunions de famille ! Vous profiterez de l'environnement verdoyant d'une propriété centenaire, aux côtés de poules, canards et d'ânes.

LE FAIR PLAY** €€

27, Grand Rue ✆ 05 58 90 44 94
www.fairplay-leon.fr

Toute l'année. Chambre double de 80 € à 90 €. Chambre triple de 95 € à 105 €. Petit déjeuner : 12 €. Restauration.

Au cœur de Léon, le restaurant et bar-tapas *Le Fair Play* a aussi son hôtel. Cadre chaleureux, chambres tout confort, cuisine locale, et emplacement idéal près du lac, à seulement quelques kilomètres de l'océan, tout est réuni pour des vacances réussies. L'établissement propose une formule demi-pension intéressante. Il ne vous reste plus qu'à vous détendre, et vous laisser tenter par les nombreuses activités alentours : balades à vélo, baignade, accrobranche, découverte de la réserve du Courant d'Huchet, location de canoë... Idéal pour des vacances au grand air.

SILVER'LANDES*** €€

1069, avenue de l'Océan
✆ 06 62 13 13 97
www.ecole-surf-camp-landes.com
Du 13 avril au 1er novembre 2025. Formule détente surf camp 7 jours/6 nuits de 595 € à 660 €/pers. en haute saison.

Mathieu, moniteur de surf, pisteur secouriste et moniteur de ski, a ouvert avec Ingrid, sa conjointe, une structure complète dans leur maison en lisière de forêt. Celle-ci est divisée en 5 chambres (2, 3 ou 4 pers.). Les cours de surf sont dispensés sur la plage de la Lette Blanche (Vielle-Saint-Girons). Au surf camp, vous profiterez d'un bel espace sous les chênes et les pins (piste cyclable à proximité) avec piscine hors sol, trampoline, slackline, bar d'été, barbecue, transats, hamacs, indoboard, skateboards-carver, terrain de volley-ball, table de ping-pong...

LE JARDIN D'AVA €€

1, Grand Rue ✆ 06 14 36 97 29
https://le-jardin-dava.com/
De mars à décembre. Carte : 25 € environ. Sur place ou à emporter. Traiteur. Salon de thé. Épicerie. Cours de cuisine.

Peu de temps après avoir obtenu leurs diplômes de pharmacien et d'ingénieur en Telecom, Padideh et Jean créent Terres de Sages, une agence de voyages basée en Iran. Ils découvrent ainsi mille et une gastronomies à travers le monde. Naturellement, ils commencent à s'intéresser à la cuisine végétale, bio et sans gluten. Formés enfin à l'école « Vert la table », ils ouvrent le Jardin d'Ava, dans une ambiance salon de thé-coffee shop entre Orient et Occident. Profitant d'une grande terrasse ensoleillée, ce restaurant qui fait aussi épicerie, prône la nourriture saine.

COULEUR TERROIR €€

820, avenue du Lac
✆ 05 40 61 01 72
Ouvert toute l'année sauf en janvier. Menu du terroir à 35 €. Formule du midi à partir de 15 €. Accueil des groupes.

Restaurateur passionné, Nicolas Lartigue n'en est pas à son coup d'essai, mais c'est à Léon qu'il a souhaité faire sortir de terre Couleur Terroir sur les terres familiales, à 400 mètres du lac. Si vous passez par là à vélo, à pied ou en voiture, vous serez forcément attiré par la grande terrasse abritée par une haute charpente en bois. Plat signature (le Mac Nico), assiettes composées, produits du terroir, formule déjeuner attractive... Si c'est ouvert, arrêtez-vous pour un rafraîchissement, faire le plein de produits locaux ou acheter une bouteille de vin !

LE FAIR PLAY €€

27, Grand Rue ✆ 05 58 90 44 94
www.fairplay-leon.fr
Ouvert toute l'année. Formule midi : 15,50 € (hors saison). Bar-tapas. Retransmissions d'événements sportifs. Concerts.

Dans le bourg, l'établissement propose un hôtel, un bar à tapas, et un restaurant type brasserie, avec salles sur deux étages, et une agréable terrasse pour les beaux jours. La jeune équipe aux commandes a choisi des matériaux modernes et des couleurs sobres. Au menu, une cuisine traditionnelle et créative : chipirons à la plancha, magret de canard, pastis perdu au chocolat… Notez que la formule déjeuner à 15,50 euros n'est pas servie en haute saison. Le Fair Play, c'est aussi la retransmission de matchs, et des concerts, à quelques encablures des plages du lac.

FERME AUBERGE TENOY €€

1736, route de Betoy
✆ 05 58 48 74 66
www.maison-tenoy.com
D'avril à mi-octobre, du mardi midi au dimanche midi en juillet-août. Réservation conseillée. Menus de 22 € à 38 €.

La ferme auberge Tenoy est l'adresse idéale pour déguster le roi des lieux dans tous ses états : le canard ! Au menu : brochette de cœurs de canard, tournedos de magret, confit de canard à l'ancienne, bavette de magret de canard à l'orange, daube, cassoulet… Avec des frites maison, cuites dans la graisse de canard bien sûr. Et les vins de la région sont mis à l'honneur. Le Tursan rouge accompagne ainsi l'assiette de Pays. Profitez de votre venue ici pour une visite guidée gratuite (avec dégustation) et faire le plein de spécialités à la boutique.

LÉONTINE €€

108, avenue du Marensin
✆ 05 58 49 24 21
Ouvert toute l'année. Formule du midi hors saison : 17,50 €. Plats combinés (plat + dessert) : dès 28 €.

Toujours une bonne surprise ! À quelques pas du joli lac de Léon, l'accueil est vraiment sympathique et attentionné dans ce restaurant familial à la belle façade en bois. En cuisine, le chef met un point d'honneur à travailler des produits frais, et de la région pour s'inscrire dans la tradition landaise. On aime particulièrement les plats combinés (plat + dessert) qui font la part belle au canard et au fromage de brebis. Avis aux gourmands, Léontine est ouvert toute l'année, et quoi qu'il en soit, il est toujours préférable de réserver !

LA MAISON TENOY

Route de Betoy
✆ 05 58 48 74 66
www.maison-tenoy.com

Ouvert toute l'année. Visite gratuite et dégustation. Restauration d'avril à mi-octobre.

La conserverie artisanale de *La* Maison Tenoy (Mémé Labatut) raconte l'histoire d'une famille perpétuant le savoir-faire d'autrefois autour du canard. Ces derniers sont élevés et gavés sur place. Lors des visites, on vous expliquera le soin apporté à l'alimentation, puis à la transformation des différents morceaux. Plats cuisinés, foies gras, pâtés et confits de canard sont à retrouver à la boutique. D'avril à mi-octobre, n'hésitez pas à venir déguster les meilleures recettes de canard de Thierry à la ferme auberge. Vous aurez le choix entre la carte et les menus.

LE PAIN D'ICI

80, Grand Rue
✆ 06 71 01 41 55
http://lepaindici.fr/

Ouvert le mardi, le jeudi et le samedi de 9h à 13h ; le mercredi et le vendredi de 9h à 13h et de 16h à 18h30.

Avant d'être boulanger (depuis 2017), spécialiste du pain au levain naturel et des farines natives françaises 100 % biologiques, Stéphane Chauvard a passé 15 ans de sa vie à Madagascar. Là-bas, il animait des ateliers d'insertion professionnels dans la mouvance du commerce équitable. D'ailleurs, il en garde de profondes convictions. Mais aujourd'hui, le Pain d'Ici a reçu le Grand Prix *coup de cœur* de la 15e cérémonie de la Banque Populaire des Landes. C'est dire s'il était aussi fait pour ce métier-là. Aussi à Castets et à Saint-Julien-en-Born.

CHEZ VINCENT

64, avenue du Marensin
✆ 05 58 48 73 75
www.chezvincent.fr

Poissonnerie ouverte toute l'année. Conserverie. Traiteur. Boutique en ligne. Plateaux de fruits de mer de 39 € à 85 €.

Affûté depuis plus de 10 ans au rythme des marchés, Vincent vous propose des coquillages et des crustacés toute l'année dans sa poissonnerie de Léon. Bien sûr, vous pouvez aussi lui faire confiance pour préparer de délicieux plateaux de fruits de mer (sur commande). Le Waikiki est particulièrement alléchant avec son gravlax de saumon, son tartare de thon ou encore son ceviche de poisson blanc. Pour déguster sur place les « grillés » à la plancha, les fritures, les huîtres, etc., en assiette ou en formule, c'est à Hossegor qu'il faudra vous rendre.

ÉCURIES MONT ROYAL

512, route d'Azur ✆ 06 83 05 51 55
https://ecuriesmontroyal.com/

Promenades accompagnées de 12 € pour les enfants à partir de 3 ans (30 min) à 25 € pour 1h. Gîte pour 8 pers.

Bienvenue aux Écuries Mont Royal ! Dressage, saut d'obstacles, cross, compétition, *pony games*... et promenades accompagnées. Profitant d'un vaste terrain de jeu de 12 hectares, les écuries Mont Royal ont tracé deux itinéraires fléchés pour les balades à shetlands dès 3 ans (30 min). Comptez 1h pour les balades accompagnées en forêt. La sortie jusqu'au lac d'Azur (2h) s'adresse aux cavaliers confirmés. Sur place, l'ancienne maison traditionnelle à colombages de 1891 a été transformée en gîte avec 4 chambres... et des box pour vos chevaux bien sûr !

ESCAPE LAND

235, route de Linxe - **SAINT-MICHEL-ESCALUS**
✆ 05 58 72 61 78
https://canoeland.com

Ouvert en saison à partir du mois de mai. De 20 € à 30 €/pers. selon le nombre de joueurs (sur réservation).

Première enseigne de jeux d'évasion dans les Landes, Escape Land vous propose trois aventures : Le Bateau Pirate, La Prohibition et La grange abandonnée ; un scénario qui vous emmène en randonnée dans la forêt de Saint-Michel-Escalus. Pris dans une terrible tempête, vous tombez heureusement sur une vieille grange abandonnée, mais l'est-elle vraiment ? Pour le savoir, vous devrez résoudre dix énigmes en une heure. Espace Land va mettre à l'épreuve vos sens de l'observation, de la réflexion et de la logique dans la bonne humeur. A vous de jouer !

MIMIZAN ★

Au Moyen Age, des moines de l'abbaye de Saint-Sever s'installent à Mimizan et y fondent un prieuré, qui devient le centre d'une sauveté, c'est-à-dire un lieu d'asile pour la protection des faibles. Inscrites aux Monuments historiques, cinq bornes délimitant son périmètre sont encore visibles. Labellisée « Ville Fleurie 4 fleurs », la commune de Mimizan est aujourd'hui partagée entre Mimizan-Bourg et Mimizan-Plage. Le monument des « Ailes », érigé à l'entrée de la plage du même nom, commémore le souvenir de la première traversée française entre l'Amérique et l'Europe par les aviateurs Assolant, Lotti et Lefèvre qui atterrirent à Mimizan le 16 juin 1929.

LAC D'AUREILHAN

941-901, Rte du Bourg
www.mimizan-tourisme.com
Ouvert toute l'année. Accès libre.

À deux pas de Mimizan-Plage, accessible par la piste cyclable, le lac d'Aureilhan est un lieu de quiétude encore sauvage pour s'accorder une pause à l'écart de l'effervescence touristique. Avec ses 340 ha, le site du lac permet de nombreuses activités : baignade (surveillée sur la rive d'Aureilhan), pêche (à la carpe, au brochet, à l'anguille), balades à pied (Promenade Fleurie, tour du lac), stand up paddle, pirogue hawaïenne, bateau à pédales, bateau électrique, canoë, voile... Il y a même à proximité un golf 9 trous, de l'accrobranche et du paintball !

LA MAISON DU PATRIMOINE

39, rue de l'Abbaye
www.asem-mimizan.fr
Toute l'année sur réservation. Adulte (+14 ans) : 3 €. CB non acceptée. Aire de pique-nique. Boutique. Animations.

La Maison du Patrimoine vous invite à porter un autre regard sur la forêt et son histoire. Une exposition permanente présente ainsi la société rurale traditionnelle landaise à travers deux figures emblématiques : le berger et le résinier. Des collections, des témoignages filmés et des animations apportent une meilleure connaissance des hommes et leurs interactions sur leur forêt. Plusieurs animations sont organisées au cours de l'année : démonstration de gemmage, atelier d'initiation ou perfectionnement de la langue gasconne...

MUSÉE D'HISTOIRE, PRIEURÉ ET CLOCHER PORCHE

20, rue de l'Abbaye ✆ 05 58 09 00 61
www.mimizan.fr
Ouvert du 1er mars au 31 octobre 2025. Horaires variables, voir le site. Adulte : 5 €. Gratuit -18 ans. Visite guidée.

Le clocher-porche de l'ancienne église Sainte-Marie se trouve à quelques mètres du musée. La visite de l'ensemble permet de découvrir un espace muséographique sur l'histoire du territoire, une présentation virtuelle du prieuré et une visite du clocher-porche. Celui-ci est le dernier vestige d'un important prieuré bénédictin du XIIe siècle. Classé monument historique, il conserve ses polychromies et possède une des plus vieilles représentations françaises de St-Jacques-de-Compostelle.

PLAGE DE LESPECIER

Route de Lespecier
Accès libre. Parking à 10min. Plage surveillée l'été.

À l'ouest du village de Bias et au sud de Mimizan-Plage, accessible par la Vélodyssée, la plage de Lespecier à Mimizan est la plage la plus sauvage de la station balnéaire. Mais elle se mérite ! Comptez environ 10 minutes de marche depuis le parking ou la piste cyclable. Bordée par la forêt domaniale et les dunes de sable qui s'étendent à perte de vue, les amoureux de nature devraient se plaire sur cette plage surveillée, aussi équipée de w.c. Elle est accessible aux personnes à mobilité réduite. Notez que le naturisme est pratiqué aux abords de cette plage.

LANDES

Promenade fleurie à Mimizan.

OFFICE INTERCOMMUNAL DE TOURISME DE MIMIZAN

38, avenue Maurice Martin
✆ 05 58 09 11 20
www.mimizan-tourisme.com
Qualité Tourisme. Ouvert toute l'année (jours et horaires d'ouverture variables selon la saison).

De la très belle promenade fleurie au bord du lac en passant par des monuments chargés d'Histoire comme celui des Ailes à Mimizan-Plage, cette destination de vacances a bien des choses à vous raconter. Accordez-vous une escapade au Musée du Prieuré pour découvrir un clocher-porche datant du Moyen Âge, flânez dans la forêt à la découverte des sentiers connectés ou encore, participez à l'une des sorties nature... L'équipe de l'Office de tourisme vous accueille toute l'année !

LA MAÏADE

520, route des Quartiers ✆ 05 58 09 09 88
www.campinglamaiade.fr
Du 26 avril au 14 septembre 2025. Mobil-homes 4 pers. à partir de 379 €/sem. Tarifs réduits : randonneurs et cyclistes.

Adeline et Alexandre sont les propriétaires de ce camping à taille humaine à Mimizan. Leur arrivée en 2023 a signé le changement de nom du camping (ex-L'Estival), la rénovation des mobil-homes Surfeur, Family et Tribu, et l'installation de la piscine et d'un solarium ! Avec ses 50 emplacements, La Maïade n'a toutefois pas à rougir des infrastructures des grands campings, car vous passerez d'agréables vacances en famille. Jeux et clubs enfants, prêt de livres, barbecues collectifs, soirées moules-frites, concerts, épicerie de dépannage, snack… Que demander de plus ?

LA GUIROSSE €€

1305, route de la Guirosse
SAINTE-EULALIE-EN-BORN ✆ 06 45 99 82 00
www.gites-de-france-landes.com
Gîtes de France (3 épis). Toute l'année. 3 chambres. Chambre double à partir de 88 € ; chambre triple à partir de 108 €.

Laurence et Didier vous ouvrent les portes de leur maison d'hôtes *La Guirosse*, avec 3 chambres chaleureuses et tout confort. Une maison d'architecture traditionnelle, dans laquelle bois et brique sont les matériaux rois. Le petit déjeuner est servi dans la pièce de vie ou aux beaux jours, sur l'agréable terrasse. Dans un cadre naturel privilégié, on profite de la piscine pour le farniente. Aux alentours, vous profiterez des pistes cyclables, des golfs, des grands lacs et de l'océan pour la baignade ! Les propriétaires proposent également un gîte pour 6 personnes.

L'ATELIER DES RÉSINIERS €€

120, chemin des Résiniers
PONTENX-LES-FORGES ✆ 06 21 06 08 13
www.latelierdesresiniers.fr
Gîte de France 3 épis. Chambres double à partir de 75 €/nuit. Familiale : à partir de 101 €/nuit. Résidence de groupe.

Vestiges d'une distillerie de résine de pin datant de la fin du XIXe siècle, l'Atelier des Résiniers s'étend sur un parc de 4 hectares. On y trouve la maison du contremaître, le bureau de paie, le quai de chargement et l'atelier. Les chambres sont spacieuses et confortables et les deux gîtes sont bien équipés. Ici, on prend réellement soin de vous et il est possible de profiter d'une multitude de services et d'activités. D'ailleurs, les artistes sont particulièrement appréciés dans ce lieu où ils peuvent s'offrir une parenthèse pour retrouver l'inspiration.

JARDINS SECRETS €

220, Chemin Cabanot
✆ 05 58 09 19 38
padamab6.wixsite.com/jardins-secrets
Ouvert toute l'année. 3 chambres. Chambre double de 75 € à 85 €. Chambre triple 95 €. Petit déjeuner inclus.

Dans cette maison entourée de 3 hectares de terrain, le visiteur sera logé dans l'une des trois jolies chambres. Séjourner aux Jardins Secrets, dans un cadre ravissant entre forêt, bourg et océan, c'est prendre un bol d'air et apprécier une faune et une flore typiquement landaises. Chaque matin, le petit déjeuner est servi dans l'ancien four à pain avec une vue agréable sur le jardin. C'est aussi dans le petit chalet du jardin que vous trouverez de la documentation touristique. La plage est à 7 km, le lac d'Aureilhan à 3 km.

AU BON COIN DU LAC €€

34, avenue du Lac
✆ 05 58 04 82 99
www.hotel-auboncoindulac.com
Ouvert toute l'année. Chambre (1-2 pers.) à partir de 85 €. Restauration. Massages et soins. Piscine chauffée.

Sur les rives du très beau lac Aureilhan, à l'entrée de la Promenade Fleurie, l'Hôtel-restaurant *Au bon coin du lac* ne passe pas inaperçu. Avec sa belle et grande terrasse en L qui court le long du Courant de Mimizan, l'hôtel profite d'un cadre enchanteur fréquenté tout en offrant beaucoup de calme. À l'intérieur, le charme désuet laisse la place à la douceur de la modernité. Véritable havre de paix, l'hôtel réserve à ses hôtes de grandes chambres très spacieuses et très lumineuses. La piscine, à l'abri des regards, est un véritable cocon où se ressourcer.

CLUB MARINA-LANDES**** €€

8, rue Marina ✆ 05 58 09 12 66
www.camping-club-marina.com
Qualité Tourisme. De fin avril à septembre. Emplacement dès 32 €. Lodge canopée vue forêt (5pers.) : à partir de 357 €.

A 500 mètres de la plage, ce camping bénéficie des atouts apportés par la forêt de pins. Dans ce milieu typique des Landes, de magnifiques équipements ont été mis en place pour créer un véritable club de vacances. Les locations sont confortables et vous aurez le choix entre appartements, lodges, chalets, mobil-homes ou tentes aménagées. Et l'espace aquatique qui a tout pour plaire : piscine couverte chauffée, piscine non chauffée, bassin de balnéothérapie, 4 toboggans, 2 pataugeoires avec des jeux d'eau. Sans oublier l'espace Bien-Etre et plein d'autres services !

HÔTEL ATLANTIQUE** €€

38, avenue de la Côte d'Argent ✆ 05 58 09 09 42
www.atlantique-mimizan.fr
D'avril à septembre. Chambre double 65 à 110 €. triple 105 à 125 €, familiale 130 à 190 €. Petit déjeuner : 11 €.

L'Hôtel l'Atlantique, c'est 31 chambres à 30 mètres de la plage, 200 mètres des commerces de la zone piétonne de Mimizan Plage, et 200 mètres de la forêt et des pistes cyclables. L'hôtel possède le label « Mimiz'O Qualité Famille » signifiant que tout a été mis en œuvre pour faciliter les séjours des parents. Les chambres disposent toutes d'un excellent confort (certaines avec un extérieur privatif). Vous pourrez déposer vos vélos et planches de surf gratuitement dans un garage sécurisé. Pensez à réserver votre parking (places limitées ; bornes électriques).

LES JARDINS DE MIMIZAN €€

28, rue des Jardins
✆ 09 86 69 59 20
www.lesjardinsdemimizan.fr
Accueil vélo. Toute l'année. Chambres (1 à 3 pers.) de 120 à 150 €/nuit. Suite et roulotte (2 pers.) de 100 € à 150 €.

L'histoire commence lors d'un séjour sur la Vélodyssée, entre Biarritz et Saint-Émilion. Ce jour-là, Cécile et Michel font une halte à Mimizan, dans cette maison traditionnelle aux volets bleus... Aujourd'hui, ils en sont les propriétaires. Les Jardins de Mimizan sont ouverts toute l'année à l'exception de la roulotte Hortense qui ferme ses portes de janvier à mars. Les chambres sont modernes avec une touche d'ancien. N'hésitez pas à les contacter pour organiser une fête de famille ou un séminaire. Les jardins de Mimizan peuvent accueillir jusqu'à 15 personnes.

MAISON D'HÔTES QUIZAS €€

184, Place des platanes - **ONESSE-ET-LAHARIE**
✆ 05 58 83 68 87
https://quizasmaisondhotes.fr
Ouvert de fin avril à la Toussaint. Dès 110 € la nuit, deux nuits minimum, petit déjeuner inclus. Piscine chauffée.

Vincent et Géraldine vous accueillent dans cette sublime demeure landaise de 1850. Ils ont conçu leurs trois chambres d'hôtes autour de l'amour des livres, du voyage et de l'Histoire. Les chambres sont spacieuses et confortables avec une vue jardin et piscine (entourée d'une nature verdoyante), vue coucher du soleil ou vue église, toutes dotées d'une salle de bain privative. Les hôtes mettent l'accent sur l'éco-responsabilité et sur la douceur de vivre ; à Quizas, on prend le temps de lire, d'écrire, de se balader, de nager, de ralentir et d'explorer.

A NOSTE €€

7, avenue de la Côte d'Argent
✆ 05 58 09 31 34
http://anoste-mimizan.fr/
Ouvert tous les jours de 9h à 22h30. Menu : de 23 € à 26 € disponible midi et soir. Formule petit-déjeuner : 9 €.

© À NOSTE

Après de longs mois d'attente, l'un des restaurants emblématiques de Mimizan a enfin rouvert ses portes en 2024. L'établissement s'est offert un nouveau look basco-landais qui lui va divinement bien. Côté cuisine, une carte brasserie traditionnelle est élaborée avec des produits de qualité et de saison. Quant à la vue, elle reste imprenable et offre le privilège de savourer un petit-déjeuner, un verre de vin, ou quelques tapas face à l'océan. Le lieu qui accueillait un casino dans les années 1930 n'a pas dit son dernier mot. Service en continu, pas de réservation.

SIBLU VILLAGES - CAMPING MIMIZAN LAC*** €€

108, avenue de Woolsack ✆ 05 58 09 01 21
www.camping-mimizan-lac.com

Ouvert du 19 avril au 18 septembre 2025. Coco lodge (4 pers.) à partir de 270 €/semaine. Animations. Restauration.

Que vous soyez campeurs, camping-caristes ou adeptes des locations insolites (Natur'House, Safari lodge et Coco Lodge), c'est ce camping qu'il vous faut ! Les parcelles sont spacieuses et les hébergements se fondent dans le paysage. Pour les enfants : aires de jeux et animations dédiées. Pour les plus sportifs : ping-pong, beach-volley et pétanque. Pour tous : l'espace aquatique avec bain à bulles et espace de jeux pour les plus petits ! A l'extérieur, la promenade fleurie est superbe.

SINGLE FIN HOTEL & LODGE €

16, avenue du Courant
✆ 06 44 90 98 66
https://singlefinhotel.fr/

De mai à novembre. Chambre double dès 67 €. Bungalow familial : dès 111 €. Dortoir ouvert en juillet-août.

Face au courant de Mimizan, le Single Fin Hotel & Lodge plaît particulièrement aux jeunes, aux familles et aux surfeurs. Ici, l'ambiance « hippie-bohème » est d'inspiration nordique et surf californien des années 70. Arnaud, le propriétaire, propose des cours de surf ou de stand-up paddle en partenariat avec une école locale. Des séances de yoga sont également proposées. L'hôtel profite également d'un petit jardin aménagé, d'une grande terrasse panoramique, d'un bar et d'un restaurant japonais. Le spot parfait pour se détendre au bord de l'océan.

ALOHA BEACH BURGER €€

13, rue du Pont
✆ 09 83 03 13 14
https://alohabeachburger.fr

Toute l'année (tous les jours le midi et le soir en haute saison). Formules de 11 € à 15,50 €. Terrasse. A emporter.

Envie de manger un bon gros burger avec des frites maison ? Rendez-vous chez Aloha Beach Burger ! Si les recettes sont plutôt classiques du côté des hot-dogs, les burgers mettent véritablement l'eau à la bouche. Version bœuf, on se laisse tenter par l'Espelette avec sa sauce au piment d'Espelette, sa tranche d'Ossau Iraty, son chorizo, ses piquillos, ses oignons rouges... Au poulet, le New indian promet de vous faire voyager. Sans oublier les burgers végé qui viennent compliquer le choix ! L'ambiance façon cabane en bois donne envie de rester manger sur place.

HEY POULETTE €€

7, rue des Cormorans
✆ 07 84 26 22 13
www.heypoulette.com

Tous les jours de mars à mi-novembre (horaires variables selon la saison). Plats de 7,50 à 10 € (+ 5,50 € en formule).

Hey Poulette vous accueille près de la plage des cormorans, au sud de Mimizan. Au menu : des spécialités déclinées autour du poulet de la maison Dandieu ! Ici, tout est cuisiné avec des produits issus de circuits courts grâce aux producteurs et commerçants de la région. Empanadas, wings, pilons, brochettes... A chaque saison, ses nouvelles recettes. Il y a aussi les boulettes aux légumineuses, la salade du poulailler, les patatas bravas ou le maïs bio grillé en accompagnement, et de délicieuses recettes végétariennes. On préfère vous prévenir, c'est copieux !

LE MAREEBA €

10, rue de la Poste
✆ 05 58 78 61 54
https://le-mareeba-mimizan.eatbu.com

Hte saison : lun-jeu 10h-15h et 18h-22h, vend-dim 10h-22h. Variable le reste de l'année + stand aux Halles du marché.

Mélie et Bast tiennent ce petit havre de paix. On y vient à toute heure pour un petit déjeuner ou un brunch plus copieux, ensuite pour assouvir un petit creux salé ou sucré, puis pour le déjeuner, encore pour un goûter ou un rafraîchissement, etc. Sur place ou à emporter, en terrasse ou en salle, c'est à la tentation qu'il faudra résister. Au menu : wraps, bowls, tartines de saison, burgers... Et une large sélection de boissons. Les produits sont frais, locaux et essentiellement bio. Ils sont aussi dans l'extension des halles du marché couvert de Mimizan-Plage.

LE MIAM MIAM €€

3, rue du Casino
✆ 07 60 41 96 81

D'avril à sept. Variable le reste de l'année. Burgers de 8 € à 11 € (+ 5,50 € en formule avec frite ou salade + soft).

Qu'est-ce qu'on miam ? Charcuterie fine de chez Pierre Oteiza (producteur et artisan du Pays basque), pains d'un artisan boulanger du coin, fromages de choix (comté AOP 12 mois, cantal fermier AOP, brebis des Pyrénées), frites maison, bières locales... La recette du Miam-Miam a de quoi faire saliver ! Et maintenant, il ne vous reste plus qu'à choisir entre les sandwichs (toastés ou non dans un pain ciabatta) et les burgers (buns artisanaux). Les goûts sont au rendez-vous, l'humour et la générosité aussi. Voilà qui change du panini sans goût et trop gras.

CRUDO €€

12, rue du Casino
✆ 05 58 09 05 88
Ouvert de février à novembre. Jours et horaires d'ouverture variables selon la saison. Ceviche : de 16,50 € à 19,30 €.

Crudo, qui est aussi un bar avec des suggestions de cocktails latinos, met à l'honneur les spécialités mexicaines, mais surtout les ceviches à base de poisson, de crevette crue, de poulpe… On a choisi celui au bœuf (la carte propose aussi une version végé) avec une marinade aux agrumes et de l'avocat (le gras apporte de la douceur et une rondeur en bouche, un délice). On a aussi craqué pour les crevettes panées noix de coco et panko servies avec une mayonnaise bien *spicy*. Tout est bien frais et le service parfait. Aux beaux jours on aime s'y installer en terrasse.

BAR À HUÎTRES €€

58, place du Marché
✆ 09 81 39 67 45
https://le-bar-a-huitres.eatbu.com/
Des vacances de février à fin octobre. Planches et assiettes à composer. Plateau de fruits de mer : 69 €/2 pers.

Avec ses formules de dégustation d'huîtres provenant du bassin d'Arcachon, le Bar à Huîtres attire une foule de gourmands du midi au soir. On se laisse alors bien volontiers tenter par une formule « huîtres, verre de vin, pain, beurre et pâté ». Pour les petites faims ou les personnes seules, les assiettes à composer du Bar à Huîtres sont de véritables alternatives aux plateaux de fruits de mer. Là aussi, vous pourrez en choisir la composition. Pour un événement ou une soirée, n'hésitez pas à commander le Titanic, un bateau de 150 huîtres du plus bel effet.

AU BON COIN DU LAC €€

34, avenue du Lac
✆ 05 58 04 82 99
www.hotel-auboncoindulac.com
Du mercredi au dimanche midi et du mercredi au samedi soir. Formule du Bon coin de 19 à 25 €. Formule à la carte 39 €.

Un véritable havre de paix au bord du lac de Mimizan, et à seulement quelques kilomètres de l'océan. Entre plages et forêts, le Bon Coin du Lac offre un cadre idyllique à l'heure de passer à table. S'il est possible de boire un verre ou manger une glace dans l'après-midi, c'est au moment du déjeuner et du dîner qu'il faudra venir pour savourer une cuisine travaillée, faite maison et généreuse, élaborée avec des produits de première fraîcheur en circuit court. Le menu du Bon Coin (le midi uniquement – sauf dimanche et jours fériés) donne déjà un bel aperçu.

LE BISTROT DE LA MER €€

8, avenue Maurice Martin
✆ 05 58 09 08 56
www.bistrotdelamermimizan.fr
Ouvert toute l'année, tous les jours le midi et le soir en saison. Menus de 18,80 € à 38 €. Réservation recommandée.

Depuis plus de 20 ans, *Le Bistrot de la mer* est une référence en matière de poissons et crustacés. Ce restaurant bénéficie d'un emplacement de choix et d'une déco très tendance. La carte est variée et fait la part belle aux produits de la mer : couteaux gratinés à l'ail et aux amandes, soupe de poisson aux petits croûtons et rouille maison, pavé de cabillaud au chorizo et coulis de poivron rouge… La cave, visible de la salle, offre un joli choix. Avant de faire 50 mètres pour voir l'océan et poursuivre un très bon moment, ne vous privez pas d'un dessert !

© LE BISTROT DE LA MER

© LE BISTROT DE LA MER

L'ILE DE MALTE €€

5, rue du Casino ✆ 05 58 82 48 15
www.restaurant-iledemalte.com
Tous les jours le midi et le soir en haute saison. Formule du midi : 19,50 €. Carte : 35 € environ. Bar-Tapas.

Avec ses jolies terrasses, l'Île de Malte est l'endroit idéal où s'installer pour boire un café dès 9h30 ou un rafraîchissement dans l'après-midi. À 300 mètres de la plage Nord, l'établissement occupe l'une des plus anciennes maisons de Mimizan-Plage. Côté restaurant, le chef et sa brigade vous invitent le midi comme le soir à déguster une cuisine bistronomique déclinée à la carte ou en menu. Le menu du jour est quant à lui proposé à l'ardoise. Le bar reste ouvert jusqu'à la fermeture du restaurant. Un spot gourmand idéal, à seulement 100 mètres de l'océan.

Ô COURANT €€

2, rue de la Marine
✆ 05 58 09 16 56
www.restaurant-ocourant.com
Maître Restaurateur. Ouvert d'avril à novembre. Menu à 38 €. Formule du midi à 18 €. Terrasse.

Sur les rives du courant de Mimizan, les frères François exploitent leur propre restaurant. Malgré l'affluence, vous êtes rapidement accueilli, et les premiers plats arrivent vite. Il y a un joli choix de spécialités comme les chipirons aux oignons rouges et txistorra, le risotto au coulis de piquillos, Ossau-Iraty et wok de légumes, ou le merlu à l'espagnole (à partager). Puis, vous succomberez aux desserts à la présentation soignée. En cuisine comme en salle, l'équipe est aux petits soins et l'ambiance décontractée. Vous voilà désormais bien « Ô Courant » !

LE WIZ €€

12, rue Brémontier
✆ 05 58 09 05 16
Toute l'année. Jours et horaires d'ouverture variables selon la saison. Carte : 35 € environ. Formule du midi : 16,90 €.

Pour les gourmands de passage à Mimizan, le Wiz est situé à proximité des commerces et à quelques encablures de la plage de la Garluche. Ouvert toute l'année, on s'y retrouve entre amis ou en famille, pour y déguster une cuisine à la fois inventive et traditionnelle. Les plats sont généreux et réalisés avec des produits de saison. Au menu : conchiglionis farcis, mi-cuit de thon mariné, et banoffee à tomber. N'ayez crainte, vous sortirez de table rassasiés. Preuve que le service est attentionné, on nous propose de faire une petite pause avant d'envoyer le dessert !

GLACES MOUSTACHE

12, rue de la Poste
✆ 09 75 35 89 36
www.glaces-moustache.fr
Ouvert tous les jours en saison. Variable le reste de l'année (voir le site).

Les Glaces Moustache de Gérard Sanchez comptent certainement parmi les meilleures glaces artisanales en France. Le secret ? Du lait entier, de la crème fermière, des fruits de saison... Et près de 130 parfums ! Parmi les plus iconiques : Vanille Bourbon de Madagascar (élue en 2020 parmi les meilleures glaces de France par Gault & Millau), Un amour de glace (base vanille au lait entier avec des pépites de chocolat bio et des éclats de nougatine), La Bretonne (caramel au beurre salé au lait entier avec inclusion de crumble et coulis de caramel) et Banoffee.

GLACIER MILAN

15, avenue Maurice Martin
✆ 06 78 21 74 59
https://www.glaciermilan-mimizan.com/
Ouvert des vacances de février aux vacances de la Toussaint. Galettes salées en terrasse, à partir de 18h en été.

Le ciel bleu, l'océan, le sable chaud... Une glace ? Tout près de la plage de la Garluche, Milan vous propose des crèmes glacées et sorbets sans colorant et sans arôme ajouté. Elaborés à la ferme, vous pourrez agrémenter votre pot ou cornet au chocolat maison, de caramel salé, de coulis de mangue ou de fruits rouges, mais aussi de chantilly. Comme toujours, le plus difficile sera de choisir. Encore plus si vous hésitez avec les gaufres et les crêpes préparées sous vos yeux. À déguster dans la rue, sur la plage ou sur la terrasse au-dessus.

PÂTISSERIE BOUHEBEN

26, ancienne Route N10 - **ESCOURCE**
✆ 06 70 88 89 65
www.pastis-landais-bouheben.com
Du mardi au vendredi 7h-17h, le samedi 8h-12h. Juillet- août : du lundi au vendredi 7h-18h et samedi de 7h-12h.

Dans les Landes, on a coutume de dire qu'il y a autant de recettes de pastis que de communes. Récupérée par les parents de Carol Hofbauer, la recette de la pâtisserie artisanale Bouheben fait courir les habitants d'Escource, des alentours et tous les « bien avertis » depuis plus de 25 ans. Aux côtés de Carol, Thibault, son mari, propose des sablés, des gâteaux basques et des Bascarons® ; un biscuit étonnant et sans gluten à base de sucre, poudre d'amandes et blanc d'œuf. Des gourmandises à retrouver chez les bons revendeurs des Landes et du bassin d'Arcachon !

LANDES

LE CHAMP DES PIRATES DE BENICO BIO

63, rue de Galand
✆ 06 85 41 73 33
Ouvert du mardi au vendredi de 16h à 18h. Vente sur les marchés locaux.

Près du lac de Mimizan, l'exploitation agricole de Benjamin et Laetitia propose à la vente des produits issus de leur production et de producteurs locaux. Fruits et légumes de saison, épicerie, produits laitiers, miel, pain, confitures… Vous rencontrerez les animaux de la ferme, comme le troupeau de vaches Highland Cattle, et les moutons Ouessant qui entretiennent les prairies. Les propriétaires partagent également leur métier et leur passion au cours d'ateliers et d'événements.

MARCHÉ TRADITIONNEL DE MIMIZAN

Le vendredi de 8h à 12h.

Le marché traditionnel est incontournable pour ceux qui aiment les bons produits de saison et du terroir ! Ici, le marché a lieu tous les vendredis à Mimizan Bourg (derrière la mairie). Le marché couvert est quant à lui ouvert du mardi au dimanche (place du marché). On s'y retrouve pour partager quelques tapas. Du 15 juin au 15 septembre, le marché saisonnier du jeudi matin attire les badauds autant que les touristes entre l'Office Intercommunal de Tourisme de Mimizan et les arènes.

LOOPITA

10, rue du Vieux Marché
✆ 05 58 07 17 17
www.loopita.fr
Boutique en ligne.

Dans son Magasin d'Usine, Loopita crée de véritables Pépites. Des sacs pour chaussures ou maillots de bain, des paniers à linge pour le voyage, des coussins pour les petits et les grands. On y trouve aussi des affiches et autres articles aux couleurs des Landes. Une majorité des prix sont remisés, une vraie caverne d'Ali Baba ! Leurs produits sont aussi totalement personnalisables, pour les clubs, artistes, entreprises, événements, et ce à partir de 50 pièces. Loopita est ainsi partenaire officiel de France Rugby et crée des collections XV de France.

Ô SACRÉ SUCRÉ

5, avenue Maurice Martin
✆ 07 71 24 81 98
Ouvert d'avril à fin septembre. Tous les jours en été de 10h à minuit.

Ô Sacré Sucré, c'est le genre d'adresse incontournable avec un goût d'enfance et de vacances. Au sucre, au caramel façon Mars ou encore avec de la noix de coco façon Bounty, les crêpes et les gaufres sont maison. Tout comme leurs glaces crémeuses, aux parfums gourmands et parfois délicieusement originaux. Idéal pour se faire plaisir après une belle journée de plage. Jusque tard dans la soirée, vous pourrez également déguster les traditionnelles glaces à l'italienne et succomber à la tentation devant un grand choix de bonbons. Avis aux gourmands !

LA LUNA BOTANIQUE DE BENICO BIO

2376, route des quartiers
✆ 07 66 07 07 03
Vente directe et divers points de vente (infos en ligne). Hébergements insolites.

À Mimizan, cette ferme écologique est dédiée à la culture biologique de fruits, légumes, plantes médicinales et fruitiers. Très bien achalandée en produits frais de saison, une boutique est ouverte sur place. Vous les retrouverez aussi sur les marchés locaux (à Mimizan le vendredi matin, à Saint-Julien-en-Born le samedi matin, à Contis le mercredi et le dimanche en saison). Nicolas et Lila proposent aussi des hébergements insolites sur place, idéaux pour se reconnecter avec la nature.

LES RUCHERS DU BORN

810, avenue de Mimizan - **PONTENX-LES-FORGES**
✆ 05 58 07 40 74 - www.ruchersduborn.fr
Du lundi au vendredi 10h-12h30 (jusqu'à 18h en été). Ateliers, visite libre et dégustation. Label Tourisme & Handicap.

Thomas Mollet et Lénaïc Lecrénais continuent d'écrire l'histoire des Ruchers du Born ; une ferme qui produit du miel depuis 1960 ! Accompagnés par Odile et Clémence, ils élèvent 900 à 1 000 colonies d'abeilles en favorisant le développement naturel. Pour cela, ils pratiquent une apiculture transhumante en déplaçant les ruches plusieurs fois par an, au rythme des abeilles et des fleurs. Les miels des Landes des *Ruchers du Born* sont vendus sur place ou en ligne. Dégustation, visite libre de la ferme apicole, chasse au trésor pour les enfants, aire de pique-nique...

AF KART'LANDES

La Brûle
ESCOURCE
✆ 05 58 08 98 77

Ouvert toute l'année. A partir de 7 ans. Tarifs : 22 € la session de 10 minutes (38 € les deux sessions).

En bordure de l'A63, l'AF Kart'Landes possède le plus grand circuit d'Aquitaine. Les pistes sont homologuées par la Fédération Française de Sport Automobile. Avec ses infrastructures récentes, il n'a rien à envier aux circuits bien connus des amateurs de sensations. Dès 11 ans, des 4 temps GT2 9 CV sont disponibles pour 10 minutes et plus par le biais de jetons. Dès 14 ans, embarquez sur le circuit au volant d'un RX 250 28 CV ! Des essais et des courses sont aussi organisés. Les plus jeunes (dès 7 ans) ont également leurs machines adaptées.

SKYDIVE MIMIZAN

708, allée Andrée Dupeyron
✆ 05 58 09 27 62
https://skydive-mimizan.fr/

Saut en tandem : 295 € (394 € avec la vidéo) ; saut d'initiation avec la vidéo : 450 €. Bon cadeau. Sur réservation.

Skydive Mimizan, Ecole Professionnelle de chute libre affiliée à la Fédération Française de Parachutisme et à la Fédération des Exploitants Professionnels du Parachutisme, propose des baptêmes, des formations au parachutisme et des stages de chute libre. Muni d'un certificat médical de non-contre-indication au parachutisme, vous avez rendez-vous à l'aérodrome de Mimizan où des moniteurs certifiés vous prendront en charge. L'école est la seule des Landes classée au top 10 des écoles françaises agréées par le ministère de la Jeunesse et des Sports.

ALL WATER

Avenue du Lac
✆ 06 66 14 98 44
www.allwater.fr

Qualité Tourisme. Tourisme & Handicap. Ouvert d'avril à octobre. Balade en pirogue. Cours de paddle. Location de pédalo.

Curieux de nature ? Rendez-vous sur les rives du lac d'Aureilhan pour profiter d'une superbe balade guidée en pirogue hawaïenne fabriquée en pin des Landes. Iris, hibiscus, nénuphars, hérons, gibiers d'eau... Au rythme des pagaies, vous partirez à la découverte de la faune et de la flore de ce site classé Natura 2000. Dès 4 ans à condition de savoir nager, cette activité est également accessible aux personnes porteuses d'un handicap. All Water, c'est aussi du paddle, du kayak, du kayaksurf, waveski, des chasses au trésor, etc. (toutes les informations en ligne).

LIT-ET-MIXE

Avant la Révolution, Lit-et-Mixe se composait de deux communes bien distinctes. Lit, signifiant rivage ou littoral, était un village côtier très marécageux. Plus au sud, Mixe était un ancien poste militaire placé sur l'une des principales routes de l'Empire romain. La commune s'est constituée pour des commodités économiques et administratives. Au Moyen Âge, le village était une étape sur le chemin de Saint-Jacques-de-Compostelle. C'est aujourd'hui un coquet bourg situé à la lisière d'une immense forêt de pins, bordé par la côte océane sur 11 kilomètres. Ne manquez pas une visite au musée des vieilles Landes retraçant la vie entre 1850 et 1950.

GOLF MUNICIPAL

Avenue de Woolsack
✆ 05 58 07 71 45
www.golfclubmimizan.fr

Ouvert toute l'année. Parcours 9 trous à partir de 25 €/adulte. Cours particuliers ou collectifs. Location de matériel.

Sur la route qui mène à Sainte-Eulalie-en-Born, à proximité du château de Woolsack, le golf municipal est ouvert toute l'année. Entre lac et océan, ce golf est avant tout un lieu convivial dans un espace fréquenté par les Mimizanais et les touristes en quête d'un arrêt pique-nique. Au programme : 9 trous, *practice* 25 postes dont 5 couverts avec *putting green*, *chipping green* et *pitching green*. Renseignez-vous pour louer le matériel, car il faut disposer d'une licence et d'une carte verte. Possibilité de cours d'entraînement et de leçons individuelles ou en duo.

À BICYCLETTE 40

69, avenue du Marensin ✆ 06 30 97 93 99
www.abicyclette40.fr

Ouvert toute l'année. e juin à août : tlj 9h-19h. Visite guidée. Adulte : 3 €. Location, réparation et vente de vélos.

Pierricq a amassé des vélos, des objets, des affiches et des maillots pendant plusieurs années. De quoi ouvrir un musée ! Les initiés comme les amateurs de la petite reine pourront solliciter leur curiosité ou leur mémoire avec ce vélo ayant participé au premier Tour 1903 ou celui équipé d'un dérailleur autorisé pour la première fois sur la course mythique. Sans oublier, bien sûr, les premiers vélos et les constructeurs Manufrance ou Dedion Bouton. Et le maillot jaune de Miguel Indurain ! L'atelier de location, réparation et vente de vélos se trouve juste à côté.

LANDES D'ANTAN

Rue des Cigalons
✆ 05 58 42 70 14
www.tourismelandes.com

Ouvert de juin à septembre. Gratuit. Visite guidée (uniquement). Groupe sur réservation.

Né de l'imagination de quelques passionnés et collectionneurs de vieux outils, le musée des traditions landaises va vous faire voyager à travers la découverte d'objets usuels du Marensin des XIXe et XXe siècles. Vie de la forêt, gemmage, course landaise, maïade, pêche… La vie des habitants des alentours de Lit-et-Mixe et de Léon est mise en images dans une vidéo. Mais aussi : des expositions de photos, des jeux et des animations ! Les bénévoles vous proposent aussi de visiter l'église le lundi et le jeudi de 11h à 12h de juillet à septembre. On en profite !

À BICYCLETTE 40

69, avenue du Marensin
✆ 06 30 97 93 99
www.abicyclette40.fr/

Accueil vélo. Ouvert toute l'année. Livraison possible. Réparation et vente. VTC-VTT adulte : 16 €/jour, 50 €/semaine.

Juste à côté du musée A bicyclette 40, initiative personnelle de Pierricq Vincent, se trouve son atelier-boutique de réparation, vente et location de vélos. VTC, VTT, vélo électrique, tandem, remorque et siège pour les enfants... Vous avez la possibilité de louer votre monture à l'heure, à la demi-journée, à la journée comme pour 3 semaines. Les tarifs sont dégressifs. Près de 130 vélos sont ainsi disponibles pour arpenter les nombreuses pistes cyclables du coin. A la vente, vous trouverez une large gamme de vélos et accessoires. Atelier de réparations sur place.

LE SOLEIL DES LANDES**** €€

Route des Lacs ✆ 05 58 42 83 37
www.camping-litetmixe.com

Ouvert du 17 avril au 13 septembre 2025. Mobil-home classic 4/6 pers. (2 ch.) : à partir de 360 €/semaine. Piscine.

Aménagé dans un parc ombragé par des arbres centenaires et bordé de ruisseaux, le camping Le Soleil des Landes (Marvilla Parks) est un endroit idéal pour se ressourcer au bord de l'océan et à la fraîcheur de la majestueuse forêt environnante. Espace aquatique avec 4 toboggans, une piscine chauffée et couverte et une pataugeoire, terrain multisport, ping-pong, pétanque, club enfants, dépôt de pain, bar, soirée dansante, marché artisanal... Côté hébergement, vous aurez le choix entre plusieurs catégories de mobil-homes de 2 à 8 personnes.

L'ESCASSE €€

105, rue de l'Eglise
✆ 05 58 70 00 70
www.escasse.fr

Toute l'année. Tous les jours midi et soir. Carte : 35 € environ. Formule du midi : 16,50 €. Planches pour 2 : 19 €.

L'hôtel et restaurant L'Escasse est l'un des rares établissements ouverts toute l'année dans un rayon d'une trentaine de kilomètres. Du coup, si vous cherchez où loger et où manger, c'est l'adresse à retenir. Epaule d'agneau confite basse température et frites maison, demi-magret de canard (des Landes bien sûr !), burger Black Angus de la montagne... C'est clairement pour les viandards ! Côté terrasse, l'ambiance est très « Sud-Ouest » alors que côté salle, c'est beaucoup plus indus', mais contemporain et chaleureux. Les plages ne sont pas si loin !

LANDES

Plage de Lit-et-Mixe.

BRASSERIE NATURELLE DES LANDES

85, rue du Moulin ✆ 09 52 79 05 13

Ouvert toute l'année. Haute saison : du lundi au vendredi de 9h à 17h. Visite sur rendez-vous.

Nul doute que les amateurs de bières de passage par ici vont orienter leur choix vers des bières locales. Celles de la Brasserie naturelle des Landes sont bio. Outre la boutique où vous êtes assurés d'avoir le plus grand choix et les conseils les plus avisés, vous pourrez visiter la brasserie pour en savoir plus sur le brassage ainsi que la fabrication de leur limonade et leur cola (bio, toujours !). La Brasserie Naturelle des Landes fait partie du réseau Tourisme Gourmand des Landes.

UZA

Proche de Saint-Julien-en-Born et de la station balnéaire de Contis, Uza compte aujourd'hui tout juste 200 habitants. L'activité ouvrière fut importante à partir du XVIIIe siècle avec le développement des forges utilisant le bois et le minerai (garluche) disponibles sur place. La vie s'articulait ainsi autour du lac en bordure duquel on peut voir une construction spécifique. Il est aujourd'hui classé. Tout près de là, les anciens bâtiments des ouvriers ont été transformés en habitations. L'histoire d'Uza se confond avec celle de la famille Lur Saluces qui y possède un château médiéval, de nombreuses fois rebâti, modifié et restauré, ainsi que de vastes terres.

LES CHALETS D'UZA*** €€

1101, rue de Saint-Julien-en-Born

✆ 05 58 41 33 06

www.les-chaletsduza.fr

Ouvert toute l'année. Chalets pour 4 à 5 pers. de 691 € à 1 430 €/semaine. Jeux pour enfants. Piscine. Snack-bar.

Voilà un petit camping où l'on apprécie l'ambiance familiale et où les voitures stationnent à l'extérieur. Les chalets en bois permettent de loger 4 à 5 personnes. Pas de première jeunesse, ils sont cependant bien équipés, profitant aussi d'une terrasse couverte. Et de beaucoup d'espace ! Boulodrome, trampoline... C'est simple, mais suffisant pour offrir des vacances au calme. L'espace piscine est si bien aménagé que vous oublierez très vite qu'il s'agit d'un grand bassin hors-sol. Le plus ? La livraison de pains et viennoiseries à la porte de votre chalet.

LES MAISONS LANDAISES €€

Rue du Chot

✆ 05 58 43 70 29

www.domaineduza.fr

Ouvert toute l'année. Gîte de 200 m² pour 12 personnes (6 chambres) De 152 € à 630 €/week-end.

Propriétés de la famille de Lur Saluces, les trois gîtes du Domaine d'Uza se situent dans un airial d'un hectare au cœur de la forêt landaise. Vous êtes à 15 km de Contis Plage dans le paisible village d'Uza. Entièrement rénovées en 2021, les Maisons Landaises ne peuvent vous offrir davantage d'authenticité. Et si vous aimez les colombages, les poutres et les briquettes, c'est le coup de cœur assuré ! Barbecue électrique, lave-linge, lave-vaisselle... Il y a même le wifi et la TV. Notez que deux des trois chambres ont été aménagées à l'étage.

LA TABLE DU MARENSIN €€

115, rue de Castets ✆ 09 70 22 90 21

www.domaineduza.fr

Collège Culinaire de France. De mi-mai à mi-octobre. Formule du midi : 24 € (hors dimanche). Menus de 42 € à 58 €.

Avec sa belle décoration, ses larges baies vitrées et sa terrasse surplombant le lac, La Table du Marensin a déjà gagné ses galons d'adresse gourmande. D'ailleurs, l'établissement appartenant à la famille de Lur Saluces est reconnu « restaurant de qualité » par le Collège Culinaire de France depuis 2020. Dans une démarche locavore et de gastronomie durable, le nouveau chef, le jeune Iliès Besançon propose aussi un menu à l'aveugle en 5 services pour l'ensemble des convives. C'est lui aussi qui cuisine les délicieux mijotés que l'on retrouve du côté de l'épicerie.

LA FORGE

36, route du Lac

✆ 05 35 37 14 00

www.domaineduza.fr

Ouvert toute l'année. Horaires variables selon la saison. Épicerie fine, salon de thé et restaurant.

En bord de lac et de prairie, avec ses platanes et ses saules pleureurs, la terrasse de la Forge du Domaine d'Uza est vaste. À l'intérieur du salon de thé et du restaurant (ici, on cuisine de bons plats au feu de bois), l'ambiance est chaleureuse. L'hiver, on passe un agréable moment de dégustation devant la cheminée. Côté épicerie, on ne trouve que les mijotés du chef, des biscuits, du miel et des confitures produits au Domaine. Sans oublier les délicieuses créations du chef pâtissier. Et les asperges du Domaine d'Uza, certifiées bio bien sûr !

SABRES

Situé au cœur du Parc naturel régional des Landes de Gascogne, Sabres bénéficie d'un patrimoine naturel exceptionnel. Le territoire abrite, notamment, l'Ecomusée de la Grande Lande ; un lieu de mémoire du patrimoine culturel landais. Un train vous permet également de vous rendre sur l'airial de Marquèze où est reconstitué l'un des quartiers de la commune dans sa configuration du XIXe siècle. A Sabres, on trouve aussi la pierre celtique de Grimann, dite « pierre levée ». Selon la légende, on y présentait des enfants qui tardaient à marcher afin de leur permettre de faire leurs premiers pas. Sans oublier l'itinéraire de la Forêt d'Art Contemporain.

GRAINE DE FORÊT ★

15, route de Luglon - **GAREIN**
✆ 06 30 67 60 76
www.grainedeforet.fr

Ouvert au public durant les vacances scolaires et sur réservation. Tarifs de 5 à 10 €. Visite guidée. Animations.

Graine de Forêt est le premier centre de découverte ludique et pédagogique dédié à la forêt landaise ; le plus grand massif cultivé d'Europe. La muséographie se décline alors autour de six thèmes : forêts du monde, forêts de France et forêt des Landes, sylviculture et métiers de la forêt, transformation du pin maritime et enfin, paysages cachés de la forêt des Landes et sa biodiversité ordinaire et remarquable. Le parcours débute dans une maison à colombage du XVIIIe siècle (la Maison de la découverte), puis on suit le sentier pédagogique à travers la forêt.

LA FORÊT D'ART CONTEMPORAIN

Écomusée de Marquèze
www.laforetdartcontemporain.com

En accès libre. Visites guidées possibles. Animations.

Au cœur du Parc naturel régional des Landes de Gascogne, 27 œuvres ainsi qu'une dizaine de projets en cours sont disséminées sur plusieurs communes afin de participer à l'éveil artistique des habitants et visiteurs ainsi que faire découvrir ce territoire à travers l'art. Sillonnez à travers bois, chemins, routes et forêt à Biganos, Mont-de-Marsan, Commensacq, Brocas ou encore Sabres pour découvrir le travail d'une trentaine d'artistes dans une visite étonnante.

ÉCOMUSÉE DE MARQUÈZE ★★

Route de la Gare ✆ 05 24 73 37 40
www.marqueze.fr

Du 29 mars au 28 septembre. Enfant 10 €, adulte 15 € (gratuit -4 ans). Restauration. Aire de pique-nique. Animations.

Vivez une journée hors du temps au rythme des habitants du XIVe siècle, sur un airial traditionnel landais. Un lieu unique au cœur du Parc naturel régional des Landes de Gascogne, créé en 1969 et labellisé Musée de France. Sur ce site préservé de 25 hectares, découvrez habitat, savoir-faire et culture d'autrefois. Tandis que les enfants s'essaient aux jeux d'antan, les adultes s'attablent à l'Estanquet ou à La Table de Marquèze pour y découvrir la gastronomie locale. Au Pavillon, face à la gare de Sabres, des expositions viennent compléter ce voyage dans le temps.

LANDES

MAISON DE LA PHOTOGRAPHIE DES LANDES

36, rue Félix Arnaudin - **LABOUHEYRE**
✆ 05 58 04 45 00
www.labouheyre.fr
Ouvert le mercredi, jeudi et samedi de 14h30 à 18h en période d'exposition.

C'est dans les murs de la maison natale du dialectologue, ethnographe, poète et photographe landais Félix Arnaudin que la Maison de la Photographie des Landes a été installée en 2001. L'espace est consacré à la création photographique et à la diffusion des œuvres régionales, en plus de présenter le travail d'Arnaudin. Des photographes professionnels exposent toute l'année (selon la programmation) mais vous pourrez aussi découvrir des clichés d'amateurs locaux et de jeunes collégiens.

ECO-DESTINATION LANDES DE GASCOGNE

Hébergements et balades disponibles sur le site web.

À la recherche d'un hébergement plus éco-responsable ? De séjours authentiques concoctés par des hôtes accueillants ? D'activités nature pleines d'aventures pour découvrir le patrimoine local ? Rendez-vous sur le site de l'éco-destination des Landes de Gascogne. Jetez un œil au beau carnet d'adresses proposé par le «Cercle des Imaginaterres» pour un tourisme plus responsable, plus solidaire où l'environnement, la générosité d'accueil et l'identité gasconne sont au cœur de leur offre.

BERGERIE DE PINOT €

1108, chemin Pinot - **SORE** ✆ 06 82 10 57 83
www.labergeriedepinot.com
Ouvert toute l'année. Pour 6 personnes (3 chambres). De 550 € à 900 € la semaine selon saison. Piscine. Boulodrome.

Démontée à Saint-Geours-de-Maremne pour être remontée à l'identique sur le terrain de la famille Dambon, cette ancienne bergerie du XIXe siècle où l'on pouvait séjourner en chambre d'hôtes depuis plus de 16 ans a été agrandie et transformée en gîte. Des 4 chambres, il n'y en a plus que 3, mais chacune a l'avantage de posséder sa propre salle de bains et des toilettes privatives. Vous profiterez alors de ce bel endroit au cœur d'un airial d'un hectare, doté d'une agréable piscine extérieure partagée. L'escapade idéale, si vous êtes en recherche d'authenticité.

AIRIAL DE CECILE ET LAURENT €€

VERT ✆ 05 58 51 04 06
www.airial-de-cecile-et-laurent.com
Gîtes de France 3 épis. De 320 € à 770 €/semaine (4 pers) ; de 370 € à 870 € (6 pers) ; de 590 € à 1 600 € (10 pers).

Avant d'arriver, vous aurez eu le temps de vous imprégner de la campagne puisqu'il faut quitter la route principale et rouler sur plusieurs kilomètres. 2 écogîtes, *Safranério* et *Vieux Chênes*, accueillent respectivement 4 et 6 personnes. Quant au gîte *SafraChêne*, ce n'est autre que les deux réunis. Si la piscine est partagée, chaque éco-gîte profite d'un espace privé sur la terrasse. Des constructions 100 % pin maritime, intégrées dans leur environnement. Un merveilleux havre de paix.

AUBERGE DES PINS*** €€

70, rue de la Piscine
✆ 05 58 08 30 00
www.aubergedespins.fr
Ouvert toute l'année. Chambre double à partir de 75 € ; junior suite dès 150 €. Restauration.

Dans la maison principale ou l'annexe au cœur du superbe parc, vous aurez le choix entre différents styles de décoration. Nadine pourra vous conseiller selon vos goûts et vos besoins : chambre double, avec porte communicante pour créer une chambre familiale, avec douche ou baignoire, balcon ou terrasse, côté jardin ou parc, etc. Depuis plus de 40 ans, au cœur du Parc régional de Gascogne, l'Auberge des Pins est le pied-à-terre idéal si vous êtes de passage ou en quête d'un séjour plus long. Mais aussi pour une halte gourmande, une réception ou un séminaire.

GÎTE DE MARQUIN €€

Route d'Arengosse - **LUGLON** ✆ 06 65 06 60 06
www.gites-de-france-landes.com
Gîtes de France (4 épis). Ouvert toute l'année. Pour 2 personnes (64 m², 1 chambre). A partir de 490 €/semaine.

Posséder un airial traditionnel landais où la plupart des bâtiments sont encore présents (le four à pain, la maison des métayers, la maison du gemmeur et le poulailler) est une véritable chance. Carole et Gérard Simoen sont ravis de vous accueillir dans ce gîte aux volets verts. Leur goût pour les jolies choses et le soin apporté à certains détails sont réels. Tout est clair, fonctionnel, spacieux. Les propriétaires habitent la maison d'à côté et, tout en respectant votre intimité, ils vous indiqueront les balades intéressantes et les bonnes adresses pour manger.

LA TABLE DE MARQUÈZE €

Route de la Gare ✆ 06 86 27 73 82
www.marqueze.fr
Ouvert tous les jours durant la saison de l'écomusée de Marquèze. Restauration de 12h à 15h. Buvette/goûter (10h à 18h).

Uniquement accessible en train, *La Table de Marquèze* est l'un des restaurants de l'écomusée éponyme. C'est l'occasion pour vous de découvrir la cuisine gasconne dans un cadre atypique ! En salle ou en terrasse selon vos envies et les places disponibles, vous dégusterez les plats traditionnels de la culture gasconne et ses produits du terroir. Par exemple : l'incontournable garbure landaise au confit de canard ou un mijoté de porc à l'armagnac. Sans oublier le traditionnel pastis landais. La buvette est ouverte de 10h à 18h pour les petites et les grandes soifs.

AUBERGE DES PINS €€

70, rue de la Piscine
✆ 05 58 08 30 00
www.aubergedespins.fr
Ouvert du mardi au samedi le soir ; du mercredi au dimanche le midi. Menus de 36 à 65 €. Formule du midi : 28 €. Jardin.

L'Auberge des Pins est une très belle demeure landaise. Depuis plus de 40 ans, dans les cuisines de ce restaurant gastronomique, Michel Lesclauze mijote des trésors de saveurs pour le bonheur des palais gourmets : terrine de foie gras de canard mi-cuit, ravioles de langoustines aux cèpes, soupe rafraîchie de petits pois, pigeonneau désossé et farci, carré d'agneau rôti... La carte des vins est à souligner. L'Auberge des Pins, c'est aussi un Bistrot Gourmand ouvert du mercredi midi au samedi le midi pour se régaler de plats canailles. Réservation recommandée.

LE CAFÉ DE PISSOS €€

42, rue du Pont Battant - **PISSOS**
✆ 05 58 08 90 16
www.cafe-de-pissos.com
Ouvert toute l'année. Formule du midi de 17 € à 20 €. Menu du terroir : 29 €. Sur place et à emporter. Terrasse.

Il règne une ambiance chaleureuse et familiale dans cet hôtel-restaurant. En salle ou sur la terrasse ombragée par de superbes platanes bicentenaires, on déguste, pour le même prix, le menu du terroir (entrée, plat et dessert), l'assiette de Pays accompagnée d'un verre de Tursan « Esprit des Landes » de la cave des vignerons landais à Geaune, ou encore le cassoulet avec son verre de vin rouge et sa petite coupe glacée. Les plus petits profitent d'une carte dédiée avec des portions adaptées. Il y a aussi une formule déjeuner et un panier du midi à emporter.

MAISON DE SITE D'ARJUZANX ★★

Route de la Forêt
MORCENX-LA-NOUVELLE
✆ 05 58 08 11 52
www.reserve-arjuzanx.fr
Qualité Tourisme. Site en partie en accès libre et ouvert toute l'année. Visite guidée. Petite restauration. Animations.

Située au carrefour de tous les itinéraires autour du lac, la Maison de Site est un centre d'informations et d'expositions permanentes et saisonnières de 400 m². C'est aussi un espace didactique pour tous. La grande fresque murale retrace notamment l'histoire des 33 années d'exploitation du site par EDF. Au programme : animations de découverte de la nature, activités pour les enfants, vidéos, documentations et manifestations estivales. Bref, une visite s'impose !

© ARJUZANX

© ARJUZANX

LE CATACHOT €€

27, Route D'Arengosse - **MORCENX-LA-NOUVELLE**
✆ 05 58 07 65 58
https://catachot.fr

Ouvert tous les jours de 10h à 22h. Plat de 14 € à 28 €. Formule complète du midi : 27 €. Terrasse.

Dans une charmante maison landaise, sur un airial face au lac d'Arjuzanx, se cache un nouveau restaurant remarquable. Au choix pour se régaler, le menu de saison ou la carte, avec des plats gourmands faits maison et parfaitement exécutés par le chef Christophe : Demi magret rôti aux épices, brochettes de falafels de pois chiches, parmentier de canard confit... L'atmosphère est chaleureuse grâce à la salle lumineuse aux poutres de caractère, l'accueil et le service par Bertrand et son équipe sont irréprochables... Vrai coup de cœur du Petit Futé pour Le Catachot !

BOULANGERIE PÂTISSERIE VALLOS

80, rue de la poste
LUXEY
✆ 05 58 08 00 40

Ouvert du mardi au dimanche (horaires variables).

Plusieurs fois récompensée, la boulangerie Vallos, au cœur de Luxey, a notamment obtenu le 3e prix du concours de la baguette tradition, dans Les Landes, en 2014. La 2e place en 2023, et le 2e prix du meilleur croissant au beurre landais en 2019, puis la première place en 2021 ! Avec ceci ? Cette boulangerie est aussi spécialiste en matière de pastis landais. Céline et Sébastien ne pourront que trop bien vous conseiller. Par exemple : une tourte au seigle pour accompagner des huîtres !

SAFRAN'GÒSSA

ARENGOSSE
✆ 06 07 23 30 26

Visites toute l'année. Sur rdv. Vente sur place et à la boutique du lac d'Arjuzanx. Horaires variables. Vente en ligne.

Nelly cultive des bulbes de safran avec passion. Un safran landais pour lequel elle n'utilise pas d'intrant chimique. Comme elle aime le dire, Safran'gòssa est une petite exploitation, mais avec de grands engagements. Du coup, de la plantation à la récolte en passant par le désherbage, puis l'émondage et le séchage, tout se fait manuellement. Un sacré boulot ! Pour les produits qu'elle transforme, elle utilise du bio et/ou du local. Elle porte la même attention aux contenants et emballages. On retrouve aussi ses produits à la boutique du lac d'Arjuzanx.

CANOË SUR LA LEYRE

Base de loisir de Mexico
COMMENSACQ
www.canoesurlaleyre.com

Locations, parcours, cartes et liste des haltes nautiques en ligne.

Si vous aimez l'eau et la nature, pourquoi ne pas se lancer dans une aventure au cœur d'un milieu naturel protégé et de paysages d'exception ? Pour 2 heures, à la demi-journée, à la journée ou sur plusieurs jours, partez à la découverte de la Leyre en canoë en terres landaises. Il existe ici de beaux parcours de navigation sur 2 à 5 jours (entre 30 et 90 km) avec des haltes nautiques où passer la nuit avec des accès directs à la rivière. Découvrez les cartes de la vallée, les parcours et les lieux d'escales pour votre itinérance sur le site Internet relié au Parc.

MORCENX-LA-NOUVELLE

Née de la fusion des communes de Morcenx, Arjuzanx, Garrosse et Sindères en 2019, Morcenx-la-Nouvelle est une commune rurale de la Communauté de communes du Pays morcenais. Ne manquez pas de jeter un coup d'œil au cinéma et au marché de Morcenx décorés de bas-reliefs Art déco par l'artiste landais Lucien Danglade. Au cœur du plus grand massif forestier européen, la Réserve naturelle nationale d'Arjuzanx s'impose comme le plus grand site français d'hivernage des grues cendrées. Sur les rives du lac et les circuits aménagés pour les promeneurs, vous découvrirez de superbes paysages, de nombreuses espèces sauvages et des couchers de soleil inoubliables.

ARBORETUM DU DOMAINE DE MORÉ

www.tourismelandes.com

Ouvert toute l'année. Entrée libre.

Ce ne sont pas les coins de nature qui manquent dans Les Landes, mais ils sont plus rares, ceux qui se trouvent non loin d'une gare. Entre deux trains, et même sans train à prendre, cet arboretum, d'une superficie de 5 hectares, est un bel endroit où aller pour découvrir les 126 espèces qui ont été plantées sur le Domaine de Moré. Résineux, feuillus, arbres fruitiers et autres arbustes, hôtels à insectes... En plus, vous trouverez de nombreuses informations sur les panneaux.

CIRCUIT DES SOURCES

Ça coule de source(s) en Pays Morcenais ! Véritable patrimoine historique du coin, les sources expriment un milieu vivant et humain. Arengosse, Garrosse, Lesperon, Onesse-et-Laharie, Ousse-Suzan, Ygos-Saint-Saturnin... Chacune a sa particularité, sa légende et son vécu. La source Notre-Dame des Sept Douleurs est notamment réputée pour guérir les rhumatismes et les dérangements intestinaux. Le circuit des sources se fait en voiture, mais aussi très bien en vélo. Les brochures sont disponibles à l'Office du Tourisme du Pays Morcenais à Morcenx.

MAISON DE SITE D'ARJUZANX ★★

Route de la Forêt ✆ 05 58 08 11 52
www.reserve-arjuzanx.fr

Qualité Tourisme. Site en partie en accès libre et ouvert toute l'année. Visite guidée. Petite restauration. Animations.

Située au carrefour de tous les itinéraires autour du lac, la Maison de Site est un centre d'informations et d'expositions permanentes et saisonnières de 400 m². C'est aussi un espace didactique pour tous. La grande fresque murale retrace notamment l'histoire des 33 années d'exploitation du site par EDF. Au programme : animations de découverte de la nature, activités pour les enfants, vidéos, documentations et manifestations estivales. Bref, une visite s'impose !

MAISON DE LA GEMME

635, route de Bourruguet
LESPERON
✆ 06 80 20 06 29
https://tourismepaysmorcenais.fr

Basse saison : le mardi 10h-12h. Haute saison : mardi 10h-16h. Sur rdv. Entrée libre. Visite guidée.

Exposition, démonstration de gemmage, sentier du résinier... Une visite à la Maison de la gemme est une belle occasion de découvrir Les Landes à travers son arbre emblématique : le pin. La Maison de la gemme est un peu comme un lieu de mémoire qui retrace l'activité économique de Lesperon et de tout le massif aquitain. Pratique du gemmage, histoire et gestion de la forêt, luttes sociales des résiniers, déclin, espoir de renaissance... L'équipe de bénévoles vous accueille autour de son ancienne bergerie, tous les mardis et sur rendez-vous pour les groupes.

OFFICE DE TOURISME DU PAYS MORCENAIS

4, place Jean Moulin
✆ 05 58 04 79 50
https://tourisme.paysmorcenais.fr

Ouvert toute l'année. Jours et horaires d'ouverture variables selon la saison.

Entre Dax et Mont-de-Marsan, à 35 km des plages océanes, le Pays morcenais vous accueille pour vous faire découvrir ses nombreuses richesses. L'office de tourisme met à disposition des brochures gratuites sur les circuits des sources en Pays morcenais, les lavoirs et le patrimoine. D'ailleurs, ne manquez pas la Réserve naturelle nationale d'Arjuzanx. Au programme : baignade surveillée, randonnées, animations équestres et aquatiques... Topos-guides de randonnées en vente sur place.

Promenade nature dans la réserve d'Arjuzanx.

LA MIGRATION DES GRUES CENDRÉES

www.grueslandesdegascogne.com

Renseignements auprès de la réserve naturelle nationale d'Arjuzanx (www.reserve-arjuzanx.fr).

Le saviez-vous ? La grue cendrée est l'un des plus grands oiseaux protégés d'Europe. Et le phénomène de la migration dans les Landes de Gascogne daterait du XVIIIe siècle, comme l'attestait l'ethnologue et poète landais Félix Arnaudin (1844-1921). D'un port noble et gracieux, avec une envergure de 2 mètres pour un poids de 4 à 5 kg, les grues cendrées ont une longévité de 25 ans. Elles se reproduisent dans le nord de l'Europe, puis entament leur migration au début de l'automne en passant au-dessus de la France. La plantation systématique de pins sous Napoléon III a réduit les zones humides, détruisant le milieu de vie des grues. Certaines poursuivent leur route jusqu'en Espagne. Chaque hiver, selon les conditions météorologiques, entre 30 000 et 60 000 grues cendrées séjournent dans les Landes de Gascogne. Les sites majeurs sont la Réserve naturelle d'Arjuzanx, – en libre accès, le sentier « Peuple des grues », sur la rive Menjuc du lac d'Arjuzanx promet une belle balade –, et le Camp du Poteau à Captieux. De novembre à février, vous pouvez suivre les mouvements de ces grands oiseaux grâce à des visites guidées par des ornithologues : observation de l'envol des grues depuis une tour, lever des grues, animation avec une conteuse... Offrez-vous un hébergement sur place pour profiter au mieux de la région et de ses richesses ornithologiques. Le collectif *Grus Gascogna* regroupe les hébergeurs et animateurs qui se sont engagés dans une démarche pour un tourisme responsable.

RENDEZ-VOUS AVEC LA GRUE CENDRÉE

Réserve Naturelle d'Arjuzanx - **SABRES**

✆ 05 58 08 11 52 - www.reserve-arjuzanx.fr

De novembre à février. Observation depuis la tour : 7 € par adulte et 3,80€ pour les 6-16 ans, gratuit - 6 ans.

De début novembre à fin février, venez profiter de l'époustouflant spectacle que propose la grue cendrée lors de sa migration. Cet événement naturel grandiose et féérique offre à ses spectateurs un moment suspendu. Avec ses 1,20m (un des plus grands oiseaux d'Europe) et son plumage gris, blanc et noir, les grues profitent de la quiétude de l'arrière-saison dans les Landes de Gascogne pour concentrer leurs arrivées depuis l'Europe du Nord et la péninsule ibérique à travers les Pyrénées, pour séjourner dans leurs lieux d'hivernage favoris, comme à Arjuzanx. En plus des balades sur les sentiers de découverte, le Parc des Landes de Gascogne invite les curieux à rejoindre les visites guidées à la Réserve Naturelle d'Arjuzanx, pour observer les milliers de grues s'envolant à différents moments de la journée depuis la tour d'observation de 15 mètres.

- **Tous les matins** (sauf lundi et jeudi : jour de comptage), pour vivre le moment magique du lever du jour au son des chants des Grues. RDV à 7h (sortie de 3h), sur réservation.
- **Tous les soirs**, pour l'émotion du coucher de soleil. RDV à 15h30 (sortie de 3h - 3h30), sur réservation.
- **Les sorties photos du mercredi et dimanche matin**, pour capturer le moment magique de l'envol dès l'aube. RDV à 6h45 (groupe de 5 pers. maximum, 20 €/pers.), sur réservation.
- **Les ateliers « comptage des Grues » du lundi matin**, pour accompagner l'équipe des naturalistes au comptage des Grues cendrées au lever du jour. Sur réservation (9,50 €/pers.)

LES SORTIES DÉCOUVERTES EN VTT ET VTC

✆ 05 58 04 79 50

https://tourisme.paysmorcenais.fr

Balades à thème guidées, en été. Durée moyenne : 3h. Difficulté : Facile. Gratuit. Inscription obligatoire.

Adeptes du vélo ? Alors, ne manquez pas l'une des 3 sorties découverte proposées par l'Office de Tourisme du Pays Morcenais en été ! Sur inscription bien sûr, car le nombre de places est limité, ces balades à thème guidées sont gratuites. Accessibles aux enfants à partir de 10 ans, c'est une boucle de 15 à 20 km à laquelle il faut s'attendre. Celles et ceux qui n'ont pas de vélos pourront en louer à proximité de l'Office de Tourisme. Vous pourrez même pique-niquer dans une palombière.

CAMPING LE CLAVÉ*** €

860, route de Rion

✆ 05 58 07 83 11

www.camping-leclave.com

D'avril à fin octobre. Emplacement de 17 à 23 € (+ 4,50 € pour l'électricité). Mobil-home (4 pers.) de 230 à 630 €/sem.

Dans ce parc vallonné et bordé par une petite rivière, vous aurez tout le loisir d'observer les belles essences de magnolias, camélias et cèdres centenaires qui entourent la maison de maître datant de 1860. Piscine, pataugeoire, mini-golf, terrain de boules, prêt de bicyclettes, pêche... Les activités ne manquent pas dans ce camping. Sur place, il y a aussi une laverie, un snack-bar et une épicerie. Vous êtes à 5 min du parc naturel régional et tout proche du lac d'Arjuzanx. Pour rejoindre les plages océanes, comptez une trentaine de minutes en voiture.

RÉSERVE NATURELLE NATIONALE D'ARJUZANX

www.reserve-arjuzanx.fr

Qualité Tourisme. Natura 2000. Site en partie en accès libre et ouvert toute l'année. Visites guidées sur inscription.

Au cœur du plus grand massif forestier d'Europe et aux portes du Parc naturel régional des Landes et de Gascogne sur le territoire de Morcenx-le-Nouvelle, Rion-des-Landes et Villenave, la Réserve naturelle nationale d'Arjuzanx a été créée le 2 septembre 2022 devenant, avec ses 2 205 hectares, la plus grande réserve naturelle des Landes. Née de l'exploitation et de la réhabilitation par EDF d'une mine de lignite, elle abrite une avifaune (209 espèces d'oiseaux, dont 41 d'intérêt communautaire) et des végétaux rares et menacés ainsi que des espèces animales remarquables. Classé en réserve nationale de chasse et de faune sauvage dès 1987, il devient le plus grand site français d'hivernage des grues cendrées. Plus de 20 000 grues cendrées y trouvent refuge chaque hiver. C'est le paradis des ornithologues ! A découvrir seul ou avec un guide. Aux abords de la réserve naturelle, vous pourrez profiter des sentiers de découverte avec cheminements PMR, de plusieurs points de vue, mais aussi du jardin de Miocène (paysage d'il y a 11 millions d'années recréé sur 1,4 ha). Dans ce cadre préservé, le lac d'Arjuzanx offre également une zone de baignade surveillée, des activités pédestres et nautiques, des manifestations estivales, une aire de camping-car... Ce n'est pas pour rien qu'une visite s'impose pour comprendre l'évolution de ce site aujourd'hui qui a été remarquablement transformé, aménagé et protégé. La Maison de Site est le point de départ privilégié. Un conseil, allez-y !

GITES MENJUC €€

Lieu-dit Menjuc ✆ 05 58 85 44 44

www.gites-de-france-landes.com

Ouvert toute l'année. Gîtes de France (3 épis) pour 3 à 6 pers. A partir de 355 €/semaine. Service de ménage.

Les gîtes « Menjuc » sont construits en bordure du lac d'Arjuzanx ; haut lieu d'hivernage des grues cendrées. Trois gîtes mitoyens se trouvent ainsi dans cet environnement exceptionnel et protégé. De 70 à 100 m², ils peuvent accueillir entre 3 et 6 personnes. En tout cas, quelle que soit la capacité, le confort est identique. L'intérieur est actuel, sobre et clair. Les extérieurs sont en bois. Sur la terrasse, vous trouverez du mobilier de jardin et un barbecue électrique. Aux alentours, à vous les grandes étendues pour les promenades, la pêche, la baignade !

HÔTEL DU LAC*** €€

1, route d'Arengosse

✆ 06 65 70 87 43

www.hotel-lac-arjuzanx.com

Ouvert toute l'année. Chambres de 80 à 105 €/nuit. Petit déjeuner : 10,50 €. Soirée étape. Bar. Restaurant. Séminaires.

Entièrement rénové, l'hôtel se trouve à moins de 100 m du lac d'Arjuzanx. À l'intérieur, le bois, le bleu nuit et le jaune vif s'accordent à merveille dans un décor plutôt design. Situées aux 1er et 2e étages, les chambres (non accessibles aux personnes à mobilité réduite) peuvent accueillir jusqu'à 4 personnes. Elles sont spacieuses, lumineuses et équipées d'une salle d'eau à l'italienne. Pour se détendre, une salle de billard, ainsi qu'une agréable terrasse végétalisée à l'arrière de l'établissement. Paniers pique-nique sur réservation.

© PHILIPPE.VDE - SHUTTERSTOCK.COM

La lac d'Arjuzanx.

LANDES

CANOPÉE DES LANDES**** €€€

Route de Villenave ✆ 06 88 32 57 49
www.canopee-landes.fr

Ouvert toute l'année. Gîte de groupe jusqu'à 25 personnes. Gite de 4 à 8 couchages : 400 €/nuit. 2000 €/semaine.

Emmanuelle et Bertrand vous ouvrent les portes de leur bel airial entouré par la forêt landaise. La Canopée des Landes est un hébergement grandeur nature avec 15 chambres pour accueillir jusqu'à 25 personnes pour un week-end, une semaine ou plus. Les chambres sont réparties dans 3 gîtes : l'Oustaù, la Tchanquée et la Bergerie. Le Carriou abrite une salle de réception et une cuisine équipée. Dans le parc : de grands chênes majestueux de plus de 200 ans, une piscine chauffée, un couloir de nage, un boulodrome... Le lac d'Arjuzanx est à 5 minutes.

LE CATACHOT €€

27, Route D'Arengosse
✆ 05 58 07 65 58
https://catachot.fr

Ouvert tous les jours de 10h à 22h. Plat de 14 € à 28 €. Formule complète du midi : 27 €. Terrasse.

Dans une charmante maison landaise, sur un airial face au lac d'Arjuzanx, se cache un nouveau restaurant remarquable. Au choix pour se régaler, le menu de saison ou la carte, avec des plats gourmands faits maison et parfaitement exécutés par le chef Christophe : Demi magret rôti aux épices, brochettes de falafels de pois chiches, parmentier de canard confit... L'atmosphère est chaleureuse grâce à la salle lumineuse aux poutres de caractère, l'accueil et le service par Bertrand et son équipe sont irréprochables... Vrai coup de cœur du Petit Futé pour Le Catachot !

L'AUBERGE DU LAVOIR €€

21, rue de l'Airial
✆ 05 58 08 16 20
https://www.laubergedulavoir.fr/

Du mardi au dimanche le midi ; du jeudi au samedi le soir (vendredi et samedi le soir en hiver). Menus à 28 €. Terrasse.

L'Auberge du Lavoir est typique des maisons landaises anciennes. A l'intérieur, vous serez subjugué par la beauté des poutres et des colombages, par les objets anciens très bien mis en valeur. L'accueil est sympathique. Ici, la clientèle est fidèle. On vient y manger en famille ou entre amis. L'ardoise présente les suggestions du moment. Comme les plats, les desserts sont faits maison et vraiment délicieux. Coup de cœur pour les desserts gourmands aux fruits de saison. Un excellent rapport qualité-prix. Pensez à réserver (uniquement par téléphone).

CÔTE OUEST €€

11, rue d'Albret
YGOS-SAINT-SATURNIN
✆ 06 45 89 02 26

Du mardi au dimanche le midi. Du mardi au samedi le soir. Carte : 25 € environ. Plats 12 à 22 €. Planches : 15 €.

C'est une boucherie, mais aussi un bar et un restaurant ! Du coup, Sébastien Pimenta est à la fois boucher, comme son père, et restaurateur. Le bar fait office de séparation, mais entre les étals de la boucherie et l'assiette, il n'y a qu'un pas. N'ayez aucun doute : les charcuteries et les viandes sont de première qualité. La terrine de foie gras est excellente et la pièce de bœuf très fondante. Le chef privilégie les maraîchers et les producteurs locaux. D'ailleurs, ce restaurant-bar-boucherie avec terrasse a très vite rejoint le réseau Gourmand des Landes.

LE BISTROT BLEU €€

1, route d'Arengosse
✆ 06 65 70 87 43
www.hotel-lac-arjuzanx.com

Ouvert du lundi au vendredi le midi et le soir. Menu landais : 25 €. Plats à 14 €. Terrasse. A emporter.

Au Bistrot Bleu, chacun est libre de composer son repas que ce soit pour grignoter un petit en-cas ou pour combler une grosse faim à l'heure du déjeuner ou du dîner. Ici, le traditionnel « entrée, plat, dessert » cède la place à une carte plus intuitive. Le Bistrot Bleu vous propose aussi des panier-repas à emporter (la piperade ou la grande salade). Le panier du lac (ou du bureau) est composé d'un sandwich frais, une boisson, un fruit, une compote et un biscuit. Le restaurant et le bar sont parfaitement accessibles aux personnes à mobilité réduite.

HÔTEL-RESTAURANT L'ESCALANDES €€

35, rue Commerce - **LESPERON** ✆ 05 58 89 61 45
www.hotel-restaurant-escalandes.fr

Du lundi au vendredi midi et soir (et samedi en haute saison). Menu du sud-ouest : 26 €. Menu burger : 20 €.

Canard et volailles fermières, asperges des Sables, bœuf de Chalosse, armagnac landais... Ici, Marina et Wilfried vous font goûter Les Landes, et plus particulièrement La Chalosse. Sans oublier les vins régionaux ! Ils servent également un menu burger à 20 € et un menu pour les pèlerins. Coup de cœur pour le burger Landais avec steak black Angus, sauce aux cèpes, brebis, magret séché, compotée d'oignons, foie gras et pommes de terre sautées. Un délice !

MAISON DEVAUX €€

70, rue du commerce - **RION-DES-LANDES**
✆ 05 58 72 46 79
www.maisondevaux.com
Ouvert du mercredi au samedi le midi et le soir ; le dimanche midi. Menus de 40 € à 80 €. Fermé en janvier.

Le Chef Mathis Devaux, jeune prodige de la cuisine ayant travaillé notamment auprès du Chef Westermann, propose une cuisine sensorielle privilégiant les circuits courts, les produits bio et de saison. Ses plats gourmands et savoureux, comme le bar au fenouil ou le canard au cidre et ses pommes de terre, sont délicats, épurés et délicieusement travaillés, dignes d'un restaurant gastronomique. Le Chef vous propose également de vivre une expérience unique : prenez place au comptoir, et il vous prépare, sous vos yeux, un menu sur mesure selon vos goûts.

LA VILLA POMADE €€

178, avenue d'Albret - **RION-DES-LANDES**
✆ 05 58 47 25 76
https://www.villa-pomade.com/
Du mardi au dimanche le midi ; mardi au samedi le soir. Carte : 50 € environ. Formule à 22 € le midi en semaine. Bar.

Entièrement rénovée en 2022, et officiellement inaugurée en avril 2023 à Rion-des-Landes, la Villa Pomade vous invite à sa table. Daurade marinée au gingembre, foie gras mi-cuit, thon façon Rossini, poulet en ballotine rôti, mille-feuille framboises… En couple, en famille ou avec quelques bons amis, le chef et son équipe vous proposent toute la semaine une cuisine du Sud-Ouest inventive et raffinée. Le menu du jour est une belle entrée en matière. Les professionnels peuvent aussi profiter des salles de réunion de la Villa Pomade.

L'ATELIER DU CRAYON

66, rue de la Gare
LESPERON
✆ 09 67 46 93 96
www.atelierducrayon.com
Visites d'atelier animées sur réservation (participation libre). Boutique en ligne.

Dis, madame, comment ça pousse un crayon ? Voilà une question à laquelle Nathalie aime particulièrement répondre. Ici, pas de grosse machine ni de produits chimiques, mais de la poésie, du respect, de la patience... La particularité de ses crayons ? C'est qu'ils sont uniques ! En effet, ils sont réalisés à partir d'osier sélectionné pour leur diamètre ; un matériau naturel issu de Gironde. Le reliquat est confié aux vanniers qui préfèrent les tiges fines. Cet échange fait vraiment partie de l'esprit global de « l'entreprise ». De belles idées cadeaux en plus !

ARJUZANX LOISIRS NAUTIQUES

Plage d'Arjuzanx
✆ 06 80 16 74 59
www.arjuzanxloisirsnautiques.fr
Qualité Tourisme. Ouvert toute l'année. Tous les jours de 11h à 19h/20h en juin, juillet et août.

Le Lac d'Arjuzanx abrite une base de loisirs pour la pratique de multiples activités de pleine nature et de détente. Randonnée, pratique sportive, parcours d'orientation… Côté lac, avec sa plage de sable fin, la baignade est surveillée en période estivale. Et aussi ? Des balades nautiques et des cours de voile dispensés par des moniteurs diplômés d'Etat. On peut également louer un pédalo, un canoë, un paddle ou un catamaran pour partir en exploration.

SAINT-JULIEN-EN-BORN

Saint-Julien-en-Born s'étend sur 7 300 hectares de forêts de pins maritimes. Limitrophe du Marensin et du Pays de Born, ce village habité à l'année a su préserver son cadre de vie à mi-chemin entre monde rural et station balnéaire. En saison, les touristes ne boudent pas ce coin animé et vivant des Landes. La plage de Contis, avec son phare blanc et bleu, se trouve à 8 km, accessible en toute sécurité par une piste cyclable. En juillet et août, une navette gratuite relie Saint-Julien-en-Born à la plage de Contis et à la plage du Cap de l'Homy.

CONTIS PLAGE

Contis Plage est un parfait exemple du charme landais avec la beauté sauvage des dunes et des forêts de pins. Authentique et familiale, elle se dévoile par la route de Contis, depuis Saint-Julien-en-Born. Les vagues font le bonheur des surfeurs et des baigneurs. L'été, de la mi-juin à la fin-septembre, la plage de Contis est surveillée : l'assurance d'un moment en famille en toute tranquillité. Toilettes, douches et postes de secours viennent compléter l'offre, sans oublier les *tiralos* (fauteuils de plage destinés aux personnes à mobilité réduite).

E-BIKE & CO

208, route des Lacs
✆ 05 58 42 75 12
www.e-bikeandco.com
Tte l'année. Hte saison : lundi-samedi 9h30-18h30 ; dimanche 9h30-12h30. VTC dès 11 €/jour, circuits, vélositting.

E-bike & Co a débarqué dans les Landes en avril 2022 avec ses vélos musculaires et à assistance électrique en location. Le magasin propose des circuits de visite pour découvrir les alentours. Vous pourrez également louer un e-skateboard ou une e-trottinette pour faciliter vos déplacements et rider les cheveux au vent. Ils ont aussi des triporteurs. Le tout est disponible à la vente. Toute l'année, l'équipe assure encore la réparation et le vélositting de vos montures de vacances en toute sécurité. Autres boutiques à Bias et Mézos.

HÔTEL DE LA PLAGE €€

62, avenue de l'Océan - **CONTIS-PLAGE**
✆ 05 58 42 70 15
www.hotelplagecontis.com
Ouvert d'avril à fin novembre. Chambre double de 135 à 250 €. Petit déjeuner : 20 €. Parking : 12,50 €. Restauration.

Adossé à la dune, *l'Hôtel de la Plage* est un véritable bijou de bois et de charme avec son patio intérieur. A l'entrée, un tableau noir laisse libre cours aux inspirations des hôtes de passage et d'anciennes photos de Contis ornent les murs. Quant aux chambres, chacune possède sa propre couleur. Sur les murs, une petite planche de surf rappelle que le bruissement de l'océan est tout proche. Inspirés par leurs nombreux voyages, Myriam et Laurent Caillet ont fait de cet hôtel un lieu à part ; doux mélange entre évasions, tradition et respect de l'environnement...

DOMAINE DU VIEUX MOULIN

1349, route des Lacs
✆ 06 86 87 26 78
https://domaine-vieux-moulin.fr/
Du 1er avril au 30 septembre 2025. Emplacement à partir de 26 €/nuit. Mobil-homes (4 pers.) de 280 à 800 €/semaine.

A 8 km de l'océan, avec un accès direct à la piste cyclable, le Domaine du Vieux Moulin est un camping familial tout ce qu'il y a de plus authentique proposant plusieurs types d'hébergement. Il y a des gîtes pour 4 personnes, des Mobil-home pour 4 à 5 personnes et des emplacements pour vos séjours en caravane, tente ou camping-car. En saison, vous pourrez profiter de la venue de food trucks et prendre la navette gratuite pour circuler sans vous préoccuper de votre véhicule. La piscine est un vrai plus. Pour les enfants : pataugeoire, aire de jeux, ping-pong...

VILLAGE TROPICAL SEN YAN*****

Avenue de la Gare - **MÉZOS**
✆ 05 58 42 60 05
www.sen-yan.com
Du 28 mai au 7 septembre 2025. Location Case Ipanéma 4 pers. (2 ch.) à partir de 390 €/semaine. Espace bien-être.

Bananiers, cocotiers, fleurs exotiques, plage de sable blanc… Vous n'êtes pas à l'autre bout du monde, mais au Village Sen Yan dans Les Landes. Le dépaysement est total avec un maximum de services pour un séjour sans contrainte. Au programme : piscines, lagon, toboggans aquatiques, jardin d'eau tropical avec de nombreux jeux… Et aussi : *street basket*, cours de fitness, boutiques, spectacles, marchés nocturnes, une belle offre de restauration… et un espace bien-être.

LA GRANGE DU COULIN €€

491, chemin du Coulin - **ONESSE-ET-LAHARIE**
✆ 06 82 13 85 84
https://lagrangeducoulin.com
Toute l'année. 3 chambres et 1 suite de 95 à 150 €. Roulotte : de 110 € à 130 €.Sauna. Séjours détox. Prêt de vélos.

Entièrement redécorée, cette demeure contemporaine en bois a été spécialement construite pour recevoir des voyageurs. Françoise Saugnac a repris les rênes en avril 2021, en y ajoutant sa touche personnelle bien sûr. Coach et naturopathe, elle propose des week-ends détox ou des semaines de bien-être. Au programme : yoga, méditation, randonnée... Une mise au vert à base de jus détox et revitalisants. Pour parfaire l'expérience, Françoise a installé un sauna. Les extérieurs engazonnés et fleuris mettent en valeur la belle piscine.

YELLOH ! VILLAGE LOUS SEURROTS***** €€

606, avenue de l'Océan - Contis Plage
✆ 05 58 42 85 82
www.lous-seurrots.com
Du 11 avr au 21 sept. Chalet (2 pers.) : dès 417 €/sem. Cottage premium (4 pers.) : dès 1500 €/sem. Emplacement : 23 €.

Sur les berges du courant de Contis, à 500 mètres de la plage, cottages, chalets et tentes lodges avec différents niveaux de confort se louent à la semaine avec des offres spéciales long séjour, *early booking* ou des forfaits week-ends et ponts. Avec ses hébergements haut de gamme, le quartier Premium a été agrandi. Sur place, de nombreux services et infrastructures vous permettent de vivre sans utiliser votre véhicule. Le restaurant est ouvert à tous.

GÎTE MAISON MONTAUT €€€

1089, route de la Poste ✆ 06 49 93 27 03
https://maison-montaut-landes.fr
Gîtes de France (4 épis). Pour 8 personnes (4 chambres). Dès 2 550 € la semaine. Sauna. Bain nordique. Table d'hôtes.

Vous ne pourrez qu'être charmé par la quiétude de cette sublime demeure chargée d'histoire au cœur de la campagne landaise. Les 4 chambres d'hôtes forment un cocon apaisant où se mélangent matières naturelles, mobilier moderne et décoration élégante. Pour profiter d'un séjour détente au maximum, réfugiez-vous dans le sauna et le bain nordique avec une vue imprenable sur la forêt. Côté plaisirs gourmands, le petit déjeuner est fait maison et vous pourrez vous régaler de planches apéritives ou de la carte de la table d'hôtes. Une escapade hors du temps.

GUINGUETTE SUR LE TOIT €

226, avenue de l'Océan
CONTIS-PLAGE
https://laguinguettesurletoit.fr/
Tous les jours d'avril à octobre de 11h à 15h et de 18h à 23h. En septembre : de 18h30 à 21h30. Terrasse. Concerts.

La guinguette sur le toit est... une guinguette perchée sur un toit offrant une vue imprenable sur les dunes, l'océan, la silhouette des baigneurs et surfeurs et sur le coucher de soleil ! Mais aussi le village et le phare... L'endroit est hyper chill. Les cocktails de la guinguette sont aussi rafraîchissants que les plats que l'on se garde bien de partager tant ils sentent bon l'été. Nous, on s'est laissé tenter par l'obnubilante pita avec son poulet laab kaï. Houmous bariolé, insolente stracciatella, tentacule malin... Les noms font sourire et donnent envie !

LA MAISON DE MEZOS €€

Avenue de l'Océan - **MÉZOS** ✆ 05 58 42 61 38
www.hotel-mezos.com/restaurant
Midi et soir le lundi et du jeudi au dimanche. Menu carte : de 29 € à 39 €. Menu du marché : de 16,90 € à 19,90 €.

Que nous apprennent les assiettes du restaurant « La Maison de Mézos » quand elles arrivent sur notre table ? Derrière leur aspect visuel séduisant, chaque bouchée laisse entrevoir la richesse de la personnalité culinaire du Chef Johan Laval : généreuse comme l'est son sourire, surprenante aussi lorsque le dessert dit « improbable » est servi avec une glace... aux algues ! La carte locavore, iodée et terrienne, change tous les mois. Une cuisine traditionnelle et raffinée, travaillée avec les meilleurs produits. À savourer sur la mignonne terrasse face à l'église.

LES CHÊNES €€

47, route de Mimizan
✆ 06 15 72 44 79
Ouvert toute l'année. Menu du soir : 20 €. Formule du midi : 16 €. Terrasse. Bar. Epicerie de produits locaux.

Ici, l'équipe met un point d'honneur à travailler avec des produits fermiers locaux ! Cassolette de chipirons au chorizo et poivrons, assiette de porc noir de Bigorre, confit de canard de la Maison Lafitte servi avec des frites maison, fromage de brebis et sa confiture de cerise... Même les desserts sont faits maison à l'exception des glaces. On est reçu en toute convivialité avec le sourire. Le service est rapide et côté tarifs, on applique un prix juste. Ceux qui aiment la tradition se plairont à délaisser un peu la côte pour venir dans ce bar-restaurant.

LE CONTISTADOR €€

356, boulevard de la plage - **CONTIS-PLAGE**
✆ 05 58 97 16 83
www.contistador.fr
De mai à septembre. Tlj. Service continu. Plats de 17 € à 24 €. Planches à partager de 15 € à 20 €. Animations.

A 5 minutes à pied de la plage et en plein cœur de Contis, voilà quelques années déjà que le *Contistador* fait le bonheur des locaux et des vacanciers. Ce restaurant à la déco cosy et originale avec sa grande et belle terrasse propose une cuisine variée. Aussi bien des planches de charcuterie ou de fromages que des plats fusion tendance asiatique ! Parmi nos coups de cœur : les moules au curry jaune (aussi en version ibérique avec une sauce au chorizo) et le Nasi Goreng royal (poulet ou crevettes). L'accueil est chaleureux. Et mention spéciale pour les cocktails !

CHEZ DAN €€

171, avenue de l'Océan
CONTIS-PLAGE
✆ 05 58 42 85 00
Tlj d'avril à septembre midi et soir. Menu à 14,50 €. Accueil des groupes. Terrasse. Animations. Bar.

Chez Dan, on mange aussi bien une galette jambon-fromage qu'un burger veggie, un confit de canard ou un tartare de thon. Et avec des prix qui varient de 4,50 euros (galette au fromage) à 22,50 euros (magret de canard de la Maison Duperier & fils), sans oublier le menu entrée/plat/dessert à 14,50 euros, tout le monde y trouve son compte. Pour les grandes tablées, ou si vous avez envie de vous laisser tenter par un concert, le mieux est sans doute de réserver sur place ou par téléphone uniquement. La double terrasse est abritée. On rejoint la plage en 2 minutes.

THE SURF HOUSE €€

74, avenue de l'Océan - **CONTIS-PLAGE**
✆ 05 58 91 70 60
www.thesurfhouse.fr
Ouvert d'avril à septembre. Restauration de 12h à 23h ; bar de 11h à 1h en juillet/août. Sans réservation.

Très ouvert sur l'extérieur avec son architecture tout en bois, ses grandes terrasses en rooftop et ses jolies guirlandes, l'établissement s'impose comme l'un des endroits sympas de la rue. Et avec un nom pareil, nul doute que le décor va vous transporter dans un univers bien particulier ! Au menu : cuisine d'inspiration nomade, fraîche, savoureuse, saine et originale à l'image du focaccia burger. Sans oublier, la carte des pizzas ! L'ambiance est chaleureuse. Soirées musicales, DJs, yoga en terrasse, pop store... C'est vraiment un bel endroit où passer l'été.

CAFÉ PEKI

127, avenue de l'Océan
CONTIS-PLAGE
https://cafepeki.fr/
Ouvert en saison. Toute la journée en juillet et août de 8h à 20h. Terrasse.

Le Café Peki voit défiler les surfeurs en quête de sandwichs, les aficionados de l'avocado toast et tous les gourmands pour qui ne jurent que par les petits déjeuners de compétition ou les goûters pâtissiers. D'ailleurs, vous pourrez commander un dessert pour vos événements. On aime s'y poser à l'ouverture, pour un délicieux petit déjeuner en terrasse, au soleil, pour bien commencer la journée. Côté boisson, on a le choix entre les cafés de spécialité, en extraction à froid, frappés ou lattes, thés, chaï, matchas et les jus frais.

MAISON DES 3 POIRIERS

7, route de Laharie - **ONESSE-ET-LAHARIE**
✆ 05 58 07 31 58
https://maisondes3poiriers.com/
Juillet-août : tlj 14h-19h. Mai-juin-septembre-décembre : le week-end. Le reste de l'année sur rdv. Entrée libre.

A Onesse-Laharie, dans une maison traditionnelle landaise, Bertrand Bouët-Willaumez expose de superbes photographies de la forêt, mais aussi de l'océan. Et de la réserve naturelle nationale d'Arjuzanx ! Loin, très loin des images publicitaires et de la photographie culinaire, Bertrand Bouët-Willaumez porte aujourd'hui un regard très poétique sur la nature qui l'entoure. Celle des Landes l'inspire particulièrement. Depuis 2005, il réalise de nombreux clichés par tous les temps et en toutes saisons. Derrière son objectif, il n'y a que des paysages. Entrée libre.

PSYCHÉDÉLICE

155, avenue de l'Océan
CONTIS-PLAGE
✆ 05 58 98 11 69
https://psychedelice-contis.fr
Ouvert en saison. Jours et horaires d'ouverture variables.

Artisan glacier 100 % végétal et bio, Psychédélice est LE spot incontournable pour manger une délicieuse glace dont les parfums sont puissants et subtils à la fois, et surtout pas trop sucrée (sucre de canne non raffiné) ! Les sorbets et crèmes glacées ainsi que les gaufrettes sont fabriquées sur place. On se plaît à faire la dégustation sur place, car on peut aussi boire un verre. L'équipe saura vous proposer de bons cocktails rafraîchissants en sortie de plage. Et des planches et tapas dès 18h histoire de bien commencer la soirée. On s'y retrouve ?

UN TROUPEAU POUR LA VIE

310, Avenue de la Gare
MÉZOS
✆ 07 69 48 36 76
Tte l'année. Du lundi au samedi. Variable selon les conditions météo. Adulte : 7 €. Enfant 5 €. Balades et animations.

L'association *Un troupeau pour la vie* regroupe des bénévoles qui se relaient pour accompagner Elsa, une jeune bergère, dans la conduite d'une trentaine de chèvres et brebis vers les pâturages mis à disposition par la municipalité. Vous aussi, prenez votre bâton de berger et accompagnez le troupeau, visitez la bergerie, assistez à la tonte des moutons lors de la Grande fête de la tonte début juin, apprenez à transformer la laine et pourquoi pas, devenez bénévole, adhérent ou donateur... C'est aussi l'occasion de soutenir un beau métier.

LE CAMION-THÉÂTRE DE L'OUEST

ONESSE-ET-LAHARIE
✆ 06 15 48 53 84
https://camiontheatredelouest.book.fr/
Salle de spectacle itinérante de 80 places assises. Agenda et tarifs en ligne.

Ancien cinéma à sensations laissé à l'abandon, le camion-théâtre de l'ouest a été réhabilité en salle de spectacle itinérante de 80 places assises en gradins. Avec son accès PMR, tous les publics sont les bienvenus à commencer par les enfants qui en ressortent toujours émerveillés. La bande du camion-théâtre de l'ouest accueille aussi des soirées ciné-concerts et des soirées plus thématiques, précédées d'un repas à des tarifs toujours plus que corrects.

VIEUX-BOUCAU-LES-BAINS ★

Organisée autour du lac et de son île, la ville est sillonnée par un vaste réseau de pistes cyclables. Plusieurs directions sont accessibles depuis le centre de la station balnéaire : les trois plages de Vieux Boucau, l'étang de Messanges ou de Soustons et la forêt des Landes par la Vélodyssée. Vieux-Boucau attire les amoureux de paysages préservés et d'une nature sauvage. Juste derrière la dune, à quelques mètres du centre, les plages offrent des possibilités de baignade en toute sécurité. L'ambiance est calme et sportive du côté du lac marin de « Port d'Albret ». L'été au fronton sont programmés des spectacles d'échassiers et de pelote basque.

FRONTON DE VIEUX BOUCAU

Avenue de la liberté
www.tourisme-vieuxboucau.com
Plus grand fronton des Landes. Accès libre. Animations toute l'année.

Le fronton, ce grand mur rouge bordé de son terrain de pelote basque, accueille dans chaque village des Landes des rencontres sportives ainsi que de nombreuses fêtes et manifestations. Mais le fronton de Vieux-Boucau est particulier : il s'agit du plus grand des Landes par ses dimensions, 12 m de hauteur, 14 m de largeur et 90 m de longueur. Il se joue ici de nombreux matchs de pelote basque l'été, précédés par un spectacle de folklore landais avec un groupe d'échassiers, pour le plus grand bonheur des curieux visiteurs en quête d'une expérience locale !

LAC MARIN DE PORT D'ALBRET

Promenade du lac
✆ 05 58 48 13 47
www.landesatlantiquesud.com
Accès libre. Promenade de 4,7 km (boucle). Parcours ludique.

Entre ville et océan, le lac marin de Vieux-Boucau est l'une des principales attractions de la station balnéaire. Alimenté par l'océan en fonction des marées, vous pouvez faire le tour de son îlot en canoë, en paddle ou même à la nage. Profitez de son agréable promenade de 4,7 km, facilement accessible à pied ou à vélo, en partant du centre-ville de Vieux-Boucau ou du parking Soustons Plage. Un parcours ludique pour découvrir le lac marin, sa faune et sa flore a également été aménagé.

OFFICE DE TOURISME DE VIEUX-BOUCAU

11, mail André Rigal ✆ 05 58 48 13 47
www.tourisme-vieuxboucau.com
Ouvert toute l'année. Jours et horaires d'ouverture variables selon la saison. Ouvert tous les jours en juillet et août.

Station balnéaire familiale appréciée pour son paysage de dunes sauvages, ses grandes plages et son lac marin, Vieux-Boucau est aussi une destination dynamique, animée par de nombreux rendez-vous toute l'année. Place forte du folklore et des traditionnelles courses landaises, n'hésitez pas à vous renseigner auprès de l'Office de Tourisme afin de ne rien manquer durant votre séjour. Et bonne nouvelle pour tous les gourmands, de mi-juin à fin-septembre, le marché se tient 6 jours sur 7.

LANDES

© SAMANTHA ROCHER

Plage de Vieux-Boucau-les-Bains.

CAMPING LES SABLERES €

Boulevard du Marensin ✆ 05 58 48 12 29
www.camping-les-sableres.com

Ouvert : 29 mars - 2 novembre 2025. Prix variables en saison. Mobil-homes + Emplacements tente/caravane/camping-car.

Au pied de la dune, le camping municipal Les Sablères propose des emplacements de camping, des mobil-homes et des chalets à louer. Sur place, vous trouverez des équipements simples : un terrain de pétanque, une aire de jeux pour enfants ou encore un terrain multisports. À seulement 150 m de l'océan et 800 m du village de Vieux-Boucau, il dispose d'un emplacement idéal pour profiter de la douceur landaise. À quelques minutes à pied : supérette, location de vélo et de planches de surf, restaurants, terrains de tennis... Tout pour passer de bonnes vacances !

VILLA TIKI €

5, avenue des Dunes ✆ 06 86 52 36 30
www.vieuxboucau-surflodge.com

Ecolabel européen. Ouvert d'avril à nov. Chambre double 53 € à 71 €. Cabanes 2-4 pers 55 € à 87 €. Dortoir 6 couchages.

La Villa Tiki fonctionne comme une chambre d'hôtes, à la différence que l'on peut loger dans une chambre double, un dortoir de 6 couchages, une cabane conçue pour accueillir 2 à 3 personnes ou celle pour 4 personnes qui est dotée d'une salle de bains privative. Ce surflodge se trouve près de l'océan, des commerces, des restaurants et des écoles de surf (300 m). Bois labellisé, isolation en fibres de bois, peintures sans solvant, chauffe-eau solaire... Yvan, le propriétaire, a mis l'accent sur l'écologie. Logement apprécié des surfeurs et des pratiquants de yoga.

LES 4 MONDES €€

1, promenade des Arènes ✆ 06 40 46 63 66
www.les4mondes.fr

Gîtes de France Luxury. Chambre double dès 115 €. Dès 800 € environ la semaine. Petit déjeuner inclus.

Derrière le fronton, sur la route qui mène à la plage des Sablières, cette maison contemporaine aux formes cubiques abrite 4 chambres d'hôtes. Grands voyageurs, les propriétaires sont allés jusqu'au bout de leur projet en important la totalité du mobilier, des matériaux et objets de décoration. Ne reste qu'à choisir entre *Tulum*, la chambre aux couleurs du Mexique, *Ubud*, la chambre qui rappelle Bali, *Marrakech*, la chambre qui fait voyager au Maroc et *Osaka*, pour un aller-retour au Japon. Chacune possède un patio avec son salon de jardin et des transats. Fabuleux !

CÔTÉ SABLE €€

51, avenue de la Plage ✆ 05 58 48 17 10
www.cote-sable.fr

D'avril à octobre, du vendredi au mardi le midi et le soir. Compter entre 14,50 € à 23 € environ pour un plat.

Installez-vous dans un fauteuil ou à une table de la terrasse panoramique pour profiter du cadre unique de Côté Sable. La vue sur la dune et l'océan y est exceptionnelle, et vous pourrez même apercevoir les Pyrénées par temps dégagé. Ouvert du matin au soir l'été, on vous propose petit déjeuner, déjeuner, pause gourmande l'après-midi (glaces, pancakes, etc.), apéritif, tapas et dîner. Les poissons varient selon l'arrivage et les viandes proviennent de la région. En dessert, on vous conseille le financier aux fraises ! Le restaurant ne prend pas de réservation.

GYPSY KITCHEN €€

25, rue du Capitaine
✆ 09 86 08 82 57

Ouvert du mardi au dimanche le soir ; du vendredi au dimanche le midi. Plat de 17,50 € à 21 €. À emporter.

Dans l'une des agréables rues commerçantes du centre de Vieux-Boucau, ce restaurant propose une carte alléchante à déguster sur place, en salle ou en terrasse, ou à emporter : chipirons à la plancha snackés, caviar de chèvre frais ou guacamole à déguster en tapas, burger, côte de bœuf, filet de dorade ou encore magret au sirop d'érable en plat, tiramisu ou banoffee en dessert... Notez que la carte change régulièrement et le restaurant diffuse des matchs sur un écran. De quoi passer un moment sympathique entre amis ou en famille !

L'ODICÉ €€

Rue Jean Marc Convert
✆ 05 58 48 16 06
www.restaurant-lodice.fr

Ouvert d'avril à octobre, tous les jours de 9h à minuit. Menus : 29,90 € et 33,90 €. Compter 25 € à 35 € pour un plat.

Avec sa vue sur le lac et à deux pas du centre-ville de Vieux-Boucau, profitez de la terrasse parfaitement située du restaurant l'Odicé. Décoration chic et bohème et service sympathique, tout y est ! Au menu, un joli choix de poissons, de crustacés (dont certains à la plancha) ainsi que de moules, de viandes, tartares et burgers. On y déguste également de jolies salades gourmandes et des *poke bowls*. L'Odicé est le lieu parfait pour se régaler d'un bon verre de vin après une balade autour du lac et ainsi profiter du coucher de soleil sur les dunes.

Landes côte sud
5 KM
Océan Atlantique
Mixe
Louise
VIELLE-SAINT-GIRONS
D 42
D 42
LINXE
D 5
Vielle
D 10E
D 328
Étang de Léon
D 374
D 42
Castets
LÉON
D 117
MOLIETS-ET-MAA
D 10E
Laraou
MESSANGES
Herm
D 401
VIEUX-BOUCAU-LES-BAINS
MAGESCQ
Étang de Soustons
Nauchic
SOUSTONS
D 16
Lefargue
Loustalet
Maroye
D 337
D 189
Étang Blanc
D 170
D 89
SAINT-GEOURS-DE-MAREMNE
D 70
SEIGNOSSE
D 86
Lac d'Hossegor
HOSSEGOR
A 63
Saint-Vincent-de-Tyrosse
D 72
D 33
D 810
CAPBRETON
Saint-Jean-de-Marsacq
Les Bignasses
D 71
D 33
D 345
Réserve Naturelle Nationale du Marais d'Orx
Le Boudigau
LABENNE
D 336
Saint-Martin-de-Hinx
D 26
PORT-DE-LANNE
D 33
Ondres
La Lagüe
Saint-Martin-de-Seignanx
TARNOS
ORTHEVIELLE
Saint-Laurent-de-Gosse
HASTINGUES
D 181
D 362
D 12
Guiche
Arribère
L'Adour
A 64
D 653

HOSSEGOR ★★★

Au début du XVIIe siècle, Hossegor avait pour cœur un lac d'eau douce, occupant l'ancien lit de l'Adour. La ville se développe ainsi autour de ce lac relié à l'océan en 1880. Au début du XXe siècle, des édifices de style néo-basque fleurissent sur ses rives. La ville a accueilli des hôtes prestigieux parmi lesquels des écrivains, des poètes et des musiciens comme Paul Marguerite, Paul Valéry, J.-H. Rosny, André Gide, Paul Claudel ou encore Maurice Ravel. Célébrités, artistes et grands couturiers se croisent encore aujourd'hui. Longeant l'océan, une passerelle d'un kilomètre invite à la promenade en vous permettant de profiter de « l'Élégance Océane ».

LATINOSSEGOR

Place des Landais
www.hossegor.fr
Fin août - début septembre. Gratuit.

Face à l'océan sur la fameuse place des Landais, plus de 30 000 personnes se rassemblent chaque année pour profiter de 3 jours de concerts salsa et reggaeton lors de ce festival latino, l'un des plus reconnus de France. En plus de la musique, vous profiterez aussi de nombreuses animations et de stands : initiations aux danses latines et cubaines, DJ sets et concerts du matin au soir, marché, ateliers créatifs... Découvrez le programme sur le site Internet de l'office de tourisme d'Hossegor ou sur la page Facebook Latinossegor.

LE PAVILLON DE LA FORÊT

10 rue de la Forêt / 27 rue de Mathiou
Centre d'arts. Commerces de proximité. Restaurants. Animations.

Il y a 100 ans, écrivains et architectes, découvrant la cité de Soorts, s'associaient pour valoriser son patrimoine et développer son aura culturelle. Un siècle plus tard, le collectif d'architecture et d'urbanisme Plan B / Plandho / Modex investit l'ancien Hôtel de la Forêt pour y installer ses bureaux, implanter des entreprises, services, commerces (boucher, primeur, fleuriste) et héberger un centre culturel dédié à la création contemporaine. Le Pavillon de la forêt est ce genre d'endroit hybride où se mêlent plusieurs activités. Mieux, c'est un lieu de vie !

PLAGE CENTRALE

Boulevard de la Dune
www.hossegor.fr
Accès libre. Plage surveillée de mi-juin à mi-septembre.

Incontournable, vous ne pourrez pas manquer la plage centrale d'Hossegor lorsque vous vous baladerez sur la belle promenade piétonne longeant la mer. Face à la Place des Landais, entre la plage sud et la plage de la Gravière, cette grande plage de sable fin offre un sublime paysage sur les montagnes du Pays basque et les bâtiments Art Déco de la station balnéaire. Elle se situe idéalement à proximité de bars, restaurants et glaciers. Très animée l'été, elle est réputée pour ses compétitions de surf, sa baignade surveillée et ses aménagements de qualité.

QUIKSILVER FESTIVAL

Avenue de la Gare
www.tourismelandes.com
Durant 7 jours, de fin septembre à début octobre. Restauration. Compétition de surf, concerts, projection de films.

C'est LE festival dédié à la culture du surf à ne pas rater ! Jérémy Florès, surfeur international, a souhaité relancer un festival après l'arrêt du Quiksilver Pro France. Rendez-vous alors au début de l'automne pour assister à une compétition entre 20 surfeurs internationaux depuis les plages de Hossegor, Seignosse et Capbreton. Pendant une semaine, vous pourrez aussi profiter de projections de films en avant-première, de concerts live, de DJ sets, de démos de skate et d'une séance de dédicaces avec la crème de la crème des surfeurs. Incontournable !

OFFICE DE TOURISME DE SOORTS-HOSSEGOR

166, avenue de la Gare ✆ 05 58 41 79 00
www.hossegor.fr
Accueil vélo. Qualité Tourisme. Ouvert toute l'année. Jours et horaires d'ouverture variables selon la saison. Boutique.

Sport et nature, idées de séjour, balades et événements... Au centre de toutes les animations sur la Côte landaise, la ville d'Hossegor vous promet toute l'année un programme animé. N'hésitez pas à venir ici pour vous procurer de bons conseils et récupérer quelques brochures touristiques. Sur place, une boutique vous propose une belle sélection de produits issue à la fois de créateurs et d'artistes locaux. Et rendez-vous au « marché de pays » le samedi matin au fronton de Soorts.

JOE BIKE

119, avenue des Tisserands ✆ 05 58 41 75 41
www.joebike.fr

Ouvert toute l'année. L'été, tous les jours : 9h30-12h30/14h30-19h. Autres agences à Capbreton, Seignosse, Moliets.

Experts de la location de vélos, les agences Joe Bike se situent un peu partout dans les Pyrénées, au Pays Basque et dans les Landes : 3 points de location à Capbreton, 2 à Hossegor et Seignosse et un à Moliets-et-Maa. Choisissez le vélo qui vous convient entre VTT, vélo de ville ou de route, *big bike* ou encore vélo électrique, puis partez à l'aventure à travers les chemins landais ! Joe Bike propose également des activités organisées comme des sorties thématiques et plusieurs services : réservation en ligne, livraison de vélos à domicile, assistance dépannage...

HEJMO €

619, Avenue de Pascouaou
✆ 07 88 76 91 23
www.hejmo-hostel.com

Chambre double dès 68 €/nuit ; dortoir à partir de 26 € la nuit. Bar, restaurant, coworking.

En plein cœur de la dynamique zone Pédebert, ce lieu de vie situé entre pins et océan est un mélange d'hôtel, auberge de jeunesse, bar, restaurant et espace co-working. Lit double ou en dortoir tout confort, salon ouvert, terrasse ou rooftop avec vue forêt pour prendre le déjeuner ou travailler. Ici, on vit à son rythme en profitant de la piscine chauffée, d'un billard, d'un grand jardin et de nombreux événements ! Avec sa déco moderne et chaleureuse à la Landaise, HEJMO vise l'hospitalité d'un foyer et le confort d'un bureau loin de chez soi.

LES BULLES DE LO REY DU LAC €€

251, route des Lacs
✆ 05 58 43 91 20
www.loreydulac.com

De fin mars à début novembre. Pour 2 personnes. À partir de 195 €/nuit. Petit déjeuner inclus. Bain bouillonnant privé.

Perchées sur une butte sablonneuse, ces drôles de bulles en partie transparente vous garantissent un séjour original et reposant coupé du monde. À l'abri des regards, vous pourrez observer la nature : les écureuils virevolter au-dessus de vous, les chevreuils s'aventurer près de la terrasse et le soleil levant enflammer la cime des arbres. À l'intérieur, la salle de bains n'a rien à envier à certaines chambres d'hôtel. Une expérience dépaysante !

COCO BARN WOOD LODGE €€

Chemin du Moulin de Sis - **ANGRESSE**
✆ 06 58 06 27 59
www.cocobarn.fr

Ouvert d'avril à novembre. Chambres à partir de 210 €. Petit déjeuner inclus. Réceptions/mariages. Ferme équestre.

À 10 minutes des plages d'Hossegor, mais à l'écart de l'effervescence touristique, ce domaine de 6 hectares est un écrin naturel sauvegardé avec son bois, sa rivière et ses prairies. Né de l'imagination de Corenthine et Antoine, le Coco Barn Wood Lodge est doté de trois chambres d'hôtes indépendantes : la Petite Landaise avec son hamac, la Maisonnette au milieu des bambous et d'un potager fleuri et la Cabane au bord de la rivière avec sa jolie baignoire extérieure... La piscine complète ce tableau idéal. À l'Atelier, vous pourrez découvrir le travail d'Antoine.

HÔTEL 202*** €€

202, avenue du Golf
✆ 05 58 43 22 02
www.hotel202.fr

Fermé en janvier. Chambre double à partir de 135 € ; suite 3 pers. à partir de 250 € ; suite 4 pers. à partir de 280 €.

Situé en plein centre-ville et à 50 m du golf. Avec ses baies vitrées, ses ouvertures cintrées dans le style basco-landais et son côté graphique, il s'intègre parfaitement dans l'architecture locale. Design et lumineux, cet établissement de trois étages comprend 24 chambres climatisées avec balcon. Les deux grandes suites (50 m²) sont aménagées dans un style à la fois chic et contemporain. Au-dessus de chaque lit, un cadre coloré évoque le nom de la chambre : La Mer, Hossegor, Hello world... La piscine extérieure chauffée et le sauna sont un vrai plus.

HÔTEL DU PARC A HOSSEGOR*** €€

911, avenue du Touring Club de France
✆ 05 58 35 27 10
https://hotelparc-hossegor.com

Ouvert toute l'année. Chambres (1 à 5 pers.) dès 82 €. Pdj : 15 €. Restauration. Accès direct à la plage du lac. Spa.

En bordure du lac marin, la belle façade rouge et blanche de l'Hôtel du Parc s'inscrit indéniablement dans le style basco-landais de la région. L'hôtel est pourvu de deux salons détente et d'un spa « Les Bains du Lac », avec massage sur demande, sauna, hammam, bains à remous et vue sur le lac. Cette vue, la plupart des chambres en profitent également. Le petit déjeuner est servi à La Rotonde ; le restaurant gastronomique d'influence Art déco du lieu.

HÔTEL LE RELAIS DU LAC*** €€

1675, avenue Touring Club de France
✆ 05 58 43 69 03
www.relaisdulac.com
Fermé en janvier. Chambre à partir de 55 € et appart' (4 pers.) à partir de 130 €. Bain bouillonnant. PDJ : 14 €.

Depuis les fenêtres de votre chambre, le balcon de votre appartement ou la terrasse de ce charmant hôtel, vous pourrez admirer les magnifiques couchers de soleil aux teintes dorées et les parcs à huîtres qui se découvrent au rythme des marées. Les chambres modernes et spacieuses sont tout confort. Vous pourrez également profiter du bain bouillonnant en accès libre et du sauna et du hammam (en supplément). A proximité : le golf de Seignosse, le centre-ville et les activités nautiques.

LE MERCEDES*** €€

63, avenue du Tour-du-Lac
✆ 05 58 41 98 00
www.hotel-mercedes-hossegor.com
Ouvert d'avril à fin octobre. Chambres et «appart-hôtel» climatisés de 95 € à 340 €. Petit déjeuner à 16 €.

Avec sa façade arrondie, ses balcons et ses terrasses dominant la très belle piscine chauffée, l'iconique hôtel *Mercedes* fait face au canal d'Hossegor. À 900 m de l'océan par la voie piétonne, vous profiterez des animations qui ont souvent lieu Place des Landais, en vous y rendant à pied. Autre atout : la piscine chauffée et le choix entre les chambres pour 1 à 3 personnes et des appartements (4 ou 5 pers.) avec deux chambres et une kitchenette. Les 17 nouvelles chambres « Côté Dune » sont les plus récentes, elles sont tout aussi spacieuses.

JO&JOE €€

458, avenue de Gaujacq
✆ 05 58 35 68 55
www.joandjoe.com/hossegor/fr
D'avril à fin octobre. Chambres privées (2 à 6 pers.) à partir de 67 € ; dortoirs (jusqu'à 14 pers.) à partir de 26 €.

JO&JOE est un hébergement convivial et abordable, qui vous fera sentir entre voyageur et habitant. Pas vraiment un hôtel ni une auberge de jeunesse, JO&JOE s'adresse à tous, même aux familles. Oubliez les dortoirs classiques, ici le concept est tourné vers l'esthétique avec une déco signée Nilko Withe. À quelques minutes de la plage, c'est l'atmosphère surf qui règne dans le *lounge* et les chambres. Les lits sont munis de prises USB et, pour certains, de rétroprojecteurs. Sous la terrasse, le bar et le restaurant offrent un bel espace de détente.

LA PALOMA** €€

156, avenue de la Côte d'Argent
✆ 05 58 43 46 00
www.hotel-hossegor-lapaloma.com
Ouvert d'avril à fin octobre. Chambre double 95 à 130 € ; triple de 115 à 145 € ; quadruple de 125 à 160 €. Pdj : 13 €.

Entre la plage, le centre-ville et le lac, ce petit hôtel de style basco-landais caché dans la végétation est idéal pour un séjour au calme. La végétation permet en effet de créer des paravents naturels entre la piscine, le solarium ou les terrasses privées des chambres du rez-de-chaussée. A l'étage, les chambres sont lumineuses et modernes. La volonté des propriétaires est de créer une ambiance familiale où les clients peuvent se détendre au bar, en terrasse côté rue ou sur les transats côté piscine. Le petit déjeuner buffet peut être pris en chambre.

LES LODGES DE LO REY DU LAC €€

251, route des Lacs
✆ 05 58 97 69 82
www.loreydulac.com
Ouvert toute l'année. Les lodges (4 à 6 pers.) à partir de 290 € le week-end ou 1 155 € la semaine en été.

À quelques pas du lac d'Hossegor, non loin du centre-ville, découvrez ces hébergements insolites pour les couples mais aussi deux lodges toilés permettant d'accueillir les familles. Implantés dans une immense propriété boisée, le petit lodge (4 pers.) et le grand lodge (6 pers.) sont entièrement équipés et font le bonheur des amoureux du calme et de la nature. Sans vis-à-vis, les deux structures s'inspirent des tentes que vous pourriez voir dans le Sahara. On adore !

LA ROULOTTE DE LO REY DU LAC €€

251, route des Lacs ✆ 05 58 43 91 20
www.loreydulac.com
Ouvert toute l'année. Pour 2 personnes. A partir de 150 €/nuit. Bain bouillonnant privé. Petit déjeuner inclus.

Sur cet ancien terrain de camping, à quelques encablures du lac d'Hossegor, on trouve deux tentes lodges, des bulles, une cabane perchée, une géode, un kota et une véritable roulotte de 25 m^2. Avec tout le confort d'un mobil-home, le charme du bois en plus ! Elle est idéale pour passer un moment de dépaysement au milieu des pins et des chênes. Les commerces et attractions sont accessibles à pied en longeant les berges. Les prestations sont celles d'une chambre d'hôtes de qualité.

LANDES

AUX SOURCES D'HOSSEGOR €€

52, chemin de Loustaou
✆ 06 14 78 65 37
www.auxsourcesdhossegor.fr

Ouvert toute l'année. De 67,50 € à 190 € selon le type de chambre et la saison (3 nuits min. l'été). Petit déj. inclus.

A 5 minutes du golf et des plages, cette grande maison des années 60 a été entièrement rénovée. Tout est prévu pour un séjour agréable et sans contrainte : parking fermé, prêt de vélos... Les chambres sont à l'étage alors que les propriétaires occupent le rez-de-chaussée. Par un jeu d'escaliers, l'indépendance est totale. Les chambres ont leur identité avec de très belles salles de bains. Le choix des matériaux et des couleurs traduit toute l'énergie déployée à la réalisation de ce projet. Le petit déjeuner est préparé par Maryline à l'heure qui vous fait plaisir.

LA VILLA SEREN**** €€

1111, avenue du Touring Club de France
✆ 05 58 58 00 55
www.villaseren.fr

Chambres (1 à 3 pers.) à partir de 145 € ; chambres (1 à 4/5 pers.) à partir de 240 €. Pdj 25 €.

L'hôtel & Spa de la Villa Seren dégage un harmonieux mélange entre le charme de la décoration des années 30 et le confort moderne. Posé sur les berges du lac d'Hossegor, ce superbe hôtel offre les services d'un établissement de luxe. La piscine (accès spa) et la grande terrasse dont les voiles d'ombrage prolongent les salons du bar à vin donnent envie d'y rester flâner. Les canapés et sofas face à la cheminée sont également une invitation à la détente. Toutes les chambres embrassent les eaux calmes du lac. Un coup de cœur.

LES BORDS DU LAC - ICONIC HOUSE €€€

802, Avenue du Tour du Lac ✆ 06 18 74 90 62
www.iconic.house/les-bords-du-lac

Villa de luxe pour 14 personnes (6 suites + 1 chambre enfant). Piscine. Prix variables selon la saison et la durée.

Vivez l'expérience du luxe dans une villa basco-landaise de 380 m² (avec 6 suites) au bord du lac d'Hossegor. Conçu pour 14 personnes, vous serez conquis par le confort et la tranquillité de ce logement. Apéritif de bienvenue, ménage quotidien, petit déjeuner, mini-voiture électrique, piscine, cinéma privé... La maison de vos rêves, avec des services dignes des plus grands hôtels ! Les Bords du Lac fait partie de la collection de maisons d'exception à la location Iconic House.

LES HORTENSIAS DU LAC**** €€€

1578, avenue du Tour du Lac ✆ 05 58 43 99 00
www.lesdomainesdefontenille.com

Chambre double de 165 à 395 € ; famille de 255 à 485 € ; junior suite de 300 à 700 € ; suite vue lac de 350 à 1 050 €.

Proche des plages et face au lac, cette adresse emblématique d'Hossegor - faisant partie de la collection hôtelière Les Domaines de Fontenille - propose 25 superbes chambres dont 6 suites. La plupart sont dotées de balcons ou terrasses avec vue. En plus de la belle déco qui mêle authenticité landaise, héritage Art déco et clins d'œil au surf, les services sont à la hauteur : piscine, spa avec sauna, hammam, bains nordiques, salle de sport, restaurants... Il fait bon vivre ici.

LE KOTA DE LO REY DU LAC €€€

251, route des Lacs ✆ 05 58 97 69 82
www.loreydulac.com

Fermé janvier - février. Pour 2 personnes. A partir de 180 €/nuit. Petit déj inclus. Spa privé.

Après la bulle Bubulle, un lodge safari, la cabane perchée du Rey, un kota finlandais a été installé à quelques centaines de mètres du lac d'Hossegor, dans le parc de Lo Rey du Lac, ancien camping dont l'immense surface boisée ne cesse d'inspirer ses propriétaires. Ce chalet construit en sapin est une véritable maison de poupées. Vous allez pouvoir vous détendre et profiter du spa extérieur, de la terrasse avec hamac et, bien entendu, de l'environnement naturel de pins et de chênes-lièges. Bref, ici, c'est presque comme un hameau d'hébergements insolites.

LA VILLA ARRANCA €€€

650, Boulevard Front de Mer

Pour 14 personnes. De 13 500 € à 16 500 € la semaine selon saison (durée minimum 7 nuits). Sauna. Piscine chauffée.

Traversez la route, vous avez les pieds dans le sable ! Cette villa de luxe lumineuse et contemporaine, située face à la dune et à mi-chemin entre la plage des Culs Nus et La Gravière, offre des prestations de standing exceptionnelles pour un séjour de rêve. Chambres modernes et spacieuses, 5 salles de bain, immense séjour et cuisine équipée, piscine extérieure chauffée et salon d'été, sauna ouvert sur l'extérieur, salle de fitness... En famille ou entre amis, ce magnifique cocon vous plongera en un instant dans l'esprit « vacances » du Sud-Ouest.

JANINE BY SOUL KITCHEN €

245, Avenue de la tuillerie ✆ 07 78 84 70 31

Ouvert toute l'année, tous les jours de 8h15 à 18h. Plat de 13 € à 19 €. Café. Vente à emporter. Co-working gratuit.

Un petit café comme on les aime à Hossegor. Ici, en plus de déguster votre latte ou banana bread dans une ambiance décontractée, on y vient déjeuner et profiter d'une cuisine faite maison comme à la cantine. Au choix, de très bons plats ensoleillés (burgers, tomate burrata, ceviche de poisson, falafels, œufs mimosa…) ou ceux qui rappellent des souvenirs d'enfance : le plat du jour façon grand-mère ou encore le cordon bleu maison et ses coquillettes au fromage ! Petit plus pour les nomades : un espace co-working gratuit à l'étage.

LITTLE AMORE €

109, Avenue Paul Lahary

✆ 05 58 43 90 70

Ouvert tous les jours. Plus d'informations sur la page Instagram. Panozzo à partir de 6 €.

Cette sandwicherie italienne, petite soeur du restaurant italien Amore, nous fait découvrir une spécialité bien gourmande de nos voisins : les panozzi, des sandwichs faits de pâte à pizza généreusement garnis. Ce ne sont pas moins de 5 délicieuses déclinaisons qui sont proposées, mais le mieux reste de composer soi-même sa garniture en choisissant parmi les bons ingrédients proposés : pesto, ricotta, basilic, fromage stracciatella, parmesan, speck, gorgonzola, salami milano, câpres… Le lieu propose aussi une douzaine de pizzas le soir.

LA CRÊPERIE DE TANTE JEANNE €

28, Avenue Paul Lahary

✆ 05 58 43 77 22

Ouvert tous les jours (sauf le lundi) de 11h à 19h, jusqu'à 22h le vendredi et samedi. Pas de réservation possible.

La Crêperie de Tante Jeanne se situe en face de sa grande sœur, le mythique restaurant Tante Jeanne. Confectionnées à partir de farines et œufs bio ainsi que de produits AOP, les nombreuses galettes salées régaleront vos papilles : jambon de Bayonne, raclette, saumon fumé, magret… Sans oublier les crêpes sucrées traditionnelles aux plus gourmandes. Pour l'anecdote, les crêpes « signature » portent le nom de chaque personne qui a joué un rôle dans l'ouverture de la crêperie !

GREEN CANTINE €

28, avenue de la Gare ✆ 09 66 93 77 04

www.green-cantine.fr

Ouvert toute l'année. Tous les jours de 8h à 21h. Plats à partir de 9,50 €. Petit déjeuner & brunch. À emporter.

Sur place ou à emporter, le concept de Green Cantine est de proposer toute la journée des repas faits maison avec des produits frais et de qualité. Vous pourrez déguster un petit déjeuner coloré, sain et gourmand accompagné d'un jus de fruits frais et composer votre déjeuner en choisissant parmi des salades, des croques toastés, des sandwichs, des soupes ou encore des bols salés. En dessert ou pour le goûter, on craque pour le *carrot cake*, les pancakes ou le *banana bread*… Ouvert jusqu'à minuit les soirs d'apéros. Green Cantine est aussi à la zone Pédebert.

KINI RESTAURANT €€

270, avenue des Rémouleurs

✆ 06 17 13 82 33

Ouvert toute l'année lundi au vendredi midi ; vendredi et samedi soir. Formule du midi : 22 €. Réservation recommandée.

Avec sa décoration branchée et sa carte alléchante, le Kini est le bistrot sympa du coin. L'été, vous pourrez vous installer en terrasse avec un cocktail maison pour accompagner votre repas ! Dans l'assiette, le chef travaille les produits frais pour réaliser des plats gourmands : chipirons à la plancha et sa crème de chorizo, côte de cochon et ses tagliatelles, burger, ceviche de poisson… Tapas à partager et plat végétarien sont aussi à la carte. On laisse évidemment une place pour la délicieuse brioche façon pain perdu ou la crème brûlée maison !

CHEZ LOULOU €

86, Avenue des Chevrefeuilles

✆ 06 13 53 37 00

www.chezloulou-hossegor.fr

Ouvert d'avril à octobre. Tous les jours de 9h à 19h. Fin du service salé à 16h.

Chez Loulou vous accueille les pieds dans le sable, face au lac d'Hossegor. Cette petite guinguette propose des bons smoothies, des jus frais et des assiettes ensoleillées idéales pour l'été. Burger, salades, brunch, poke, acaï bowl, savoureux desserts et même une formule kids… La carte est simple et fraîche du petit-déjeuner à l'apéro. Le tout est fait maison avec des produits de qualité. Avec son ambiance chaleureuse et son cadre naturel, Chez Loulou est l'adresse parfaite où se poser dans un transat lors de sa journée *farniente* !

PACIFIC COAST CAFÉ €

68, Avenue Paul Lahary ✆ 06 65 37 30 00
https://pacificcoasthossegor.com
Ouvert lundi et mardi 9h30-14h ; du mercredi au vendredi 9h30-16h ; le week-end de 9h30 à 18h. Plat de 10 € à 16 €.

Les amoureux de brunch se retrouvent au Pacific Coast Café ! Au bout d'une petite ruelle du centre-ville, ce café moderne vous accueille sur sa terrasse couverte à l'ambiance décontractée. Régalez-vous à toute heure entre pancakes, *granola bowls* aux fruits, *avocado toasts*, sandwiches ou encore salades... On vous conseille surtout le délicieux French Toast (brioche perdue) ! Pour les gourmands, laissez-vous tenter par le petit-déjeuner américain sucré-salé ! Smoothies, jus de fruit frais et boissons chaudes sont servis toute la journée. Une agréable pause !

SLOW €

261, avenue des Rémouleurs
✆ 07 49 31 42 12
http://slow-hossegor.com
Du mardi au samedi de 9h à 15h (+ lundi en été). Plats environ 15 €. Dessert du jour : 6 €. Brunch.

Dans une atmosphère douce et bohème, Slow régale vos papilles avec une cuisine saine et ensoleillée. Sur place ou à emporter, vous pourrez déguster brunch, petits déjeuners, déjeuners et pâtisseries accompagnées d'un jus ou d'un smoothie, le tout réalisé à partir de produits frais, naturels, de saison et bio. Avec un menu qui change chaque semaine, l'accent est mis sur le local. Focaccia au fromage, bol de légumes ou encore pancakes au chocolat, toast d'avocat, *açaí bowl*... Slow est l'endroit idéal pour une pause gourmande dans sa journée shopping !

SPOT PALACE €

251, Avenue des menuisiers
✆ 06 45 78 89 81
www.spotpalace.fr
Ouvert du lundi au samedi le midi ; tous les jours le soir. Plats de 13 € à 15 €. Formule burger de 14 € à 17,50 €.

Ce restaurant et lieu de vie au cœur de la zone Pédebert donne rendez-vous aux gourmands tous les midis dans un ancien hangar transformé et redécoré. Ambiance décontractée, cuisine jeune, fraîche et faite maison ; le menu est éphémère et les plats varient en fonction des saisons. Parmi les burgers, sandwiches, salades et *bowls* gourmands, vous pourrez aussi découvrir l'original menu du jour et goûter par exemple le délicieux gaspacho de melon et le tartare de bœuf et sa sauce thaï. Le soir, le Spot Palace se transforme en bar et propose des pizzas !

AMORE €€

54, Avenue Paul Lahary
✆ 05 58 36 11 20
www.amorehossegor.fr
Ouvert toute l'année, tous les jours midi et soir. Pâtes entre 15 € et 21 €, pizzas dès 13 €. Terrasse.

Impossible de manquer ce nouveau restaurant italien sur l'une des avenues principales d'Hossegor. Si vous brûlez d'envie de bonnes pâtes ou d'une pizza moelleuse, vous êtes au bon endroit : antipasti traditionnels, pâtes à la carbonara, spaghettis à la bolognaise, tagliatelles à la truffe fraîche, pizzas aux mille et une saveurs, tiramisu en dessert ou crumble à la mousse de ricotta... La carte est variée pour les amoureux des spécialités italiennes. Malgré la proximité avec ses voisins à table, on apprécie la gentillesse de l'équipe et l'ambiance chaleureuse.

LE BISTRO BALNÉAIRE €€

1830, avenue du Touring-Club de France
✆ 05 58 43 54 95
www.lebistrobalneaire.fr
Ouvert toute l'année, tous les jours midi et soir. Plats de 16 € à 32 €. Terrasse. Réservation en ligne ou par tél.

À deux pas du centre-ville, avec ses deux grandes terrasses ensoleillées et sa superbe vue sur le lac marin d'Hossegor, le Bistro Balnéaire a belle allure. En cuisine, les équipes sont accompagnées d'un chef sushi qui apporte la touche japonaise à la carte. Voilà pourquoi, le délicieux magret du Sud-Ouest laqué au gingembre, le carré de veau, le dos de lieu noir grillé et la queue de lotte côtoient les makis et les california rolls. Pour le dessert, vous aurez peut-être une petite place pour la profiterole géante ! Une adresse chic, bien située et très fréquentée.

HO TEMPO €€

523, avenue du Touring Club
✆ 05 58 48 84 11
www.hotempo.fr
Ouvert toute l'année. Tous les jours de 9h à 0h en été. Plats de 11,80 à 26,80 €. Formule midi : 15 €. Terrasse.

Ho Tempo est le genre de lieu où tout le monde est à l'aise pour un petit déjeuner tonique à 9h ou un brunch jusqu'à 13h ! Pancakes végans, crêpes, maxi coupes glacées, jus de fruits pressés, café et thé gourmands... Il y a vraiment de quoi satisfaire les gourmands. Ho Tempo est aussi un bar à tapas et un restaurant classique avec une formule du jour très abordable. Dans ce cadre très bord de mer avec son patio bleu lagon, « l'arbre de vie » accroché au mur évoque en quelques mots la vie du surfeur : surfer, bronzer, la vague, la fête, la musique, l'amour...

LES HORTENSIAS DU LAC €€

1578, avenue du Tour du Lac ✆ 05 58 43 99 00
www.lesdomainesdefontenille.com
Relais & Châteaux. Réservation recommandée. À la carte ou menu degustation à 93 €. Terrasse.

Fine tartelette de champignons et truffes, ravioles de homard, rouget et gnocchis de patate douce, magret de canard et mini chou-fleur rôti aux cacahuètes des Landes, tarte au chocolat Grand Cru… Ne résistez pas plus longtemps à la cuisine de Philippe Moreno, qui officiait auparavant auprès du Chef triplement étoilé Gérald Passédat à Marseille. Les plats peuvent se déguster à la carte ou en menu pour avoir un aperçu du savoir-faire du chef. Entièrement vitré, le restaurant offre une magnifique vue sur le lac d'Hossegor. C'est merveilleux !

LE TUQUET €€

262, lotissement Le Tuquet
ANGRESSE
✆ 05 58 77 03 49
www.restaurant-le-tuquet.fr
Ouvert toute l'année, du mercredi au dimanche. Menu du jour en semaine 17 €.

Si vous aimez l'ambiance « auberge » et la cuisine du terroir, Le Tuquet est pour vous ! Entre un menu autour de la palombe, la célèbre garbure ou encore la très copieuse Assiette du Pays, il y a de quoi voir (et goûter) du local ! Foie gras, confit de canard, pluma… L'accent est mis sur le goût et la générosité. Plusieurs menus sont proposés. À ne pas manquer également : le pastis maison en dessert. Aux beaux jours, les terrasses arborées sont particulièrement agréables. Un bon arrêt en vous baladant entre Angresse et Saint-Vincent-de-Tyrosse.

LOU CABANA €€

952, Boulevard Front de Mer
✆ 07 69 03 21 33
www.loucabana.com
Ouvert de mai à octobre tous les jours de 9h à 23h. Sans réservation. Terrasse face à l'océan. Plat de 14 € à 19 €.

Surplombant la plage des Culs-Nus, Lou Cabana est une guinguette chic et chaleureuse. Les pieds dans le sable, profitez d'un verre de vin ou d'un cocktail les yeux rivés sur l'océan. Vous pourrez y déguster un bon petit-déjeuner, ou de délicieux plats du midi au soir : tartines gourmandes, bœuf thaï façon « tigre qui pleure », salade grecque, *poke bowl*, cassolettes de chipirons à la plancha… Envie de tapas ? Guacamole, houmous, travers de porc, moules… il y a du choix ! Très prisée en fin de journée et sans réservation, il vaut mieux arriver de bonne heure !

RESTAURANT JEAN DES SABLES €€€

121, boulevard de la Dune
✆ 05 58 72 29 82
www.jeandessables.com
Ouvert toute l'année. Menus de 60 € à 80 €. Menu Homard à 96 €.

Dans un cadre épuré, l'équipe de Jean des Sables vous accueille dans cette emblématique table marine avec vue unique sur l'océan. Le chef Clément Pichard propose une cuisine de saison raffinée : foie-gras des Landes, tartare de poisson blanc au sésame et pamplemousse, poissons et viandes selon arrivage, soufflé au chocolat et à l'Armagnac… Pour les mets iodés, le chef s'approvisionne quotidiennement à la criée du port de Capbreton. Une adresse gastronomique de référence à Hossegor.

TANTE JEANNE €€

45, avenue Paul Lahary
✆ 06 49 55 54 29
Ouvert tous les jours. Service midi : 12h-14h30, soir : 19h-22h30. Sans réservation. Plat : dès 12 €. Terrasse.

Cette « cantine gourmande fraîche en toute saison » est un must. On y vient pour un déjeuner simple, un dîner en bande ou encore un apéro sur la terrasse. Bowl à toutes les sauces, burgers, ceviche… Il y en a pour tous les goûts et toutes les envies. Surtout si on veut de la gourmandise ! Toute la journée, on se fait plaisir avec de bons cafés, du pain perdu ou encore des pancakes fluffy à souhait. Et +1 pour l'équipe jeune, active et souriante, même « dans le jus ». En bonus : le lieu abrite également un corner avec les glaces artisanales de Tante Jeanne.

GLACES ROMANE

31, avenue Paul Lahary
✆ 07 61 00 46 93
https://glacesromane.fr
Ouvert toute l'année. L'été, ouvert tous les jours de 10h à 23h30.

Bien connue des locaux depuis 1993, les Glaces Romane sont une institution à Hossegor ! En vous baladant dans les rues de la ville, vous ne pourrez pas louper la petite boutique colorée au style affirmé. Avis aux gourmands, avec plus de 60 parfums, l'artisan glacier propose un beau choix de crèmes glacées, glaces à l'italienne, glaces véganes, sorbets, granitas et milkshakes maison. En cornet, en pot ou en bac à emporter, il y en pour tous les goûts ! L'hiver, les Glaces Romane proposent également de délicieuses bûches de Noël sur commande.

L'ÎLE DU MALT

51, rue des Tisserands
✆ 06 74 00 58 17
www.liledumalt.fr
L'été, ouvert tous les jours. Happy hours. Boutique en ligne. Location. Terrasse. Animations. Concerts.

L'Île du Malt, c'est un endroit totalement dédié à la bière ! Ici, les amateurs de houblon vont pouvoir améliorer leur connaissance et découvrir peut-être de nouvelles bières : blondes, brunes, rousses, mais encore fruitées, blanches, ambrées... Il y en a pour tous les goûts à la pression et en bouteille. Les passionnés comprendront que l'Île du Malt est un lieu à part. D'ailleurs, il serait bien décevant de ne pas trouver l'âme sœur parmi les 70 bières disponibles sur place et les 250 à emporter. Ambiance bon enfant, jeux en libre service, happy hour, concerts…

LUCAS - BOULANGERIE PATISSERIE TRAITEUR

529, Avenue Touring Club ✆ 05 58 43 51 20
www.boulangerieslucas.fr
Ouvert tous les jours en continu de 7h à 19h20. Horaires étendues l'été. Service traiteur à emporter.

Grâce à la qualité des produits proposés et à l'accueil chaleureux, Lucas connaît un succès mérité. La boutique d'Hossegor-centre est incontournable, avec son large choix de pains, de viennoiseries, tourtières, croustades, gâteaux basques... Elle déborde de gâteaux et de spécialités ! Délicieuses nouveautés : les crèmes dessert Lucas ! Autres boutiques à Hossegor sur l'avenue Paul Lahary et à la zone Pédebert, à Capbreton, Dax, Saint-Paul-lès-Dax, Vieux-Boucau et Léon.

LE MANGO TREE €

Place du Commandant Lauwick
✆ 07 77 79 75 59
https://lemangotree.com
Ouvert toute l'année, tous les jours selon la météo de 9h30 à 18h. Brunch du dimanche sur réservation : 22 €.

Cette jolie guinguette tenue par les sœurs Maud et Danaé se situe face à la plage du lac d'Hossegor. Les plats sont faits maison à partir de produits frais et de saison. Pancakes, toasts, smoothie bowl, burrito végétarien... On adore leurs petits déjeuners gourmands et équilibrés ! Vous aurez aussi le choix parmi de délicieux jus de fruit pressés, des smoothies et de nombreuses autres boissons chaudes et fraîches. Un menu unique est proposé pour le brunch du dimanche, sur réservation. Attention, la terrasse est petite et, vu le succès, elle est vite remplie !

TANTE JEANNE

45, avenue Paul Lahary
✆ 06 49 55 54 29
Jours et horaires variables selon la saison. Ouvert tous les jours en été de 9h à 22h30. Fermé en novembre et décembre.

Une glace oui, mais faite maison ! Les glaces de Tante Jeanne sont élaborées à partir du lait de la ferme landaise des propriétaires ! Au total, ce sont plus de 40 parfums de crèmes glacées et sorbets à retrouver en vitrine. Glaces à l'italienne saveur vanille, chocolat, framboise, pistache, fruits de la passion et une multitude de parfums pour les crèmes glacées : citron, tiramisu, mangue, spéculoos, coco, chocolat blanc... Un vrai délice à prix correct. Un petit creux ? Dirigez-vous vers la cantine gourmande dans la salle juste à côté !

THAÏ-TIME €

96, avenue des Couteliers
✆ 06 18 86 60 36
www.thaitimehossegor.com
Ouvert du lundi au vendredi de 9h à 18h ; le week-end de 10h à 18h. Menus de 14 € à 28 €. Plat entre 6 € et 13 €.

Envie d'un brunch sain et gourmand à base d'ingrédients naturels, de fruits et légumes frais et de saison ? Thaï-Time est l'endroit parfait pour tous les amoureux de *bowls*, *avocado toasts* et *pancakes* moelleux. Dans ce lieu atypique – qui fait à la fois salle de sport et café – vous pourrez déguster des jus et smoothies frais, des pâtisseries maison ainsi qu'un large choix de gourmandises à la carte : granola ou açaï bowl, pancakes, toast à l'avocat, au saumon ou encore hot-dog et burrito. Ne manquez pas le brunch à volonté le dernier dimanche du mois !

VOLT CAFÉ BRÛLERIE

147, Avenue des Charpentiers
www.voltcafebrulerie.com
Ouvert toute l'année du lundi au vendredi de 8h30 à 18h ; le samedi de 9h30 à 18h ; le dimanche de 9h30 à 15h. Terrasse.

Situé à l'entrée de la zone Pédebert, le Café Volt vous accueille pour une pause gourmande dans un espace agréable et lumineux au mobilier sobre et naturel. Ici, on travaille le café vert issu d'une agriculture durable et équitable et torréfié sur place. Vous avez même la possibilité de décliner vos boissons avec du lait végétal. Côté gourmandises (faites maison !), on vous recommande le *lemon cake* et le *banana bread*. Et si vous avez aimé votre café de spécialité, il est proposé en sachet à la vente. Autres établissements à Capbreton et Anglet. Pas de wifi.

L'ATELIER DES DAMES

58, place Louis Pasteur
✆ 07 87 81 28 96
www.latelierdesdames.fr
Ouvert du lundi au samedi de 10h à 19h ; le dimanche de 11h à 19h. Vente en ligne, livraison possible.

Headbands, sautoirs, boucles d'oreilles, bracelets, manchettes, bagues… Et aussi maroquinerie et foulards 100 % soie. À L'Atelier des Dames, il y a du choix et de très belles choses. L'esprit ? Un côté chic et bohème pour que chaque femme crée son propre style ! La marque est à l'initiative de femmes qui souhaitaient mettre en valeur des matières naturelles travaillées au préalable par d'autres femmes au Brésil, au Kenya ou au Pérou. Le design et le montage se font dans l'atelier attenant et visible ! Autres boutiques à Biarritz et à Bordeaux.

LES FROMAGES DE FLORE

✆ 06 30 76 55 17
Ouvert toute l'année. Du mercredi au dimanche : 8h30 - 13h30.

Après une formation auprès d'une grande maison parisienne pour apprendre le métier de fromagère, Aurélie (diplômée dans le domaine de l'agroalimentaire et la santé) s'est installée ici, dans les halles municipales où elle propose des petites assiettes de dégustation. La jeune femme choisit avec soin les producteurs, notamment au Pays basque et dans le Béarn, pour une production garantie sans OGM ni ensilage. Passionnée, elle explique volontiers son travail d'affinage et confectionne également des plateaux-buffet idéaux pour une réception ou un apéritif entre amis.

BARAJAS PRIMEURS

354, avenue des Charpentiers
✆ 05 58 42 79 34
www.barajas.fr
Ouvert du lundi au samedi de 8h à 19h. Service de commande en ligne et retrait en boutique.

Depuis plus de 40 ans, Barajas Primeurs se distingue par la qualité de ses produits. Longtemps incarnée par Renée et Patrick Barajas, l'aventure continue de s'écrire avec Sophie et Arnaud Lebrun, tout autant attachés à une agriculture de saison et de proximité. Garantis au meilleur prix, les fruits et légumes arrivent directement des producteurs des Landes et du Lot-et-Garonne. Vous aurez un large choix de produits bio et d'épicerie gourmande ! Profitez également du service de commande en ligne et de fruits et légumes « anti-gaspi » à prix réduits.

GIN40

✆ 06 76 39 72 62
www.gin40.com
Liste des revendeurs sur le site web. Boutique en ligne.

Un spiritueux français aux influences landaises ! Arsène et Guillaume se rencontrent à Hossegor et partagent le goût pour la culture locale. C'est ainsi que naît l'idée de créer une marque de gin. Et comme emblème de la région, ils choisissent le pin maritime bien sûr. Mais aussi le surf dans son esprit street art ! Subtil et élégant en bouche, Gin 40 est le fruit d'une macération artisanale essentiellement à base de plantes. À retrouver chez les meilleurs cavistes, dans les épiceries fines et les bars à cocktails dignes de ce nom… dans Les Landes et au-delà !

LE CHAI D'HOSSEGOR

119, avenue des Tisserands ✆ 05 58 41 92 02
www.le-chai-hossegor.fr
Ouvert du lundi au samedi de 9h à 12h30 et de 14h à 19h. En juillet et août de 9h à 13h et de 14h30 à 19h30.

Vins, champagnes, spiritueux, armagnacs, bières, rhums… Le Chai d'Hossegor, situé à la zone Pédebert, vous offre une véritable expérience sensorielle et gustative au cœur de la boutique. En plus d'être chaleureusement accueilli et conseillé par des experts, profitez toute l'année des soirées et des dégustations qui animent le Chai d'Hossegor. Du petit producteur au grand cru, parmi les milliers de références et pour tous les budgets, vous trouverez forcément la bouteille qui correspond à vos envies. Mais évidemment, à consommer avec modération !

LES HALLES

50, avenue Jean Roger Sourgen
✆ 05 58 41 79 00
www.hossegor.fr
Ouvert toute l'année, tous les jours de 9h à 15h. 17 commerces.

Les Halles d'Hossegor s'affirment comme un lieu de commerces de proximité accueillant, vivant et animé. Au menu : primeurs, poissonnerie, boucherie, pâtisserie, crèmerie, mais aussi des spécialités italiennes, orientales, une conserverie, des huîtres et autres produits locaux. Au total, ce sont 17 commerçants pour une offre diversifiée et élargie en qualité de produits ! Les locaux comme les touristes aiment s'y aventurer pour se retrouver et déguster un verre de vin avec quelques fruits de mer ou tapas. Très bonne ambiance !

L'ÉTIQUETTE

16, place des Pins Tranquilles
✆ 05 58 72 89 07
www.etiquettehossegor.com
Ouvert toute l'année. Jours et horaires d'ouverture variables selon la saison. Cave & dégustation. Restauration.

Cave, comptoir, boutique ! À l'étiquette, la découverte du vin (accompagnée de produits locaux de qualité) se fait par le jeu des étiquettes, des couleurs et des classements. Initiation visuelle et conseils en 12 signatures uniques pour découvrir des centaines d'étiquettes ! En plus de la cave où faire le plein, la maison propose différents services dont le comptoir pour déguster de bonnes bouteilles et des petites assiettes ou «L'étiquette chez vous» pour constituer votre cave à vins... En bonus, tout au long de l'année, le lieu organise des événements festifs !

LA MAISON DE L'ESPADRILLE

397, avenue du touring club
✆ 05 58 35 10 01
www.maisonespadrille.fr
Ouvert tous les jours de 10h à 19h30. Boutique en ligne.

Depuis 1960, les espadrilles sont fabriquées dans les règles de l'art ! Le succès de ces anciennes chaussures est revenu avec le retour de l'intérêt du fait main et des matières naturelles (semelle en jute, caoutchouc naturel...). Dans cette boutique, vous trouverez l'espadrille classique en coton, unie, rayée, la 1930 et toute une gamme de chaussures pour femmes, hommes et enfants. Autres boutiques : Hossegor zone Pédebert, Capbreton, Vieux-Boucau-les-Bains, Arcachon, Bayonne et Pau.

LAGRIFFE PHOTOGRAPHIE

516, avenue du Touring Club
Ouvert du mardi au dimanche de 10h30 à 18h30.

Théo Griffe, plus connu sous le nom de Lagriffe sur Instagram, est l'un des photographes les plus célèbres de la côte pour ses clichés de surf, de vagues, d'océan et plus globalement de nature. Rien d'étonnant, donc, à ce que le jeune homme ouvre une boutique/galerie où les exposer dans le centre-ville. Entre les petits tirages à prix doux, les plus grandes affiches ou encore les pièces en plusieurs parties, on trouve facilement notre bonheur. L'accueil est particulièrement chaleureux et Théo, comme ses collègues, est toujours ouvert à la discussion !

MARCEL TRAVEL POSTERS

104, impasse des Remouleurs ✆ 05 58 89 63 68
https://marcel-travelposters.com
Ouvert du lundi au vendredi (10h-13h ; 14h-18h). Boutique centre-ville d'Hossegor : tous les jours d'avril à octobre.

Hossegor, Capbreton, Biscarrosse, Moliets-et-Maa, Dax ou encore Mont-de-Marsan... Vous reconnaissez ces affiches néo-rétro au design vintage ? Gardez un souvenir de vacances grâce aux posters, cartes postales et autres articles de papeterie Marcel Travel Posters ! Colorées et originales, elles sont conçues à la main et imprimées dans les Landes. Design thématique ou villes et régions françaises, il y en a pour tous les goûts ! Les deux boutiques landaises se situent à Hossegor (zone Pédebert et centre-ville), mais il y en a même à Bayonne, Bordeaux et Paris !

LARTIGUE 1910

97, avenue des Rémouleurs (zone Pédebert)
✆ 05 58 77 86 81
www.lartigue1910.com/fr
Horaires boutique d'Hossegor https://www.lartigue1910.com/fr/magasins. Vente en ligne. Labels E.P.V et IG Linge basque.

Le célèbre tisserand Philippe Lartigue, l'un des deux derniers tisserands de linge basque, a ouvert pour notre grand plaisir sa dernière boutique haute en couleur à Hossegor (zone Pédebert). La maison Lartigue 1910 met à l'honneur le tissage local ainsi qu'un savoir-faire d'exception, éthique et responsable. Avec de nouvelles créations chaque année, venez découvrir le linge basque authentique de première qualité : nappes, sets de table, articles de cuisine et de décoration, sacs, serviettes de bain... Tout est magnifique, faites-vous plaisir et faites plaisir !

MARCHÉ D'HOSSEGOR

Centre-ville
www.soorts-hossegor.fr
Le mercredi, vendredi et dimanche selon la saison. Marché les lundi de Pâques, 1er mai, 8 mai et Pentecôte.

Le marché traditionnel d'Hossegor se tient dans le centre-ville près des Halles : le mercredi et le vendredi de mi-juin à fin septembre et le dimanche (jusqu'à novembre). Le plus simple est encore de poser la question à l'Office de tourisme, aux locaux ou à la réception de votre hôtel ou votre camping. On vous renseignera également sur les marchés exceptionnels comme celui de Pâques, de l'Ascension et de la Pentecôte. Depuis 2022, le marché artisanal nocturne a lieu les dimanches en juillet et en août. Le marché des producteurs est à Soorts, le samedi matin.

CHEZ VINCENT

50, avenue Jean Roger Sourge ✆ 05 58 73 42 90
www.chezvincent.fr
Ouvert du jeudi au dimanche de 9h à 13h ; horaires variables l'été et durant les fêtes. Boutique en ligne.

Mieux qu'une simple poissonnerie, Chez Vincent est une poissonnerie-dégustation. Sous les halles réaménagées avec son patio convivial, en plus des poissons, coquillages et crustacés, vous pourrez déguster des huîtres avec un verre de vin. Huîtres d'Arcachon, de Marennes-Oléron, d'Hossegor ou de Normandie, assiettes de bulots, bigorneaux ou crevettes... Composez vos propres plateaux ou craquez pour les plats traiteur de la maison comme les axoa, blanquettes ou encore salades de poissons ! Les bancs étant de première fraîcheur, tout risque de vous donner envie.

HOSSEGOR SURF CLUB

22, impasse de la Digue Nord ✆ 05 58 43 80 52
www.hossegor-surfclub.com
Ouvert 7/7j l'été. Cours collectifs et particuliers. Stages de surf à partir de 3 ans. Location de matériel dès 12 €.

Une histoire qui commence en 1994... L'Hossegor Surf Club a pour objectif de promouvoir le surf chez les jeunes dès 3 ans ! Sous la direction de moniteurs diplômés et passionnés, les surfeurs apprennent efficacement les joies de la glisse. Stage, cours particulier ou collectif de 1h30 à 2h, location de matériel... Toute l'année, l'école vous accompagnera sur les plus belles plages landaises, notamment dans des spots magiques comme la plage Centrale, la plage de la Nord (site historique du club) et la Plage Blanche du Lac où se trouve la cabane de Stand Up Paddle.

GOLF D'HOSSEGOR

333, avenue du Golf
✆ 05 58 43 56 99
www.golfhossegor.com
Ouvert toute l'année. Green fee 18 trous de 85 à 110 € ; practice 1 seau : 4 €. Restauration. Ecole de golf.

Dessiné par Arnaud Massy, John Morrison et Charles Bouhana en 1927, le Golf d'Hossegor a été créé au milieu d'une forêt de pins et de chênes-lièges, sur un sol sablonneux à l'abri des vents. Avec un tracé typiquement britannique affiné par Cabell Robinson en 2003, Hossegor est listé comme l'un des mille meilleurs golfs du monde par le Rolex Book. Comme dans tous les golfs, une tenue correcte est exigée. Le restaurant est ouvert tous les midis, et le soir en été. La cuisine y est simple et bonne et la terrasse particulièrement agréable.

A L'EAU PLONGÉE

2467, avenue du Touring-Club
✆ 07 81 77 31 71
Explorations lac ou mer. Baptêmes. Formation niveau 1, 2 et 3. Tarifs sur demande.

Créée en 2007, cette association « loi 1901 » affiliée à la Fédération Française d'Etudes et de Sports Sous-Marins (FFESSM) regroupe des bénévoles passionnés. Explorations lac ou mer, baptêmes... Accessible dès 10 ans, le Club dispose d'un créneau piscine en hiver pour s'entraîner et dispenser les formations. Vous trouverez cette école subaquatique landaise à la plage du Rey, derrière le snack *Le Cabanon*, à deux palmes du canal d'Hossegor ; une zone naturelle unique peu profonde. Les plongées profondes au large de Capbreton sont réservées aux initiés.

HOSSEGOR LAKE PADDLE

Plage du Rey ✆ 07 84 55 44 79
www.hossegor-lake-paddle.com
Ouvert de mi-avril à mi-octobre ; 7/7j en été. De 15 € à 50 € (1h) en fonction de l'embarcation. Tarifs dégressifs.

Vous avez envie de découvrir le lac d'Hossegor d'une manière originale et ludique ? Par exemple, en louant une pirogue hawaïenne, un canoë canadien ou un stand-up paddle ? Pour une heure ou plus, entre amis ou en famille, les eaux calmes du lac se prêtent bien à l'exercice, que vous soyez débutants ou initiés. D'une longueur de 2 300 m et d'une largeur de 350 m, les rives de ce lac ne sont jamais loin. Vous pourrez naviguer jusqu'au premier pont, juste avant d'arriver au chenal donnant sur l'océan. Essayez aussi le Goliath, un paddle géant pour 4 à 6 personnes.

OCEAN INCENTIVE

139, avenue Vamireh
✆ 06 42 78 27 67
www.ocean-incentive.fr
Ouvert toute l'année. Activités aquatiques. Cours et stages enfants/adultes. Tarifs en ligne.

Créée par Emmanuelle, championne du monde de sauvetage côtier en 2014, Ocean Incentive propose différentes activités, en cours et stages, aussi bien pour les enfants que les adultes, et les personnes en situation de handicap. Au programme : aquagym en mer, marche aquatique, circuit aquafitness, entraînements de nage en eau libre ou en mer... Et aussi : natation à domicile, stage d'aquaphobie, apprentissage des réflexes de survie pour prévenir la noyade (dès 3 ans), etc. L'océan a de nombreuses vertus, autant en profiter, et toute l'année bien sûr !

LA PAGAYE

Avenue des Chevrefeuilles © 06 23 60 34 40
https://lapagaye.com
D'avril à novembre, tous les jours de 10h à 19h. Location de stand up paddle (1h : 15 € / 2h : 25 €) / kayak / cours.

A la plage des Chênes-Lièges, sur le lac d'Hossegor, cette jolie petite cabane au bord de l'eau propose de la location de stand up paddle pour un moment de fun et de détente. Gonflable ou rigide, seul ou à plusieurs, paddles XXL avec toboggans, kayaks... Naviguez sur le lac avec le *modèle* de votre choix, de 30 min jusqu'à plusieurs jours de location. La Pagaye propose aussi des cours particuliers de paddle, des cours collectifs de yoga, de Pilates et de fitness, le tout bien sûr... sur une planche dans l'eau ! L'équipe est chaleureuse et disponible, un vrai plus !

PELOTE BASQUE JAÏ ALAÏ

33, avenue de Gaujacq
© 05 58 43 54 12
www.hossegorjaialai.fr
Entrée : 10 € (gratuit pour les -12 ans). Tarifs parties PRO des jeudis : 1/2 finales 15 €, finales 20 €. Initiations.

La pelote basque se pratique dans un lieu adapté, le Jaï Alaï. À Hossegor, c'est un lieu historique surnommé la cathédrale de la pelote. La pelote basque est une pratique sportive : la balle peut atteindre des vitesses de 200 à 250 km/h. D'où le port d'un casque si vous jouez avec une pelote de cuir. Stages de découverte, d'initiation et de perfectionnement sont organisés pour les enfants et les adultes pour découvrir au choix les jeux de Chistera, Cesta punta et Pala. Les compétitions d'Hossegor voient s'affronter les meilleurs joueurs nationaux et mondiaux.

SEIGNOSSE ★

Loin de l'effervescence de ses voisines, Hossegor et Capbreton, et à seulement un coup de pédale par la piste cyclable, la station balnéaire de Seignosse est une destination de glisse internationale. Sessions surf, pauses yoga sur la plage, promenades à pied, à vélo ou à cheval, toute la station est tournée vers les activités en lien avec la nature. Engagée dans une démarche de développement durable, Seignosse tire profit de ses longues plages de sable blanc, ses étangs d'eau douce et sa forêt de pins qui en font un endroit hors du temps. Ne soyez pas surpris d'entendre parler anglais dans les rues de celle qui se divise entre bourg et océan.

Le phare de Seignosse.

ATLANTIC JUMP

2 bis, avenue de la Grande Plage © 07 68 01 29 85
www.atlantic-jump.com
Ouvert tous les jours de 14h30 à 18h30 en juillet et août. Snack. De 15 € (1h) à 39 € (après-midi + saut Bungy).

À côté de l'Atlantic Park, l'Atlantic Jump (ou Water Jump) a rouvert pour les mordus de... sauts extrêmes ! Mais qu'en est-il au juste ? L'Atlantic Jump propose 7 glisses (à différents niveaux) dont une spéciale BMX, trottinette, skate, roller... Découvrez l'extrême bungy pour tous celles et ceux qui veulent s'envoyer en l'air jusqu'à 18 mètres de haut et à plus de 90 km/h. Taille requise pour l'entrée au parc : 1,50 m minimum. Profitez des deux parcs en rajoutant 10 € par personne sur l'entrée de l'Atlantic Park, pour passer une journée de folie !

ATLANTIC PARK

2, avenue de la Grande Plage
© 07 68 01 29 85
www.atlantic-park.com
Ouvert de début juillet à fin août ; tous les jours de 10h30 à 19h. Pass journée de 20,90 € à 24,90 €. 4 entrées : 60 €.

À 500 mètres de l'océan, Atlantic Park est le plus grand parc aquatique des Landes, avec 1 400 m de glisse et 3 000 m² de bassins chauffés ! Pataugeoires pour les tout-petits, 25 toboggans aquatiques, sensations fortes, sauts et glissades inoubliables pour les plus grands... Le lieu s'adapte à tous les âges et convient particulièrement pour les sorties en famille ou entre amis. À vous les lagons chauffés, les bains à remous, la baignade à contre-courant et les cascades. Sur place : vestiaires, aires de pique-nique, bar-snack, boutique et location de transats.

LANDES

LA RÉSERVE NATURELLE NATIONALE DE L'ETANG NOIR ★

600, avenue du Parc des Sports ✆ 05 58 72 85 76
https://etang-noir.fr/
Accès libre toute l'année sauf pour les groupes. Visite guidée sur résa. Horaire de la maison d'accueil selon la saison.

La réserve naturelle nationale de l'Étang Noir, qui doit son nom à sa profondeur, ses fonds vaseux et l'ombrage apporté par les arbres en rive, offre un paysage caractéristique des Landes humides. Ce site admirable abrite plus de 35 espèces d'odonates, une centaine d'espèces d'oiseaux et plus de 200 espèces végétales. On y observe Hérons cendrés, libellules, canards ou tortues. N'hésitez pas à passer par la maison d'accueil pour y rencontrer les gardes naturalistes.

JERRY BIKE RENTAL

9, Avenue Jean Moulin
✆ 06 59 14 02 24
https://jerry-bike-rental.com
Ouvert d'avril à octobre, tous les jours de 9h30 à 18h30. Hors période, appelez ou réservez en ligne.

Au plus près des meilleurs spots de surf et des nombreuses pistes cyclables des Landes, les agences de location de vélos Jerry Bike Rental sont ouvertes en saison, mais proposent de la location toute l'année sur simple appel. Avec son large choix de vélos classiques, électriques ou même fatbike pour donner de la pédale dans le sable, on profite d'une balade en forêt ou le long de la plage. L'agence fournit les équipements complets et propose aussi un service de livraison sur le lieu de vacances ! D'autres agences sont situées à Capbreton et Hossegor.

70 HECTARES... & L'OCÉAN €€

901, avenue du Belvédère
✆ 05 58 45 76 16
www.70hectares.com
Ouvert de mars à mi-novembre. Chambres et suites à partir de 144 € en basse saison et à partir de 240 € en haute saison.

Surplombant les 70 hectares du golf de Seignosse qui s'étend jusqu'à l'océan, cet hôtel à vivre se fond dans la forêt landaise et offre une réelle immersion en pleine nature. De la décoration simple et naturelle aux larges baies vitrées sur la cime des pins, tout a été pensé - aussi bien dans les 32 chambres que dans les pièces communes - pour offrir un cadre agréable. Le restaurant, dont la terrasse se déploie autour de la piscine en surplomb du golf, offre une cuisine fraîche, locale et de saison. Coup de cœur pour le brunch et la salle de karaoké.

CAMPING LE CLOWN OCÉAN**** €€

Route de Soustons - **TOSSE** ✆ 05 58 43 03 03
www.capfun.com
Ouvert d'avril à septembre. Mobil-homes (4 à 8 pers.) de 280 à 1 197 €/sem ; de 770 à 2 630 € (10 pers.). Animations.

A dix minutes des plages d'Hossegor et Seignosse ! Ce camping propose 252 emplacements avec des locations de type mobil-home adaptées aux familles, y compris les plus nombreuses en allant jusqu'à 10 couchages. Assez confortables, certains disposent de la climatisation et d'autres d'une belle vue sur la nature. Le lieu est aussi équipé d'un très bel espace aquatique doté de plusieurs piscines chauffées pour tous les âges, avec toboggans. L'été, des animations sont proposées.

COCOONING TIPI €€

2, route Louis de Bourmont,
✆ 06 67 73 59 73
www.cocooning-tipi.com
Au cœur du camping l'Etang Blanc. Ouvert de juin à septembre. De 75 € à 160 € par nuit selon le tipi et la saison.

Dans le camping de l'Étang Blanc, de jolis tipis bohèmes se cachent au milieu des pins. Cocooning Tipi propose du *glamping* chic à deux pas de l'étang et seulement 10 min de la plage. Ces sublimes tentes cocooning et chaleureuses sont tout confort : lit double avec vrai matelas, mini frigo, bouilloire, ventilateur... Un réchaud électrique, le nécessaire de cuisine, des jeux et le wifi sont également à disposition dans l'espace salon. Le plus ? On profite aussi de tous les équipements du camping (sanitaires, piscine...) pour un séjour confortable et original !

LES DEUX ÉTANGS**** €€

1379, route de l'Etang blanc
✆ 05 58 41 66 99
www.les2etangs.com
De mi-mars à début novembre. Appt. 2-6 pers. de 55 à 230 €/nuit ; Mobil-home 4-6 pers. de 70 à 215 €. Espace bien-être.

Dans un cadre exceptionnel et préservé, ce camping village vacances dispose de plusieurs types d'hébergements. Sur 3 hectares, à proximité de l'étang blanc et de la réserve de l'étang noir, vous pourrez profiter à l'année de votre hébergement en tant que propriétaire ou louer un mobil-home, un appartement, un studio ou une cabane lodge. Les prestations sont de qualité. Piscine extérieure, espace de détente avec son institut de beauté, salle de sport, pétanque, bibliothèque... Sans oublier l'épicerie, le restaurant et les animations qui rythment tous les étés.

LANDES

LAGUILLOTTE €€

2036, Route de l'Etang Blanc
✆ 06 03 70 10 81
https://laguillotte.com
2 chambres doubles et 1 chambre triple de 95 € à 135 €, petit déjeuner inclus. 1 cottage. Bain bouillonnant.

Cette charmante maison d'hôtes, où le made in France, le local et « l'upcycling » ont été privilégiés, est située au cœur de la réserve naturelle entre l'Étang Blanc et l'Étang Noir à Seignosse. Parfait pour profiter de la douceur de vivre landaise et du calme de la nature environnante. Les trois chambres sont vastes, lumineuses et épurées et disposent d'une terrasse privée. Un cottage pour 4 personnes est aussi disponible. En résumé : un petit coin de paradis pour chiller à l'ombre des pins ou les doigts de pied en éventail dans le bain bouillonnant en saison.

NATUREO**** €€

Avenue des Tucs
✆ 05 58 43 30 30
www.natureo-seignosse.com
Fermé en janvier. Cottage en bois (6 pers.) à partir de 525 €/semaine en basse saison. Animations. Surf camp.

Un village vacances à l'initiative d'un Landais de souche et de cœur, Pierre Lasaosa ! Avec son équipe, il vous accueille dans cette pinède de 13 ha située à 600 m du golf de Seignosse, à deux pas de l'océan et du lac d'Hossegor. Les maîtres mots : nature, sport et bien-être. Vous profiterez de multiples activités - notamment des cours de surf avec le pro Pierre Rollet - et d'une superbe piscine avec bains à remous. Côté hébergement, vous aurez le choix entre des cabanes en bois, des cottages premium, des mobil-homes, des tentes Lodge spacieuses tout confort !

OCEAN SHELTER €€

196, route de Vieux-Boucau
✆ 07 67 49 15 19
www.oceanshelter.com
2 maisons en bois privées pour 8 pers. max. ou privatisation de la guest house et de la salle commune pour les groupes.

Sur cette parcelle de 10 000 m², un mélange de logements insolites (tipis, dôme, cabane, tentes en bois) et de chambres traditionnelles permet d'accueillir les groupes. La vie s'articule ainsi autour de la maison d'hôtes qui abrite la salle à manger, la cuisine, le bar et la salle de bains, mais aussi autour de la piscine d'eau salée. Un peu à l'écart, deux pavillons en bois permettent d'accueillir 8 personnes. Près de 50 personnes pourront séjourner ici. La piste cyclable passe à 100 mètres et la plage est accessible par la forêt en 20 minutes à pied.

L'ORÉE DE LA FORÊT €€

536, impasse des Tonnes ✆ 05 58 49 81 31
www.loreedelaforet.com
Gîtes de France (3 épis). Chambre simple dès 81 € ; double 97 € ; triple 125 € ; suite familiale (4 pers.) dès 165 €.

Demeure entièrement rénovée avec jardin d'agrément, *L'Orée de la Forêt* est posée au bord d'un plan d'eau. Le grand parc qui entoure la maison offre calme et relaxation. Les cinq chambres sont confortables, garantissant un séjour paisible, proche de l'océan (plage d'Hossegor à 7 km, plage de Seignosse à 5 km). Le petit déjeuner est compris dans les tarifs. Les hôtes, jusqu'à 15 personnes, pourront profiter de la belle piscine, la cuisine d'été, la table de ping-pong et du plan d'eau poissonneux idéal pour la pêche à la carpe. Le golf de Seignosse se trouve à 3 km.

SIBLU VILLAGES - CAMPING LES OYATS**** €€

Route de la Plage des Casernes ✆ 05 58 73 53 96
https://campinglesoyats.fr
D'avril à septembre. Mobil-home (4 pers.) env. 290 € / semaine en milieu de gamme. Autres tarifs et hébergements.

Si vous aimez faire du sport et vous amuser en pleine nature, ce camping est idéal ! Profitez de ses bassins aquatiques, toboggan, mini-golfs, terrain multisports, tennis, boulodrome, salle de sport, école de surf, espace bien-être (hammam, sauna, soins)... Vous logerez dans un mobil-home tout confort, à 800 mètres de la plage ! Vous avez adoré vos vacances au camping Les Oyats et rêveriez d'y revenir ? Vous pouvez devenir propriétaire de votre propre mobil-home, neuf ou d'occasion.

VILLA SAYULITA €€

12, Rue Honoré de Balzac ✆ 06 37 44 71 99
www.villasayulita-seignosse.com
Bed & Breakfast. Chambre double de 109 € à 149 € (salle de bain privée selon le type de chambre). Petit-déjeuner inclus.

Sam vous accueille dans cette sublime *surf house* située à quelques minutes de la plage. Les 5 chambres doubles tout confort (dont 3 avec salle de bain privative) sont modernes et spacieuses. Le petit-déjeuner est inclus et vous avez accès à la cuisine commune pour les autres repas, ainsi qu'aux nombreux équipements de la villa : piscine chauffée, salle de sport et de yoga équipée, terrasse, bar, barbecue, table de ping-pong, vélos... Ce logement convivial est idéal si vous aimez faire des rencontres car en plus, des festins de groupe sont régulièrement organisés !

LANDES

AIRIAL DU BRANASSE €€€

✆ 06 62 43 07 78
https://airialdubranasse.fr
Pour 29 pers (500 m², 7 chambres + dortoir). De 4 050 €/week-end (basse saison) à 22 050 €/semaine (haute saison). Sauna

À 10 min des plages de Seignosse, au cœur de la forêt se cachent 5 bâtisses exceptionnelles disséminées sur plus de 500m². Plus qu'un séjour détente, une expérience de vie incroyable. Profitez de 7 suites doubles ou triples avec salles de bain privatives, d'une cuisine semi-professionnelle et sa salle à manger de 100m², mais aussi de nombreux équipements haut de gamme : bar, billard, salon d'hiver avec cheminée, piscine chauffée, sauna avec vue sur la forêt, bain froid, salle de yoga, boulodrome, aire de jeux, nombreuses terrasses... Un lieu de vie d'exception.

MIDGARD €

54, Avenue du Penon
✆ 05 58 73 86 44
midgard-seignosse.com
Ouvert tous les jours de 9h à 15h30. Plats entre 13,90 € et 15,90 € hors accompagnement. Brunch le matin. Terrasse.

Cette belle adresse se situe entre la plage des Bourdaines et des Estagnots. À emporter ou sur place, attablé sur sa jolie terrasse bohème, Midgard régale les amoureux de recettes d'été avec sa carte gourmande aux accents d'ailleurs. Les *poke bowls* sont généreux et les tacos y sont à tomber ! On trouve également à la carte des burgers alléchants et de délicieux accompagnements faits maison (frites, croustillants de poulet, falafels...). Et s'il vous reste une petite place pour un dessert, goûtez sans hésiter les cookies maison et le banana bread extra-moelleux !

LE SURFING SINCE 1988 €

6, Place des Estagnots,
✆ 05 58 70 98 59
www.lesurfingauxestagnots.com
Ouvert toute l'année, tous les jours de 9h à 15h et de 15h à 0h. Plat de 14 € à 18 € le midi, de 17 € à 59 € le soir.

À l'entrée de la plage des Estagnots, Le Surfing vous accueille dans une ambiance chaleureuse et décontractée. Décoration moderne et naturelle, musique lounge et accueil chaleureux... On s'y sent parfaitement à l'aise. Dans l'assiette, vous dégusterez des plats ensoleillés et savoureux : Tzatziki maison, Fish & Chips, tacos, tataki de thon ou encore à partager, une belle dorade royale ou une épaule d'agneau de lait confite... Les plats sont délicieux, originaux et tout est fait maison. En dessert, on craque pour le *cheese-cake* spéculoos coco !

LA CANTINE DU OYES €€

6, place de Castille ✆ 06 24 40 14 26
https://oyesrestaurant.business.site/
Ouvert de fin avril à début novembre, tous les jours le midi et le soir. Plats de 13 € à 20 €.

Parfaitement située à quelques mètres de la plage, La Cantine du Oyes vaut le détour. Les compliments reviennent à la jeune équipe en place ; le chef Benoît et ceux qui s'activent en salle et en terrasse. Sur fond d'ambiance sonore, on vient ici dès le petit déjeuner pour le brunch. Le midi, la formule déjeuner est prometteuse et donne à coup sûr envie de revenir le soir. Les plats sont plutôt raffinés, plus ou moins inscrits dans la tradition, mais surtout dans l'air du temps (moules d'Oyes, crevette roll, truite landaise...). Savoureux !

LE RAYON VERT €€

18, place de Castille
✆ 05 58 41 64 83
Ouvert d'avril à octobre, du mercredi au dimanche de 10h à 2h (tous les jours l'été). Sans réservation. Terrasse.

Bar, rhumerie et restaurant, le Rayon Vert a tout du QG de l'été ! D'ailleurs, la terrasse ne désemplit pas. Ici, le dernier service est à 22h30. Spot prisé oblige, il y a parfois un peu d'attente pour avoir une table. On passe le temps en consultant la carte des cocktails par exemple. En cuisine, on privilégie les cuissons à la plancha pour conserver les saveurs des produits frais. On hésite bien volontiers entre les burgers ou les moules de la maison, un veggie nasi goreng, un poke bowl ou une salade. Le Rayon Vert propose régulièrement des concerts de qualité.

LE RIBOTE €€

7, avenue du Général de Gaulle
TOSSE
✆ 05 58 43 01 93
Ouvert du mardi au dimanche le midi, le mardi et du jeudi au samedi le soir. Plat de 18 € à 24 €. Formule du midi : 18 €

L'équipe du Ribote vous accueille dans cette belle maison landaise rénovée. Le menu du jour le midi (avec deux choix de plats) vous sera proposé, et la carte avec des plats traditionnels savoureux. Dans son assiette joliment dressée, le magret de canard dans son jus d'orange et miel régale toutes les papilles. Tout comme le poulet à la crème d'ail ou le suprême de volaille. En dessert, panna cotta fruits rouges, gâteau basque ou encore mousse au chocolat... Peu importe votre choix, tout est fait maison, et tout est exquis ! Une belle adresse locale.

LES ROSEAUX €€

Route Louis de Bourmont
✆ 05 58 72 80 30
www.restaurant-seignosse.com
Ouvert tous les jours en été. Horaire variable en basse saison. Menu à 33 €. Réservation conseillée. Location de barque.

La famille Lesbats a investi les berges du lac Blanc en 1926 pour ouvrir ce restaurant dont la configuration n'a pas beaucoup changé : une jolie déco et une superbe vue. Dans les assiettes, Christophe, le petit-fils, et Pascale, sa compagne, font honneur aux produits du terroir : cuisse croustillante de canard gras confit, filets de palombes façon salmis, tournedos de canard façon Rossini, escalope de sandre, pastis landais façon pain perdu, tourtière aux pommes et à l'armagnac... Le menu permet d'avoir un bel aperçu de la gastronomie landaise !

TASTA €€

1 Avenue du Tour du Lac
✆ 06 80 51 00 46
Ouvert en semaine 11h-15h & 19h-1h, le week-end 11h-1h. Réservation recommandée. Plat de 17 € à 21 €. Terrasse.

Au bord du lac d'Hossegor, cette paillote s'est refait une beauté. Tasta propose une cuisine landaise aux saveurs du monde à déguster dans un cadre exceptionnel. À partager : acras, chipirons à la plancha, crevettes panées, houmous... En plat, on se régale d'un *poke bowl* iodé, d'une salade thaï, d'un magret de canard, d'un risotto truffé aux chipirons ou encore d'une belle côte de bœuf. Laissez une place pour un dessert, ils sont à tomber ! Une adresse idéale pour se détendre, boire un verre en sortie de plage ou profiter d'un agréable dîner avec une vue unique.

LES TERRASSES DU GOLF €€

Avenue du Belvédère ✆ 05 58 41 68 40
Ouvert tous les jours le midi. Plats de 17 à 26 €. Menus de 20 € à 39 €.

Plébiscité par les meilleurs joueurs internationaux, le golf de Seignosse est classé parmi les 50 plus beaux parcours européens. Golfeur ou non, vous prendrez toujours beaucoup de plaisir à venir boire un verre sur la terrasse panoramique des Terrasses du Golf, profitant d'un bel environnement naturel. Ouvert uniquement pour le déjeuner, le restaurant est lui aussi accessible à tous. Le chef Pierre Millet propose une cuisine savoureuse et faite maison. Dégustez gambas, filet de bar, entrecôte, croustillant de veau... mais aussi des variantes végétariennes.

VILLA ETANG BLANC €€€

2 265, route de l'Etang-Blanc ✆ 05 58 72 80 15
www.villaetangblanc.fr
Menu dégustation : 95 €. Menu du marché (midi) : 60 €. Horaires variables selon le mois. Réservation recommandée.

Un lieu au charme incontestable ! Le soir, quelques fleurs parsemées dans la salle et la flamme des bougies qui vacille au centre des belles tables en bois massif en font un endroit magique. David et Magali Sulpice proposent de goûter à une cuisine locale, graphique et raffinée à travers un menu dégustation exceptionnel et une balade gustative en huit temps. David Sulpice, qui a travaillé pour de grands chefs, tel Coussau à Magesq, a décroché le 21 janvier 2019 sa première étoile. Il privilégie les produits de la mer, du potager et des producteurs partenaires.

LA CABANE DES ESTAGNOTS

Plage des Estagnots
✆ 05 58 43 99 00
www.lesdomainesdefontenille.com
D'avril à juin et septembre du mercredi au lundi de 10h à 23h, tous les jours en juillet/août. Fermé si intempéries.

Perchée sur la dune de la plage des Estagnots, à Seignosse, cette cabane de plage est l'une des plus réputées de la côte landaise. Dans la lignée du luxe de son hôtel Hortensias du Lac, ce véritable lieu de vie face à l'océan propose une jolie carte de plats typiques de la région et de tapas à grignoter toute la journée, entre viandes et fruits de mer à la plancha. Laissez-vous tenter par un cocktail ou un vin du Sud-Ouest pour un apéro de rêve face au coucher du soleil. La saison est rythmée par des petits concerts, des événements et des projections de films.

ROOKYTO

683, avenue de Larrigan
✆ 07 69 03 08 80
www.rookyto.fr
Boutique partagée avec Café Graines, ouvert du mardi au samedi de 7h30 à 19h.

Rookyto, c'est d'abord une rencontre, celle de Chloé (californienne) et Romain (français) dans une fabrique de chocolat au Vietnam. Ensemble, ils parcourent les tropiques (puis la Californie et l'Inde) pour en apprendre toujours plus sur la fève de cacao. Leur nouvelle aventure prend racine à Seignosse, au cœur du village d'artisans Les Ateliers de Larrigan. C'est désormais dans la vitrine du Café Graines qu'on se régale à choisir entre les tablettes et les gourmandises. Vous pouvez même vous faire livrer à la maison leurs confitures et chocolats à boire !

LANDES

GOLF DE SEIGNOSSE

Avenue du Belvédère
✆ 05 58 41 68 30
www.seignosse-golf.com
Ouvert toute l'année, tous les jours de 7h30/8h à 17h/19h selon la saison. Green fees de 49 à 105 €. Practice dès 6 €.

Réputé pour être l'un des plus beaux de la côte Atlantique, le golf de Seignosse est un véritable bijou de la nature. Situé sur un site très vallonné (ça fait travailler les mollets !), au milieu des chênes et des pins centenaires, le parcours est très technique. Certains trous vous permettront de dominer le parcours et de profiter d'un panorama bluffant. Le lieu est exceptionnel. Il mérite le détour, pour un parcours ou une pause déjeuner. Le restaurant profite d'une belle terrasse panoramique. Des initiations et perfectionnements sont aussi proposés.

PLAGE DE SOUSTONS

✆ 05 58 41 50 11
Accès libre.

À 7 km du centre-ville de Soustons, plus tranquille que sa voisine de Vieux-Boucau, cette immense plage se cache derrière de grandes dunes de sable blanc après 500 m de marche depuis le parking ombragé de Soustons-Plage. Surveillée l'été, elle est idéale pour une journée détente, une session de surf ou une balade les pieds dans l'eau. Réputée pour son aspect entièrement sauvage et naturel, c'est aussi une plage « sans wifi » où il est alors facile de déconnecter. Un point restauration et une école de surf s'y trouvent près du parking.

SOUSTONS ★

Au cœur de la pinède landaise, la perle du Marensin bénéficie d'un environnement exceptionnel qui dissimule un vaste réseau de pistes cyclables et de voies vertes. Des kilomètres d'itinéraires pédestres vous attendent pour la balade. À Soustons-plage, le territoire côtoie l'océan sur 5 kilomètres de plages de sable fin, tout en se situant dans le massif forestier le plus important de France. Beaucoup d'eau et de verdure donc, idéal pour les amoureux de nature ! Surnommée « L'Isle verte », cette station balnéaire profite de 5 lacs d'eau de mer et d'eau douce. Le lac marin de Port d'Albret étire ses plages de sable pour une baignade à l'abri des vagues.

OFFICE DE TOURISME DE SOUSTONS

Avenue de Labouyrie ✆ 05 58 41 52 62
www.soustons.fr
Qualité Tourisme. Accueil vélo. Ouvert toute l'année (jours et horaires variables). Label Tourisme & Handicap.

Relié directement à l'Office de tourisme Landes Atlantique Sud, le bureau de Soustons répond à toutes vos questions pour découvrir la région. Des cartes des nombreux sentiers pédestres et cyclables sont disponibles. Demandez les incontournables à faire et n'hésitez pas à vous renseigner sur la navette gratuite Yégo-Plage (juillet et août) desservant les plages de la côte landaise sud. Le marché se tient en centre-ville le lundi, mais aussi le jeudi et le vendredi soir pendant l'été.

LAC DE SOUSTONS

Avenue de Galleben
✆ 05 58 41 52 62
www.soustons.fr
Accès libre. Aire de pique-nique, activités nautiques, chemins de balades autour du lac.

En bordure du bourg de Soustons, le lac s'étend jusqu'au sud du village d'Azur. Au parc de la Pointe des Vergnes, vous pourrez profiter de la nature environnante et observer des hérons cendrés, des écureuils ou encore des bergeronnettes. Flânez au bord de l'eau, profitez d'une balade à vélo ou d'une partie de pêche ou encore testez la voile, le stand-up paddle ou le canoë-kayak (location au Centre Sportif de L'Isle Verte) dans un calme absolu. Vous y trouverez également une aire de pique-nique ainsi qu'une guinguette et des restaurants avec vue sur l'eau.

CAMPING LANDES AZUR**** €€

Rue Henri Goalard - **AZUR**
✆ 05 58 48 22 52
www.camping-landes-azur.com
De fin avril à fin septembre. Emplacement de 28 à 58 €. Mobil-home (4 pers.) de 48 à 137 €. Navette plage. Restauration.

Niché dans un écrin de verdure, ce beau camping aux espaces bien délimités se trouve à 10 minutes de l'océan, 3 minutes du lac et 5 minutes des commerces. L'environnement est calme et les services sont nombreux (bar, dépôt de pain, plats à emporter...). Vous pourrez alterner les journées plage/promenade (navette gratuite vers la plage en été) ou rester profiter des aires de jeux, de la piscine lagon et ses plages avec vue sur l'étang ou tout simplement de votre emplacement ou votre location (campétoile, cabane sur pilotis, mobil-home 4 à 8 personnes).

DOMAINE DE MILLON €€

682, route de Millon ✆ 05 58 41 58 10
www.domainedemillon.fr
Gîtes (4/6 pers.) de 600 € à 1 900 €/semaine ; cabanes (5 pers.) de 900 € à 1 700 € ; chambres de 95 € à 275 €.

Sylviculteurs installés à Millon, les hôtes pourront vous raconter comment ils ont vécu du pin et de sa résine, mais aussi du vin de sable qu'ils produisaient. Depuis le début de l'activité du domaine en 1800, plusieurs gîtes indépendants ont poussé dans le parc et près de l'étang qui alimentait la distillerie en eau. Les gîtes sont conçus pour 2 à 5 voyageurs. Pinède, Cabane sous les pins, Le Rucher... Ces gîtes aux noms évocateurs sont tous bien équipés, parfois avec la climatisation et une piscine privée. Le domaine dispose aussi de quatre chambres d'hôtes.

GITE COSY CABANE €€

Route du Carreté
Gites de France. 2 épis. À partir de 436 euros la semaine (4 personnes). Jardin privatif.

Dans un coin calme et résidentiel, cette jolie cabane en bois, ouverte en 2024, est incontestablement chaleureuse. Elle peut accueillir jusqu'à 4 personnes grâce à une chambre (avec la salle de bain accolée) et un canapé-lit disponible dans le salon. Un bel espace de vie prolongé d'une grande terrasse dans un jardin privatif, un hamac où se reposer, une décoration pensée avec soin... Ambiance de vacances tranquille garantie ! La proximité avec les pistes cyclables permet de tout faire en deux roues en quelques minutes : aller voir le lac ou l'océan.

L'AIRIAL**** €€

61, avenue du Port d'Albret
✆ 05 58 41 12 48
www.camping-airial.com
Ouvert d'avril à novembre. Emplacement à partir de 175 €/semaine. Mobil-home, safari lodges, chalet à partir de 343 €.

A 6 km de l'océan, à l'ombre de la pinède et avec la fraîcheur du lac de Soustons, le camping L'Airial met l'accent sur l'accueil des familles, avec un maximum d'activités pour les enfants : terrains de tennis, de basket et de volley/beach volley, tables de ping-pong, boulodrome, city stade, parc de jeux avec tyrolienne, espace aquatique ! Pour l'hébergement : emplacements nus, aire de camping-car, mobil-homes jusqu'à 8 couchages, chalets, Safari Lodge ou Safari Tente. Le restaurant est ouvert à tous et sert en continu. Des soirées à thèmes y sont organisées.

Promenade au bord du lac de Soustons.

LA MAISON DES EYRES €€

744, route de Bidon - **PEY**
✆ 06 95 92 71 46
www.la-maison-des-eyres.com
Gîtes de France (3 épis). Gîtes (2, 4 et 6 pers.) à partir de 56 €/nuit. Chambres d'hôtes à partir de 76 €/nuit.

En partie labellisée Tourisme et Handicap, la Maison des Eyres propose un ensemble de trois écogîtes et deux chambres d'hôtes dans une vieille ferme landaise en milieu rural (site Natura 2000). Les gîtes peuvent accueillir 2, 4 et 6 personnes. Ils s'appellent le Nid de cigogne, le Fadet et le Brin de Paille. A l'étage de la maison, les chambres d'hôtes sont accessibles depuis le patio qui dessert deux des trois gîtes. L'une d'elles conviendra à une famille avec deux enfants. Vous pourrez profiter de la cuisine équipée, des jeux et des vélos mis à disposition.

NATURAL SURF LODGE €€

280, chemin de Bathurt ✆ 06 74 16 02 28
www.naturalsurflodge.com
Ouvert d'avril à novembre. Surf camp adulte de 545 € à 840 €/semaine. Chambre partagée ou privée. Ecole de surf.

Stéphane et Claire vous accueillent pour une immersion 100 % nature. Enseignants diplômés, ils vous apprendront l'art du surf (cours et stages) dans un camp où débutants et confirmés peuvent loger. Niché au cœur d'un airial de chênes centenaires, l'Ecolodge est une ferme landaise rénovée avec des matériaux naturels et traditionnels. Les hébergements sont répartis en chambres privées ou chambres partagées. Autres activités en option. Renseignez-vous pour les surf camps pour les ados. Une autre surf house sur le même modèle a été ouverte à Seignosse.

VILLAGE VACANCES LE LAC MARIN*** €€

2, impasse des Ajoncs ✆ 05 58 48 67 40
www.touristravacances.com
Ecolabel européen. Accueil vélo. 152 chalets mitoyens (4 à 5/6 pers) à partir de 480 €/semaine. Club enfants. Bar.

Calme, fleuri, arboré... Entre océans, lacs et forêt, le village vacances *Le Lac Marin* vous permet de découvrir la nature, la gastronomie et les traditions des Landes et du Pays basque, notamment lors d'excursions. Aquagym, beach-volley et soirées dansantes sont également au programme. Le village dispose aussi d'une grande piscine avec pataugeoire, une aire de jeux pour les enfants, une salle de spectacle, des terrains de tennis... Vous séjournerez dans un chalet avec terrasse privée.

DOMAINE BARUTEAU €€€

369, route de Chon
✆ 06 47 22 63 04
www.domainebaruteau.fr
Gîtes de France (5 épis). Ouvert toute l'année. Dès 225 € la nuit. Petit-déjeuner inclus. Piscine. Sauna.

Le Domaine Baruteau à Soustons est une ravissante chambre d'hôtes à l'atmosphère sereine. Nichée dans la nature, elle offre un cadre raffiné et enchanteur, pour un voyage d'affaires, une escapade romantique ou des vacances en famille. Ce lieu offre un refuge paisible pour se déconnecter : le domaine est doté d'un spa, d'un sauna et d'une piscine. Ses chambres confortables, son vaste jardin et le lac pittoresque ajoutent au charme de l'établissement. Les délicieux petits déjeuners et les repas servis à la table d'hôtes sont un véritable plus.

MUM & DAD - FAMILY STREET FOOD €

38, Avenue du Maréchal de Lattre de Tassigny
✆ 06 38 25 30 79
mumanddadfamilystreetfood.com
Ouvert toute l'année du mardi au samedi midi et soir. Menus de 14,50 € à 18,50 €. Plat de 9,50 € à 13,50 €. À emporter.

Excellente adresse au cœur de Soustons ! Très prisée le midi par les locaux, Mum & Dad est un immanquable si vous passez en centre-ville. On y déguste une cuisine *street food* généreuse et faite maison : des *bowls* frais et colorés et de délicieux *Berliner Kebaps*, des sandwiches réalisés avec un pain ou une galette garnis de poulet mariné, d'halloumi ou de falafels - accompagnés de frites au cheddar ou encore de chips tortillas. En dessert ? Le tiramisu cookie-caramel, sans hésiter !

L'AUBERGE DE LA POINTE €€

63, Avenue de Galleben ✆ 05 58 41 18 80
www.laubergedelapointe.fr
Ouvert toute l'année du mardi au samedi le midi et le soir. Plats à partir de 22 €. Formule du midi complète : 23 €.

Anciennement l'Auberge Batby, l'établissement, face au lac de Soustons, a été repris par Charlène et le chef Thomas, en juin 2023, le renommant Auberge de la Pointe. Vous y dégusterez une cuisine raffinée dans un cadre élégant et un accueil chaleureux. Ce jour-là, nous avons pu goûter un délicieux cheesecake au chèvre frais puis un vol-au-vent de canard et sa poêlée de choux. Un menu du jour est également proposé. Une adresse plus que recommandée pour des plats faits maison avec des produits frais et de saison ! Le lieu compte également quelques chambres simples.

AU CHEVAL BLANC €€

42bis, avenue du Général de Gaulle
TOSSE
✆ 05 58 43 01 17
Mercredi au dimanche le midi et le soir (jeudi au samedi le soir en basse saison). Menu : 35 €. Formule midi : 16,50 €.

Au Cheval Blanc propose une cuisine traditionnelle légèrement revisitée. Ainsi, au menu : des croquettes de canard, des Mini-Croq's Focaccia Pulled Pork, des chipirons, un risotto de lottes ou encore des profiteroles ou churros côté dessert... La carte change régulièrement pour s'adapter aux saisons. Le lieu propose un menu découverte avec une entrecôte et un menu du jour, à prix doux, pour une entrée-plat-dessert complet. Le service est rapide et agréable. Une bonne adresse à connaître pour un déjeuner simple et savoureux !

LE GRILL DU LAC €€

Avenue d'Huningue
✆ 05 58 41 31 32
www.legrilldulac.com
Ouvert toute l'année du mercredi au samedi le midi et le soir et le dimanche midi. Menu à 32 €.

Emmanuelle et Fabrice vous accueillent dans un cadre calme et serein, avec une vue panoramique sur le lac de Soustons ! Tous les midis, en semaine, vous pourrez choisir la formule du jour ou l'un des menus. Sans oublier les suggestions du Chef ! Turbot sauce safran, filet de bar sauce aux cacahuètes de Soustons, magret fellini sauce foie gras, palombes flambées au capucin, tourtière landaise aux pommes... La carte change au fil des saisons. On apprécie la présentation soignée et l'accueil. Une adresse parfaite au bord de l'eau pour un repas de famille.

OSTAGAÏ €€

200, avenue Emile Sescousse - **AZUR**
✆ 05 58 72 61 20
www.ostagai.com
Ouvert toute l'année. Jours et horaires d'ouvertures variables selon la saison. Plats de 26 à 30 €. Formule midi : 23 €.

Cette petite maison typique des Landes abrite un restaurant où la grande cheminée s'impose, l'hiver, comme un élément central. L'autre atout, c'est le jardin avec ses tables en bois qui ajoutent à la convivialité de cet espace clos et où les enfants sont les bienvenus. Une chose est sûre : joie et plaisir sont les mots d'ordre. Sangria, cocktails maison, planche de cochonneries... On commence toujours par l'apéritif ! À la carte, les produits typiques du Sud-Ouest côtoient les produits de la mer. Les groupes sont les bienvenus. Réservation recommandée.

OTRA COSA €

16, avenue de Pètre
✆ 06 82 87 34 62
Ouvert de mi-février à mi-octobre. Entrées : 12,50 €, plats : 24,50 €, dessert : 11 €. Réservation conseillée.

Au menu de cette guinguette du lac de Soustons ? Une cuisine bistronomique savoureuse, une ambiance chaleureuse et une jolie vue. Ouvert de mi-février à mi-octobre, Otra Cosa fait partie des incontournables. Bien plus qu'une simple cabane où grignoter, le lieu propose des plats frais, de saison et parfaitement cuisinés. Ainsi, ne manquez pas de goûter le crottin de chèvre, toast à l'ail, miel et tagliatelles de courgettes et le paleron de bœuf cuit basse température et son écrasé de pommes de terre. Mention spéciale pour la musique live et l'équipe sympathique.

LA PART DES ANGES €€

Place du commerce
✆ 05 58 47 92 98
www.lapartdesangessoustons.fr
Du jeudi au lundi midi ; samedi soir. Menu bistronomique : 26 € ; menu retour du marché : 16 €. Réservation conseillée.

La Part des Anges évoque les effluves d'alcool perdus au fil du vieillissement du vin en fût... Dans ce restaurant réputé de Soustons, le travail du chef Christophe Marécaut (passage chez les frères Ibarboure à Bidart, chez Alain Dutournier au Carré des Feuillants à Paris, ancien élève du chef étoilé Christian Para et cuisinier privé du chanteur Bono) nous enchante ! Que ce soit le menu retour de marché proposé le midi en semaine, le menu bistronomique ou le menu-carte, les prix sont toujours très corrects. Que du fait maison ! Voilà une adresse à (re) découvrir.

ANTTON CHOCOLATIER

Centre Commercial Leclerc-route de Tosse
✆ 05 58 55 17 74
www.chocolats-antton.com
Lundi à samedi 9h30/19h30. 30/09 au 15/11 + janv/février 9h30/13h-14h/19h15. Aussi à Espelette-Urrugne-Ametzondo-Bonloc.

Cet artisan chocolatier, dont les ateliers se visitent à Espelette au Pays Basque, poursuit son développement avec cette nouvelle boutique à Soustons. Le chocolat est travaillé de manière artisanale, associé aux arômes du terroir du Sud-Ouest. Vous trouverez ici une belle gamme de ganaches, pralinés, tablettes et une sélection de biscuits. Découvrez les chocolats au piment d'Espelette, à l'Izarra, au sel de Salies-de-Béarn... Du sur-mesure avec un large choix de boîtes, de coffrets cadeaux, de paniers gourmands à composer. Faites-vous plaisir et faites plaisir !

DUPERIER & FILS

Place Robert Lassalle
✆ 05 58 41 15 12
www.duperier.fr
Ouvert le lundi et le samedi de 9h à 12h30 ; du mardi au vendredi de 9h à 12h et de 15h à 19h. Boutique en ligne.

L'artisan conservateur Dupérier fournit quelques-uns des chefs renommés comme Hélène Darroze, Michel Bras... C'est donc ici que vous trouverez le meilleur foie gras des Landes, venant de canards nourris aux grains ! Sa belle couleur, gage de qualité, sa finesse, son goût exceptionnel et son assaisonnement équilibré en font un mets d'exception issu d'un savoir-faire unique. Entier ou mi-cuit, dans sa plus pure saveur ou agrémenté, ce foie gras est un petit bijou à déguster. D'autres produits en conserve autour du canard sont à découvrir.

LA FERME DARRIGADE

36, chemin de Rouchéou
✆ 09 77 73 60 56
www.ferme-darrigade.fr
Ouvert du lundi au vendredi de 10h à 12h et de 15h à 18h30 ; le samedi de 10h à 12h (et de 15h à 17h30 selon la saison).

En direct, vous allez pouvoir acheter les produits transformés de la Ferme Darrigade : pâtés de porc au foie gras, graisserons de canard, gésiers de canard confit, cailles farcies au foie gras... Les connaisseurs viennent aussi pour les asperges, les conserves et pour « le Cassouhète » ; le cassoulet aux cacahuètes. La ferme Darrigade produit en effet des arachides et également du maïs. La production d'huile et de pâte à tartiner est réservée aux épiceries fines. En juillet et août, sur inscription auprès de l'office de tourisme, on visite la ferme gratuitement.

LANDES

LADY VINS

17, rue Emile Nougaro
✆ 05 58 90 27 96
www.cave-gascogne.fr

Ouvert le dimanche de 10h à 12h30 ; du mardi au samedi de 9h30 à 12h30 et de 15h30 à 19h. Dégustations.

Saviez-vous que cette adresse a abrité la première Armagnathèque de France, aussi appelée la Cave à Mimie ? Emportant avec elle le nom Armagnathèque qu'elle a déposé, et ses précieux flacons, Myriam a cédé le fonds de commerce et le lieu s'est réinventé en cave à vins La Cave en Gascogne avant d'être de nouveau transformé en Lady Vins par une autre Mymy cette année. Après avoir arpenté les routes avec son bar à vins ambulant, la jeune femme a posé ses caisses dans le centre de Soustons pour offrir une belle sélection et des soirées dégustations.

GOLF DE PINSOLLE

Avenue de Fray
✆ 05 58 48 03 92
www.golfdepinsolle.com

Ouvert tous les jours de 8h30 à 18h30 d'avril à juin, et de de 8h à 19h30 en été. Green-fee 9 trous : de 37 € à 45 €.

Le Golf de Pinsolle est idéalement situé entre pins et océan, à Soustons Plage. Profitez d'un parcours composé de 9 trous qui convient tout aussi bien aux débutants qu'aux confirmés, de par sa diversité et sa technicité. On y trouve aussi une zone d'entraînement avec 3 putting-green et 30 postes de practice sur eau. Pour une pause, le bar restaurant du Golf est ouvert tous les jours. Vous pouvez aussi acheter et louer du matériel à la boutique. Des cours collectifs de découverte par groupe de 3 à 10 personnes sont également proposés, sur réservation.

CLUB DE VOILE SOUSTONS MARENSIN

Route d'Azur ✆ 05 58 41 11 95
www.cvsm.org

Ouvert de mars à novembre. Canoë, paddle, planche à voile. Cours particulier (1h) : 40 € + location. Stages.

L'École française de Voile du club de voile Soustons Marensin est ouverte à tous. Locations de matériel, cours particuliers... Les enfants peuvent également s'inscrire à des stages de 3 à 5 jours pendant les vacances et choisir entre Optimist et Catamaran (niveau débutant à perfectionnement). En famille ou entre amis, vous avez également la possibilité de partir à la découverte de la faune et de la flore du lac de Soustons en caravelle (dériveur), avec un moniteur diplômé.

PÔLE NAUTIQUE SOUSTONS PLAGE

Avenue de la Pètre ✆ 05 58 41 54 00
www.pole-nautique-soustons-plage.com

Ouvert de mars à octobre (tous les jours en juillet/août). École de surf. École de voile. Canoë-kayak. Stand up paddle.

Depuis 1967, le Pôle nautique de Soustons-Plage est une institution dans les Landes pour l'accueil des groupes. Avec service de transport et d'hébergement ! Autrement, on vient pour quelques heures de surf dès 7 ans, pour s'initier à la planche à voile à partir de 5 ans, s'essayer au mini catamaran, louer un canoë, un kayak ou un paddle ou s'inscrire pour une balade de 12 km sur le courant. Comptez 3h pour cette sortie sur l'eau au cœur de la forêt landaise (sans réservation).

EVAD'SPORT

Avenue Labouyrie ✆ 06 45 62 81 00
www.centrenautique-soustons.com

Qualité Tourisme. Ouvert en saison et pendant les vacances. Accrobranche, kayak, paddle, voile, surf. Tarifs en ligne.

Ici, on vous propose de venir pratiquer non pas une, mais cinq activités au Centre Sportif de Soustons Evad'Sport. Au programme : kayak, paddle, voile et surf pour les pieds marins. En canoë ou en paddle, la descente du courant de Soustons en autonomie est toujours une bonne idée. Et sur la terre ferme (enfin presque), vous aurez la possibilité de venir vous amuser en famille sur les parcours d'accrobranche dans les arbres accessibles dès 3 ans. Une chose est sûre : il y a de quoi s'occuper ! Organisation de séjours sportifs avec hébergement et restauration.

POP CORN LABYRINTHE

Lieu dit Lessègues
✆ 07 68 81 89 22
www.popcornlabyrinthe.fr

Ouvert de juillet à septembre à partir de 10h. Gratuit pour les enfants de -1 mètre. Tarifs de 9 à 10 €. Nocturnes.

Se perdre (ou presque) dans un labyrinthe de maïs, voilà une idée originale pour passer un bon moment en famille, tester ses nerfs et son sens de l'orientation... Déambulation d'1h30, voire plus, ponctuée par des arrêts avec des jeux en bois ! Pas de dangers de se perdre et si cela devait arriver, des sorties, ou « passages », sont indiquées pour rejoindre l'étape suivante. *Murder Party*, Nuit de l'horreur... Pop Corn Labyrinthe est un parc multi-activités. Par grosses chaleurs, pensez à emporter crème solaire et bouteille d'eau. Autre labyrinthe à Saubion !

DINOSAURES PARC

100, route du Pesquite - **AZUR** ✆ 06 59 56 65 20
www.dinosauresparc.fr
Ouvert d'avril à septembre. L'été, tous les jours de 10h30 à 18h30. Tarifs d'été de 11 € à 15 €. Plus d'infos en ligne.

Vous voici revenus 65 millions d'années en arrière ! Des dinosaures plus vrais que nature envahissent la forêt de pins et de fougères, on s'y croirait ! Parmi vos rencontres, vous croiserez assurément un stégosaure de 8,50 m de long et de 4 mètres de haut pesant 3 tonnes, un dilophosaure, celui du film *Jurassic Park*, un tyrannosaure... Dans le parc, vos enfants profiteront des structures gonflables géantes, des manèges, et pourront même participer à des fouilles paléontologiques pour découvrir, qui sait, des ossements ou des fossiles. Une belle sortie en famille !

CAPBRETON ★

Bien avant que le phare de la jetée ne soit érigé en 1948, l'église Saint-Nicolas avec sa haute tour carrée adossée au clocher a servi de repère aux marins. Au Moyen Âge, les Capbretonnais harponnaient la baleine dans le golfe de Gascogne et la poursuivaient jusqu'à Terre-Neuve. On dit qu'un marin de Capbreton, Cabarrus, aurait conduit le premier navire ayant accosté en Amérique bien avant Christophe Colomb et aurait baptisé l'île : Capbreton. Cette île porterait le nom européen le plus ancien de toute la géographie américaine. Henri IV, roi de Navarre, vint plusieurs fois dans la station comme l'atteste une de ses lettres, conservée à la mairie. Quand Napoléon III se rendit compte de la difficulté d'accoster, il créa la jetée. Si de tout temps les Capbretonnais ont eu une vocation de marins, c'est que le site est un port de refuge naturel. À quelques centaines de mètres du rivage, entre l'estacade et la plage Nord d'Hossegor s'ouvre une curiosité géologique : un canyon sous-marin de 270 kilomètres de long. Baptisé « Gouf » ou « fosse » de Capbreton, il atteindrait 4 000 mètres de profondeur, rattaché à un important réseau de failles marines de formation tectonique. Le Gouf aurait joué un rôle d'attraction pour les cours d'eau avec pour preuve, l'embouchure de l'Adour à Capbreton. Il a aussi la propriété de diminuer le mouvement des vagues à la surface, expliquant l'apaisement des flots dans cette zone, qui est une aire de repos pour les bateaux en difficulté. La ville est d'ailleurs le seul port des Landes à proposer quelque 1 000 emplacements aux plaisanciers et aux marins pêcheurs.

ILE AUX PIRATES

Pont Notre-Dame
Fermé de septembre à mars. En juillet et août : 16h à minuit. Horaires variables. 6 jetons : 10 € (tarif dégressif).

Voilà de quoi satisfaire l'imagination débordante de vos enfants ! Munis de leurs jetons, ils partiront à l'abordage sur les structures gonflables ou se prendront pour Capitaine Crochet à bord de bateaux originaux. D'ailleurs, ils s'en donnent à cœur joie avec les nombreuses attractions proposées : la piste de course pour voitures ou motos électriques, les trampolines, le « trempo-jet » équipé d'élastiques, les bateaux, les manèges, la pêche aux canards... On utilise 1 ou 3 jetons par attraction. Les jetons ne sont pas remboursables.

PLAGE DE LA PISTE

Plage de la Piste
www.landesatlantiquesud.com
Accès libre. Baignade surveillée l'été.

Surnommée «l'Indomptable», la plage de la Piste rassemble les surfeurs confirmés qui profitent de ses vagues puissantes et rapides. Avec son accès caché, elle est le repère des locaux et des vacanciers en quête de tranquillité. Sur cette immense plage, vous découvrirez également des blockhaus, massifs et historiques, vestiges de la Seconde Guerre mondiale. Parking gratuit à la plage des Océanides (puis marcher 10min). A noter que la plage est surveillée tous les jours l'été mais qu'il est interdit de se baigner dans le périmètre des bunkers.

OFFICE DE TOURISME DE CAPBRETON

Avenue Georges Pompidou
✆ 05 58 72 12 11
www.capbreton-tourisme.com
Qualité Tourisme. Ouvert toute l'année. Jours et horaires d'ouverture variables selon la saison.

Situé près du Boudigau (le « canal » en gascon), l'Office du Tourisme propose de découvrir tous les atouts de Capbreton : patrimoine local, art et artisanat, pêche en mer, balade à vélo ou à pied, surf, gastronomie, œnotourisme, Fête de la mer, du chipiron... Côté visites guidées, plusieurs circuits vous mènent du Boudigau au port en passant par l'Estacade, la chapelle de la plage, mais aussi vers la Maison de l'oralité et du patrimoine, l'église Saint-Nicolas ou la Maison du Rey.

DÉCOUVERTE DE LA PÊCHE - PESCATOURISME

Face Capitainerie
✆ 06 77 87 80 40
www.capbreton-tourisme.com

Mi-mai à mi septembre (sur réservation par téléphone à l'avance). Tarif variable selon les bateaux. À partir de 12 ans.

Selon la météo, les marées... Embarquez sur un fileyeur ou des ligneurs-palangriers du port de Capbreton ! Ces bateaux vous emmèneront très tôt le matin vivre une expérience unique sur l'océan pour partager le quotidien d'un marin-pêcheur. Vous assisterez à la relève des filets, au démaillage, au tri des poissons, à leur nettoyage et à leur mise en caisse. Plusieurs autres activités sont proposées ; une balade d'observation des dauphins ou une pêche au gros !

BATEAU PASSEUR LOU E-BOUCAROT

Port de Capbreton ✆ 05 58 72 21 23
www.cc-macs.org

De mi-juin à mi-septembre. 1 € la traversée (Carnet de 10 : 5 €). Tous les jours du 01/07 au 01/09. Horaires en ligne.

À propulsion électrique, ce bateau passeur est un catamaran (10 m de long par 4 m de large) de 25 places qui assure les traversées dans le port de Capbreton durant l'été. Il circule tous les jours en juillet et août, et les mercredis, vendredis, samedis et dimanches en juin et septembre. Les vélos, les poussettes et planches de surf sont autorisés en fonction des places disponibles. Rejoignez ainsi l'un des trois pontons (Notre-Dame - Pompidou - Bonamour) en un claquement de doigts.

WOOD'N SEA SURF LODGE €

6, rue de Baye ✆ 06 07 72 14 78
www.woodnsea-lodge.com

Ouvert d'avril à novembre. De 289 €/semaine en dortoir à 764 € en chambre privée avec surf et yoga. Petit dej. inclus.

C'est en Australie que Sylviane et Antoine ont découvert les *guest houses*. Ces deux sportifs ont remodelé une jolie maison des années 1930 pour recréer cet état d'esprit dans les Landes. Cuisine fonctionnelle où tout est pensé pour le partage, chambres doubles ou dortoirs très bien entretenus, salles de bains modernes (individuelles ou partagées), petit salon, spa et douche dans le jardin pour les retours de plage… Une réussite ! L'accent est mis sur le respect des lieux et des hôtes. Le lieu propose des offres avec cours de surf et de yoga. Plage à 400 mètres !

BAYA HÔTEL*** €€

85, avenue Maréchal de Lattre de Tassigny
✆ 05 58 41 80 00
www.baya-hotel-capbreton.com

Privatisé jusqu'à fin juin 2025. Chambres à partir de 140 €/nuit.

Offrant l'une des plus belles vues sur la baie du golfe de Gascogne, le Baya Hôtel puise son inspiration déco dans la nature environnante. Interprété par la décoratrice Elisabeth Milpied, le décor repose sur un subtil mariage de couleurs vives ou pastel, de bois, de céramiques veloutées, d'acier ou de laiton pour des luminaires étonnants. Dans l'une des 6 suites panoramiques, le regard vogue à l'infini sur l'océan, la chaîne des Pyrénées en toile de fond, ou l'Estacade ; l'emblématique jetée de la Cité marine. Le café-restaurant reste ouvert toute l'année.

Capbreton.

L'ESTACADE €€

93, avenue Georges Pompidou ✆ 05 40 25 06 20
www.residence-nemea.com

Ouvert toute l'année. T2 (4 pers.) dès 392 € ; T2/T3 (6 pers.) dès 413 € ; T4 (8 pers). dès 532 €. Piscine chauffée.

Été ou hiver, la résidence Nemea l'Estacade est un lieu emblématique de Capbreton. Le long du chenal, tout près du port, de la plage et des commerces, cet établissement haut de gamme de quatre étages réunit tous les équipements nécessaires pour un séjour sans contraintes. Dans les appartements de 2 pièces (4 personnes) jusqu'aux 4 pièces (8 personnes), vous bénéficierez d'une cuisine bien équipée, d'un coin-repas et d'un séjour avec canapé, mais aussi d'une terrasse ou d'un balcon avec salon de jardin. Ouverte dès Pâques selon la météo, la piscine est chauffée.

HÔTEL OCÉAN*** €€

85, avenue Georges Pompidou ✆ 05 58 72 10 22
www.hotel-ocean-capbreton.com

Chambre (2 à 4 pers.) de 65 à 300 € ; Petit déjeuner de 7 € à 10 €. Studio (5 pers.) de 120 à 370 €. Parking : 15 €.

Ouvert toute l'année, l'Hôtel Océan a été conçu dans un esprit « cocooning plage ». Au bar, prenez le temps d'admirer la photo de Capbreton qui indique les incontournables ou installez-vous dans une chilienne pour regarder les bateaux passer... Rendez-vous aussi sur le rooftop au coucher du soleil pour passer un agréable moment. Les chambres sont charmantes. Pour bénéficier d'un petit balcon avec vue sur le canal, l'océan et le port, pensez bien à réserver une chambre Océan. Bonne nouvelle : l'hôtel s'est engagé dans une démarche de labellisation Écolabel !

L'ALLÉE DES DUNES*** €€

224, chemin de la Montagne - **ONDRES**
✆ 05 64 11 57 45
www.vacanceole.com

Ouvert d'avril à fin septembre. Appartements de 4 à 8 pers. et maisons de 6 à 8 pers. Tarifs variables selon la saison.

Dans le sud des Landes, la résidence hôtelière de l'Allée des Dunes vous ouvre les portes de ses appartements et maisons. Jusqu'à 8 personnes, les familles aiment s'y retrouver comme les amis pour vivre à l'heure espagnole. Au programme : farniente au bord de la piscine avec pataugeoire et à l'océan (à 5 minutes en voiture). Chaque logement possède un balcon ou une terrasse avec mobilier de jardin. Micro-ondes/grill, réfrigérateur/congélateur, lave-vaisselle, grille-pain... les logements sont bien équipés. C'est les vacances après tout !

LE MOULIN DE SAUBRIGUES €€

327, route de la Lanère - **SAUBRIGUES**
✆ 05 58 91 67 57
www.lemoulinchambresdhotes.fr

Ouvert de Pâques à la Toussaint. 3 chambres à partir de 102 € et dépendance à partir de 120 €. PDJ et parking inclus.

Cette ancienne ferme landaise avec son moulin du XVIIIe siècle se trouve dans l'arrière-pays de Capbreton au cœur d'un parc de 2 hectares avec un étang. La bâtisse ne manque pas de charme et la piscine est un vrai plus. Dans les anciennes étables rénovées, façade en vieilles briquettes et colombages, les 3 chambres, dont l'une permettra d'accueillir un enfant, sont lumineuses et dotées d'une salle d'eau privative. Dans la dépendance, il y a une cuisine en plus avec un frigo, un micro-ondes et une plaque électrique. Bonne nouvelle : le petit-déjeuner est inclus !

SIBLU VILLAGES - CAMPING LA POINTE**** €€

Quartier de La Pointe ✆ 05 58 72 14 98
www.camping-lapointe.com

Ouvert d'avril à septembre. Mobil-home dès 385 € la semaine (basse saison), dès 686 € (haute saison).

A 800 m de l'océan, le camping La Pointe innove chaque année pour un séjour confortable et tonique ! L'été, vous pourrez vous détendre à l'espace bien-être (hammam, sauna, bain bouillonnant et soins). En matière d'hébergement, vous avez le choix entre plusieurs types de mobil-homes. Espace aquatique avec bassin de nage tempéré, toboggans, activités sportives, location de vélos et surf, boulangerie, épicerie, restaurant, navette gratuite... De superbes vacances !

VILLA ANDRÉE N°4 €€

1, rue Nungesser et Coli ✆ 06 40 20 39 14
www.gites-de-france.com

Gîtes de France (citybreak). Ouvert toute l'année. Pour 4 personnes (52 m², 2 chambres). A partir de 759 €/semaine.

Deux chambres individuelles, une belle cuisine aménagée, un salon très lumineux aménagé sous la véranda, des aménagements de qualité et une décoration soignée caractérisent cette maison labellisée Gîte de France. En plus de sa terrasse en bois, le jardin est agréablement paysagé. La Villa Andrée n°4 est idéalement située dans le centre pour un séjour sans voiture (parking) avec l'océan et la dune à 500 mètres et la Vélodyssée à seulement 250 mètres. Deux vélos sont à votre disposition. Aucun doute que cette ancienne maison de pêcheurs sera votre port d'attache.

LANDES

VILLA MARENSINE €€

10, impasse des Mimosas ✆ 06 40 20 39 14
www.gites-de-france-landes.com
Gîtes de France (citybreak). Ouvert toute l'année. Pour 4 personnes (63 m², 2 chambres). A partir de 704 €/semaine.

A quelques minutes de la plage, des commerces, de la piste cyclable, du lac, du golf… Au cœur d'un quartier résidentiel calme, la Villa Marensine vous accueille pour des vacances à 2 ou à 4. Labellisée Gîtes de France depuis 2013, cette maison mitoyenne contemporaine profite d'un jardin clos de 80 m² avec une grande terrasse en bois (salon de jardin, parasol et plancha électrique). Décorée avec des objets d'art, elle est aménagée sur 2 niveaux. Envie de découvrir les alentours ? Empruntez les vélos mis à disposition gracieusement. Le linge de maison est fourni.

LANDIFORNIA LODGE €€€

Route du Télégraphe - **SAINT-MARTIN-DE-HINX** ✆ 06 16 59 25 38
https://landifornia-lodge.com
De 210 € à 370 € la nuit, selon la cabane et les dates. Bain nordique privatif. Petit déjeuner inclus.

Pour un séjour immersif dans la nature en totale déconnexion avec le monde extérieur, ces cabanes douillettes en bois au cœur de la forêt sont idéales ! La Cabane des Bois accueille les familles, celle de l'Étang (2 personnes) offre une vue imprenable sur le plan d'eau. À l'intérieur, l'ambiance unique nous transporte hors du temps. Le bain nordique, la douche extérieure, le filet suspendu et les paniers gourmands renforcent l'insolite et le sur-mesure de l'expérience. Dépaysement total au cœur des Landes pour tutoyer les étoiles et écouter le chant des oiseaux.

JACK'S BURGERS €

22, avenue de Verdun ✆ 05 58 42 54 25
www.jacksburgers.fr
Ouvert toute l'année, tous les jours de 11h à 23h (22h l'hiver). Burgers de 7,70 € à 12,40 €. Menu de 11,20 € à 16,90 €.

Des Jack's Burgers, vous n'en trouverez que sur la côte Atlantique (et à Pau) ! Le restaurant de Capbreton est le premier de la chaîne à avoir ouvert en 2012, et depuis, ce sont 7 établissements qui se sont implantés en Nouvelle-Aquitaine. Moderne, à l'esprit californien, on vous invite à vivre une expérience en *Landifornia* en dégustant les délicieux burgers, hot-dogs et salades, le tout fait maison (avec possibilité d'option végétarienne). Sur place, vous pourrez même feuilleter le Jack's Paper pour découvrir les aventures et les nouveautés des villages alentour.

CHEZ PAPA'JOUB €

Boulevard Notre Dame
✆ 05 58 57 00 83
www.chezpapajoub.fr
Ouvert tous les jours le midi et le soir. Plats de 17 € à 22 €. Pizzas. Terrasse. Vente à emporter.

Avec sa terrasse face à l'océan, PapaJoub bénéficie d'un emplacement idéal pour un déjeuner ou un dîner et pour admirer le coucher de soleil. À la carte, retrouvez des plats faits maison, travaillés de manière originale avec des produits frais et de qualité. En entrée, dégustez le camembert rôti ou encore le duo de canard. Les plats sont variés : carpaccio de bœuf, poulet rôti façon grand-mère, gratin de ravioles, burger, salade, pizza… Tout autant que les desserts qui raviront les plus gourmands. Craquez pour le tiramisu ou le brownie !

LE 102 - CHEZ PATOX €€

4, Allées Marines
✆ 06 51 72 15 40
https://le102.fr
L'été, 7j/7, 10h-15h & 18h-23h. De mi-sept à mi-juin : mardi/jeudi/samedi, 7h30-16h & 18h-23h. Tapas de 2,50 € à 4,50 €.

Comment résister à la vitrine si alléchante de la cave/bar à tapas de Patrick ? Il travaille les produits frais en circuit court, selon les arrivages du marché adjacent pour concocter de délicieux tapas faits maison qu'il sert sur sa jolie terrasse au bord du Boudigau. Ambiance musicale rock, vin ou bière dans le verre (de producteurs indépendants !) et planches à déguster sans modération : tortilla, lard basque aux épices, thon-mayo aux truffes, délicieux brebis basque, ravioli au parmesan truffé… Les planches de charcuterie ibérique sont aussi à emporter !

BONAMOUR €€

Quai de la Pêcherie
✆ 05 58 72 61 71
www.bonamour-brasserie.com
Ouvert midi et soir. Fermé le mardi. Plats de 18 € à 24 €. Terrasse.

Le chic à la française… sur le port de Capbreton. Avec sa pergola et sa vue sur les bateaux, la terrasse est superbe. La salle de restaurant est tout aussi agréable avec sa déco chaleureuse et un brin rétro. Au menu, laissez-vous tenter par les plats classiques et bien cuisinés : coquillages et crustacés, tartare de bœuf et mâche, filet de daurade accompagné d'un risotto au jambon, riz au lait ou duo de pommes façon tatin. Vous trouverez aussi des assiettes à partager et des plats veggies comme des cannellonis de chou et patate douce. Le service est attentif.

CHEZ MINUS €

Avenue de Notre Dame

✆ 05 58 41 74 81

D'avril à oct, du mardi au dimanche midi et soir. 7j/7 en juillet/août. Compter 12 € pour un plat. Pas de réservation.

Une institution sur le port de Capbreton, connu de tous les locaux ! Dans ce restaurant typique du bord de port, on y mange à la bonne franquette : dans des assiettes en carton sur des tables en bois partagées avec son voisin. Cette cantine familiale et conviviale régale les papilles depuis 1996, car la carte est simple mais parfaitement exécutée ; en plat, vous n'aurez le choix qu'entre moules, sardines, gambas et chipirons, exclusivement cuits à la plancha, avec un bol de frites ou de salade. Un conseil : arrivez tôt, car le restaurant se remplit vite !

SOWETO €

Plage des Océanides

✆ 07 78 14 24 99

Ouvert d'avril à fin octobre. Ouvert tous les jours de 10h à 23h. Fermé les jours de pluie. Plats de 14 € à 28 €.

Les pieds dans le sable, la cabane Soweto est un restaurant de plage idéal pour déguster des petits plats à toute heure et un lieu privilégié et chaleureux pour un cocktail au coucher du soleil dans une ambiance chaleureuse. Chipirons en persillade, grands bols de crudités façon thaïe, burgers, pluma *secreto ibérico* et sa polenta, côte de bœuf sauce au poivre... Le bon goût est au rendez-vous et les portions sont généreuses. De nombreux surfeurs s'y retrouvent après leur session pour profiter des petits concerts organisés toute la saison.

Ô RENDEZ-VOUS €€

13, boulevard François Mitterrand

✆ 05 58 49 57 63

Ouvert d'avril à octobre tous les jours l'été de 9h à 23h. Plats à partir de 13,50 €. Terrasse.

Depuis la salle ou la terrasse, on profite de la vue sur l'océan tout en observant le va-et-vient des touristes qui, trop pressés d'aller lézarder, avalent un sandwich sans plaisir. Dites-vous que vous avez fait le bon choix. Ô Rendez-vous, les prix restent accessibles et l'équipe est très agréable (de bons conseils aussi). Salades, *poke bowls*, moules, *fish & chips*, burgers, ceviche de poisson du moment... La carte est classique mais les plats sont très bien cuisinés, généreux et bien dressés. Les desserts sont très gourmands.

AHOY €€

1, Allée marine

✆ 05 58 56 08 25

www.ahoy-restaurant-capbreton.fr

Ouvert du mardi au dimanche de 10h à 22h. Menus (buffet) de 21 € à 28 €. Terrasse.

Un barbecue sous le soleil, au bord de l'eau, vous en rêviez ? Ahoy l'a fait ! Le concept est simple : une fois confortablement attablé en terrasse, direction le buffet pour remplir son assiette de délicieux mets colorés et exotiques. Ici, le buffet gourmand et fait maison comprend de délicieux tartinables, un joli choix d'entrées froides et chaudes puis en plat, d'excellentes viandes fumées et grillées au barbecue, du poisson et des légumes... Le soir, vous pouvez choisir l'option guinguette avec des tapas et des *poke bowls* frais. Une belle découverte !

LE RÉGALTY €

Quai Bonamour

✆ 05 58 72 22 80

www.leregalty.fr

Fermé le mardi et le mercredi. Ouvert du jeudi au dimanche le midi et le soir.

Une institution à Capbreton rénovée à l'été 2024 ! Quand une furieuse envie de homard grillé sur sa carapace se fait sentir, c'est ici que l'on vient. Même chose pour une envie de turbot rôti à l'ail, d'une sole meunière à la plancha ou d'une salade de langoustines au foie gras. Pas d'inquiétude, il n'y a pas que des saveurs iodées à la carte et dans les menus. Le Régalty vous offre la mer à portée de mains et un zeste de terre parce que la cuisine c'est du partage et qu'il en faut pour tous les goûts. Le pain, la fumaison, la pâtisserie... tout est fait maison.

LE BALCON €€

Place de l'Hôtel de Ville

✆ 05 58 72 11 76

Ouvert 7j/7 de 8h à 23h. Fermé le dimanche soir et le lundi en basse saison. Compter environ 20 € pour un plat.

La terrasse du Balcon est le rendez-vous incontournable des locaux qui se rejoignent entre amis ou en famille après avoir fait le tour du marché. Au bout de l'allée piétonne, sur la place principale, vous serez séduit par l'ambiance de ce café à l'ancienne. On y partage joyeusement d'excellentes tapas en attendant les plats (cheeseburger, chuleta de bœuf, moules...). On prolonge le plaisir avec un large choix de galettes (la complète, la 3 fromages, la bergère, la végétarienne...) ou avec l'arrivage du poisson frais. On trouve aussi une belle carte des vins.

BELHARRA CAFE €€

Boulevard François Mitterrand
✆ 05 58 42 59 22
www.belharracafe.com
Ouvert toute l'année. Horaires variables selon la saison. Menu : 33,90 €. Plateaux de fruits de mer.

Savez-vous que Belharra est une vague géante et mythique pour les surfeurs au large de Saint-Jean-de-Luz ? À Capbreton, c'est le spot des amateurs de bonnes tables ! Situé sur le front de mer, le *Belharra Café* trône sur la promenade incontournable, offrant une vue vraiment privilégiée sur l'Estacade. Les baies vitrées et la grande terrasse embrassent le panorama. Croyez-nous, c'est l'endroit idéal pour profiter des couchers de soleil et des soubresauts de l'océan. Ici, les assiettes sont généreuses, le service est rapide et le personnel est aux petits soins.

BISTRO' BAYA €€

85, avenue Maréchal de Lattre de Tassigny
✆ 05 58 41 80 00
www.baya-hotel-capbreton.com
Maître Restaurateur. Horaire variable selon la saison : du mercredi au dimanche le midi en basse saison. Plat dès 22 €.

Le Bistro'Baya profite d'une belle et grande terrasse sur l'océan. Une splendide vue mais pas que ! Le chef régale avec sa cuisine inventive, gourmande et généreuse et ses plats réalisés à partir de produits frais, de saison et un maximum locaux. La carte change à chaque saison : filet de bar rôti, purée de patate douce et crème de lard fumé, paleron de bœuf braisé longuement et son jus corsé, tagliatelles au sel des Salish... En dessert, mousse au chocolat tiède, petit flan praliné ou cheesecake de la semaine. Un délicieux moment !

MA CABANE SUR LE PORT €€

3, rue des Pêcheurs ✆ 05 58 72 13 42
Ouvert toute l'année. Du mercredi au samedi le midi ; du lundi au samedi le soir. Formule du midi : 29 €.

Dans ce petit établissement, le chef, breton d'origine, privilégie la cuisson à la plancha pour préserver le goût authentique des produits. Et bien sûr, il utilise du sel de Guérande qu'il dose avec justesse. Les produits sont quant à eux, sélectionnés chez les meilleurs fournisseurs du coin pour les viandes, au port de pêche de Capbreton et sur les marchés alentour. Pavé de merlu et son risotto d'épeautre au parmesan, pavé de lieu et son crémeux de carottes, poitrine de veau roulée à l'ail des ours... La carte change au gré des saisons. Belle carte des vins.

LA CUISINE €€

26, rue du Général de Gaulle
✆ 06 41 75 22 61
www.restaurantlacuisine.fr
Ouvert toute l'année. Réservation conseillée. Plats à 28 €. Menu dégustation en 5 services : 60 €. Terrasse.

La Cuisine pourrait s'appeler La Grande Cuisine ! Secondé par sa compagne Isabelle en salle, le chef Johann Dubernet surprend avec une cuisine qu'il serait trop facile d'appeler « inventive ». Les produits sont connus, classiques, voire incontournables, mais le propos est de les mettre en valeur de manière inattendue et colorée. La carte change régulièrement. Isabelle est aux petits soins et donne toutes les explications, notamment quand elle sert les mises en bouche. Succès oblige, les réservations sont conseillées. On y mange toute l'année.

MAISON GOUSTUT €€

Quai de la Pêcherie
✆ 05 58 42 18 38
www.goustut.fr
Du mardi au samedi le soir ; le vendredi et le samedi le midi. Menus de 28 € à 34 € le midi et de 52 € à 62 € le soir.

Reconnu pour son inventivité et son travail des produits frais, Goustut propose un menu autour de plusieurs «mezzes» - des petits plats locaux - à partager, accompagné ou non d'un plat et d'un dessert le soir. Le chef met en avant les producteurs du cru : le fromage de Benat, les poissons du port de Capbreton, les légumes de la famille Bastelica... L'accent est mis sur le goût et la créativité. À la carte ? Tarte à l'oignon, riz façon paella, poulpe fumé, bouillon d'ail noir, mayo Miso & chips d'ail... Les desserts valent aussi le coup de cuillère !

MAMBO DELIZIE ITALIANE €€

81, avenue du Maréchal de Lattre de Tassigny
✆ 07 85 72 34 55
Ouvert de mars à début décembre ; du vendredi au mardi le soir. Horaires variables l'été. Réservation recommandée.

C'est l'histoire d'une famille italienne qui pose ses valises à Capbreton en 2016, portée par l'envie de faire découvrir la cuisine transalpine. Voilà comment on passe de l'océan au Piémont italien en un clin d'œil ! Et quel plaisir de savourer des plats faits maison. La carte étant en italien, Débora et Paolo s'occupent de la traduction. Cependant, n'espérez pas y trouver de pizza, il n'y en a pas ! Ici, ce sont les pâtes et autres spécialités qui se déclinent à toutes les sauces avec du jambon cru, de la crème de gorgonzola, des légumes... C'est bon et généreux !

MB RESTAURANT €€

17, avenue Georges Pompidou ✆ 05 58 72 12 02
www.mbrestaurant.fr
Hors saison : du mercredi au samedi le midi et le soir, dimanche midi. Menus de 40 € à 68 €. Formule du midi : 30 €.

Nathalie Mazeaud et Marc Buffet, pour MB donc, vous accueillent dans cette jolie maison blanche située face au chenal. A l'abri des regards, le grand patio s'articule autour d'un magnifique platane au tronc noueux. Marc Buffet, qui a notamment secondé le chef étoilé Guy Martin, se donne carte blanche pour la formule déjeuner qui est renouvelée chaque premier mercredi du mois. Le Chef s'amuse également à imaginer des menus à thème en fonction des saisons : chasse, truffes, Noël... C'est une adresse gastronomique incontournable ! Réservation recommandée.

NINA CAFÉ €€

Boulevard François Mitterrand
✆ 05 58 43 79 92
www.ninacafe.fr
Ouvert à partir du mois d'avril, tous les jours de 10h à minuit. Réservation recommandée. Menus de 29,90 € à 33,90 €.

Le Nina Café fait la part belle aux fruits de mer et aux crustacés. Rien de tel que l'assiette « mer » façon tapas avec ses crevettes, beignets de chipirons, friture d'éperlans, son saumon fumé et ses moules à la plancha pour commencer la soirée sur la terrasse face à l'océan. A la carte, vous trouverez autant de plats de poissons que de viandes. Service rapide et professionnel ! Et en plus de tout cela, au Nina Café, vous serez aux premières loges pour assister à un superbe coucher de soleil ; une parenthèse propice pour déguster un cocktail avec ou sans alcool.

LA PETITE TABLE €€

7, quai de la Pêcherie
✆ 05 58 72 36 72
http://lapetitetablecapbreton.fr
Collège Culinaire de France. Ouvert de mars à novembre. Réservation recommandée. Plats de 26 € à 29 €. Terrasse.

De telles assiettes ne peuvent que refléter un parcours riche en rencontres, réflexion et passion ! Quand on sait que le chef David Boulouys est passé dans les brigades d'Alain Ducasse, Bernard Loiseau et Alain Passard (3 étoiles au Michelin), on comprend mieux. Ajoutez à cela des séjours culinaires auprès de ses pairs et des voyages en Arabie saoudite, en Egypte et au Qatar. À La Petite Table, en compagnie de son épouse Virginie, le chef livre le fruit et la richesse de ses périples en mettant à l'honneur les plus beaux produits des terroirs locaux et d'ailleurs.

O'TXOKO €€

Quai de la Pêcherie
✆ 05 58 48 16 65
www.otxoko-restaurant-capbreton.com
Ouvert toute l'année. Du mardi au dimanche midi et soir. Réservation recommandée. Menu à 31 €. Formule du midi : 19 €.

© O'TXOKO

Après avoir officié dans un restaurant de poissons du coin, le chef David Dziura a ouvert cette adresse du port de Capbreton en 2017. Depuis, il veille à travailler avec des fournisseurs et des produits locaux au maximum, comme les pêcheurs voisins, et sinon, à ne pas transiger sur la qualité. À la carte de ce lieu qui a su marier gastronomie et convivialité ? Des plats basco-landais généreux comme la soupe de poissons maison, la cassolette de chipirons, le pavé de merlu à l'espagnole ou encore la fameuse Txuleta pour les amateurs de viande. Tout pour se régaler !

CABANE TERRAMAR €€

Plage du Santocha
✆ 06 15 81 51 23
www.terramar-capbreton.fr
De mi-avril à mi-octobre. Tous les jours de 10h à 23h selon la météo. Réservation conseillée. Snacking. Bar. Animations.

La très prisée cabane de plage Terramar est certainement l'un de nos endroits préférés pour boire un verre. Surplombant la plage de Santosha et les montagnes basques, les touristes côtoient les surfeurs, les yeux rivés vers l'océan. Petit-déjeuner tardif, déjeuner ou dîner, on vous y reçoit toute la journée. C'est ici, un cocktail à la main avec quelques tapas à grignoter (planches, tartines, foie gras, côte de bœuf...) que les plus chanceux viennent admirer le coucher du soleil, les pieds dans le sable. Et sur fond de concert *live*, c'est encore plus magique.

CAFÉ TIKA €€

Place de la mairie
✆ 06 89 61 68 70

Ouvert d'avril à novembre. Tous les jours de 9h30 à 15h.

Cette petite sœur du Mango Tree à Hossegor est parfaitement située au cœur du village de Capbreton. Le café Tika propose une cuisine végétarienne, saine et colorée. Les produits sont frais et les plats faits maison sont savoureux et magnifiquement présentés. *Bowl*s sucrés et salés, salades, burgers, wraps, pitas, toasts, pâtisseries, pancakes... Parfait pour un brunch, n'importe quel jour de la semaine ! Accompagné d'un café ou d'un thé, régalez-vous également avec un smoothie ou un jus de fruits frais, sur place ou à emporter.

BARAJAS PRIMEURS

20, boulevard des Cigales ✆ 05 58 72 29 70
www.barajas.fr

Ouvert toute l'année (du lundi au samedi de 8h à 19h ; le dimanche de 8h à 13h en saison). Service click & collect.

À Capbreton, c'est à Barajas Primeurs que l'on trouve des fruits et légumes de saison au meilleur prix, grâce à la proximité des producteurs. Même chose du côté de l'épicerie gourmande ! Saumon fumé, produits du canard et charcuteries de la Maison Bartouilh, de la ferme Beleslou ou encore de la Charcuterie Ihidoy, produits de la mer de la criée de Saint-Jean-de-Luz, tablettes de chocolat Rookyto (Seignosse), pastis d'Amélie ou Mitchut de Patrice Lubet, burrata de la laiterie Marengo (Pays basque) et fromage des Pyrénées... Le jeudi, tout le magasin est à -10% !

MONSIEUR MOUETTE

Avenue Notre-Dame
✆ 05 58 73 62 02
www.monsieurmouette.fr

Ouvert tous les jours de 10h à 1h (9h le week-end). Terrasse. Restauration. Animations. Boutique en ligne.

Matin, midi, après-midi, soir... C'est à Monsieur Mouette qu'il faut être ! Profitant de la vue sur le port de Capbreton, on se retrouve ici pour partager quelques plats et tapas. Oui, tel est le concept ! Chez Monsieur Mouette, le soir, tout le monde a le droit de piquer dans les assiettes, y compris le foie gras landais, les falafels ou encore les makis croustillants. À côté de ça, pour les puristes, on retrouve les traditionnelles planches à partager. L'apéro s'annonce gourmand ! L'ambiance musicale est assurée certains soirs par des groupes en live.

LA CAVE DES VIGNERONS DE TURSAN

75, avenue Georges Pompidou ✆ 05 58 97 82 02
www.tursan.fr

Ouvert d'avril à octobre, du mardi au samedi (9h-13h et 16h-19h). Boutique en ligne. Visites et dégustations à Geaune.

Corinne vous proposera de découvrir et déguster les vins AOP Tursan, IGP Chalosse et IGP Landes. Elle pourra vous expliquer que les raisins sont récoltés à maturité, vendangés et travaillés par une équipe technique, responsable de la qualité des vins que vous retrouverez à la vente. Le fonctionnement est celui d'un grand domaine. Les vins sont mis en bouteille à la propriété à Geaune, là où sont organisées les visites. Les vins de Tursan accompagnent la farandole des mets du Sud-Ouest.

L'ANNEXE DE LABALLE

4, rue des Résiniers ✆ 05 58 73 81 57
https://boutique.laballe.fr

Ouvert du lundi au jeudi de 8h30 à 13h et de 14h à 17h ; le vendredi de 8h30 à 13h. Boutique en ligne.

Depuis huit générations, le château Laballe est exploité par la même famille. En 2007, c'est Cyril qui reprend le domaine avec sa femme Julie. Depuis 2011, l'Annexe de Laballe, située à Capbreton, est un relais entre le château de Parlebosq et la clientèle. Tout en gardant l'esprit « maison », le couple parvient à donner un nouvel élan en travaillant sur l'étiquetage et le flaconnage. L'armagnac se tourne vers un esprit plus initiatique en proposant des petites contenances conditionnées dans des écrins cadeaux et en s'associant avec d'autres saveurs en cocktail.

IZOTS

7, boulevard François Mitterrand
✆ 06 31 40 50 75
www.izots.fr

Horaires variables selon la saison. Glaces, sorbets, crêpes, gaufres, churros, brioche et boissons.

Glaces artisanales, sorbets traditionnels, crêpes, gaufres, churros maison, smoothie aux fruits frais, brioche sicilienne... Chez Izots, tout est fait maison (et sur place). Du matin au soir, Ghislaine, Philippe et toute l'équipe voient défiler des tas de gourmands. Le service est rapide, efficace, souriant et toujours dans la bonne humeur. Voilà aussi le secret de cet artisan glacier du front de mer ! Pasteurisation, préparation des fruits, mixage, fabrication de cornets... Sans colorant ni arômes artificiels, les glaces font la réputation de la Maison.

MARCHÉ AUX POISSONS

Quai Pompidou
✆ 05 58 72 21 23
https://port-capbreton.fr
Vente à quai. Tous les jours 8h à 13h selon l'arrivage et en fonction des conditions météo.

Capbreton est l'une des rares villes où le poisson passe directement du pêcheur au consommateur ! Tous les jours, selon les conditions météorologiques, en déambulant le long du quai, vous assisterez au retour des fileyeurs, caseyeurs, ligneurs ou de l'unique chalutier de la flottille. Gavroche, P'tit Loup, Syrius… Au pied de la capitainerie, chacun des 19 bateaux possède sa table de vente, bondée de paillettes de glace. Les pêcheurs déposent, sous vos yeux, la pêche du jour ! Le surplus est collecté par le camion de la criée de Saint-Jean-de-Luz/Ciboure.

OH BON SUD-OUEST

20, rue du Général de Gaulle
✆ 05 58 49 78 67
Ouvert de février à décembre, du mardi au samedi de 10h à 13h et de 15h à 18h30.

Du vin des Landes, du canard des Landes et du jambon de Bayonne toute l'année à Capbreton et sous signe de Qualité AOP-IGP-Label rouge ! Oh Bon Sud-Ouest naît du groupement de trois entités : la Cave des Vignerons de Tursan, la coopérative du foie gras de Chalosse et la Maison du Jambon de Bayonne à Arzacq. Dans cette boutique où les dégustations ne sont pas rares, on trouve de la charcuterie tranchée et de quoi organiser un délicieux barbecue. Mais aussi des conserves, des coffrets et du vin déjà frais. Les jours/horaires d'ouverture varient au fil des saisons.

VERT LOUISON

68 bis, rue du Général de Gaulle
✆ 05 40 77 76 43
Ouvert toute l'année. Jours et horaires d'ouverture variables selon la saison.

Originaire des Landes, c'est à Capbreton que Nathalie a choisi d'ouvrir sa jolie boutique baptisée VERT Louison. Et tout y est : décoration, arts de la table, prêt-à-porter, bijoux et cosmétiques ! On adore promener nos yeux sur chacune de ses trouvailles toutes plus poétiques et design les unes que les autres. Qu'il est difficile de ne pas craquer... Mais pourquoi ne pas céder à la tentation puisqu'il y en a pour tous les budgets ? On aime particulièrement les images d'art *made in France* de chez David & David Studio, les sneakers Hoff et toute la vaisselle.

WOODEE BIKES

Quai de la Pêcherie - Horizons II
✆ 06 77 96 84 47
www.woodeebikes.com
Location du lundi au samedi de 9h30 à 13h et de 14h30 à 19h. Dès 20 € pour 2h de location.

Woodee Bikes est le pionnier français du Fat bike type beach cruiser à assistance électrique. Conçue et développée à Hossegor, la gamme Woodee allie confort, design et performance avec l'une des plus puissantes motorisations homologuées du marché. Avec ses plaques en bois originales sur le cadre, Woodee illustre parfaitement le lifestyle dont s'inspire la marque : la beach culture, les sports de glisse et la nature. La gamme convient à tous les profils et toutes les surfaces (sable, neige, chemins, routes…). Les modèles sont proposés à la vente et à la location.

HAMMAM KAFANE

4, rue des Résiniers ✆ 05 58 48 14 58
www.hammam-kafane.fr
Ouvert du mardi au jeudi de 10h à 12h30 et de 13h30 à 19h30 ; vendredi et samedi jusqu'à 20h. Rituels de 40 € à 125 €.

Envie d'être transporté ailleurs dans une douce parenthèse de bien-être ? Ce hammam traditionnel est fait pour vous. Dans un décor des mille et une nuits, une jeune femme vous enduira le corps à différentes reprises de savon noir et d'un masque à base de miel, selon le rituel choisi. Elle posera un masque sur votre visage et du karité sur vos cheveux. En alternant les passages dans le hammam (vous choisissez la température) et le gommage, vous activez les bienfaits des produits aux effluves doux et agréables. Différents soins du visage et du corps sont proposés.

SANTOCHA SURF CLUB

3, rue de la Savane
✆ 06 43 92 98 86
www.santocha.org
Ouvert du mardi au samedi. Variable en saison. Location de matériel. Cours de surf et de skate. Boutique.

Capbreton et le Surf, c'est une grande histoire d'amour ! Véritable institution depuis 1975, le Santocha Capbreton Surf & Skate a toujours été tourné vers l'océan et la glisse. L'idée ? Vous permettre d'apprendre et de pratiquer le surf avec des moniteurs diplômés d'État. Et avec un maximum de plaisir ! Différentes formules sont proposées pour profiter au mieux de votre séjour et des conditions de surf : cours collectifs à la carte, cours particuliers ou sessions « surf guide » (niveau intermédiaire et +). Boutique et location de matériel sur place.

SKIPCOOL

Port de Capbreton
© 07 86 67 71 95
www.skipcool.com
Sortie découverte 2h : Adulte 50 €, enfant 35 €. Privatisation voilier et catamaran. Cours de navigation collectif.

Découvrez le trait de côte ou le large, guidé par l'expérience et la pédagogie du skipper. Il vous expliquera la faune, le milieu marin et l'histoire de la navigation dans le gouffre de Capbreton. Coucher de soleil, apéro, baignade, farniente. Croisière à la voile privatisée (10 personnes maximum) : prenez le large à bord d'un voilier ou d'un catamaran avec les services d'un skipper le temps d'une balade de 2h, d'une demi-journée, d'une journée ou plus. Une inoubliable sortie pour découvrir le monde maritime et les paysages montagneux du Pays Basque à l'horizon.

WASA - WATER ADDICT

12, impasse des Œillets des Dunes
© 07 83 12 57 40 - www.water-addict.com
Ouvert toute l'année. École de surf (cours, stages et coaching). Surf camp pour enfants et ados. Location de matériel.

Franck est un ancien champion de surf et coach pour sportifs de haut niveau. C'est donc naturellement que sa propre maison, à quelques centaines de mètres de la plage, est devenue un véritable *surf camp*. Avec son équipe, il prend en charge des adolescents (+ 11 ans) et des adultes pour une initiation ou un perfectionnement en surf, stand-up paddle ou Bodyboard. Les stages se déroulent de manière intensive et se prolongent par des séances de récupération et des analyses vidéo. L'école propose aussi de la location de planches, des cours et coaching en basse saison.

BAYA BAR LOUNGE

85, avenue du Maréchal de Lattre de Tassigny
© 05 58 41 80 00
www.baya-hotel-capbreton.com
Ouvert tous les jours de 8h à 19h. Petit déjeuner jusqu'à 11h. Encas de 11h à 18h. Cocktails. Terrasse. Animations.

Un petit déjeuner face à l'océan ? Un rendez-vous professionnel ? Une pause gourmande sucrée ? Un verre pour l'apéro ? Le Baya Bar Lounge vous accueille toute la journée selon vos envies. Vous ne pourrez que vous sentir comme chez vous dans cet espace chaleureux, moderne et épuré. Des encas salés et sucrés sont proposés de 11h à 18h. Vous pourrez ensuite profiter du coucher de soleil rosé sur l'eau, un verre à la main, choisi parmi la sélection de rafraîchissants cocktails maison réalisés avec cœur par le chef barman Clément. Un vrai moment de repos et d'évasion.

TARNOS ★

À l'extrême sud du département des Landes, Tarnos est la cinquième ville avec plus de 12 000 habitants ! Limitrophe du département des Pyrénées-Atlantiques, après s'être tournée vers l'agriculture jusqu'en 1880, la commune devient avec son port industriel, le lien entre l'Espagne et la France pour le transit du fer ibérique. L'implantation des « Forges de l'Adour », usine dédiée à l'acier et à la fonte, assure l'essor de la ville et de sa « jumelle », Boucau. Deux églises, Notre-Dame-des-Forges et Saint-Vincent, deux plages, ainsi que ses infrastructures de plus en plus développées pour le tourisme, en font une petite ville fort sympathique.

L'ALLÉE DES DUNES*** €€

224, chemin de la Montagne - **ONDRES**
© 05 64 11 57 45
www.vacanceole.com
Ouvert d'avril à fin septembre. Appartements de 4 à 8 pers. et maisons de 6 à 8 pers. Tarifs variables selon la saison.

Dans le sud des Landes, la résidence hôtelière de l'Allée des Dunes vous ouvre les portes de ses appartements et maisons. Jusqu'à 8 personnes, les familles aiment s'y retrouver comme les amis pour vivre à l'heure espagnole. Au programme : farniente au bord de la piscine avec pataugeoire et à l'océan (à 5 minutes en voiture). Chaque logement possède un balcon ou une terrasse avec mobilier de jardin. Micro-ondes/grill, réfrigérateur/congélateur, lave-vaisselle, grille-pain... les logements sont bien équipés. C'est les vacances après tout !

MIRADOUR €€

31, route d'Urt
© 06 67 25 04 91
www.miradour.com
Accueil vélo. Gîte de France 3 épis. Toute l'année. Chambre double de 80 à 100 € ; suite familiale de 115 à 150 €.

Le long de l'Adour, au départ de la piste cyclable s'élève une imposante maison basque. Ce secteur classé Natura 2000 a trouvé grâce aux yeux de Norbert et Carole. Parcelle clôturée, parking délimité, trampoline, potager pour alimenter la table d'hôte le soir, poulailler, bain bouillonnant (payant) dans un local fermé en rez-de-chaussée... Les quatre chambres, dont la suite familiale, ont été pensées pour offrir un confort optimum. Le petit déjeuner est servi dans la véranda, face à la rivière rythmée au passage des avirons, des jet-skis et des pêcheurs.

VILLA ZURE ONDOAN €€

1, allée des Acacias ✆ 05 59 64 14 38
www.vacancessudlandes.fr

Ouvert toute l'année. Chalet (5 pers.) avec spa à partir de 150 €/nuit ; studio (2 pers.) à partir de 115 €/nuit.

Aux portes du Pays basque, à 5 km de la plage de Tarnos et 8 km de la plage d'Anglet, le chalet de la villa *Zure Ondoan* vous ravira par ses couleurs annonçant celles de l'océan. Proche de toutes commodités, ce chalet gîte de France (3 épis) de 36 m² se compose d'un séjour avec cuisine équipée, chambre parentale, chambre avec 3 lits simples (un en mezzanine et deux lits jumeaux), salle d'eau et WC. Sans oublier sa grande terrasse couverte sur le jardin, face à un spa privatif avec 2 cols-de-cygne. La piscine est partagée avec les occupants du studio (2 pers.).

LAIRRIAL €€

83, Avenue Julian Grimau ✆ 05 54 61 83 97
https://restaurant-lairrial.fr

Ouvert du mardi au dimanche le midi et le vendredi et samedi soir. Menu du midi : 24 €. Menu découverte : 37 €.

Dans un cadre bucolique, Lairrial est idéal pour un moment de partage. Après un accueil chaleureux, vous découvrirez une salle agréable au mobilier moderne ainsi qu'une jolie terrasse. Le menu varie toute l'année, vous pourrez par exemple retrouver dans l'assiette un velouté de champignons sauvages et shiitakés, miso, huile de truffe, un dos de cabillaud rôti, artichaut, pommes mitraillettes, olives, citron ou encore Crème brûlée onctueuse parfumée au piment d'Espelette. Assiettes colorées et travaillées, produits frais et de saison... Lairrial nous a conquis !

UM'AMA

✆ 06 42 40 24 17

Horaires variables selon les disponibilités et la saison. Massage d'une heure à partir de 70 €.

Quoi de mieux que de se faire plaisir pendant les vacances ou au quotidien ? Anouk se déplace chez vous (dans un périmètre de 15 km de Tarnos) et pose sa table de massage dans une pièce calme ou le jardin pour vous offrir un moment de pur détente. Massage Chrong Mai pour relancer l'énergie vitale, évolutif pour s'adapter à vos besoins... Elle est à l'écoute de nos envies et se montre particulièrement attentive pour que l'on soit parfaitement apaisé à la fin. Et c'est réussi à tous les coups ! Le plus ? Elle s'est formée au massage pré et postnatal.

LABENNE

Station familiale du littoral des Landes, lieu idéal pour les amoureux des sports de glisse, de randonnées, de balades à vélo, de promenades à cheval, vous apprécierez le point de vue sur l'océan, la baie de la Côte basque et les Pyrénées toutes proches du haut de l'esplanade de la plage. Empruntez, les sentiers balisés dans la forêt de pins où vous respirerez un air vivifiant. Labenne propose également plusieurs parcs de loisirs (animaliers, aquatiques, accrobranches) qui feront la joie des petits et des grands, sans oublier la réserve naturelle du marais d'Orx, un véritable territoire ornithologique riche en espèces végétales et animales protégées.

AQUATIC LANDES

Route de la Plage ✆ 05 59 45 60 40
www.aquatic-landes.com

Ouvert de mi-juin à début septembre (jours et horaires variables). Adulte : 22,50 €. Enfant (jusqu'à 11 ans) : 19,50 €.

Aquatic Landes est le plus grand parc aquatique de la côte sud-aquitaine ! Piscine à vagues géantes (eau chauffée et filtrée en permanence), maxi-pataugeoire, jeux d'eau, tube translucide, pentaglisse 6 pistes, *waterfall*, *space bowl*, pendulum, rivières rapides à bouées... Au total, ce sont 28 pistes de glisse. Et une belle plage de sable blanc Bora Bora avec sa végétation exotique. Sans oublier : la zone de loisirs entièrement dédiée aux enfants avec une grande structure ! Entrée gratuite pour les enfants le jour de leur anniversaire (jusqu'à 11 ans inclus).

PARCC - CENTRE D'ART CONTEMPORAIN

Parking Darmanté ✆ 05 58 70 00 20
www.cc-macs.org

Ouvert toute l'année du mercredi au dimanche de 14h à 18h. Programme des expositions en ligne. Adulte : 4 €.

À Labenne, au milieu d'une petite forêt, le centre d'art contemporain PARCC est le nouveau pôle culturel de la Communauté de Communes Maremne Adour Côte-Sud Landes. Sur près de 300m², le centre veut mélanger création, arts visuels et transition écologique. Vous y retrouverez des expositions toute l'année (le programme est sur le site Internet) avec des visites commentées, des ateliers et des stages de création ainsi que des espaces de médiation, de pratique et de co-working.

RÉSERVE NATURELLE DU MARAIS D'ORX ★★

1005, route du Marais ✆ 05 59 45 42 46
www.reserve-naturelle-marais-orx.fr
Qualité Tourisme. Ouvert toute l'année (jours et horaires variables). Visite guidée (adulte : 7,50 € ; enfant : 3,50 €).

Au regard de son fort intérêt ornithologique, cette vaste propriété du Conservatoire du Littoral de 1 000 ha, est classée en Réserve Naturelle Nationale. De l'époque napoléonienne, la Maison d'accueil (ou Maison Béziers), marque le point de départ du circuit découverte. L'accès au site se fait par une passerelle en bois permettant l'observation d'espèces, notamment de tortues, de rongeurs comme le ragondin et d'oiseaux divers : grand cormoran, spatule blanche, héron cendré.

ZOO DE LABENNE

Avenue de l'Océan
✆ 05 59 45 43 93
www.zoo-labenne.com
Ouvert toute l'année (jours et horaires variables selon la saison). Adulte : 14,50 €. Enfant de 3 à 11 ans : 11 €.

Les 5 hectares de forêt abritent une collection unique dans la région. Des panneaux pédagogiques ponctuent la promenade présentant lémuriens, lamas, singes, guanacos, nandous, lièvres de Patagonie, mouflons, cerfs, daims, dromadaires, perroquets, félins, zèbres. Pénétrez même dans l'univers des wallabies et flamants, pélicans, canards et ibis sont en totale liberté. Câlinez les animaux de la mini-ferme et donnez-leur du pop-corn. Assistez au nourrissage ou vivez une journée dans la vie d'un soigneur. Aires de pique-nique sur place.

BUREAU D'INFORMATION DE LABENNE

6, rue des Ecoles
✆ 05 59 45 40 99
www.tourisme-labenne.com
Qualité Tourisme. Ouvert toute l'année. Jours et horaires d'ouverture variables selon la saison.

On vous conseillera de suivre le chemin pédestre de 12 km (*Un Chemin, Une école*) pour découvrir les richesses de la commune ou les parcours d'orientation *Le Cydel* et *Course océane* pour découvrir les richesses et les coins secrets de la forêt labennaise ! On vous renseignera sur les marchés et les manifestations culturelles : Landeus y tapas (village de casetas aux saveurs basco-landaises), les Automnales, Le Printemps des Landes (animations autour de l'eau)... Demandez le programme !

BOARD'N BREAKFAST €€

3, allée du Poitou
✆ 06 48 99 24 70
www.boardnbreakfast.com
Chambre double (sanitaire privé) de 60 € à 120 €/nuit. Villa entière (17-19 pers.) à partir de 450 €/nuit.

Après de nombreux voyages pour appréhender les plus belles vagues, Anton et Ine ont posé leurs valises pour aménager ce Board'n Breakfast. Si l'esprit surf vous tente, renseignez-vous : hébergement classique dans des surf houses, petits dortoirs pour 4 personnes avec salon indépendant et petit déjeuner, petite maison dans le jardin pour 2 ou 3 personnes (avec salle de bains), villa pour 6 personnes avec sa cuisine d'été... La vie s'organise autour de la piscine, du solarium et du bar. Des stages de yoga et des soirées à thème viennent rythmer les journées.

CAMPING CAPFUN SUD LAND**** €€

60, avenue de l'Océan
✆ 05 59 45 42 02
www.camping-sud-landes.com
De mi-avril à septembre. Chalet 4 pers. à partir de 315 € ; Mobil-homes 4 pers. à partir de 350 €/semaine. Animations.

Situé aux portes du Pays Basque, ce camping est un lieu de vacances privilégié à proximité des plages (1,3 km). Il propose la location de mobil-homes et chalets de 2 à 8 personnes. Avec deux piscines extérieures, une pataugeoire ludique, une piscine couverte et des toboggans, l'espace aquatique plaira à toute la famille. L'ambiance est conviviale. De nombreuses activités sont programmées pendant l'été. Sur place : un bar, un snack, des terrains sportifs, des jeux.

LE DOMAINE DE MILLOX €€

828, route de la Pipette
SAINT-ANDRÉ-DE-SEIGNANX
✆ 06 84 79 64 07
www.domainedemillox.com
Ouvert toute l'année. 3 chambres dont 1 suite parentale à partir de 110 €/nuit. Séminaires.

Partager est une deuxième nature chez Véronique. Il y a d'abord sa maison, le *Domaine de Millox* où la grange restaurée dans les règles de l'art abrite trois chambres : Patawa (la suite parentale), Moutouchi et Amarante. Il y a aussi les voyages, dont des trésors ont été ramenés ici et l'intérêt porté à l'environnement. C'est pour avoir répondu à de nombreux critères que Véronique a obtenu la charte du tourisme durable. Grande salle avec billard, piscine, tennis, fronton, salon de jardin sous l'étable, table d'hôte, plateaux-repas... Le site est privatisable.

MAISON NARBAY €€

814, route de Saint-Barthélemy
SAINT-ANDRÉ-DE-SEIGNANX ✆ 06 95 46 10 82
www.maison-narbay.com
Ecolabel européen. Ouvert toute l'année. Maison avec piscine (15 pers.) et maison Narbay (6 pers.). Tarifs sur demande.

Valérie et Bruno vous accueillent dans cette belle demeure basco-landaise de 1870. Restaurée de façon traditionnelle avec des matériaux nobles, elle est située dans un écrin de verdure à 10 km des plages et 12 km de Bayonne. La Grande Maison permet d'accueillir jusqu'à 15 personnes. Les hôtes pourront profiter de la piscine extérieure. Et si vous n'êtes que 6, pensez à la maison Narbay ! Selon la saison, il est possible d'y séjourner à 2. Les deux hébergements sont particulièrement bien équipés : barbecue, salon de jardin, lave-vaisselle, jeux de société...

LANDIFORNIA LODGE €€€

Route du Télégraphe - **SAINT-MARTIN-DE-HINX**
✆ 06 16 59 25 38
https://landifornia-lodge.com
De 210 € à 370 € la nuit, selon la cabane et les dates. Bain nordique privatif. Petit déjeuner inclus.

Pour un séjour immersif dans la nature en totale déconnexion avec le monde extérieur, ces cabanes douillettes en bois au cœur de la forêt sont idéales ! La Cabane des Bois accueille les familles, celle de l'Étang (2 personnes) offre une vue imprenable sur le plan d'eau. À l'intérieur, l'ambiance unique nous transporte hors du temps. Le bain nordique, la douche extérieure, le filet suspendu et les paniers gourmands renforcent l'insolite et le sur-mesure de l'expérience. Dépaysement total au cœur des Landes pour tutoyer les étoiles et écouter le chant des oiseaux.

BOARD'N BREAKFAST €€

3, allée du Poitou
✆ 06 48 99 24 70
www.boardnbreakfast.com
Chambre double (sanitaire privé) de 60 € à 120 €/nuit. Villa entière (17-19 pers.) à partir de 450 €/nuit.

Après de nombreux voyages pour appréhender les plus belles vagues, Anton et Ine ont posé leurs valises pour aménager ce Board'n Breakfast. Si l'esprit surf vous tente, renseignez-vous : hébergement classique dans des surf houses, petits dortoirs pour 4 personnes avec salon indépendant et petit déjeuner, petite maison dans le jardin pour 2 ou 3 personnes (avec salle de bains), villa pour 6 personnes avec sa cuisine d'été... La vie s'organise autour de la piscine, du solarium et du bar. Des stages de yoga et des soirées à thème viennent rythmer les journées.

IZI RIDER

Route de la Plage
✆ 06 18 45 57 40
www.izirider40.com
Tourisme durable. Tous les jours l'été, reste de l'année sur rdv. Initiation skate électrique à 25 € ; balades à 59 €.

Partant pour découvrir les magnifiques voies vertes et chemins forestiers entre Labenne et Capbreton en skate électrique tout terrain ? Signataire de la charte Tourisme Durable, *Izi Rider* est le seul park de glisse dans le sud des Landes qui propose des balades en e-skate dès l'âge de 6 ans. Au programme : initiations, animations personnalisées au cœur d'un site sécurisé sous les pins, encadrement par un moniteur diplômé d'État... Et sensations fortes (ou loisirs) en trottinettes ! À pratiquer en famille, entre amis ou entre collègues.

PARC ROBINSON

Route de la Plage ✆ 06 30 36 43 25
www.parc-robinson.fr
Ouvert de Pâques à Toussaint. Entrée de 16 à 22 €. Mini parcours (-6 ans) : 14 €. Visiteur : 2 €. Aire de pique-nique.

Avec plus de 140 jeux et 13 parcours de différents niveaux, le Parc Robinson s'impose comme l'un des plus grands parcours d'accrobranche de la région. Les plus petits (-6 ans) pourront s'amuser sur les parcours « verts » tandis que les plus téméraires pourront affronter les difficultés des parcours *Grand Frisson* et *Commando* jusqu'à 12 mètres de hauteur (dès 16 ans). Côté sécurité, pas de panique, le parc fonctionne avec un système de ligne de vie continue. L'entrée vous donne accès à l'ensemble des parcours pour 4 heures maximum. A vous les tyroliennes !

SPA DUNE & EAU

59, avenue de l'Océan ✆ 05 59 59 05 90
www.duneeteau.fr
Ouvert toute l'année, tous les jours (horaires variables). Aqua Détente (1h = 13 €). Soins & beauté. Boutique.

Bassin d'eau douce chauffée à 32 °C, lits et fauteuils hydromassants, jets, bains bouillonnants, hammam, sauna, réflexologie plantaire, lit massant hydrojet (soin sec) ou bain hydromassant avec tous les bienfaits des sels de la mer Morte... Ce centre de balnéothérapie est entièrement dédié au bien-être et à la relaxation. Dépaysement assuré au hammam Tepidarium ou sa version nordique dans un sauna avec vue sur l'extérieur. Sur place : des soins ciblés du corps et du visage et des rituels de modelages orientaux. Aussi : aquagym, aquabike, aquafitness, aquaboxing...

MOLIETS-ET-MAA ★

Moliets-et-Maâ a conservé divers atouts naturels, notamment le courant d'Huchet qui longe la commune au nord. Habilement guidé par les bateliers, on y découvre de superbes galeries formées de façon spectaculaire par les saules, les aulnes et les chênes pédonculés. A quelques centaines de mètres du bourg, il y a aussi divers étangs. Celui de Laprade, classé en 1964, repose dans un site inviolable, aux rives difficilement accessibles. Il se déverse dans le courant de Messanges. À 2,5 kilomètres du bourg, la plage de Moliets est grandiose avec ses immenses dunes. Par temps clair, on aperçoit la Rhune et les Pyrénées françaises et espagnoles.

BUREAU D'INFORMATION DE MOLIETS

20, rue Général Caunègre
✆ 05 58 48 56 58
www.moliets.com
Qualité Tourisme. Ouvert toute l'année. Jours et horaires d'ouverture variables selon la saison.

Dépendant de l'Office de Tourisme Landes Atlantique Sud, le bureau d'information de Moliets met à disposition des cartes avec tous les circuits pédestres et cyclables sur la commune et les alentours. Transformée en voie verte, la piste cyclable de 12,6 km est accessible à pied et pour les personnes à mobilité réduite. Des randonnées pédestres sont organisées en été dans la réserve du courant d'Huchet. À découvrir : la forêt, les galeries alluviales et colorées d'hibiscus.

PLAGE DES CHÊNES-LIÈGES

Rue Brémontier
www.landesatlantiquesud.com
Accès libre.

À 1 km au sud de la plage centrale de Moliets, cette jolie plage intimiste se mérite ! À pied ou à vélo, on y accède en traversant le golf depuis le centre-ville ou après s'être garé sur le petit parking (il faut ensuite prévoir 900 m à pied à travers la forêt). Moins fréquentée que celle du centre, elle offre un paysage naturel et sauvage, idéal pour ceux souhaitant se reposer à l'abri de la foule. Baignade surveillée l'été, animaux acceptés et parking vélo sur place. À savoir que le naturisme y est toléré en dehors de la zone réglementée.

LES BATELIERS DU COURANT D'HUCHET

Chalet d'accueil de la Réserve Naturelle du Courant d'Huchet ✆ 05 58 48 75 39
www.bateliers-courant-huchet.fr
Promenades en barque sur réservation d'avril à octobre. De 17 € à 23 €/adulte et de 9 € à 12 €/enfant.

Reliant le lac de Léon à l'océan Atlantique, le courant d'Huchet est un site classé en 1932 (réserve naturelle en 1981). En descendant le courant long de 10 km, à bord d'une barque traditionnelle à fond plat, on admire une flore remarquable sous l'ombrage des saules argentés, des aulnes ou des chênes-lièges noueux. Et aussi : une faune riche de 200 espèces d'oiseaux, loutres, visons, hérons cendrés, cistudes (tortues), poissons... Bienvenue dans « l'Amazonie landaise » !

RÉSERVE NATURELLE DU COURANT D'HUCHET

Embouchure du courant d'Huchet
✆ 05 58 48 73 91
www.reservenaturelle-couranthuchet.org
Visite en accès libre sur les 6 sentiers aménagés. Balades guidées (Renseignements à la Maison de la Réserve).

Le courant d'Huchet est ce magnifique ruban d'eau qui relie le lac de Léon à l'océan Atlantique, à Moliets. L'embouchure de ce courant est un véritable régal pour les amoureux de nature, qui n'en finissent pas de s'extasier face à des paysages aussi sublimes que changeants, au gré de la météo, des saisons et des marées. De précieux paysages, mais également une faune et une flore préservées et protégées par la classification de ce territoire en Réserve Naturelle en 1981.

VÉLO DU GOLF

Rue Mathieu Desbieys
✆ 05 58 48 55 87
www.velos-du-golf.fr
Ouvert de mars à novembre tous les jours de 9h30 à 12h (13h l'été) et de 14h à 18h30 (19h l'été). 1/2 journée dès 10 €.

À Moliets, les Vélos du Golf ont deux points de location : au Club House du golf et à l'agence du village Pierre et Vacances. Vélo classique ou électrique, *beach bike*, VTT, tandem, vélo enfant... Louez le vélo de votre choix et partez à la découverte des lieux naturels riches et préservés des Landes à travers les nombreuses pistes cyclables et voies vertes sécurisées. Les agences proposent également un service de réparation de vélo ouvert à tous, des forfaits révisions, des pièces détachées, des accessoires ainsi qu'une vente de fin de saison.

LA MAISONNETTE BOUSSOUAYRE €€

430, lieu-dit Cabalier ✆ 06 70 71 36 94
www.gites-de-france-landes.com
Gîtes de France (2 épis). Ouvert toute l'année. Pour 4 personnes (48 m², 2 chambres). A partir de 567 €/semaine.

Là, au cœur de la forêt landaise, vous rejoindrez facilement les spots de glisse en empruntant la piste cyclable toute proche. Dans un jardin clos, cette petite maison à colombages tire profit de sa belle terrasse en bois où l'on peut aussi profiter d'un bain bouillonnant. Aménagée de plain-pied avec deux chambres (un lit double et deux lits superposés), la maison est climatisée. Les animaux de compagnie sont les bienvenus. Nolwenn, la propriétaire, parle la langue des signes.

SOUVENIRS D'ENFANCE €€

6, impasse de la Louvine ✆ 05 58 41 65 17
http://souvenirs-denfance.com
Ouvert toute l'année. Cabane (2 pers.) 100 €/nuit pour 2 personnes. Petit déjeuner inclus. Lit supplémentaire : 25 €.

Dans le quartier de Maa, proche du centre de Moliets, Sylvie vous accueille en pleine nature entre océan et forêt dans une de ses cabanes réalisées en pin des Landes par son mari Thierry. La cabane *A l'Aube* dispose d'un couchage pour 2 en rez-de-chaussée et d'une mezzanine avec 2 à 3 places. La *Sans pépins* est conçue pour 2 personnes. Sylvie a retranscrit le charme des choses simples. Les cabanes sont équipées d'une salle d'eau séparée, d'un réfrigérateur et d'une terrasse avec salon de jardin. Plateau apéritif de produits locaux servi dans la cabane sur demande.

LE GLOBE TROTTER €

5, Place de la Bastide
✆ 07 69 74 11 62
https://leglobetrotter.business.site
Ouvert d'avril à octobre, du jeudi au lundi le midi et le soir. Carte : 13 € environ. Menu enfant : 9,50 €. Terrasse.

Comme son nom l'indique, le restaurant Le Globe-Trotter, installé du côté de Moliets Plage, propose des plats originaux et faits maison aux saveurs du monde. La carte change régulièrement, mais vous y retrouverez des intemporelles tapas sud-américaines (nachos, quesadillas...) et des plats asiatiques phares : pad thaï, panang, goreng, curry vert. Parfait pour les palais habitués aux saveurs épicées ! En dessert, misez sur le brownie ou le cheesecake. Une jolie adresse où l'accueil est chaleureux. Possibilité de plats à emporter.

CAMPING LES CIGALES*** €€

2290, avenue de l'Océan
✆ 05 58 48 51 18
www.camping-les-cigales.fr
Qualité Tourisme. De fin mars à fin septembre. 16,18 € l'emplacement, 120 € le mobil-home en basse saison.

Au cœur de la forêt, avec accès direct à la zone piétonne, le camping *Les Cigales* vous propose de séjourner dans un mobil-home, un chalet ou un hébergement atypique tel que le lodge ou la tente randonneur (un parfait intermédiaire avec le confort d'un lit et un coin repas). Nouveauté : les mobil-homes 6 pers. sont climatisés ! Côté activités : aires de jeux et de fitness, terrain multi-sport, court de tennis, boulodrome et 2 nouveaux terrains de padel. Situé à 300 m de la plage, le camping permet d'accéder à de belles balades le long du courant d'Huchet.

© LES CIGALES

© CAMPING LES CIGALES

LANDES

MAÂBANANA €

Avenue de l'Océan ✆ 06 75 18 23 59
https://maabanana.com/
Juillet à septembre : 7j/7, 10h-18h. D'avril à juin : mercredi au dimanche 11h-17h. Compter 7 € à 12 € pour un plat.

À tout juste 500 m de la plage, sous cette jolie terrasse en bois au mobilier moderne se cache l'agréable café-restaurant Maâbanana. Leur spécialité ? Les brunchs ! Du petit-déjeuner au goûter, on y fonce pour y déguster des toasts à l'avocat, des pancakes sucrés ou salés, un *granola bowl* aux fruits, un banana bread toasté ou encore de délicieuses pâtisseries maison aux accents américains (*cookie*, *browkie*, *cheesecake*, *carrot cake*...). Pour le déjeuner, vous pouvez aussi choisir un plat gourmand sans gluten ou vegan cuisiné avec des produits frais. Un régal !

TI'BOU €€

14, avenue du Général de Gaulle
✆ 05 58 43 12 25
www.tibou-moliets.fr
Collège Culinaire de France. Ouvert du jeudi au mardi le midi ; le vendredi et samedi soir. Réservation recommandée.

Le Ti'Bou, c'est l'histoire atypique de Nathalie Tyack, – skieuse pyrénéenne – et Sophie Troc – malgache d'origine, arrivée tardivement dans le milieu montagnard –, deux amies liées par le sport et la bonne chère. Après avoir fait leurs armes en lançant une adresse de restauration rapide de qualité avec des produits du terroir à Soustons, elles ont décalé leur Ti'bou dans cette grande maison traditionnelle landaise du XIXe siècle à Moliets pour y proposer une cuisine plus travaillée où les spécialités landaises côtoient les plats du bout du monde.

LA TCHANKA €€

190, impasse du Basile - **CASTETS**
✆ 05 58 97 06 06
www.restaurant-la-tchanka.com
Du lundi au vendredi midi et soir et samedi soir. Fermé le dimanche. Formule midi 17,90 €. 7j/7 en saison.

Dans la même famille que l'hôtel Les Bruyères, la Tchanka est une brasserie bistronomique à l'ambiance décontractée et à la cuisine gourmande. Avec sa chouette équipe, elle vous propose des plats simples et généreux à base de produits frais de saison. Menu du jour en semaine le midi, menu éphémère chaque mois et *afterwork* au bar le soir. À la carte, retrouvez bavette, confit de canard, entrecôte, burger, salade César... En dessert : mousse au chocolat, crème brûlée ou glaces ! Le restaurant est équipé d'une salle privatisable avec écran, projecteur et wifi.

LE PAIN D'ICI

73, rue du Marensin
CASTETS
✆ 06 02 02 29 00
lepaindici.fr
Ouvert du mardi au vendredi de 6h à 13h et de 15h à 19h ; le samedi de 8h30 à 13h.

Depuis 2017, Stéphane Chauvard vit au rythme des levains naturels et des farines natives françaises 100 % biologiques. Il est devenu boulanger par amour pour le métier, et pour le bon pain ! D'ailleurs, le Pain d'Ici a reçu le label Artisans Militants de la qualité par le Collège Culinaire de France. Taux de sel réduit, indice glycémique bas, petit épeautre... Stéphane fournit une trentaine de professionnels des Landes, dont la Maison Coussau à Magescq. Les miches de pain et les brioches sont vendues au poids. Autre boutique à Léon et Saint-Julien-en-Born !

LE 28ÈME - GOLF DE MOLIETS €€

Rue Mathieu Desbieys ✆ 06 76 89 74 90
www.golfmoliets.com
Ouvert tous les jours le midi. Plat de 15 € à 28 €. Menu enfant : 10 €. Formule du midi : 18 € (entrée + plat).

Le restaurant du Golf de Moliets a fait peau neuve ! Ludovic Mathieu, qui a exercé dans la brigade de chez Coussau, hôtel de la poste, deux étoiles Michelin, et son équipe proposent tous les midis une cuisine de saison maison dans une atmosphère bistronomique. La formule midi change souvent et les plats à la carte raviront les clients : magret, entrecôte, merlu rôti, tataki de thon, tartare de bœuf, burger maison... Et même l'assiette du golfeur à petit prix pour les sportifs pressés.

L'AIRE DU TEMPS

2570, avenue des Lacs
✆ 05 58 48 59 25
Ouvert d'avril à décembre. Tous les jours de 10h à 19h en juillet et août. Parking autocar.

L'Aire du Temps a élu domicile dans une ancienne ferme restaurée sur un airial typique des Landes. Mieux qu'une boutique, c'est un espace régional, artisanal et gourmand. En plus, le site est accessible très facilement en vélo depuis la piste cyclable Léon/Moliets. Epicerie fine, vins et apéritifs du Sud-Ouest, linge de maison, foutas et sacs de plage, produits locaux (foie gras, piment d'Espelette)... Sans oublier le véritable béret, les espadrilles ou encore les bougies en pot de résine ! Ici, c'est sûr, on peut faire le plein de souvenirs pour toute la famille.

ADRÉNALINE PARC

Lieu dit Thomas
✆ 05 58 48 56 62
www.adrenalineparc.fr

Ouvert d'avril à novembre, horaires variables selon la saison. L'été, ouvert tous les jours de 9h30 à 19h30. Dès 15 €.

Avec ses 25 parcours d'accrobranche et ses 250 jeux, Adrénaline Parc vous accueille dans ses 5 hectares de loisirs pour une journée inoubliable entre amis ou en famille. Dans les arbres, vous avez le choix entre différents circuits : facile, sportif, ludique ou extrême, avec de nombreuses tyroliennes, zones de sauts et un gros airbag. Plusieurs circuits et jeux sont adaptés aux enfants de tout âge. Profitez également des autres activités du parc : Paintball et mini-moto dès 8 ans, quad de 6 à 14 ans et catapulte pour les amateurs de sensations fortes !

GOLF DE MOLIETS

Rue Mathieu Desbieys ✆ 05 58 48 54 65
www.golfmoliets.com

Ouvert toute l'année. Green fee (9 trous) dès 37 € ; (18 trous) dès 74 €. Autres tarifs en ligne. Practice dès 4 €.

Ancré depuis 1986, au cœur de la forêt de pins des Landes et en bordure de l'Océan, ce magnifique golf 27 trous, signé Robert Trent Jones, s'étend sur 84 hectares. Classé 85e meilleur parcours du monde par le Golf Digest (hors USA), le complexe comprend également : un parcours 18 trous international « forêt et océan », un parcours 9 trous « airial », un practice de 30 postes dont 10 couverts, trois puttings greens et deux bunkers d'entraînement sur le practice du Club-House. Professionnels ou joueurs amateurs se côtoient tous les jours sur ce parcours d'Aquitaine.

SOONLINE SURFSCHOOL

6, impasse de la Dune
✆ 05 58 47 16 11
www.ecoledesurfmoliets.com

Tous les jours d'avril à novembre. Ecole de surf et de skate. Cours de surf débutant : 39 € (2h). Location de matériel.

Venez découvrir les joies du surf sur la grande plage de Moliets avec une équipe de passionnés diplômés d'État ! Avec pédagogie, l'école de surf *Soonline* vous propose différentes formules pour découvrir le surf en toute sécurité, connaître vos premières sensations et vous perfectionner pour dompter les vagues. L'école de surf est ouverte tous les jours en saison, accessible dès 5 ans. *Soonline*, c'est aussi une école de skate. Rendez-vous à la boutique à côté de la plage, pour louer votre matériel de surf, de skate ou de vélo ! Possibilité de réserver en ligne.

MAGESCQ

Terre de fortes valeurs rurales, Magescq a longtemps été habitée par des cultivateurs, gémiers, ouvriers, muletiers et meuniers. Elle est aujourd'hui réputée pour son église Notre-Dame, un incontournable de la ville et l'une des plus singulières de la région. Ancienne fortification couverte aux dimensions imposantes, elle fut bâtie par les Anglais, bien que l'on ignore la date de construction. Sa partie la plus ancienne, l'abside sur le côté est, date du XIIe siècle. Magescq abrite également la pierre de Tinon, autrefois appelée pierre des Sorcières, qui délimite cinq communes, et qui, de nos jours, est une destination pour de nombreux randonneurs.

SCULPTURES - XAVIER CARRERE

414, rue de la Gare ✆ 06 84 23 45 87
www.xaviercarrere.fr

Juillet et août : du mardi au dimanche de 14h à 18h30. Sur RDV hors ces jours d'ouverture par tél. au 06 84 23 45 87.

Depuis plus de 30 ans, Xavier Carrère crée des sculptures de tous matériaux. Conçues pour l'intérieur ou pour s'intégrer à un paysage, les pièces exceptionnelles de ce sculpteur souffleur de verre, dont l'aura a, depuis longtemps, dépassé nos frontières, sont visibles dans son spacieux showroom. Les mises en scène réalisées avec des pièces en verre soufflé sont époustouflantes. Ses œuvres sont visibles dans la région, par exemple devant le restaurant Le Relais de la Poste à Magescq.

LES BRUYERES*** €€

190, impasse du Basile - **CASTETS**
✆ 05 58 55 05 30
www.hotel-lesbruyeres.com

Toute l'année. Accueil 24h/24. Chambre double dès 68 €. Petit déj. buffet : 11 €. Station superchargeur TESLA.

Avec son architecture basco-landaise, *l'Hotel The Originals Dax Nord Les Bruyères* est en bordure de l'axe Bordeaux/Espagne (A63 - sortie 12). Ne soyez pas inquiet, vous y trouverez calme et confort grâce à des chambres parfaitement insonorisées et climatisées. Elles arborent de belles moquettes et un éclairage séduisant. Certaines présentent l'avantage de pouvoir accueillir des familles. Idéal pour les séminaires, l'établissement dispose de trois salles de réunion lumineuses. Le restaurant partenaire La Tchanka vous accueille pour vos déjeuners et dîners.

AUBERGE CÔTÉ QUILLIER €€

24, avenue de Maremne
✆ 05 58 47 79 50
www.relaisposte.com
Du mercredi au dimanche le midi et le soir. Réservation recommandée. Menu carte à 39 €. Jardin. Terrasse.

Dans le parc du Relais de la Poste, l'auberge Côté Quillier (et son jeu de quilles) a bonne réputation. À la cuisine traditionnelle et mijotée s'ajoutent des créations originales liées à la saisonnalité des produits de la région. Ne passez pas à côté du soufflé de gambas, du poulpe grillé et son risotto crémeux aux légumes ou encore du magret de canard au miel... Pour finir, pourquoi pas le riz au lait et sa glace noisette ou la poire pochée au chocolat avec sa crème tiramisu et son sorbet poire ? Un moment unique à savourer ! Réservation recommandée.

RELAIS DE LA POSTE €€

24, avenue de Maremne
✆ 05 58 47 70 25
www.relaisposte.com
Ouvert du mercredi au dimanche le midi et le soir. Réservation recommandée. Menus à 122 € et 162 €. Jardin. Terrasse.

Cette maison d'exception est une histoire de famille ! Bernard Coussau s'est installé au village en 1952 et son fils Jean, passionné de culture locale, a repris Le Relais de la Poste en 1991. Depuis, sa nièce Clémentine a rejoint La Maison Coussau (2 étoiles Michelin) et a ajouté de délicieuses nouveautés. Revisitant les classiques des Landes, l'équipe vous régale, selon les saisons, avec de l'agneau de lait rôti, le foie gras des Landes poêlé ou encore le tartare de Saint-Jacques au caviar. Le plus ? Les desserts du talentueux pâtissier. Un délicieux moment.

RELAIS DE LA POSTE**** €€€

24, avenue de Maremne
✆ 05 58 47 70 25
www.relaisposte.com
Relais & Châteaux. Chambre double à partir de 200 € ; suite à partir de 250 €. Petit déjeuner de 25 à 35 €.

Ancien Relais de Poste du XIXe siècle, le *Relais de la Poste* est aujourd'hui un hôtel de charme et de caractère. Relais & Châteaux depuis 1999, l'établissement conjugue à merveille le luxe et la simplicité, autant dans les espaces de vie que dans les chambres et appartements, spacieux et lumineux, situés dans le parc fleuri et verdoyant. Profitez aussi de la piscine extérieure et du solarium. À l'intérieur : bassin de nage à contre-courant, hammam et sauna. Au spa, plusieurs ambiances s'offrent à vous pour un voyage sensoriel unique. Un superbe séjour !

LA TCHANKA €€

190, impasse du Basile - **CASTETS**
✆ 05 58 97 06 06
www.restaurant-la-tchanka.com
Du lundi au vendredi midi et soir et samedi soir. Fermé le dimanche. Formule midi 17,90 €. 7j/7 en saison.

Dans la même famille que l'hôtel Les Bruyères, la Tchanka est une brasserie bistronomique à l'ambiance décontractée et à la cuisine gourmande. Avec sa chouette équipe, elle vous propose des plats simples et généreux à base de produits frais de saison. Menu du jour en semaine le midi, menu éphémère chaque mois et *afterwork* au bar le soir. À la carte, retrouvez bavette, confit de canard, entrecôte, burger, salade César... En dessert : mousse au chocolat, crème brûlée ou glaces ! Le restaurant est équipé d'une salle privatisable avec écran, projecteur et wifi.

LE PAIN D'ICI

73, rue du Marensin
CASTETS
✆ 06 02 02 29 00
lepaindici.fr
Ouvert du mardi au vendredi de 6h à 13h et de 15h à 19h ; le samedi de 8h30 à 13h.

Depuis 2017, Stéphane Chauvard vit au rythme des levains naturels et des farines natives françaises 100 % biologiques. Il est devenu boulanger par amour pour le métier, et pour le bon pain ! D'ailleurs, le Pain d'Ici a reçu le label Artisans Militants de la qualité par le Collège Culinaire de France. Taux de sel réduit, indice glycémique bas, petit épeautre... Stéphane fournit une trentaine de professionnels des Landes, dont la Maison Coussau à Magescq. Les miches de pain et les brioches sont vendues au poids. Autre boutique à Léon et Saint-Julien-en-Born !

PÂTISSERIE CÉDRIC LEVEAU

19, avenue de Maremne
✆ 09 86 67 15 03
Ouvert mardi au jeudi de 7h-14h et 15h-19h. Vendredi et Samedi de 7h-19h. Dimanche de 7h-12h

Cédric et Sarah Leveau sont les nouveaux exploitants de la pâtisserie, chocolaterie et boulangerie de Magescq. Et si cela fait le bonheur des gourmands, cette nouvelle aventure est aussi la réalisation d'un rêve pour le couple. Un retour aux sources ? Avant d'être l'emblématique chef pâtissier du Relais de la Poste, Cédric Leveau a fait ses débuts de carrière en boutique, dans la pâtisserie familiale. Maîtrisant l'art du sucre, cet artisan pâtissier ne pourra que vous surprendre en vous proposant de découvrir ses desserts signature comme sa tarte citron-yuzu.

GREET HOTEL - CASTETS CŒUR DES LANDES** €

90, impasse du Basile
CASTETS
✆ 05 64 19 03 02
https://all.accor.com
Dortoir dès 30 €. Chambre double dès 57 € ; triple dès 69 € ; appart dès 97 € selon la saison. Petit déjeuner 12 €.

Calme, sublimement décoré avec son mobilier recyclé, à proximité de la Vélodyssée, de l'autoroute et de l'océan... Le Greet Hotel de Castets est le cocon idéal pour une nuit ou plus ! Vous serez chaleureusement accueilli dans ce lieu de vie moderne et écoresponsable où il fait bon vivre. Relaxez-vous dans une chambre spacieuse, confortable et parfaitement équipée, et régalez-vous avec les gâteaux maison du buffet petit-déjeuner bio. Comme à la maison !

© GREET HOTEL COEUR DES LANDES

© GREET HOTEL COEUR DES LANDES

LANDES

MAGASIN D'USINE ARTIGA

5, rue Bremontier ✆ 05 58 47 71 61
www.artiga.fr
Ouvert toute l'année. Jours et horaires d'ouverture variables selon saison. Labels OGF/Sud Terre Textile. E-shop.

Artiga est LE spécialiste des toiles basques et des accessoires pour la maison ! L'atelier de création/couture de la marque façonne des produits inspirés et colorés en perpétuant un savoir-faire régional. L'aventure débute en 1999, lorsque Quitterie Delfour rachète une entreprise de couture. À l'heure où tout le monde délocalise, elle choisit de maintenir l'intégralité de la chaîne de production à Magescq. Avec désormais 6 boutiques : Magescq, Bayonne, Biarritz, Espelette, Saint-Jean-de-Luz et Bordeaux pour trouver votre bonheur, pour offrir ou vous faire plaisir.

PAINTBALL MAGESCQ

Chemin de Menicon
✆ 06 68 52 35 16
www.paintball-landes.com
Dès 9 ans. Ouvert toute l'année. L'été, ouvert tous les jours. 23 €/personne (100 billes). CB non acceptée.

Aux abords de Magescq, sur un terrain de 2 hectares bordé par une rivière, des marécages et une prairie, passez un moment sportif inoubliable en famille (dès 9 ans) ou entre amis. Vivez une session paintball palpitante en choisissant parmi les scénarios proposés : capture du drapeau, protection du président, chasse à l'homme, humain VS alien... Une activité nature et sportive pour faire le plein d'adrénaline. Rassurez-vous, les billes ne font pas mal et la peinture est 100 % lavable à l'eau. Pensez à réserver à l'avance. Autre paintball à Angresse.

CAMPING CAPFUN LILA**** €€

190, route de Mixe ✆ 05 58 43 96 25
www.capfun.com
Ouvert de mai à septembre. Mobil-home (4 pers.) à partir de 273 €/semaine ; (10/12 pers.) à partir de 840 €.

Au *Camping Lila* (Capfun), vous aurez le choix entre plusieurs catégories de mobil-homes, du plus classique au plus moderne, parfois avec un abri pour ranger vos vélos, les transats, etc. Les hébergements de la gamme Top presta sont climatisés, équipés d'un téléviseur et d'un lave-vaisselle. Le modèle Tribu permet d'accueillir jusqu'à 10 personnes. Le vrai plus de ce camping reste son aire de baignade ! Au programme : spacebowl, toboggan et double toboggan, piscine chauffée à remous et lagon naturel bordé de sable blanc, jeux pour enfants et pataugeoire.

LAIT 2 CASTETS

Route de Castets
✆ 06 07 58 55 79
En vente directe. Ouvert le mardi, jeudi, vendredi (16h-18h30), mercredi (10h-13h ; 14h30-19h), samedi (10h-13h).

Entre Linxe et Castets, cette ferme élève des vaches laitières en agriculture biologique. Si vous souhaitez déguster des produits laitiers fermiers de qualité, vous êtes au bon endroit ! Le lieu propose ses produits laitiers en vente directe : vous pourrez alors vous procurer de très bons yaourts, de délicieux fromages frais, du lait et de bonnes glaces, mais aussi des meringues et des bûches de Noël. Laurent, le propriétaire, peut même prendre le temps de vous faire visiter son exploitation. Retrouvez aussi leurs produits lors des marchés gourmands du coin.

LINXE

Ancré dans l'histoire liée à la forêt et aux traditions landaises, Linxe est un village de 1 500 habitants qui s'étend sur 8 080 hectares. À 15 minutes de l'océan Atlantique et à 10 minutes des berges du lac de Léon côté Vielle, Linxe est une destination de choix pour se ressourcer en pleine nature. Baptisée « Maison du peuple », la salle des fêtes Art déco de la commune, œuvre de l'architecte Georges Fudji, est une curiosité à voir ! Ne manquez pas non plus le Château Belle Époque, les airials typiquement landais, maisons à colombages, petits châteaux privés, circuits pédestres en forêt... Le marché se tient le mardi et le vendredi le matin à l'année.

MESSANGES

Sur le chemin des Romains : le Camin Romiou est signalé en 1289 à Messanges ; hostellerie de l'ordre de Malte pour les pèlerins de Saint-Jacques-de-Compostelle. Son église Saint-Clément date de 1630. L'étang de Moisan, au sud de Messanges, est le vestige du port actif avant le détournement de l'Adour. Son nom viendrait de celui du navire échoué lors du retrait des eaux lorsque fut établie la nouvelle embouchure de l'Adour. Passant devant deux étangs, le GR8 peut être parcouru à pied, à vélo ou à cheval. Deux circuits pédestres ont été aménagés. Messanges profite de 5 km de plages d'où s'élève sur la plage nord le sémaphore de Marine nationale.

CENTRE EQUESTRE DE LA PRADE

Route de la côte d'Argent ✆ 09 81 32 32 35
www.centreequestredelaprade.com
Balades à cheval encadrées (dès 12 ans) sur réservation 10 jours avant. 1h : 30 €, 2h : 50 €. Balade à poney. Stages.

Evadez-vous pour découvrir les Landes autrement ! Encadré par un moniteur diplômé d'Etat, le Centre Equestre de la Prade vous propose des balades à cheval d'1 à 2 heures entre forêt et plage. La balade du soir vous amènera sur la plage pour profiter du coucher du soleil. Les départs se font en groupe de 3 à 6 personnes et les promenades sont adaptées à chaque niveau. Pour les moins de 12 ans (ou moins d'1,40 m), des balades à poney et des stages d'équitation sont proposés.

PARCOURS D'ORIENTATION DE MESSANGES

✆ 05 58 48 93 10
www.ot-messanges.fr
Gratuit. 7 boucles possibles de 2 km à 9 km. Départ Hall des Sports. Renseignements auprès de l'Office de tourisme.

A vos cartes ! Les 2 parcours d'orientation mis en place à Messanges vous amènent à travers les ruelles du village mais aussi dans sa nature environnante. Récupérez les documents à l'Office de tourisme, choisissez entre le parcours «côté village en famille» (1h30) ou «côté forêt» pour les sportifs (2h) et c'est parti ! Trouvez une balise, poinçonnez la case du talon de contrôle et filez vers la balise suivante. Pas besoin de boussole, sur chaque balise une flèche indique le nord !

CAMPING DE LA CÔTE**** €€

361, chemin de la Côte
✆ 05 58 48 94 94
www.campinglacote.com
Camping Qualité. La Clef Verte. De mai à fin septembre. Emplacement : 22 € à 63,30 €. Locations : 270 € à 1 220 €/sem.

Sur un site préservé, de beaux emplacements pour camper et différents locatifs (cabanes, cottages, gîtes) vous attendent. Au Camping de la Côte, vous passerez un agréable séjour en profitant du nouvel espace aquatique (pataugeoire, grand bassin chauffé, bain bouillonnant, toboggans...). Sur place, différents services sont assurés pour vous faciliter la vie : épicerie, pain, plats à emporter... Côté loisirs, pas d'animations mais un espace fitness extérieur, un terrain de jeux, ping-pong... Océan à 1 km, piste cyclable à 600 m et lac marin de Port d'Albret à 3 km.

CAMPING LOU PIGNADA*** €€

Route des Lacs ✆ 05 58 48 22 00
www.loupignada.com
D'avril à mi-septembre. Emplacement : 23 à 90 €. Cabane sur pilotis dès 400 €/semaine ; mobil-home dès 350 €/semaine.

Garanti sans voiture pour le calme et la sécurité, le camping Lou Pignada (Résasol) propose un large choix d'hébergements : chalets, mobil-homes, cottages, tentes et cabanes perchées, ainsi que des emplacements pour toiles de tente. Son grand espace aquatique ravira petits et grands (bassins à 25 °C, bassin couvert et chauffé à 28 °C, pataugeoires, toboggans). La plage se trouve à moins de 2 km (navette gratuite). Entre terrains multi-sports (rénovés), pêche, surf, promenade à pied, vélo, équitation et les activités du camping, les journées sont bien remplies.

LA MAISON DE LA PRADE*** €€

16, avenue de l'Océan ✆ 05 58 48 38 96
www.lamaisondelaprade.com
D'avril à novembre. Double à partir de 115 € ; triple à partir de 160 € ; chambre 4 pers./suite à partir de 200 €.

Loin des cris et du chahut du temps où la bâtisse accueillait des colonies de vacances, *La Maison de La Prade* est une adresse calme et intime avec 14 chambres et 2 suites pour 2 à 4 personnes. Dans une ambiance contemporaine et épurée, elles sont ouvertes sur la piscine chauffée et la pinède. À l'arrière, la terrasse face à la forêt est un endroit agréable pour prendre le petit déjeuner continental. Passer un moment dans le salon d'accueil est un régal, il y a toujours de belles œuvres d'art sur les murs ou de beaux livres à feuilleter. Possibilité de séjour golf.

LA BERGERIE DES VIGNERONS DE TURSAN

4, chemin de Camentron
✆ 05 58 97 33 35
www.tursan.fr
Ouvert d'avril à fin septembre, du mardi au samedi de 10h à 13h et de 16h à 19h. Boutique en ligne. Visite à Geaune.

Ici, c'est Lucie qui vous proposera de découvrir et déguster les vins AOP Tursan, IGP Landes et le fameux Rosé des sables de l'Océan. Elle pourra vous expliquer que les raisins sont récoltés à maturité, vendangés et travaillés par une équipe technique, responsable de la qualité des vins que vous retrouverez à la vente. Le fonctionnement est celui d'un grand domaine. Les vins sont mis en bouteille à la propriété à Geaune, là où sont organisées les visites.

VIELLE-SAINT-GIRONS

Vielle et Saint-Girons sont distants de 4 kilomètres. Entre 1790 et 1792, les deux paroisses furent réunies pour ne former qu'une seule commune. Une colonne de « sauveté », vestige du Moyen Âge s'élance dans le village, dans le lotissement Les Chênes. Petite station balnéaire au cœur de la forêt landaise, Vielle-Saint-Girons possède de multiples attraits. La nature y est omniprésente avec ses 13 kilomètres de plage, son lac accessible à la baignade et le courant d'Huchet avec sa réserve naturelle. La plage et le lac offrent tout un éventail d'activités nautiques. On trouve également des sentiers pédestres balisés, sans oublier la Vélodyssée.

DOMAINE NATURISTE ARNAOUTCHOT €€

5006, route de Pichelèbe ✆ 05 58 49 11 11
www.arna.com
Ouvert d'avril à fin septembre. Location à partir de 273 €/semaine. Spa Les Bassins d'Arna. Restauration.

Les Landes sont réputées pour accueillir les plus grands centres naturistes français. Le Domaine Arnaoutchot est un vrai « petit » village, convivial et accueillant avec son espace aquatique, son espace bien-être Les Bassins d'Arna, ses loisirs, ses commerces et de nombreux services. Côté hébergement, on trouve des emplacements de camping, des chalets en bois, des cabanes toilées, des cottages et des mobil-homes, mais aussi des roulottes ou encore des Coco Sweets. Accès plage direct !

PLAGE DE LA LETTE BLANCHE

Plage de la Lette Blanche
www.cotelandesnaturetourisme.com
Accès libre. Surveillée l'été de 11h à 19h.

« La Lette », comme la surnomment les locaux, est une somptueuse plage de sable fin proche de Vielle-Saint-Girons et Léon. À l'écart de la civilisation et de l'agitation touristique, c'est l'une des plages les plus sauvages et préservées des Landes, adorée des amoureux de la nature et du calme. Profitez d'une session de surf, de bodyboard ou de baignade, le tout surveillé l'été, ou bien profitez-en pour vous prélasser au soleil et au calme. Chiens tenus en laisse autorisés.

LES TOURTERELLES**** €€

Route de la Plage ✆ 02 53 81 70 00
www.ms-vacances.com
Ouvert de mai à fin septembre. Emplacementdès 142 €/sem. Hébergements locatifs dès 270 €/sem. Animations.

Le Camping Campéole Les Tourterelles****, avec accès direct à la plage, vous offre une promesse d'évasion et de reconnexion pour toute la famille. Espace bien-être, piscine chauffée, mini-golf, terrains multisports... Et nouveautés 2025 : une salle fitness, des installations «street-workout» et une nouvelle scène ! Du dynamisme des tournois sportifs au farniente au bord de l'eau, de l'exaltation sur les 5 toboggans à sensations aux ateliers captivants pour les enfants, sans oublier les sessions de surf et les balades à vélo, les vacances s'annoncent inoubliables !

LE COL VERT**** €€

1548, route de l'Étang
✆ 05 58 42 94 06
www.sandaya.fr
Ecolabel européen. D'avril à fin septembre. Emplacement dès 82 €/semaine ; cottage (4-6 pers.) à partir de 293 €.

Difficile d'être hébergé plus près du lac ! Ce camping aux diverses facettes vous propose les meilleurs services pour vos vacances « détente » : spa et espace bien-être, navette gratuite en juillet et août pour se rendre à Saint-Girons Plage, espace aquatique, animations en soirée sous le grand chapiteau... À disposition : des emplacements nus si vous êtes adeptes du camping ou du camping-car, des mobil-homes avec terrasse, des cottages jusqu'à 10 personnes, des lodges toilés et des tentes Coco Sweet. La Vélodyssée passe devant le camping.

LA FERME D'HUCHET €€

127, rue Cante Coucut
✆ 05 58 47 51 91
Ouvert toute l'année du jeudi au samedi le midi et le soir ; le mardi et dimanche midi. Formule midi : 16 €. Terrasse.

De la productrice à l'assiette, c'est la promesse que vous fait La Ferme d'Huchet ! À deux pas du lac de Léon, ce restaurant bistronomique vous accueille dans une ambiance familiale et conviviale. Des plats faits maison à retrouver en menu ou à la carte : velouté d'oignon et de châtaigne et son œuf parfait, poêlée de chipirons au piment d'Espelette, saumon rôti, joue de bœuf au vin rouge... Sans oublier les desserts qui nous font saliver, la fameuse crème brûlée, la tarte citron meringuée ou encore l'entremets à l'orange et sa mousse d'agrumes. Pensez à réserver !

Les Clefs d'Argent
Eugénie & Christophe
Dupouy

Les Clefs d'Argent

LA MAISON DES PAYSANS LANDAIS

66, route de l'Etang
✆ 06 88 49 62 77
De mi-juin à mi-septembre, ouvert tous les jours de 10h à 14h et de 17h à 20h. En continu de mi-juillet à fin août.

Depuis plus de 20 ans, cette petite boutique de producteurs accueille les gourmands et les amoureux du terroir. Au pied du château d'eau à Vielle-Saint-Girons, faites une halte pour une dégustation gratuite de leurs produits : conserves de canard et de porc de Chalosse (bio), foie gras, asperges, fromages, pâtisseries bio, produits de la ruche, épicerie régionale, vins de Gascogne et armagnac... Sans aucun doute, vous repartirez le panier bien rempli !

RANCH KABAHINA €€

986, Route de Traouquelane
✆ 06 73 05 35 59
https://ranchkabahina.com
Chambre double à partir de 100 €. Golf. Équitation.

À 15 min des plages, niché au milieu des champs, le Ranch Kabahina conjugue golf, équitation et bien-être. Avec une vue exceptionnelle sur le green, sur la terrasse ou sur la forêt du Ranch et les chevaux, vous séjournerez dans l'une des 4 chambres d'hôtes confortables, ultra modernes et spacieuses, avec salle de bain privative, télévision, wifi, machine à café et bouilloire. Vous pouvez même choisir la quiétude de la cabane au cœur de la forêt avec sa belle terrasse. Le Domaine Kabahina en une phrase ? La sérénité au cœur de la campagne.

MAX RESPECT

5054, route de la Plage ✆ 05 58 47 91 27
www.max-respect.com
De mars à novembre de 10h à 18h (juillet-août de 9h à 19h). Séance découverte dès 40 €. Stages. Location matériel.

A la découverte de l'océan et de la glisse, l'école *Max Respect*, – labellisée « Ecole Française de Surf » depuis 1997 –, vous accueille dans une ambiance conviviale et bienveillante pour vous faire partager la passion du surf. Les moniteurs, diplômés et expérimentés, vous propose un enseignement adapté à tous les niveaux, du débutant au surfeur confirmé. De la séance découverte au mini-stage en passant par le stage intensif, l'école de surf et body board est accessible dès 6 ans. Les enfants pourront ainsi découvrir les joies des premières glisses. Aussi à Contis.

GÎTE GOLF'INN SAUBUSSE••••• €€

180, route du Sablar - **SAUBUSSE**
✆ 05 58 98 16 41
www.golfinn-saubusse.fr
Gîtes de France (4 épis). Ouvert toute l'année. Pour 6 personnes (125 m², 2 chambres). A partir de 780 €/semaine.

Vous aimez le golf ? Le gîte Golf'Inn à Saubusse est l'hébergement qu'il vous faut ! Pour 4 à 6 personnes, ce gîte aura tous les arguments pour vous convaincre, à commencer par son chalet abritant un simulateur de golf Trackman, son putting green de 6 trous en gazon artificiel et son spa de nage chauffé. Le tout, à proximité d'une dizaine de parcours de golf, des belles plages du sud des Landes et d'une station thermale. Un séjour de rêve en perspective !

SAINT-GEOURS-DE-MAREMNE

Porte d'entrée du territoire depuis Bordeaux, à la croisée des chemins menant vers Biarritz et Dax, Saint-Geours-de-Maremne est un carrefour géographique stratégique. Bénéficiant d'une situation privilégiée, le village voit converger l'autoroute Paris-Bordeaux-Espagne, la 2 x 2 voies menant à Dax et à Mont-de-Marsan (préfecture des Landes), la liaison vers l'autoroute Pau-Toulouse et celle permettant de rejoindre les stations côtières landaises. Son nom occitan gascon est *Sent Jorns de Maremne*. Vous y trouverez, par ailleurs, l'entreprise et la boutique Labeyrie (Labeyrie Fine Foods), fleuron de la gastronomie, et notamment du foie gras.

LA GUINGUETTE - LA MARQUÈZE €€

226, route de l'Adour
JOSSE
✆ 05 58 41 43 38
Ouvert du mercredi au dimanche le midi et le soir. Ouvert le mardi l'été. Formule midi : 16,50 €.

A 10 minutes de Saint-Geours-de-Maremne et de Saint-Vincent-de-Tyrosse, *La Guinguette* est le genre d'adresse où l'on se sent bien. Au programme : un déjeuner ou un dîner en famille, un apéro-pétanque entre amis, un repas de groupe, une ambiance musicale le dimanche midi, une privatisation pour un événement... C'est un véritable lieu de vie qui profite d'une grande terrasse (aussi les pieds dans l'herbe) au bord de l'Adour. On y déguste une cuisine maison, locale et de terroir.

DAX ★★

Aquae, Acqs, d'Acqs, Dax... Les noms successifs témoignent de la spécificité de cette ville d'eau et de thermalisme avec la fameuse source de La Nèhe à 64 °C. Cette eau thermale mélangée au limon de l'Adour donne « Terdax, le péloïde de Dax », la célèbre boue utilisée dans l'ensemble des établissements thermaux de la ville (13 dont un hôpital thermal). Les Romains baptisèrent cette cité *Aquae Tarbellicae*, du nom des Tarbelles qui occupaient les lieux lors de leur arrivée et du fait de la présence des sources chaudes. Cette tribu indigène avait construit une cité lacustre sur le fleuve. Au XIIe siècle, Aliénor d'Aquitaine épouse le futur roi d'Angleterre, Henri II Plantagenêt, la ville passe alors sous domination anglaise et le reste jusqu'à la fin de la guerre de Cent Ans. Au XIXe siècle, afin d'ouvrir la ville et développer l'activité thermale, les Dacquois détruisent les remparts et le château fort médiéval. A la même époque, Dax bénéficie du goût prononcé de Napoléon III et de l'impératrice Eugénie pour les villes d'eaux. En 1894, on construit un premier complexe thermal. Aujourd'hui, plus de 60 000 curistes se rendent chaque année dans la première destination thermale française, dont les vertus thérapeutiques sont reconnues, notamment en matière de rhumatologie et de phlébologie. Située à moins de quarante minutes de l'océan, aux confins de la Chalosse et du Marensin et en bordure de forêt, Dax, par son environnement préservé, cumule les atouts. Ville commerçante et accueillante, sa qualité d'importante cité thermale lui confère une grande capacité d'accueil marquée par de multiples escales gourmandes.

ADOUR AVENTURE

520, route de Buglose - **TÉTHIEU**
✆ 06 47 16 95 82
https://adouraventure.fr/
D'avril à fin octobre et pendant les vacances scolaires. Accrobranche : 11 à 19 €. Trottinette électrique : 25 à 40 €.

A 10 minutes de Dax, sur la D824 en direction de Mont-de-Marsan, Adour Aventure est un parc de loisirs réunissant un parc accrobranche pour les grands et les petits à partir de 3 ans (1 mètre bras levés), ainsi que 3 parcours de randonnées en trottinette électrique tout-terrain (à partir de 12 ans). Bref, un grand terrain de jeu aussi pour organiser un anniversaire ou un EVG/EVFJ. Sur place, on profite d'un petit espace de restauration. De plus, un jeu de piste pour les enfants est organisé à toutes les vacances scolaires. Soirée semi-nocturne en été.

LES ARÈNES ★

2, boulevard Paul Lasaosa ✆ 05 58 90 99 09
www.dax-tourisme.com
Accès libre et gratuit du lundi au samedi de 14h à 18h. Visites guidées via l'Office de Tourisme, adulte : 12 €.

Si les arènes furent édifiées en 1913, puis agrandies en 1932, l'histoire de la tauromachie a d'abord débuté dans les rues de la ville en 1784 et sur la place de la Course à partir de 1813, avec les premières arènes en bois. L'édifice actuel, conçu par l'architecte Landais Albert Pomade dans un style hispano-mauresque, constitue une imposante bâtisse aux tuiles et aux persiennes rouges sur fond blanc. Son architecture évoque les *plazas de toros* de Séville, Cordoue et Grenade. Avec une capacité de 8 000 places assises, ce sont les plus grandes arènes des Landes.

Les arènes.

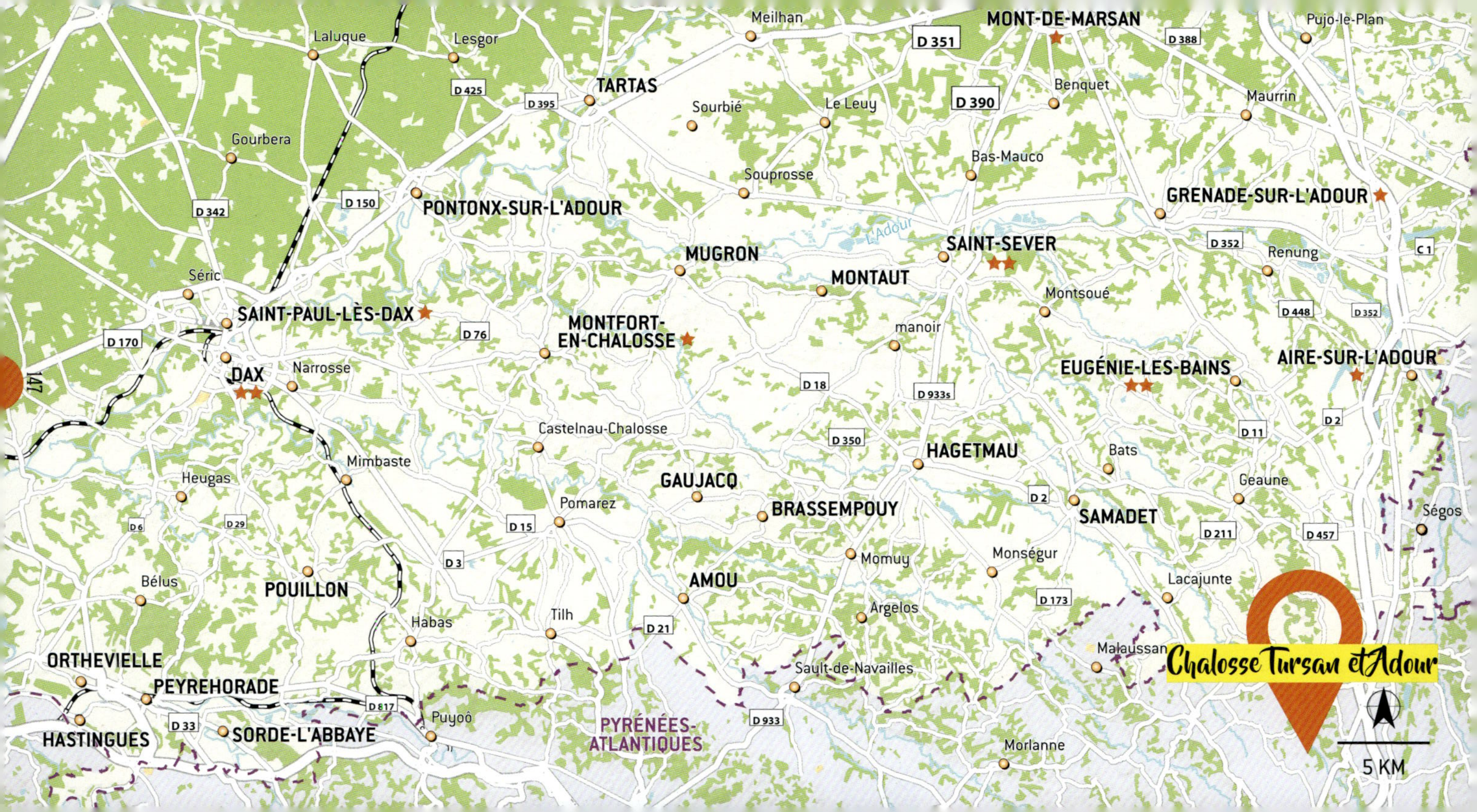

Chalosse Tursan et Adour
5 KM
MONT-DE-MARSAN
Meilhan
Pujo-le-Plan
Laluque
Lesgor
TARTAS
Sourbié
Le Leuy
Benquet
Maurrin
Gourbera
Bas-Mauco
Souprosse
PONTONX-SUR-L'ADOUR
GRENADE-SUR-L'ADOUR
L'Adour
SAINT-SEVER
Renung
MUGRON
MONTAUT
Séric
Montsoué
SAINT-PAUL-LÈS-DAX
manoir
MONTFORT-
EN-CHALOSSE
DAX
Narrosse
EUGÉNIE-LES-BAINS
AIRE-SUR-L'ADOUR
Castelnau-Chalosse
HAGETMAU
Bats
Mimbaste
Heugas
GAUJACQ
Geaune
Pomarez
BRASSEMPOUY
SAMADET
Ségos
Momuy
Monségur
Bélus
POUILLON
AMOU
Lacajunte
Argelos
Tilh
Habas
Malaussan
Sault-de-Navailles
ORTHEVIELLE
PEYREHORADE
Puyoô
HASTINGUES
SORDE-L'ABBAYE
PYRÉNÉES-
ATLANTIQUES
Morlanne
D 351
D 388
D 425
D 395
D 390
D 342
D 150
D 352
C 1
D 448
D 170
D 76
D 18
D 933s
D 2
D 11
D 350
D 6
D 29
D 15
D 211
D 457
D 3
D 173
D 21
D 817
D 33
D 933
147

CATHEDRALE NOTRE-DAME

Place Roger Ducos ✆ 05 58 90 80 02

Ouvert du lundi au samedi de 9h à 12h et de 14h30 à 19h ; le dimanche de 9h à 12h et de 16h à 19h (hors cérémonies).

Edifiée entre le milieu du XVIIe siècle et la fin du XIXe siècle, la cathédrale Notre-Dame de Dax de style classique « néo-grec » est ouverte tous les jours. Ce que l'on peut voir à l'intérieur et qui mérite le coup d'œil ? La porte ogivale dite des apôtres, vestige de l'ancienne cathédrale gothique du XIIIe siècle. Vous verrez également de beaux tableaux, notamment celui de *Jésus et ses disciples* de Honthorst et *L'Adoration des Bergers* de Hans Von Aachen. Profitez de la visite guidée gratuite organisée par l'office de Tourisme le jeudi à 16h de mai à octobre.

LA FONTAINE CHAUDE

Place de la Fontaine Chaude

Accès libre. L'Office de Tourisme propose régulièrement des visites autour du thermalisme et du patrimoine de Dax.

Aussi appelée « source de la Nèhe » du nom d'une déesse celte des eaux, la Fontaine Chaude est le symbole de la station thermale. Des bienfaits des eaux de Dax est née une légende, celle du légionnaire romain. En garnison à Dax et convaincu que son chien perclus de rhumatismes ne pourrait le suivre au cours de ses missions, il décida de mettre un terme aux souffrances du canidé en le jetant dans l'Adour. À son retour d'Espagne, il retrouva son chien guéri par la boue thermale dans laquelle il avait échoué. C'est ici que commence l'histoire du thermalisme dacquois.

DOM-ART GALERIE

44, rue Neuve ✆ 05 58 58 17 64

www.dom-art.fr

Ouvert toute l'année. Du mercredi au samedi de 15h à 19h. Entrée libre. Visite guidée (sur rendez-vous).

Contraction de « Domus Artis », Dom-Art est une galerie consacrée à l'art contemporain. Elle occupe une maison adossée à un rempart du IVe siècle. Superbement restaurée, elle est ouverte à tous, érudits ou profanes, pour apprécier des artistes qui confient leurs œuvres pour quelques jours ou quelques mois. C'est l'occasion d'apprécier en toute tranquillité le travail de peintres, des sculpteurs, des céramistes ou des maîtres verriers comme le Landais Xavier Carrère. L'émotion est finalement la seule référence. On vous accueille avec beaucoup de professionnalisme.

LE MOULIN DE BÉNESSE

BÉNESSE-LÈS-DAX

https://www.moulindebenesselesdax.fr/

D'avril à novembre. Haute saison : du mercredi au dimanche. Visites guidées en juillet août. Adulte 5 €, 10-18 ans 3 €.

Perché sur une colline de 97 mètres, l'unique moulin à vent des Landes a plein d'arguments pour séduire les amateurs de beaux paysages. La Chalosse à ses pieds, il se dresse devant la chaîne des Pyrénées, du Pic du Midi de Bigorre à la Rhune. Le spectacle pourrait se suffire à lui-même, mais une visite du moulin s'impose, car sous ses ailes, ses pierres et son impressionnante charpente, se cache une histoire d'hommes, de cœur et de sueur. Et un meunier ! Immersion dans la vie du moulin au 19e siècle lors d'une visite guidée, ou avec un casque de réalité virtuelle.

DOMAINE DU SARRAT

Rue du Sel Gemme

✆ 06 99 70 37 32

www.dax.fr

De mars à octobre. Eco-Jardin. Visites guidées sur réservation. Adulte : 5 € ; gratuit pour les scolaires et étudiants.

Le Domaine du Sarrat est inscrit à l'inventaire supplémentaire des Monuments historiques. Ce parc a été légué à la ville en 1988 par René Guichemerre, un architecte landais, qui y avait érigé sa résidence principale. La maison, inspirée du style californien des années 30, se visite. Côté parc, on se laisse guider sur 3,6 hectares, parmi plus de 1 200 arbres de 27 familles différentes et 1 500 arbustes. Le recensement de deux espèces rares a permis de classer ce site parmi les conservatoires naturels. Un compromis entre style à la française et style paysager.

MUSÉE DE BORDA ★

11 bis, rue des Carmes ✆ 05 58 74 12 91

www.museedeborda.fr

Ouvert du mardi au dimanche de 10h à 12h30 et de 14h à 18h. Fermeture exceptionnelle durant la Feria de Dax.

Le musée de Borda ne doit pas son nom au naturaliste et paléontologue Jacques-François Borda d'Oro (précurseur de la Préhistoire), mais à son parent, le navigateur et scientifique, Jean-Charles, chevalier de Borda. Situé dans l'ancienne église du couvent des carmélites datant de 1523, le musée présente des expositions temporaires (archéologie de la Préhistoire, époque médiévale, ethnologie locale et extra-européenne, sciences de la nature...). Depuis 2024, le musée a restructuré son espace d'accueil et propose une nouvelle scénographie au niveau de la basilique.

AGGLOMÉRATION DU GRAND DAX

20, avenue de la gare
✆ 05 58 56 39 40
www.grand-dax.fr
Ouvert du lundi au vendredi de 8h30 à 12h20 et de 13h40 à 17h30.

Le Grand Dax, c'est 58 000 habitants, 20 communes, 1 réseau de transport urbain Couralin, 15 établissements thermaux, 1 centre aquatique, des zones piétonnes, mais aussi des actions mettant en lumière les producteurs locaux et le patrimoine culinaire. C'est également de nombreuses voies vertes. Comme le nouveau tracé de la Scandibérique, longeant l'Adour entre les communes de Rivière-Saas-et-Gourby et Saint-Paul-lès-Dax, et qui sera terminé en 2025.

MUSÉE DE L'ALAT ET DE L'HÉLICOPTÈRE ★

58, avenue de l'Aérodrome ✆ 05 58 74 66 19
www.museehelico-alat.com

Ouvert de mars à novembre. Adulte : 6 €. Enfant 12-17 ans : 2,50 €. Visites guidées sans supplément (mardi et vendredi)

Au sud de Dax près de l'aérodrome, le musée de l'ALAT (Aviation Légère de l'Armée de Terre) et de l'Hélicoptère est un organisme militaire situé près de l'école des pilotes d'hélicoptères. Les visites guidées et commentées ont lieu le mardi et le vendredi à partir de 14h30. Comptez 2 heures. Les autres jours, les visites sont libres. Les 45 aéronefs, déployés sur 7 000 m², et autres objets et souvenirs, vous éclaireront sur l'aventure de l'aviation légère et de l'armée de terre.

MUSÉE GEORGETTE DUPOUY ★

2, place du Présidial
✆ 05 58 56 04 34

Ouvert du lundi au samedi de 14h à 18h ; le dimanche de 15h à 18h. Adulte : 2,50 €.

Ce musée a pour vocation de présenter le parcours international de Georgette Dupouy, peintre française du XXe siècle, née à Paris en 1901. Une soixantaine de toiles, ainsi qu'une reconstitution de son atelier, illustrent l'histoire de cette femme décédée à Dax en 1992. Georgette Dupuy a fait le tour du monde aux côtés des plus grands noms de la peinture : Chagall, Corot, Dali, Miró, Picasso, Renoir, Utrillo... Chaleureusement protégé par des passionnés et une poignée de bénévoles méritants, le musée ouvre aussi sa galerie à d'autres artistes d'ici et d'ailleurs.

OBSERVATOIRE ASTRONOMIQUE

Rue Pascal Lafitte
✆ 05 58 56 14 47
http://obsdax.astrosurf.com

Ouvert au public le vendredi soir à partir de 21h. Adulte : 5 €. Enfant : 3 €. Visite guidée.

De 1976, c'est l'un des premiers observatoires amateurs. Il fut le théâtre de la première découverte mondiale d'une comète par un amateur avec une caméra CCD. C'est également ici qu'ont été découverts 5 astéroïdes orbitant entre les planètes Mars et Jupiter. Siège de la Délégation régionale aquitaine de la Société astronomique de France, il possède une section météo, nombreux instruments d'observation, traitement et acquisition d'images et un planétarium à découvrir lors de la visite.

VISITE « L'ATRIUM »

1, cours Maréchal Foch
✆ 05 58 56 86 86
www.dax-tourisme.com

Visite guidée (par l'Office de Tourisme. Dates et horaires sur le site). Adulte : 12 €. Enfant : 5 €.

Inaugurée en 1928, on doit l'Atrium aux architectes André Granet et Roger Henri Expert, lequel s'illustrera avec la salle Pleyel (Paris) et le paquebot *Normandy*. L'architecture était mal adaptée au climat océanique, des travaux de restauration furent nécessaires. Lors de votre visite, laissez-vous impressionner par les somptueux décors somptueux gravés sur des panneaux de stuc dorés et argentés caractéristiques des Années Folles. Ce nouvel ensemble est inscrit à l'Inventaire supplémentaire des Monuments historiques depuis 1986.

MAIRIE DE DAX

Rue Saint-Pierre
✆ 05 58 56 80 00
www.dax.fr

Ouvert du lundi au vendredi de 8h30 à 12h et de 13h30 à 17h30 ; le samedi de 9h à 12h.

La mairie de Dax est accessible par la rue Saint-Pierre, mais aussi depuis les jardins où se déroulent les rassemblements citoyens et les animations tout au long de l'année. Le square Max Moras accueille le monument aux Morts et des sculptures de Monette Loza. La ville est jumelée avec Logroño, en Espagne, depuis 1963. Pour connaître la programmation culturelle de la Ville de Dax, vous pouvez vous abonner à la newsletter culture. Le coup d'envoi de la Feria est donné sur le parvis de la mairie, lors de la remise des clés de la ville aux jeunes par le Maire.

OFFICE DE TOURISME DE DAX

11, cours Foch ✆ 05 58 56 86 86
dax-tourisme.com

Qualité Tourisme. Accueil vélo. Ouvert toute l'année. Visites guidées. Wifi gratuit. Label Tourisme & Handicap.

Férias, thermalisme, gastronomie landaise, art déco, street art... Voilà autant d'atouts qui devraient vous encourager à rester pour une escapade de plusieurs jours. L'office de tourisme vous propose de nombreuses activités et visites thématiques. L'occasion de découvrir des sites incontournables et de vivre des moments de convivialité dans des endroits méconnus. Sur place : service de billetterie, centrale de réservation pour les cures thermales, boutique (produits Dax & Terra)...

EPOK'TOUR DAX

Devant la porte principale des arènes, 1 Bd Paul Lasaosa ✆ 07 66 10 57 96
https://epoktour.fr
Min 6 adultes. Réservation sur internet. Départ des Arènes à 10h et 15h. Adulte 12 €, enfant 5 € à 7 €, gratuit -9 ans.

Visitez Dax autrement ! Avec Epok'tour, plongez en 1913 accompagné et guidé par une dacquoise de cœur en costume d'époque et imprégnez-vous de l'ambiance thermale et festive de la ville au XXe siècle. Vous revivrez les événements de cette période marquée par les progrès technologiques à travers une visite ludique et interactive ponctuée d'anecdotes historiques surprenantes. Au départ des arènes, vous passerez par la Place de la Course, la Promenade des Remparts, les Berges de l'Adour ainsi que devant les villas balnéaires du quartier thermal.

HOTEL DE JOUVENCE €

18, rue de la Fontaine Chaude
✆ 05 58 90 16 46
www.hoteldejouvence.fr
Ouvert toute l'année. Chambre double à partir de 59 €. Petit déjeuner : 8,90 €. Forfait curistes.

La rue piétonne de la Fontaine Chaude est le point de départ idéal pour découvrir les remparts, les arènes, les berges de l'Adour, les commerces et les restaurants de la ville. Avec ses chambres spacieuses, l'hôtel de Jouvence est d'un bon rapport qualité-prix pour une étape, un séjour ou dans le cadre d'une cure thermale de 7 à 21 jours en demi-pension ou pension complète. Le petit-déjeuner peut être servi en chambre. Parmi les services proposés : blanchisserie, *room service* avec un restaurant partenaire extérieur... Parking public à proximité.

LES CHÊNES**** €€

Allée du Bois de Boulogne ✆ 05 58 90 05 53
www.camping-leschenes-dax.com
Ouvert de mars à novembre. Emplacement à partir de 19 €/nuit. Location pavillons et mobil-homes de 475 à 690 €/semaine.

A 2 km du centre-ville de Dax, à l'orée du Bois de Boulogne, ce camping bénéficie d'un cadre unique pour un séjour en cure ou pour passer des vacances en famille. Dans ce camping créé par Pierre Albaladejo et son épouse, toute l'équipe vous accueille dans une ambiance familiale où joie de vivre et convivialité sont les maîtres mots. Le camping possède un parc locatif varié (pavillons meublés et mobil-homes entièrement équipés) ainsi que des emplacements pour caravanes ou camping-cars au sein d'une chênaie centenaire et d'un magnifique parc aux essences variées.

LA DEMEURE DU HOURNE €€

250, chemin du Hourne - **SAINT-PANDELON**
✆ 06 02 28 96 97
lademeureduhourne.wordpress.com
Gîtes de France (2 épis). Ouvert toute l'année. 2 chambres doubles de 74 € à 85 €. Bain bouillonnant. Piscine.

Attenantes à la maison principale, les deux chambres doubles ont été créées de toute pièce. Avec beaucoup de goût, Isabelle les a décorées dans des tons doux actuels. Climatisation réversible, douche à l'italienne et literie en 160, plateau de courtoisie, peignoirs... Rien n'est laissé au hasard ! Au jardin, vous profiterez de la piscine et du spa en toute liberté. Et vous apprécierez certainement les terrasses privatives de chacune des chambres. Au petit-déjeuner : jus d'oranges pressées, yaourts et gâteaux faits maison... Il y a aussi un gîte pour 4 personnes.

MAISON BALME €€

Place de la Cathédrale
✆ 05 58 90 21 07
www.maisonbalme.com
Ouvert du mardi au jeudi de 8h à 14h ; le vendredi de 8h à 18h ; le samedi de 7h à 18h ; le dimanche de 8h30 à 14h

© BALME

Pour une pause déjeuner, c'est à Maison Balme qu'il faut s'arrêter ! Ici, on retrouve la truffe dans tous ses états, et toute l'année, pour une expérience culinaire unique qui régale le palais des fins gourmets. On y trouve des produits phares comme la crème de parmesan à la truffe et on y déguste des plats gourmands comme leur iconique croque martine, le sandwich à la truffe maison, les coquillettes et brouillade à la truffe ou encore la traditionnelle planche de charcuterie ibérique réconfortante. Une belle adresse qui donne rendez-vous aux amateurs de terroir.

LANDES

CHEZ SIMONE €€

37, avenue Auguste Duhau
BÉNESSE-LÈS-DAX
✆ 05 58 98 70 22
www.restaurant-chezsimone.fr
Du mercredi au dimanche midi. Menus de 30 € à 40 €. Carte : 38 € environ. Menu du jour : de 13 à 16 €. Vente à emporter.

© SIMONE

Dans le coin, tout le monde connaît cette auberge de campagne tenue par Michèle et Bernard Paysan. A dix minutes du centre-ville de Dax, tout près du Moulin de Bénesse, Chez Simone, on déguste une cuisine simple et généreuse, inspirée du terroir du Sud-Ouest. Il y a même des plats qu'il faudra commander la veille comme ce chausson en feuilletage fourré au foie gras et magret de canard ou jusqu'à 3 jours, voire une semaine avant votre venue, pour partager la poule au pot farcie. Pensez à réserver, mais aussi aux plats à emporter (sur commande la veille).

LE DOMAINE DE L'ESPERON €€

1940, route de Tercis
✆ 05 58 89 81 43
www.domainedelesperon.fr
Fermé en janvier. Chambre double à partir de 60 €/nuit. Petit déjeuner : 10 €. Forfaits curistes. Séminaires. Sauna.

Situé sur la route de Tercis, à la limite entre Dax et Oeyreluy, le Domaine de l'Esperon est une vieille bâtisse datant du XIXe siècle qui se trouve au centre d'un airial bien ensoleillé. Le Domaine de l'Esperon a longtemps appartenu à une famille dacquoise qui y a vu grandir ses 8 enfants. Six des huit chambres sont équipées d'une literie 180 x 200 et disposent d'un coin cuisine, avec four et réfrigérateur, pour un séjour en parfaite autonomie. Le petit-déjeuner est servi dans une annexe attenante à une petite salle de fitness et un sauna.

DOMAINE DE POUMATAN*** €€

195, route d'Angoumé - **RIVIÈRE-SAAS-ET-GOURBY**
✆ 06 83 05 85 75
www.landes-gites-de-poumatan.com
Gîtes de France. Chambres d'hôtes : de 95 € à 160 €/nuit. Gîte (6 pers.) : de 320 € à 720 €/semaine. Forfait curiste.

A 10 km de Dax, sur la rive droite de l'Adour, dans le village de Rivière-Saas-et-Gourby, le Domaine de Poumatan est un endroit paisible où séjourner en configuration chambre d'hôtes ou dans l'un des deux gîtes pour vos vacances ou vos cures thermales. Aménagés pour accueillir 3 et 6 personnes, les deux gîtes sont de plain-pied avec une terrasse pour l'un et deux terrasses ainsi qu'un jardin clos pour l'autre. Parking dans la propriété, garage à vélos, cuisine d'été, recharge électrique, équipement bébé. La chambre cigogne dispose d'un hammam et sauna privatifs.

DOMAINE HIAS €€

55, route du Château d'Eau - **ANGOUMÉ**
✆ 05 58 97 50 48
www.gite-hias.com
Gîtes de France (3 épis). Ouvert toute l'année. Pour 4 personnes (65 m²) à partir de 390 €/semaine. Forfait curiste.

Aux portes de Dax, à 25 min des plages, 45 min du Pays basque et moins d'1h de l'Espagne, le Domaine Hias est un petit coin de paradis parfaitement adapté aux séjours en couple, en solo ou en famille. Outre le gîte, le domaine abrite un appartement et des chambres d'hôtes. Ces hébergements conviennent aux curistes puisque les thermes (Dax, Saint-Paul-lès-Dax, Saubusse…) ne sont pas très loin. Côté loisirs, vous pourrez librement piquer une tête dans la piscine chauffée ou encore vous ressourcer en profitant des espaces extérieurs. Location au mois possible.

LA FERME DU PEYRONIN €€

1351, route de Loustaou
HEUGAS
www.gites-de-france-landes.com
Gîtes de France (3 épis). Chambre double dès 70 €. Suite 80 €. Petit déjeuner inclus. Table d'hôtes sur réservation.

Au cœur de la campagne landaise, La Ferme du Peyronin promet un séjour ressourçant dans un environnement privilégié. Idéal pour profiter pleinement de la campagne landaise, à quelques encablures de Dax. L'ancienne ferme, récemment rénovée, propose deux belles chambres dont une suite familiale. Au dîner, la table d'hôtes (sur réservation) met en avant la richesse de la cuisine landaise. Et côté farniente, on apprécie particulièrement les transats le long du couloir de nage, bordé d'un magnifique jardin fleuri. Un véritable havre de paix.

GÎTES DE FRANCE LANDES €€

1, avenue Eugène Milliès Lacroix
✆ 05 25 00 64 40
www.gites-de-france-landes.com
Du lundi au vendredi de 9h à 13h et de 14h à 18h. Permanence téléphonique du lundi au samedi de 8h30 à 18h.

Comme celle de Mont-de-Marsan, l'agence de Dax est une centrale de réservation et un lieu où les touristes, les curistes et les locaux peuvent se renseigner sur les locations disponibles dans le département. Vous profiterez ainsi des offres de séjour et des centaines de logements de vacances parmi lesquelles on trouve des hébergements labellisés Tourisme et Handicap et des écogîtes. Avec son équipe 100 % locale, les Gîtes de France Béarn – Pays basque – Landes assurent la garantie qualité, la garantie réservation et la garantie des avis clients certifiés.

IBIS STYLES DAX MIRADOUR*** €€

4, avenue Milliès Lacroix
✆ 05 58 56 77 77
https://all.accor.com
Ouvert toute l'année. Accueil 24h/24. Chambre double dès 85 €. Petit déjeuner inclus. Restauration.

Promenades aménagées sur les berges, passerelle multicolore donnant sur le quartier du Sablar, terrasses... L'hôtel ibis Styles Dax Miradour se dresse sur les bords de l'Adour, à proximité des commerces et des attraits de la ville. Alors que le restaurant vous propose une cuisine traditionnelle et des formules « soirée étape », le bar vous sert des en-cas 24h/24. Les curistes ont accès aux soins depuis l'hôtel. Idéal pour les séjours affaires ou loisirs.

A LA VILL'ADOUR €€

6, boulevard de Poyusan ✆ 06 32 33 59 98
www.chambresdhotes-dax.fr
Gîtes de France. Ouvert toute l'année. Chambre double à partir de 69 €/nuit. Forfait curistes. Table d'hôtes.

A 5 minutes des rives de l'Adour, 8 minutes de la Fontaine d'eau chaude et à peine plus des Arènes, la Vill'Adour est vraiment le genre d'endroit à garder précieusement dans son carnet d'adresses. Pas de voiture ? Vous n'êtes qu'à 2 km de la gare de Dax. Inutile de rajouter que vous rejoindrez les plages océanes en moins d'une heure. Le Pays Basque est proche lui aussi. Dans cette maison de 1900, les chambres d'hôtes sont conçues pour accueillir deux personnes, voire une troisième avec un lit supplémentaire. Pour le reste, Guylaine et Stéphane s'occupent de tout.

MAISON DES 5 FLEURS €€

1480, route de Bénesse - **HEUGAS**
✆ 06 62 04 46 20
www.gites-de-france.com
Gîtes de France (2 épis). 4 chambres de 70 € à 120 €/nuit. Gîte (14 personnes) à partir de 1105 €/semaine. Parking.

Myriam et Philippe vous ouvrent les portes de leur ancienne ferme landaise entièrement rénovée. La Maison des 5 fleurs, vous permettra de profiter à la fois de la campagne landaise et de l'océan. Le lieu dispose de 4 chambres, soit 14 couchages au total. Les grands groupes pourront louer la maison en configuration gîte, et profiter pleinement de ce havre de paix. Les vacanciers qui posent leur valise ici apprécient piquer une tête dans la piscine après une journée de visite, s'installer à l'ombre de la terrasse pour lire au soleil, ou contempler le jardin.

AU FERLEO €€

51, route de Dax
HINX
✆ 05 58 77 60 74
www.au-ferleo.fr
Du lundi au jeudi le midi ; vendredi-samedi midi et soir. Formule du midi : dès 14 €. Menu carte : de 29 € à 37 €

© AU FERLÉO

Depuis sa cuisine ouverte, le chef Franck Pons travaille les produits de la région et change sa carte au rythme des saisons. Il n'y a que les incontournables qui restent à la carte (le burger tradition, l'entrecôte à la plancha, la côte de veau de lait rôtie, la tarte Bourdaloue...). Nous, c'est le menu Découverte qui nous fait de l'œil de l'entrée au dessert. Vous hésitez ? Faites confiance à Aurélie, la charmante épouse du chef ! Et comme la carte des vins change régulièrement au Ferléo, on fait souvent d'intéressantes découvertes.

AU PETIT PÉDEGOUATY*** €€

180, impasse de Pédegouaty - **HEUGAS**
✆ 05 58 98 58 39
Chambres d'hôtes de 88 à 98 €/nuit.
*L'été : gîte*** (4/5 personnes) et hébergement insolite «bivouac» 2 personnes.*

Josette et Robert vous accueillent dans une ferme landaise de 1850 rénovée, sur une propriété de 8 500 m², entièrement clôturée et arborée avec une piscine et un espace jeux/détente dans le jardin. Du côté des hébergements, vous aurez la possibilité de séjourner toute l'année dans l'une des deux chambres d'hôtes (label Tourisme et Handicap). Mais, vous choisirez peut-être le gîte*** qui permet d'accueillir jusqu'à 5 personnes (40 m²) ou le « Bivouac » pour deux voyageurs en été. Cette cabane insolite dispose d'un espace couchage toilé au-dessus d'une zone repas.

LE SPLENDID**** €€€

2, cours de Verdun ✆ 05 58 35 20 10
www.splendid-hotel-spa.com
Toute l'année. Chambre double à partir de 86 €. Petit déjeuner : 18 €. Restaurant La Table du Splendid. Bar. Spa.

Emblématique de la ville, ce grand hôtel des années 1930 a rouvert ses portes il y a quelques années, après 2 ans de travaux qui ont ravivé son cachet d'antan. De Sacha Guitry à Hemingway, de grands noms sont passés par là. Aujourd'hui, ce bel hôtel**** offre des chambres aussi spacieuses que raffinées. Si l'établissement a su conserver son style Art déco, il a aussi joué la carte de la modernité avec un spa Cinq Mondes entièrement dédié à la détente. Quant au restaurant bistronomique et sa terrasse de charme, il offre une vue imprenable sur le fleuve de l'Adour.

LES HALLES DE DAX

Place de la Cathédrale
www.dax.fr
Ouvert du mardi au jeudi de 8h à 14h ; le vendredi de 8h à 18h ; le samedi de 7h à 18h ; le dimanche de 8h30 à 14h.

Sous son armature de verre, sa charpente en bois et son toit en zinc, les Halles de Dax abritent une vingtaine de commerçants, parmi lesquels Privilège Gascon (produits du Sud-Ouest), l'Eco-ferme de Téthieu (primeur bio), la Crèmerie Dacquoise, la Cave Dourthe, l'expériment'halle (micro-brasserie) ou encore la Maison Lafitte Foie Gras. Vous trouverez une offre de qualité diversifiée. Il y a aussi un bar-restaurant. Et, à l'étage, la seule et unique Fnac des Landes, avec ses 900 mètres carrés de surface de vente. Elle est ouverte du lundi au samedi de 9h30 à 19h.

LE VALMONT €

43, rue des Carmes
✆ 05 58 90 85 92
Ouvert toute l'année. Lundi et mardi de 12h à 15h ; du mercredi au samedi de 12h à 18h. Réservation recommandée.

Situé dans un hôtel particulier du XVIe siècle, Le Valmont, qui était à l'origine un salon de thé, s'impose désormais comme un restaurant incontournable du centre-ville (le midi uniquement). Ouvert jusqu'à 15h ou 18h, il est toujours possible de venir déguster une délicieuse pâtisserie. Aux beaux jours, le patio est très agréable. Autrement, on se laisse tenter par le menu du jour du chef Yannick Gallouin : pressé de pot-au-feu, croustillant de canard, tartelette choco/passion... Ici, tout est fait maison. Succès oblige, il est fortement recommandé de réserver.

BERNIE & VINCENT €€

377, rue du Bourg - **OEYRELUY**
✆ 05 58 72 13 60
www.bernieetvincent.fr
Collège Culinaire de France. Maître Restaurateur. Du jeudi au dimanche le midi ; du jeudi au samedi le soir. Traiteur.

Derrière la jolie façade en pierre de ce restaurant où l'on retrouve Bernie et Vincent Stafrach, on mitonne les produits du Sud-Ouest dans les règles de l'art avec une subtile imagination. Salade de couteaux à la basquaise, vinaigrette de chorizo et citrons confits ; terrine de foie gras de canard entrelardée de lentilles et pommes de terre ; blanc de bar, risotto tomate et parmesan, écume de coquillages en jus de safran... La patte du Maître Restaurateur est là : « Nous sommes animés par le désir de transmettre l'amour de notre métier ». Réservation recommandée.

LE BISTROT DES VIGNES €€

40, rue Neuve
✆ 05 58 58 45 39
https://lebistrotdesvignesdax.fr/
Ouvert toute l'année, du jeudi au mardi le soir. Carte : 35 € environ (plats à 23 € à 26 €. Réservation recommandée.

Pour vous régaler, la cheffe Stéphanie renouvelle la carte au gré de son imagination. Travailler les produits de saison ? Il n'y a rien de plus naturel pour cette Bretonne qui propose des plats gourmands (pot-au-feu de canard, ravioles parfumées à la truffe, etc.). Avec ceci ? On fait confiance à son mari Stéphane, sommelier de métier, pour le choix de la bouteille ou du verre de vin. Car le Bistrot des Vignes vous propose pas moins de 120 références, dont la moitié en bio ! Des dégustations sont organisées tous les deux mois le mardi soir (sauf l'été).

COMPLICES €€

44, cours Galliéni ✆ 06 81 56 09 51
https://complicesdax.fr/
Du mardi au samedi midi et soir. Brunch du dimanche : 34 €. Menu du midi : de 25 € à 29 €. Réservation recommandée.

Aux commandes de cette adresse incontournable, Sophie et Hugo, un couple de chefs passionnés de gastronomie. Après 11 ans passés derrière les fourneaux d'établissements parisiens renommés, et à voyager à travers plus de 15 pays, ils proposent aujourd'hui une cuisine créative, respectueuse du cycle des saisons, et privilégiant les producteurs locaux. Au menu : butternut cuit à l'étouffée sur lit de foin, magret en basse température et radis daikon confit à la japonaise, pochée à la badiane et à la vanille. Coup de cœur pour le mystérieux menu «carte blanche».

MAISON BALME €€

Place de la Cathédrale
✆ 05 58 90 21 07
www.maisonbalme.com
Ouvert du mardi au jeudi de 8h à 14h ; le vendredi de 8h à 18h ; le samedi de 7h à 18h ; le dimanche de 8h30 à 14h

Pour une pause déjeuner, c'est à Maison Balme qu'il faut s'arrêter ! Ici, on retrouve la truffe dans tous ses états, et toute l'année, pour une expérience culinaire unique qui régale le palais des fins gourmets. On y trouve des produits phares comme la crème de parmesan à la truffe et on y déguste des plats gourmands comme leur iconique croque martine, le sandwich à la truffe maison, les coquillettes et brouillade à la truffe ou encore la traditionnelle planche de charcuterie ibérique réconfortante. Une belle adresse qui donne rendez-vous aux amateurs de terroir.

GAÏA €€

5, rue des Carmes
✆ 06 30 11 72 30
Du lundi au samedi de 11h30 à 15h. Carte : 25 € environ. Vente à emporter. Brunch le samedi. Prestations traiteur.

© GAIA RESTAURANT

Stéphanie et son équipe vous invitent à un voyage culinaire à travers le monde en travaillant des produits frais, locaux et de qualité comme le poulet des Landes, le fromage du Pays basque, le miel de Soustons, et les légumes de la région. Au menu : dosas revisités (spécialités indiennes de légumineuses et riz sans gluten), bouillon thaï au poulet, légumes croquants et soja, gravlax de truite et de savoureux poké bowls… Tout est fait maison, de l'entrée au dessert. Une adresse *healthy* et incontournable où chaque plat célèbre le goût et la fraîcheur.

O'BISTROT BAIGNOT €€

29, avenue Eugène Milliès-Lacroix
✆ 05 58 74 90 90
Du lundi au samedi le midi ; du mercredi au samedi le soir. Carte : 35 € environ. Formule du midi : 19,50 €. Terrasse.

Aux commandes de ce restaurant bistronomique : Grégory Boyer, ancien second au Moulin de Poustagnacq et chef au Cosy à Saint-Paul-lès-Dax. S'il fait évoluer sa carte une fois par mois, voire plus souvent, il se renouvelle chaque jour pour le déjeuner. Nourri par les produits du terroir et quelques inspirations d'ailleurs, Grégory nous invite aussi à découvrir des plats encore plus élaborés à la carte. Sa cuisine est maîtrisée, généreuse et attentionnée. Au menu : cappuccino de potiron et butternut, cuisse de poulet fermier jaune des Landes, finger exotique yuzu.

LE SPOT €€

Balcon de l'Adour
✆ 07 88 17 26 37
https://lespot-dax.fr
Ouvert en haute saison. Du mardi au dimanche de 10h à 23h. Snacking. Buvette. Formules de 12 € à 20 € environ.

Le spot est un club de plage ! Oui, oui à Dax. Sur les berges de l'Adour, au pied de la passerelle piétonne, le Spot s'impose comme l'endroit où il faut être l'été à Dax. Car c'est en fait tout un concept ! Le spot est à la fois un lieu de restauration, mais aussi une base de nautique et de loisirs qui s'animent avec les Berges Ephémères. Côté restauration, on peut faire confiance à Sébastien et sa cheffe Corinne pour mettre le Sud-Ouest dans les assiettes à partir des bons produits frais du coin. On peut aussi venir pour un café ou un rafraîchissement.

LANDES

UN BAIN AU CHOCOLAT

4, rue Saint-Vincent
✆ 05 58 74 25 40
www.unbainauchocolat.com
Ouvert du mardi au samedi de 8h à 19h ; le dimanche de 8h à 12h. Boutique en ligne. Master Class.

Impossible de ne pas succomber aux créations de Monsieur Gaudet, parmi lesquelles Le P'tit Landais, un biscuit vanille surmonté d'un praliné à la cacahuète, le tout enrobé de chocolat noir ou au lait. Les bonnes épiceries fines du Sud-Ouest lui réservent d'ailleurs une place de choix. Dégustez aussi les macarons, avec la promesse d'un nouveau parfum éphémère tous les trois mois, les nombreux chocolats dont les traditionnels P'tits carrés pour accompagner le café, les bonbons et les glaces artisanales. Sans oublier l'incontournable gâteau basque.

MAISON CASANO

2, rue Neuve
✆ 05 58 97 86 79
Ouvert du mardi au samedi de 7h30 à 19h.

Avec ses pâtisseries situées à Capbreton et à Seignosse, la réputation de la Maison Casano n'est plus à prouver ! D'ailleurs, quand on y pense, on a aussitôt en tête le russe ; ce biscuit amandes-noisettes crémeux saupoudré de sucre glace évoquant les plaines enneigées de Russie. Côté macarons, il faudra choisir entre une vingtaine de parfums, des plus classiques aux plus surprenants en fonction de l'inspiration et des saisons. Antoine, le fils du patron a décroché en 2018 le premier prix de dégustation lors du concours de Meilleur Apprenti de France.

LA BOUTIQUE CHO

2, rue Charles Despiau
✆ 05 58 74 94 28
Ouvert du lundi au samedi de 7h à 14h et de 16h à 19h ; le dimanche de 7h à 13h. Sur place ou à emporter.

Viennoiseries, pâtisseries, snacks... Sous la houlette du chef Olivier Ponnou, le restaurant Le Ramuntcho a ouvert la Boutique Cho à 40 mètres de là ! Une véritable adresse gourmande, dont la réputation n'est plus à faire. Traiteur et boulangerie, la Boutique Cho est une adresse incontournable pour les becs sucrés et salés. On y trouve des pains classiques ou spéciaux, de délicieuses pâtisseries du coin, sans oublier, une gamme très alléchante de feuilletés, tapas et autres *pintxos*. Une chose est sûre, l'étal coloré va vous faire saliver.

MOJO CAFÉ

10, rue de l'Evêché
✆ 05 58 56 98 79
Tte l'année. Mardi et mercredi 10h-15h et 18h-0h. Du jeudi au samedi 10h-15h et 18h-2h. Plat du jour : 11 €. Concerts.

Il y a plus de 10 ans, Julien Brettes commençait à écrire l'aventure du O'Byron. Et depuis, c'est au Mojo Café qu'il a choisi de ressortir ses guitares et son ukulele pour retrouver les fidèles, mais aussi accueillir les nouveaux venus. A son arrivée, il a tenu à rassurer les habitués. En effet, les bières, les cocktails, les burgers, les planches de tapas et le pain perdu restent à la carte ! Sans oublier les musics live. Le midi, le Mojo Café vous propose une formule très accessible et de bon goût, et quelques plats à l'ardoise pour tous les budgets.

EL TXUPINAZO

30, place de la Fontaine Chaude
✆ 05 58 56 20 52
www.eltxupinazo.fr
Ouvert le mardi, le mercredi et le dimanche de 11h à 0h ; du jeudi au samedi de 11h à 2h. Terrasse. Concerts.

L'adjectif qui ne convient pas à ce bar à tapas et restaurant, c'est statique. La terrasse avait d'ailleurs été agrandie pour accueillir tous les amateurs de cuisine ibérique, notamment de ces fameux *pintxos* servis chauds ou froids. Ici, les produits sont frais, la cuisine « maison », et on craque pour les délicieux *plato combinado* avec lomo, chipirons ou torrenzos, œuf au plat, piperade, pommes de terre, salade et fromage de brebis. Le midi en semaine, formule déjeuner complète, et au dîner, soirées à thèmes, blind tests, et concerts.

CHEZ NOUS

8, cours Gallieni
www.cheznousfrenchpub.com
Lundi 18h-0h ; mardi au vendredi 12h-15h et 18h-0h ; samedi 17h-2h. Restauration. Planches : 9 €. DJ set & live music.

« À la France et à sa culture du bon goût et de la qualité. À ceux qui veulent manger, boire, écouter, discuter. Chez Nous, c'est avant tout chez vous », Thibaut, Antoine, Johnny et Gaël. Voilà un endroit où l'on se sent bien ! Perché au-dessus d'un magasin de déguisements, Chez Nous est un peu comme un *speakeasy*. Une adresse qu'il faut connaître, mais il faut croire que le bouche-à-oreille fonctionne bien, car l'endroit est très animé en fin de semaine. Très belle carte des vins et des bières ! DJ *set*, *live music* et planches à partager.

LE PASTIS D'AMÉLIE

16, rue de la Fontaine Chaude
✆ 05 58 58 45 70
www.lepastisdamelie.com
Producteur Artisan de qualité. Ouvert du mardi au samedi. (horaires variables selon la saison). Salon de thé.

Pâtisserie, *pastisseria*, *pastis*... Un mot gascon pour dire « pâte ». Le Pastis Landais est en fait un gâteau béarnais. Moelleux et doré, il met généralement tout le monde d'accord. On le retrouve dans les boulangeries, à la table des restaurants au moment du dessert ou encore chez les artisans. À Dax, le Pastis d'Amélie arrive directement de Pau où il est fabriqué par Peio, l'arrière-petit-fils d'Amélie. Après dix années de longues et fastidieuses recherches, Père et fils ont ainsi retrouvé les saveurs d'antan... Et nous ? On s'en délecte sur place, ou à emporter.

BARAJAS PRIMEURS

51, route de Tercis
✆ 05 58 70 27 61
www.barajas.fr
Ouvert toute l'année. Du mardi au samedi de 8h à 19h.

Le dernier-né de la famille Barajas Primeurs est à Dax. Et bonne nouvelle, c'est la plus grande des 3 boutiques. On apprécie l'option drive, idéale pour faire le plein de tous les bons produits que l'on retrouve habituellement, comme le tahin de sésame, la confiture au miel, une belle sélection de jus et soupes bio… L'offre de fromages de la région est plutôt bien développée. On y trouve également un riche assortiment de pain bio au levain, et un grand choix de produits locaux. Les corbeilles de fruits et légumes de saison sont magnifiques.

LE RAMUNTCHO €€

33, avenue Victor Hugo
✆ 05 58 74 15 47
Tous les jours le midi ; mardi au samedi le soir. Plats : 19 à 32 €. Réservation conseillée.

© LE RAMUNTCHO

A la Table du Ramuntcho, Olivier Ponnou concocte une cuisine simple et gourmande à base de produits frais et du terroir dans une ambiance bodega. Wraps, *pintxos de txistorra* et Ossau-Iraty, burritos de bœuf, mini-fougasse... Attendez-vous à un défilé de tapas (sur commande). Même chose avec les plats : côte de bœuf à la cheminée, volaille des Landes, magret de canard de Chalosse, ris de veau aux cèpes, chipirons à la basquaise... Pensez bien à réserver ! Service tardif en fin de semaine. Et pour emporter, rendez-vous à la Boutique Cho.

LE CANARD CHEZ DEGERT

23, rue Saint-Pierre
✆ 05 58 74 65 73
www.canardchezdegert.com
Du mardi au samedi de 9h30 à 12h30 et de 14h30 à 18h30. Boutique et visite à la ferme (Clermont). Livraison possible.

L'exploitation familiale est située en plein cœur de la Chalosse, dans le petit village de Clermont. Depuis 1945, les canards sont élevés dans les règles de l'art et transformés en produits multi-récompensés au Concours Général Agricole à Paris. Foie gras de canard mi-cuit, foie gras entier, magret entier, fourré au foie de canard, aiguillettes, paupiettes de canard... Et aussi : des légumes en bocaux. On vous expliquera comment déguster les spécialités de la Maison avec les vins sélectionnés. Miels et confitures sont des environs. Pensez aux coffrets cadeaux !

CHOCOLATERIE DE TTOTTE

14, cours de Verdun ✆ 05 58 74 29 72
www.chocolatier-ttotte.fr
Du mardi au vendredi de 9h30 à 12h30 et de 14h30 à 19h ; le samedi de 9h à 13h et de 14h30 à 19h. Boutique en ligne.

Ttotte (à prononcer « tiotié », Joseph en basque) et Stéphanie animent cette jolie chocolaterie située sous les arcades du Splendid. Le Maître Artisan Chocolatier qui a fait ses armes chez la prestigieuse maison Pariès, a même ouvert une seconde boutique, la Fabrique de Ttotte, à Saint-Geours-de-Maremne. Parmi les spécialités : tuiles à la cacahuète, orangettes, chouchous chocolat, croq'maïs... Et l'Or de Ttotte ; un chocolat noir issu d'un assemblage de fèves de Bolivie, d'Equateur et du Venezuela, associé à la texture du sucre roux d'Amérique du Sud.

LANDES

COMME AUTREFOIS DANS LES LANDES

42, rue Saint Vincent
✆ 06 50 74 07 88
www.commeautrefoisdansleslandes.fr

Basse saison : mardi au samedi 9h30-12h30 et 14h30-19h. En saison estivale : lundi (14h30-19h) et dimanche (10h-12h30).

Dans les rues piétonnes de Dax, Comme autrefois les Landes est LA boutique gourmande du centre-ville ! Et bien plus encore : outre les confits et plats cuisinés, les pâtés, les confitures, les pastis landais, les vins, liqueurs et armagnacs, ou encore les aromates, Katy nous fait découvrir son amour pour les courses landaises avec des vidéos et de vieilles affiches. À l'étage, elle a aménagé un véritable petit musée, avec ses propres panneaux explicatifs. Allez-y !

LE COMPTOIR A BIÈRE

11, rue d'Aspremont
✆ 05 58 57 77 37

Ouvert du lundi au samedi de 16h30 à 23h. Tapas. Terrasse.

Avec plus de 300 bières différentes, dont une majorité de bières belges, les amateurs n'ont qu'à bien se tenir ! Les néophytes pourront quant à eux compter sur les connaissances des maîtres des lieux. Vos emplettes faites, vous pourrez déguster votre bière bien fraîche sur place. L'ambiance du Comptoir à bière invite vraiment à s'attarder pour apprécier les bulles et l'amertume. L'établissement dispose d'un grand écran pour les retransmissions sportives. Concerts, dégustation... Cette cave est une vraie bonne adresse pour les amateurs de soirées conviviales.

LA FERME BASTEBIEILLE

60, chemin Des Bastes - **MIMBASTE**
✆ 05 58 55 30 05
www.fermebastebieille.com

Ouvert du lundi au samedi de 8h à 12h et de 14h à 18h. Boutique en ligne. Livraison ou retrait à la ferme.

La ferme Bastebieille décroche régulièrement de nombreuses médailles au Concours général agricole, notamment la médaille d'or dans la catégorie « Foie gras entier de canard en conserve » en 2020. Producteurs conservateurs depuis cinq générations, la famille Lesgourgues élève les canards à foie gras (gavage traditionnel au maïs grain) et produit aussi toutes les céréales pour leur alimentation. Foies gras cuits ou mi-cuits, magrets, confits, pâtés, rillettes... on trouve des recettes et de nombreux conseils sur le site internet. Sur place, vous serez bien accueillis.

FERME DE BELESLOU

56, route de Lesablere - **CAGNOTTE**
✆ 05 58 73 18 92
www.ferme-beleslou.com

Lundi-vendredi 8h-12h et 14h-17h. 2ème boutique à Bayonne. Vente en ligne. Menu : 36,50 € (réservation impérative).

Les Landes sont réputées, entre autres spécialités, pour la qualité de l'élevage des canards fermiers ; alors arrêt incontournable à la *Ferme de Beleslou*. Éleveurs, producteurs et conserveurs depuis 1962 de canards et de porcs gascons en plein air, et en agriculture raisonnée, garantie de viandes de grande qualité. Foie gras, magret, confit, terrines, jambon, plats cuisinés... que vous pouvez aussi déguster dans leur restaurant (attention, réservez !) qui propose un menu typique « de l'élevage à l'assiette » ! Et vous repartirez sans doute avec un panier gourmand.

MADELEINES DE DAX

6, rue de la Fontaine Chaude ✆ 05 58 74 26 25
www.madeleinesdax.com

Collège Culinaire de France. Ouvert du lundi au samedi de 9h à 12h15 et de 14h à 19h. Boutique et vente en ligne.

Envie de découvrir ou redécouvrir la seule et unique madeleine de Dax ? Pour cela, il faut franchir la porte de la petite boutique de la Maison Cazelle. Avec son charme désuet du début du XXe siècle et son décor rétro, c'est l'une des plus anciennes de la ville. Fondée en 1906, cette maison familiale a établi sa notoriété sur cette fameuse madeleine de Dax, vendue dans de jolies boîtes en carton bleues ou roses. La recette est jalousement gardée depuis cinq générations, et aujourd'hui par Sébastien et Clément. C'est un passage obligé pour tous les gourmands !

MAISON BALME

Place de la Cathédrale
✆ 05 58 90 21 07
www.maisonbalme.com

Du mardi au jeudi de 8h à 14h ; vendredi de 8h à 18h ; samedi de 7h à 18h ; dimanche de 8h30 à 14h. Restauration.

Chez Balme, la truffe est une histoire de famille datant de plus d'un siècle dans le Vaucluse. La Maison Balme voit le jour en 2013 quand Thomas Balme et Mikel Poueyts ont décidé d'associer la truffe provençale à la gastronomie basque. À Dax, comme à Biarritz, Anglet ou Bordeaux, il faut pousser les portes des Halles pour découvrir les délicieuses spécialités de la Maison : Truffes fraîches, crème de parmesan à la truffe et autres condiments, charcuterie et conserverie à la truffe. Il y a même un coin canard et plein d'idées cadeaux ! On peut manger sur place.

MAISON LAFITTE FOIE GRAS

Place de la Cathédrale ✆ 05 58 74 19 39
www.lafitte.fr
Ouvert du mardi au jeudi de 8h à 14h ; le vendredi de 8h à 18h ; le samedi de 7h à 18h ; le dimanche de 8h30 à 14h.

Depuis plus de 100 ans, la Maison LAFITTE entretient l'excellence et le savoir-faire de la gastronomie landaise. Partenaire exclusif du Club des Chefs cuisiniers des Chefs d'Etat à travers le monde, la Maison LAFITTE est reconnue pour la qualité supérieure de ses produits. Les canards gras traditionnels sont élevés 102 jours minimum et engraissés au maïs grain entier selon les cahiers des charges Label Rouge et IGP Landes. Installée dans les Halles de Dax, vous trouverez tous les produits gastronomiques landais : du produit traiteur frais au Foie Gras Millésimé !

LE MARCHÉ - TERRES D'ADOUR

2, place de la Course ✆ 05 58 57 72 60
http://dax.terres-d-adour.fr
Ouvert le mardi de 10h à 17h ; du mercredi au samedi de 10h à 18h. Restauration. Distributeur automatique de produits.

Christian Lanuque, éleveur de canards à foie gras dans la ferme familiale à Poyartin, est à l'origine du concept « Terres d'Adour ». De ces terres, naît tout ce qui fait la gastronomie du Sud-Ouest. Terres d'Adour est un groupement de producteurs fermiers, soucieux de la qualité de leurs produits et respectueux du savoir-faire familial. Des produits à retrouver dans la boutique de Dax. Le Marché - Terres d'Adour propose ses produits 24h/24 et 7j/7, grâce à un distributeur automatique.

LE MARCHÉ FRIAND

2, rue de Borda
✆ 06 76 36 43 11
www.marchefriand.fr
Ouvert du jeudi au dimanche. Horaires et réservation en ligne.

En plein cœur de Dax, en lieu et place de l'ancien Friand, cet espace ouvert et moderne, travail d'un designer catalan, reprend les codes des marchés espagnols : authentique, convivial et festif. Une douzaine de commerçants, artisans et producteurs sont installés pour vous régaler. Plats préparés à emporter ou à déguster sur place, c'est à votre convenance. Pour une petite pause ou à l'heure de l'apéritif, on s'accoude au bar pour une boisson chaude, froide ou un petit verre de vin. Profitez de l'ambiance pour vivre comme les Dacquois !

UN BAIN AU CHOCOLAT

35, rue Cazade
✆ 05 58 74 25 40
www.unbainauchocolat.com
Ouvert du mardi au samedi de 8h30 à 19h ; le dimanche de 8h30 à 12h. Boutique en ligne.

© UN BAIN AU CHOCOLAT

Avis à tous les gourmands ! Hugues Gaudet n'a pas une, mais 2 boutiques, ou plutôt un atelier 100 % chocolat. Ici, vous ne trouverez pas de pâtisserie, mais des chocolats en vrac ou en coffrets, des grignotines, des mendiants et de nombreuses tablettes de chocolat, y compris pour les personnes qui souffrent de diabète. On craque sur la boule au chocolat qui fond au contact du lait chaud et libère un ourson en guimauve, la médaille à l'effigie des arènes de Dax à rapporter en souvenir, et le cône du P'tit Landais *ball*. Tout est bien évidemment fabriqué sur place.

MOZARELLA DI FRANCESCO

64, rue Neuve ✆ 06 72 67 16 21
https://mozzarelladifrancesco.fr/
Ouvert du mercredi au vendredi de 10h à 19h ; le samedi de 8h à 18h ; le dimanche de 10h à 13h.

Une fromagerie artisanale incontournable pour ses créations italiennes : mozzarella, burrata, ricotta… Francesco et Anouk valorisent un savoir-faire traditionnel, et utilisent du lait bio local de vaches Jersiaises. Pour leurs recettes, ils s'inspirent des Pouilles, région d'origine de Francesco. On aime le laboratoire vitré qui permet de suivre la fabrication des fromages. Fraîcheur garantie ! Côté épicerie fine, une sélection de produits italiens d'exception (pâtes, huile d'olive, vins, charcuterie…). Le spot idéal pour les amateurs de saveurs méditerranéennes.

CENTRE AQUATIQUE AQUAE

3, rue Joseph de Laurens ✆ 05 58 35 68 68
https://aquae.grand-dax.fr
Ouvert tlj. Horaires variables selon les espaces et les périodes de vacances scolaires. Entrée : 5 €. Enfant : 4 €.

Espace de loisirs idéal pour apprendre à nager, s'amuser et participer à une activité aquatique en groupe. Il se compose de trois bassins : un bassin intérieur à vocation sportive et équipé de gradins, une aire de jeux d'eau, une pataugeoire, un bassin d'apprentissage intérieur de 150 m² et un bassin nordique de 25 m doté de six couloirs de nage et adapté à la plongée. Bref, un centre aquatique complet, pensé pour toutes les envies et tous les publics (scolaires, associations...). Aussi : cours de natation pour les enfants et les adultes, bébés nageurs, aquatrampo...

DOMAINE THERMAL DE BORDA

30, rue des Lazaristes ✆ 05 58 74 86 13
www.thermes-borda.com
Ouvert du 24 février au 13 décembre 2025. Restauration. Hébergements. Cures. Thermes. Spa & Bien-être. Tarifs en ligne.

Le Domaine Thermal de Borda met tout en œuvre pour que votre séjour soit le plus confortable possible dans un environnement calme près de l'Adour et de ses promenades ombragées, du bois de Boulogne et du practice de golf. Grand établissement lumineux, installations performantes et cadre luxueux, le complexe thermal offre une capacité d'hébergement importante (400 studios directement reliés aux thermes). Côté spa : 2 piscines, bains bouillonnants et cascades, cols de cygne et geyser, rampe de massage, nage à contre-courant, banquettes bouillonnantes, aquabike...

FERME ÉQUESTRE DE BERTRON

350, Bertron
CASTELNAU-CHALOSSE
✆ 06 85 26 10 86
fe-de-bertron.ffe.com
Toute l'année. Poney Club de France. Centre de Tourisme Equestre. Cheval Etape. Equi Handi Club. Bien-être animal.

C'est au cœur de la Chalosse, réputée pour ses vallons très typiques qui s'opposent au légendaire caractère très plat du reste des Landes, que cette ferme équestre, à la fois poney-club et Centre de Tourisme Equestre, a vu le jour en 2008 grâce à Karine Lavigne. Différentes formules s'offrent à vous pour découvrir les joies de l'équitation. Initiation, stages pendant les vacances scolaires, balades, randonnées, attelage, équitation pour les personnes handicapées, mariages en calèche...

PRACTICE DE GOLF

Allée du Bois de Boulogne ✆ 07 84 77 75 55
https://omnisport.usdax.fr
Ouvert toute l'année. Jours et horaires d'ouverture variables selon la saison. Cours individuels ou collectifs.

Centre d'entraînement et d'initiation au golf, le *practice* de Dax se situe dans le bois de Boulogne (secteur du centre équestre et des promenades). L'accès est gratuit et ouvert à tous, dès 6 ans. Vous pouvez donc vous entraîner en achetant les seaux de balles, via une carte magnétique. *Putting-green*, *pitching-green*, 20 postes de *practice* dont 10 couverts... Les cours, individuels ou collectifs, sont dispensés par des professeurs diplômés. La carte d'adhérent donne la possibilité de jouer à Pinsolle, Eugénie, Mont-de-Marsan, Moliets, Makila et Salies-de-Béarn.

SPA LE SPLENDID

2, cours de Verdun ✆ 05 58 35 20 14
www.splendid-hotel-spa.com
Parcours Aqua-Sensoriel de 9h30 à 13h et de 14h à 19h (18h30 le dimanche). Accès de 28 € (1 pers.) à 52 € (2 pers.).

Bienvenue au Spa Le Splendid By Cinq Mondes, un lieu d'inspiration Art déco mêlant les mosaïques des années 30 et les voûtes de l'ancien château fort. En un mot, c'est superbe ! Accessible à tous dès 15 ans, le parcours Aqua-Sensoriel est une bulle de bien-être : grand bassin avec jets massants, sauna, hammam, bassin d'eau thermale, parcours Kneipp, douches expériences, fontaine à glace (pour les moins courageux)... Sans oublier le bassin de flottaison ! Il mériterait (presque) à lui seul, que l'on s'offre (ou offre) cette parenthèse de détente hors du temps.

LES THERMES

28, cours de Verdun
✆ 05 48 22 01 57
www.lesthermesdax.fr
*Du 22 janvier au 14 décembre 2025. Espace esthétique Acquadax. Résidence thermale***. Tarifs sur demande. Restauration.*

Récemment rénové pour accueillir les curistes dans un espace moderne et confortable, Les Thermes se distinguent toujours et encore par cette architecture remarquable que l'on doit à Jean Nouvel. Les installations actuelles apportent une hygiène irréprochable, et la sécurité n'a pas été oubliée. Les 90 studios avec cuisine équipée ont aussi fait l'objet d'une rénovation complète. Rhumatologie et fibromyalgie sont les orientations thérapeutiques traitées ici, en plein centre-ville, sur les rives de l'Adour. Profitez aussi de l'espace esthétique.

LES BERGES EPHÉMÈRES

www.dax.fr

Informations et réservations : ✆ 05 24 62 70 57 / bergesephemeres@dax.fr. Restauration.

Un été sur les berges... Le rendez-vous immanquable des Dacquois, des touristes et des curistes ! Les Berges Ephémères reviennent chaque année dans la cité romaine. C'est pour celles et ceux qui ne partent pas en vacances, mais aussi pour tous les autres qui cherchent un coin de fraîcheur à l'ombre des platanes, de détente et d'animations le long du fleuve. Et le programme est bien chargé, tant les partenaires sont nombreux. Gym tonique, pêche à l'aimant, expositions, zumba, yoga en famille, conférences, théâtre... Il faut le voir pour le croire !

CASINO DE DAX

8, avenue Milliès Lacroix

✆ 05 58 58 77 77

www.casino-dax.net

Ouvert toute l'année. Du dimanche au vendredi de 10h à 2h ; le samedi de 10h à 3h. Restauration. Animations. Jeux. Bar.

Lieu de divertissement par excellence, le Casino de Dax propose 75 machines à sous, 12 postes de roulette électronique et 7 postes de blackjack électronique. Vous pourrez également jouer à l'une des 2 tables de blackjack le soir dès 21h. Outre la carte des *snacking* disponible aux heures d'ouverture du casino, le restaurant du Casino, avec sa terrasse sur l'Adour, est ouvert du mercredi au dimanche le midi et le soir. Vous pourrez également profiter du bar et de ses délicieux cocktails. Animations musicales et retransmission d'événements sportifs.

FERIA DE DAX

✆ 05 58 90 99 09

www.daxlaferia.fr

En août.

Amis fêtards et amateurs de bonne humeur, sortez votre foulard rouge et votre chemise blanche pour ce rendez-vous incontournable du mois d'août ! *Novillada*, courses landaises et course de *rejón* (à cheval) dans les arènes, lâchers de taureaux dans les rues et bodegas sans discontinuité : toute la ville est en liesse pour cet événement populaire et festif. La feria de Dax, ce sont cinq jours et cinq nuits de fêtes, de rires et de partage dans les rues dacquoises ! Jeunes et moins jeunes se retrouvent autour du rythme des percussions pour communier ensemble.

LA FERIASCAPADE

34, boulevard des Sports

✆ 06 30 28 11 86

www.feriascapade.fr

Le 13 août 2025 (départ à 8h40). Dossard de 16 € à 22 €. Inscription en ligne.

Si la Feria de Dax attire tous les ans des milliers de *festayres*, sachez que les sportifs peuvent eux aussi y trouver leur compte. La Feriascapade réunit annuellement près de 5 500 athlètes ! Cette course de 10 km, qualificative pour le championnat de France, inscrite au challenge route des Landes, suit un parcours plat sans grandes difficultés dans le périmètre de Dax. Elle est accessible aux handisports. Rendez-vous pour la 28e édition au stade municipal Maurice Boyau. Pensez à créer votre numéro PPS qui, depuis 2024, remplace le certificat médical.

PONTONX-SUR-L'ADOUR

Le nom de Pontonx vient probablement du latin *pontones* ; un pont de bateau établi sur l'Adour qui servait à passer le fleuve. En outre, il existait autrefois à Pontonx-sur-l'Adour un port batelier qui assurait le trafic fluvial vers Bayonne. C'est également à Pontonx que se trouvait l'un des cinq premiers aérodromes créés en France au début de l'ère de l'aviation. Les futurs pilotes devaient faire l'aller-retour depuis Pau en se posant à Pontonx pour obtenir leur brevet. A observer : les deux églises, Sainte-Eugénie et Saint-Caprais. De style néo-mauresque en forme de fer à cheval, les arènes ont près de 110 ans. Elles servent de salle de spectacle.

GÎTE LES HORTENSIAS €€

1368, chemin de Balambits ✆ 05 58 57 26 91

www.petitpontbiel.com

Ouvert toute l'année. Gîtes de France (3 épis). Pour 7 personnes (110 m², 3 chambres). A partir de 600 €/semaine.

Gîtes, chambres d'hôtes et accueil de groupes à Pontonx-sur-l'Adour ! Entre forêt et océan, Sophie et Jean-Loup, des amoureux de la nature, ont de la place pour vous recevoir. Jardin d'agrément, chênaie, ruisseau... le cadre est tout simplement superbe. Parmi les hébergements qu'ils proposent, le gîte des Hortensias, pour 7 personnes, est notre coup de cœur. Cette maison indépendante de plain-pied avec une chambre en mezzanine profite d'une belle pièce de vie de 46 m² avec un grand écran vidéo projecteur pour de chouettes soirées ciné. Location de VTT sur place.

MAISON LARTIGUE & FILS

295, chemin de l'Herté ✆ 05 58 55 55 77
www.lartigue.fr
Ouvert du lundi au vendredi de 9h à 13h et de 14h à 17h. Boutique en ligne.

Tout a commencé avec une petite charcuterie familiale à Dax en 1947. De père en fils, on se transmet la recette et le savoir-faire autour du foie gras mi-cuit. Ainsi, Lartigue se transforme en une véritable entreprise artisanale, fondant sa réputation sur la qualité de ses produits. Qu'il s'agisse de charcuterie, de saumon fumé ou de foie gras, tout est préparé à base de produits de première qualité, suivant des processus respectueux de l'environnement. Les produits ont été 11 fois médaillés au Salon de l'Agriculture et déclarés 3 fois Saveur de l'année.

AIRE-SUR-L'ADOUR ★

C'est l'une des plus anciennes villes des Landes ! Son origine est ancienne comme le suggère son nom celte *Atura*. En 56 av. J.-C., elle fut le siège d'une bataille entre Crassus et Pompée avant d'être rebaptisée *Vicus Julli* puis ravagée par les Vandales, Alains et Suèves. Au Ve siècle, les Wisigoths fondèrent leur royaume et la ville en tira profit. Malgré les conflits au fil des siècles, elle se releva. Elle se compose de 2 quartiers principaux : la ville basse le long du fleuve et le quartier du Mas offrant un superbe panorama. Aire conserve un riche patrimoine préhistorique, antique et médiéval. C'est aussi la capitale landaise du foie gras !

CATHÉDRALE SAINT-JEAN-BAPTISTE

Ouvert toute l'année. Visites libres et guidées (uniquement sur rdv auprès de l'Office de Tourisme). Gratuit.

Aire-sur-l'Adour a été le siège de l'évêché durant 15 siècles, d'où la présence d'une cathédrale dans la ville. Les parties les plus anciennes de l'édifice datent du XIIe siècle. Du XIVe au XVIIIe siècle, victime des guerres de Religion, elle fut profondément remaniée. Le chœur est surmonté d'un imposant dôme en ardoise. L'intérieur est décoré de splendides fresques du XIXe. Classée Monument historique, elle est une étape sur le chemin de pèlerinage de Saint-Jacques-de-Compostelle.

COLLÉGIALE DE PIMBO ★

Au Bourg
PIMBO
✆ 05 58 44 49 18
www.pimbo.fr
Visite guidée à l'occasion des Journées du patrimoine ou sur demande à la mairie.

La légende attribue à Charlemagne la fondation d'une collégiale. Là, au XIIe siècle, sur le chemin qui mène à Saint-Jacques-de-Compostelle, est édifiée la bastide-rue de Pimbo ; la plus ancienne des Landes. Elle est inscrite à l'Inventaire supplémentaire des Monuments historiques. A l'arrière de l'édifice, dans le petit jardin du curé, on profite d'un beau point de vue sur les Pyrénées. La visite guidée passe par un jardin botanique. Un sentier de découverte sur le site du Coteau du Moulin de Pumbo permet de découvrir la richesse et la diversité du patrimoine.

Aire-sur-l'Adour.

EGLISE SAINTE-QUITTERIE ✞ ★

Rue du Mas

✆ 06 77 02 43 44

Ouvert toute l'année. Gratuit. Visite guidée de la crypte (du lundi au samedi de juin à septembre).

Classée au Patrimoine mondial de l'Humanité par l'UNESCO, l'église de Sainte-Quitterie est située sur les hauteurs de la ville. Selon la légende, le martyre de Sainte Quitterie, princesse wisigothe qui refusait d'abjurer la foi chrétienne, aurait eu lieu à Aire vers 477. Elle est à l'origine d'un culte profond et du passage dans la ville des pèlerins vers Saint-Jacques-de-Compostelle. On dit qu'elle fut décapitée par son fiancé éconduit, la belle ayant voué sa virginité à Dieu. Elle aurait ensuite porté sa tête jusqu'à la colline du Mas où se dresse l'église.

LAC ET RÉSERVE ORNITHOLOGIQUE DU BROUSSAU

Route de Geaune

Visites libres et guidées. Tables de pique-nique. Parking. Animaux acceptés.

En accès libre et gratuit toute l'année, cette réserve naturelle de 37 hectares ravira les promeneurs et les pêcheurs. Un parcours de 3 km accessible à tous a été aménagé pour faciliter les balades tout en respectant cet environnement constitué de chênes, de peupliers et de pins. L'endroit est idéal pour observer les colverts, les hérons, les poules d'eau, les cormorans et les balbuzards fluviatiles. Des tables de pique-nique, un parking et un belvédère sont à votre disposition.

TURS'ÂNE

325, rue du Village - **CASTELNAU-TURSAN**

✆ 06 70 52 98 46

www.tursane.fr

Ouvert de mi-mars à mi-novembre. De 4 € à 8 € selon la prestation. Visite guidée sur rdv. Boutique. Animations.

Psychologie, particularités, déroulement de la vie d'une mère et de son ânon… Angèle vous dira tout sur les ânesses ! Vous aurez peut-être la chance d'assister à la traite, à la tétée ou de déguster un peu de lait. Les enfants pourront brosser et câliner les ânes puis se balader une heure ou deux avec l'un d'eux dans le village. Vous pourrez aussi découvrir le travail du maréchal-ferrant (de la préparation d'un fer à la pose). Angèle fabrique des savons et des cosmétiques au lait d'ânesse que vous trouverez à la boutique et dans différents points de vente.

TOURISME AIRE EUGÉNIE

Place du 19 Mars 1962 ✆ 05 58 71 64 70

www.tourisme-aire-eugenie.fr

Qualité Tourisme. Ouvert toute l'année. Jours et horaires d'ouverture variables selon la saison.

Visite guidée de la ville pour découvrir la richesse de l'histoire de la cité aturine grâce à ses monuments, visite des arènes au cœur de la ville et ses traditions, visite à la lueur des flambeaux, parcours botanique de 3 km du bois d'Aire, réserve ornithologique du Brousseau… Revivez encore l'histoire du fleuve Adour en parcourant l'espace naturel de 15 hectares. Sans oublier la cathédrale Saint-Jean-Baptiste et l'église Sainte-Quitterie avec sa crypte des IVe-VIe siècles ! Rendez-vous à l'Office de Tourisme Aire Eugénie pour faire le plein d'idées.

LA CHAPELLE DES URSULINES €€

40, rue Félix Despagnet ✆ 09 79 27 09 01

www.chapelledesursulines.com

Ouvert d'avril à octobre. Accueil pèlerins uniquement. Nuitée en demi-pension à partir de 40 €. Parking gratuit.

Ancienne chapelle de la congrégation des Ursulines bâtie vers 1875, le site est devenu petit séminaire avant d'être vendu à un particulier. Livrée aux pigeons et aux pillards durant des décennies, elle est acquise en 2012 par un couple, puis reprise par Fabienne et Didier Jouaret. La chapelle est constituée d'un chœur et une nef où sont servis dîners et petits déjeuners. Les lieux permettent d'accueillir une quinzaine de pèlerins dans deux dortoirs (6 lits) et deux chambres (3/4 lits).

BASTIDES-EUGÉNIE €€

3, rue du Village Neuf - **GEAUNE** ✆ 05 58 52 59 16

www.lesbastides-eugenie.fr

Meublés de location saisonnière (2 à 6 pers.) à la semaine et à la nuitée à partir de 80 € en basse saison.

Situées au cœur de la bastide de Geaune, les Bastides-Eugénie sont une résidence de meublés saisonniers ouverte de février à mi-décembre. Chacun est décliné selon les couleurs des vins. D'abord, il y a l'appartement Esprit Tursan (35 m² pour 1 à 2 personnes) et le T1 Expression (28 m² pour 1 à 2 personnes). Le meublé Impératrice (100 m² pour 6 personnes) a un atout majeur : sa *loggia* extérieure privative. Chacun d'eux peut aussi être loué en formule escapade ou soirée-étape à la nuitée. Les curistes peuvent y séjourner pour au moins 20 nuitées consécutives.

LANDES

LA FERME DE MARSAN*** €€

291, route de Bestit - **MIRAMONT-SENSACQ**
✆ 05 58 79 94 93
www.lafermedemarsan.com

Toute l'année. Gîte 2 pers. à 55 €/nuit. Gîte 8 pers. à partir de 760 €/sem. Gîte d'étape à 17 €/nuit. Pt dej à 4,50 €.

Sur le bord d'un chemin de Saint-Jacques-de-Compostelle (suivre simplement les indications pour y accéder), voici une ferme en activité où l'on prépare de délicieux foies gras, des confits, mais aussi des cassoulets au canard, et où l'on profite d'être hébergé en gîtes. Il y en a quatre, dont un gîte d'étape, et une aire de camping-car. Tous sont très bien équipés, avec cuisines indépendantes, salons et une ou plusieurs chambres. On apprécie la piscine partagée, et pour le dîner, on se laisse tenter par les produits de la ferme en vente sur place.

HÔTEL-RESTAURANT LES PLATANES €€

2/4, place de la Liberté ✆ 05 58 45 87 27
www.lesplatanes-aire.com

Ouvert du mardi au samedi soir. Chambre double : de 65 € à 79 €. Petit déjeuner : 8,50 €. Restauration.

Ici, Sébastien Gozzer est au four et au moulin, ou plutôt au restaurant, au bistrot et à l'hôtel ! Que vous soyez en voyage d'affaires, de passage dans la région ou sur le chemin de Saint-Jacques, l'hôtel-restaurant Les Platanes se prête bien volontiers à une halte d'une nuit ou plus. Entièrement restauré, l'établissement vous propose de séjourner dans l'une des 9 chambres, de la simple à la double supérieure. Une chambre est étudiée pour les handicaps visuels, auditifs et cognitifs

AU GRÉ DE L'ADOUR** €€

24, route de Duhort
✆ 06 32 96 58 96

Ouvert toute l'année. Pour 5 personnes (3 chambres). Tarif pèlerin : 25 € (petit déjeuner inclus) ; demi-pension : 35 €.

Christine a aménagé cet appartement dont l'entrée indépendante donne sur la façade de sa maison pour accueillir les pèlerins sur la route de Saint-Jacques-de-Compostelle (voie du Puy-en-Velay ou Via Podiensis). Machine à laver, sèche-linge, cuisine équipée, salle de bains, balcon... Les deux chambres de deux lits simples et la chambre d'un lit simple également, très propres, donnent sur le joli jardin bordé par la rivière. Vous pouvez aussi louer ce gîte en famille pour une semaine en parfaite indépendance et à un prix modique.

LE JARDIN SUR L'EAU €€

25, rue Carnot
✆ 07 49 65 04 27
https://lejardinsurleau.com/

Ouvert du 1er avril au 15 octobre. 3 chambres (à partir de 75 €/nuit). Petit déjeuner inclus. Gîte pèlerins : 17 €/nuit.

Grande voyageuse, Juliette, une enseignante et formatrice à la retraite, ne rêvait que d'une chose : ouvrir les portes d'une maison de famille où elle pourrait recevoir les voyageurs. Après 2 ans d'importants travaux, c'est en 2021 qu'elle a reçu ses premiers hôtes dans trois belles chambres à la décoration soignée, à la fois douce et colorée. Le gîte pour les pèlerins, et les deux appartements sont tout aussi confortables. Vous profiterez du jardin de cette maison de ville, et de la piscine chauffée, à seulement 10 min de l'église Sainte-Quitterie.

HOTEL N'ATURA** €€

28, avenue du 4 Septembre
✆ 05 58 71 66 17
www.naturahotel.fr

Toute l'année (sauf vacances de Noël). Chambre double à 76 € ; triple à 85 €. Petit déjeuner : 9,50 €. Soirée étape.

A l'Hôtel N'Atura, la terrasse, la piscine chauffée par le soleil et la salle des petits déjeuners s'orientent vers l'Adour. Les chambres bénéficient d'une vue sur la rivière ou sur la façade (en retrait de la rue), ce qui garantit le silence. Simples, doubles, *twins*, familiales, PMR... Fonctionnelles, les chambres ont été rénovées dans des tons actuels. Les parkings (extérieur et souterrain) sont parfaits pour accueillir les motards. Le circuit de Nogaro se trouve à 20 minutes. Les petits déjeuners et les paniers pique-nique sont disponibles à emporter.

LA MAISON DU BOS €€

378, chemin Dubos - **MIRAMONT-SENSACQ**
✆ 05 58 79 93 18
https://maisondubos.com

Toute l'année. Chambre de 75 € à 120 €/nuit (base 2 pers.). Kitchenette équipée. Gîte 4 pers. à partir de 1 050 €/sem.

Cette maison de maître de 1772 a gardé tout son charme. Vieilles pierres, enduits à la chaux, volets bleus... Corinne et Fabrice l'ont fait restaurer de façon très respectueuse. Les pèlerins autant que les touristes apprécieront de profiter du parc de 9 hectares, de la terrasse, du barbecue, mais aussi de la piscine. Dans ce lieu sublime, les chambres, simples et raffinées, invitent au repos et à la détente. Vous pourrez profiter de la kitchenette et de ses équipements, mais vous pourrez aussi choisir l'option « gîte » pour être encore plus indépendants.

LA CAVE DES VIGNERONS DE TURSAN

30, rue Saint Jean - **GEAUNE**
✆ 05 58 44 51 25 - www.tursan.fr
Du lundi au samedi 9h-12h et 14h-17h30 (14h30-18h30 l'été). Boutique en ligne. Reprise des visites guidées : avril 2025.

Les vins de Tursan accompagnent la farandole des mets du Sud-Ouest ! Ce terroir historique qui s'étire entre les courbes de l'Adour et les premiers contreforts des Pyrénées se réinvente depuis plusieurs décennies afin de proposer des blancs, rosés et rouges intenses, gorgés d'arômes et de caractère. A Geaune, vous pourrez compter sur Cécile et Mathieu pour vous faire découvrir les vins de terroirs landais. Et c'est aussi à Geaune que l'on peut faire les visites de la cave.

MAISON HURON €€

1013, chemin de Pierrine - **GEAUNE**
✆ 06 84 19 53 39
www.maison-huron-gite.fr
Gîtes de France (4 épis). Ouvert toute l'année. Pour 14 personnes (273 m², 6 chambres). A partir de 1500 €/semaine.

Ancienne demeure familiale, la Maison Huron a été aménagée de sorte à accueillir jusqu'à 14 personnes avec 5 chambres doubles dont l'une se trouve au rez-de-chaussée, et un dortoir avec 4 lits simples. C'est à Aline, la propriétaire, que l'on doit la superbe décoration et la mise en valeur des volumes et de l'architecture. Elle mêle les époques avec l'élégance que l'on en attend aujourd'hui. Côté piscine, le jardin, avec sa belle terrasse, a lui aussi profité de la rénovation pour offrir une vue dégagée sur la campagne environnante, mais surtout, sur les Pyrénées.

L'ESTANQUET DE LA BASTIDE €€

16, rue Gourgues - **GEAUNE** ✆ 06 61 56 56 00
www.estanquetdelabastide.fr
Ouvert de mars à fin novembre. Chambre double : 110 €. Petit déjeuner inclus. Table d'hôtes le soir sur réservation.

A Geaune, dans le cœur historique, l'Estanquet de la Bastide est une maison d'hôtes avec 5 chambres pour 2 personnes chacune. De mars à novembre, vous pourrez séjourner dans cette belle maison de 1830. Les propriétaires, Carmen et Philippe, poussent l'hospitalité jusqu'à vous proposer de prendre les repas du soir avec eux, dans la cuisine ou sur la terrasse. Ce sont aussi eux qui préparent les petits déjeuners. Aux beaux jours, tout le monde profite de la piscine et du jardin fleuri.

LE MAS €€

17, rue du Château
✆ 06 15 44 36 82
www.le-mas.net
Clévacances (4 clés). Ouvert toute l'année. 3 chambres et 2 suites jusqu'à 4 pers. De 90 € à 172 €/nuit. Table d'hôtes.

Sols en carreaux de ciment, parquets anciens, mobilier de famille... Le Mas est une charmante demeure qui a su préserver son authenticité. Très ensoleillées, les chambres et les suites (2 à 4 personnes) aux noms de bons vins ou eau-de-vie se déclinent en une palette de couleurs chatoyantes. Vous pourrez profiter du salon et du fumoir-bibliothèque où de nombreux livres sont à votre disposition. L'été, on farniente au bord de la piscine alors que l'hiver, on se réchauffe au coin du feu autour de la grande table de la salle à manger où sont servis les repas.

BUENOS AIRE €€

2b, rue Pierre Mendes France
✆ 06 78 94 00 57
Ouvert le mardi midi ; du mercredi au samedi le midi et le soir. Empanadas à 6 € et plats à partir de 11 €. A emporter.

Originaire d'Argentine, Pablo a fait chavirer nos papilles le temps d'un voyage dans son pays natal ! Contraction parfaite de Buenos Aires et Aire-sur-l'Adour, Buenos Aires est peut-être bien la seule adresse où vous ne trouverez pas de canard à la carte. *Empanadas*, chili con carne, *milanesa* de bœuf, *quesadilla* (on a adoré)... Il n'y en aura pas pour tout le monde. D'abord, parce que l'établissement n'est pas très grand, mais aussi parce que tout est frais et fait maison. Buenos Aires est un restaurant aux mille couleurs dans l'assiette, la décoration et le cœur.

O'THIL €€

54, rue Paul Duthil ✆ 06 73 77 63 77
www.othil.fr
Ouvert toute l'année. 4 chambres de 80 € à 90 €/nuit (base 2 personnes) ; 1 suite à partir de 135 €. Piscine.

Vous séjournez dans l'une des 4 chambres d'hôtes ou dans la suite (3 lits) de cette maison bourgeoise de caractère à deux pas du chemin de Saint-Jacques-de-Compostelle et du centre-ville. Les chambres sont grandes et particulièrement bien décorées avec un superbe papier peint en tête de lit. Les hôtes partagent la piscine extérieure et disposent tous d'une place de parking sécurisée. Vous pourrez librement pique-niquer sur place ou vous faire livrer un repas préparé par la Maison Bop. Nathalie, l'hôtesse d'accueil, est à votre disposition en toute discrétion.

CHEZ ROXETTE €

325, rue de la Bastide
PIMBO
✆ 06 77 33 23 94
Horaires à consulter en ligne, variables selon la saison. Crêpes. Glaces. Epicerie de produits locaux. Soirée pizzas.

Depuis le printemps 2024, Pimbo cache une pépite culinaire. Locaux, pèlerins et touristes de passage ont très vite adopté le lieu, en passe de devenir la pause incontournable du village. Crêperie, Salon de thé, épicerie fine de produits locaux et bio, et la bonne humeur de Roxane, l'adresse a tout pour plaire. Bien évidemment, tout est fait maison, et les produits locaux et de saison sont privilégiés. Chez Roxette est Un véritable lieu de vie. Un havre de gourmandise, mêlant saveurs authentiques et accueil chaleureux. Pensez à réserver pour les soirées pizzas.

HÔTEL-RESTAURANT LES PLATANES €€

2/4, place de la Liberté ✆ 05 58 45 87 27
www.lesplatanes-aire.com
Du mardi au samedi le soir ; le dimanche midi. Réservation recommandée. Menu bistrot : 17 € (15 € à emporter).

Si le restaurant est ouvert du mardi au samedi le soir et le dimanche le midi, le Bistrot des Platanes vous reçoit du mardi au vendredi le midi dans une ambiance élégante avec un menu à 17 euros. Au restaurant comme au bistrot, le chef Sébastien Gozzer met un point d'honneur à faire (re) découvrir les classiques de la région et les meilleurs produits du terroir en y apportant sa touche personnelle. L'hôtel-restaurant profite d'une agréable terrasse ombragée et végétalisée.

L'ANTRE II

64, avenue du 4 septembre
✆ 05 58 46 10 36
Ouvert toute l'année. Du mardi au samedi de 11h à 1h. Terrasse. Restauration. Animations. Concerts.

L'Antre II a gagné ses galons de lieu où il fait bon s'amuser et se régaler à Aire-sur-l'Adour. Véritable bar à ambiance grâce à ses animations (*afterwork*, concerts et DJ, soirées dansantes, karaoké...), c'est aussi un bar à dégustation avec plus de 70 vins et champagnes et autant de bières artisanales ! Côté restauration, l'Antre II vous régale avec des plats légers, d'autres plus copieux, une assiette duo à partager, des tapas de produits frais, des planches apéritives et ses desserts gourmands. La carte change au fil des saisons et des inspirations du chef.

PÂTISSERIE DAUGÉ

1, place de la Cathédrale
✆ 05 58 71 60 75
Ouvert du mardi au samedi de 8h à 12h30 et de 14h à 19h ; le dimanche de 8h à 12h30.

Qualité et savoir-faire constituent le secret de la longévité de l'entreprise familiale. Depuis 1886, la pâtisserie Daugé régale des générations de gourmands en perpétuant des recettes incontournables et originales : le gâteau russe (« chez Daugé »), le Saint-Honoré, le mille-feuille, les gâteaux aux fruits, les tartes et les gâteaux au chocolat... Et les spécialités aux pignons et à la pâte d'amande. Il y en a pour tous les goûts ! La rigueur dans le choix des matières premières se retrouve aussi dans les chocolats. Le praliné est un classique de la Maison.

L'AIRE DES SAVEURS

22, rue Pascal Duprat
✆ 05 58 52 44 45
Ouvert du mardi au samedi de 9h à 12h et de 14h30 à 19h.

Ne sentez-vous pas cette douce odeur de café torréfié ? Torréfactrice, Aurélie vous propose une bonne quinzaine de crus de Colombie, du Guatemala, du Brésil... La fraîcheur de la mouture a une grande importance sur le développement des arômes, d'où l'intérêt de faire ses provisions régulièrement comme on achète du pain frais. Les amateurs de thés ont aussi leur rayon avec 150 variétés au choix dans la gamme Dammann Frères. Et de grands pots emplis de fleurs pour les infusions ! Pour les petites faims, succombez aux gaufres, crêpes, coupes glacées, smoothies...

LES FRAMBOISES DU TURSAN

BAHUS-SOUBIRAN ✆ 06 10 94 06 53
www.framboises-landes.fr
Bienvenue à la Ferme. Du lundi au samedi : mai-septembre 10h-12h et 14h30-18h30. Octobre-avril : 10h-12h et 14h30-17h30.

Le père de Philippe Sebi a planté les premiers pieds de framboisiers en 1965. Ses framboises sont produites sous des serres non chauffées en système hors-sol, avec un substrat d'origine naturelle. L'exploitation devient autonome en électricité avec la pose de panneaux photovoltaïques en 2010. Avec son fils Valentin, Philippe fournit marchés et grands chefs du Sud-Ouest, notamment Michel Guérard. En 2016, Les Framboises du Tursan ont été reconnues « Producteur artisan de qualité » par le Collège culinaire de France. Ils font aussi des agrumes et des grenades.

MAISON BOP

1, rue du 13-Juin ✆ 05 58 71 61 96
www.la-maison-bop.fr
Ouvert du mardi au vendredi de 7h à 12h30 et de 15h à 19h ; le samedi de 7h à 13h et de 15h30 à 19h. Traiteur.

La 3e génération a pris la relève de l'entreprise familiale. Son leitmotiv depuis 1949 ? Servir au mieux ses clients et les régaler avec des viandes soigneusement sélectionnées chez les meilleurs éleveurs. C'est donc Arnaud Bop, chef au riche parcours qui est aux commandes. Cette boucherie-charcuterie est connue pour ses viandes de bœuf, d'agneau des Pyrénées, de porc, mais aussi ses salaisons, ses conserves et ses plats cuisinés, comme l'œuf de caille crémeux truffe noire biscuit roquette serrano. Service traiteur de qualité en version bouchées gastronomiques.

LANDES

LE PÂTISSIER GASCON

20, rue du 13-Juin
© 05 58 71 70 30
www.lepatissiergascon.com
Ouvert du lundi au vendredi de 7h à 19h30 ; le week-end de 7h à 19h. Traiteur.

C'est l'histoire d'une boulangerie-pâtisserie artisanale spécialisée dans la fabrication de tourtières à l'Armagnac (ex Pastis Gascons). Aux pommes, aux pruneaux, aux framboises et aux myrtilles, aux poires et au chocolat... Les tourtières du *Pâtissier Gascon* peuvent être nature ou garnies avec différents fruits. De quoi plaire à tous les gourmands ! Farines du moulin régional Gers Farine, Armagnac de la distillerie Samalens à Laujuzan, fruits rouges du producteur Les Framboises du Tursan à Bahus Soubiran... Ici, tout est fait maison avec des produits locaux.

AÉROCLUB D'AIRE-SUR-L'ADOUR

510, Route du Houga
© 07 82 77 32 56
www.aeroclub-aire.fr
Ouvert toute l'année. Vol découverte en planeur ou ULM 1 passager (30 mn) à partir de 90 €.

L'Aéroclub d'Aire-sur-l'Adour vous propose des vols touristiques et des vols et stages de pilotage. Planeur, ULM ou avion (1 à 3 personnes), de quelle façon avez-vous envie de vous envoyer en l'air ? Les vols de 30 minutes sont l'occasion de survoler le Tursan autour d'Aire-sur-Adour. Nous, on se laisserait bien tenter par un vol découverte en planeur biplace pour profiter du silence. Les vols « partagés » sont davantage à la carte. Toujours une bonne idée pour offrir !

LES GREENS D'EUGÉNIE

685, route d'Eugénie - **BAHUS-SOUBIRAN**
© 05 58 51 11 63
www.golf-eugenie.fr
Ouvert toute l'année. Green-fees de 30 à 48 €. Cartes et abonnements. Cours individuels ou collectifs. Restauration.

Créé en 1996, Eric et Patricia Lebigre ont repris le Golf du Tursan en 2017 afin d'en perpétuer l'esprit simple et chaleureux. Ancien greenkeeper, Eric veille à proposer un accueil personnalisé et bichonne ce superbe parcours long de 2 809 mètres qui s'étire dans les bois et entre les vignes. Un practice de 12 postes, dont 6 couverts et un putting-green sont également à disposition. Location de matériels, cours, stages... Et nouveauté : une formule Team Building est proposée. Le midi, Patricia propose des assiettes simples à base de produits locaux.

EUGÉNIE-LES-BAINS ★★

En ordonnant le captage de l'eau de la source Les Eaux de Saint-Loubouer, le roi Henri IV donnait le coup d'envoi d'une vocation jamais démentie : celle du bien vivre et du bon vivre. En 1860, l'impératrice Eugénie de Montijo, épouse de Napoléon III, est nommée marraine de la commune baptisée en son hommage. Elle favorise la reconnaissance des vertus des eaux de source. Aujourd'hui, on vient à Eugénie-les-Bains pour soigner des affections rhumatismales, urinaires et digestives, pour traiter le prédiabète et l'hypercholestérolémie. Eugénie-les-Bains est un village santé et nature avec des infrastructures modernes et un village gourmand !

LES PRÉS D'EUGÉNIE***** €€€

© 05 58 05 06 07
https://lespresdeugenie.com
Relais & Châteaux. Ouvert de mars à novembre. Chambres Classiques & Supérieures à partir de 270 €. Piscine. Spa.

Un petit monde merveilleux à la campagne, vous l'auriez imaginé ? Un endroit où laisser vagabonder son esprit et déguster des mets savoureux et équilibrés. Ce palace bucolique est un havre de paix romantique où l'on peut aussi apaiser ses sens et prendre soin de son corps à la Ferme Thermale® ; une ancienne ferme landaise du XVIIIe siècle qui abrite un superbe spa thermal. Les chambres, les suites et les appartements de prestige sont répartis dans un hameau de belles demeures pastorales où sont nichés œuvres d'art, meubles d'antiquité et peintures rares.

HAKUNA MATATA***** €€€

245, route des Vignes
PÉCORADE
© 05 54 54 55 08
2 suites. A partir de 300 €/ nuit pour 2 pers. Petit déjeuner inclus. Panier pique-nique sur demande. Bain bouillonnant.

Au cœur des landes, cette villa d'exception promet un séjour inoubliable. Un véritable havre de paix inspiré par l'Afrique du Sud. Si les deux suites «Love Tonight» et «African Dream» sont décorées avec soin et élégance, la première qui s'ouvre sur les vignes est adaptée aux personnes à mobilité réduite. Quant à la seconde, elle offre une vue imprenable sur les Pyrénées, et propose une chambre supplémentaire pouvant accueillir les enfants. À l'extérieur, lac, jardin arboré et bain bouillonnant, sont une véritable invitation au voyage et à la contemplation.

LA FERME AUX GRIVES €€

✆ 05 58 05 06 07

https://lespresdeugenie.com/

Ouvert toute l'année. Jours et horaires d'ouverture variables selon la saison. Menu-Carte : 58 €.

Une véritable institution ! La Ferme aux Grives se trouve dans le parc en plein cœur du village. Au milieu des murs de pierre et de galets ou sur la terrasse bucolique, le chef étoilé Michel Guérard vous convie à une promenade gourmande à travers les Landes où il met en avant les produits d'un terroir qu'il chérit. La lecture des plats est tout un poème... Vous aurez même le plaisir de voir les gros poulets landais et les cochons de lait rôtir dans l'âtre géant, tandis que la daurade braise doucement dans le four de boulanger. Un moment de plaisir unique !

LES PRÉS D'EUGÉNIE €€€

✆ 05 58 05 06 07

https://lespresdeugenie.com/

Ouvert toute l'année. Jours et horaires d'ouverture variables selon la saison. Menus de 295 € à 335 €.

Dans le cadre magnifique des Prés d'Eugénie, la cuisine de Michel Guérard est couronnée de 3 étoiles. La nature, les arbres, les fleurs, les plantes... Un univers inépuisable qui inspire ce chef pétri d'une culture du partage et de l'innovation. Un travail partagé avec son épouse jusqu'à son décès en 2017. La cuisine naturaliste, véritable marque de fabrique de la Maison, permet de profiter de produits comme le foie gras de canard ou d'oie, cuit au coin de l'âtre. Dans ces cuisines nées sous le Premier Empire, la cheminée accueille les pièces de viande. Magistral.

PEYREHORADE

Bourg d'environ 3 700 habitants, au carrefour de la Chalosse, du Pays basque, du Béarn et à moins d'une heure de l'Espagne, Peyrehorade domine la rive droite des Gaves réunis, d'Oloron et de Pau. Peyrehorade est le pays du saumon, du kiwi et des bons produits du terroir. Depuis 1358, le marché traditionnel et hebdomadaire du mercredi matin est un grand rendez-vous. Le patrimoine historique de la cité se dévoile lors d'un parcours de découverte pédestre d'une heure environ ; il est proposé par l'office de tourisme avec d'autres circuits dans le Pays d'Orthe. Ne manquez pas de jeter un coup d'œil au château d'Orthe où siège la mairie de Peyrerohade.

OFFICE DE TOURISME DE LA VALLÉE DU KIWI

147, allée des Evadés ✆ 05 58 73 00 52

www.lavalleedukiwi.com

Qualité Tourisme. Tourisme et Handicap. Ouvert toute l'année. Jours et horaires d'ouverture variables selon la saison.

A la croisée du Pays basque, des montagnes du Béarn et des plages du sud des Landes, la vallée du kiwi s'étend sur 24 communes dans le sud des Landes. Gastronomie, patrimoine classé, villages fleuris, traditions culturelles et folklore, activités nautiques et sentiers pédestres en font une destination de choix pour les amateurs de nature, d'histoire et de tradition. Le site de l'office de tourisme vous permet de télécharger différentes brochures de balades pour toute la famille.

LANDES

© UNAI - STOCK.ADOBE.COM

Le village de Peyrehorade.

SO VAN

204, route de Bayonne
✆ 06 02 17 32 64
https://so-van.com/
Location de vans aménagés à partir de 140 €/ 2 jours. Chèque-vacances.

Fondée par Yann, la société So Van propose la location de vans aménagés au départ de Peyrehorade, à la croisée des Landes et du Pays basque. Et dans le but de réduire l'impact environnemental de son activité, So Van veille à l'incidence écologique des produits et accessoires. Le début de votre aventure en van s'inscrit dans la continuité de celle de Yann, dont les premiers souvenirs en Volkswagen Transporter T4 remontent à l'enfance sur les routes de France et d'Europe. A son tour de vous offrir cette vie-là, en vans aménagés jusqu'à 5 personnes.

LES CABANES DE BROCAS €

620, route d'Igaas - **BÉLUS**
✆ 07 86 91 00 14
www.lescabanesdebrocas.fr
Ouvert de fin mars à fin septembre. 4 cabanes en bois pour 1 à 4 pers. à 80 €/nuit. Linge de lit et serviettes : 40 €.

Pas de télévision, pas de wifi... Chloé et Alban vous invitent à un séjour en totale déconnexion sous les arbres. Sur des terres familiales, les Cabanes de Brocas se trouvent au croisement de la côte Landaise, de la côte Basque, du Béarn et des Pyrénées. Très bien isolée, avec une grande terrasse embrassant la forêt, c'est l'endroit idéal pour recharger les batteries. Si le cœur vous en dit, vous pourrez y séjourner jusqu'à début octobre si la météo le permet. Prévoyez 2 nuits minimum pendant les vacances scolaires et 3 nuits minimum en juillet/août.

MAISON DUPAYA €€

300, place Aristide Briand
✆ 07 78 10 02 95
www.maison-dupaya-peyrehorade.fr
Ouvert toute l'année. Pour 6 personnes (123 m², 3 chambres). De 770 € à 910 € la semaine selon saison. Salon de jardin.

Ouverte en septembre 2022, la Maison Dupaya est localisée juste en face de la grande place où se déroule le marché traditionnel de Peyrehorade. La maison étant entièrement rénovée, vous n'en subirez pas les nuisances sonores, mais vous pourrez en apprécier le spectacle depuis les grandes ouvertures des chambres. La maison profite de beaux volumes très lumineux. Il est plaisant d'y travailler, notamment depuis la suite parentale au dernier étage. Un balcon-terrasse prolonge la pièce de vie de l'autre côté de la rue. Vos hôtes restent à votre disposition.

LA VILLA DE SAINT-LON €€

137, route de Belus - **SAINT-LON-LES-MINES**
✆ 07 72 51 07 37
www.gites-de-france-landes.com
Gîtes de France (3 épis). Pour 15 personnes (350 m², 7 chambres). A partir de 1 585 € / semaine. Piscine. Spa.

A 30 minutes des plages de la côte landaise, dans le petit bourg de Saint-Lon-les-Mines, cette grande maison de 350 m² se prête volontiers à l'accueil des grands groupes (famille ou amis). En plus, il y a de quoi bien en profiter avec la piscine privative chauffée de juin à septembre et l'espace bien-être intérieur avec son bain bouillonnant et son sauna. Eté comme hiver, c'est le top ! Parmi les 7 chambres, deux suites ont été aménagées dans la dépendance. Autre atout, vous n'aurez même pas besoin de votre véhicule pour accéder aux commerces et loisirs.

GNÀC É PAUSE €€

284, route de Peyrehorade
SAINT-LON-LES-MINES ✆ 05 58 77 20 77
www.gnac-e-pause.fr
Ouvert toute l'année. Du mardi au samedi le midi et le soir. Plats de 19 à 27 €. Formule du midi : 16,50 €. Terrasse.

Dans cet hôtel-restaurant tenu par Denis et Isabelle, les cuisines sont ouvertes sur la salle et la terrasse. Au menu : tartine d'effiloché de bœuf à la moutarde, médaillon de veau, filet de daurade, colombo de porc au curry, mi-cuit de thon... Le Pays basque est aussi à l'honneur. Servie midi et soir, la carte du moment évolue chaque semaine. Le service est souriant et attentif. Le bar du Gnàc é Pause est quant à lui ouvert dès 7h30 pour le petit déjeuner. La carte des vins est intéressante. L'hôtel** dispose de 19 chambres, une salle de séminaire...

LES CHEMINS DU PAIN

50, chemin de la Briqueterie - **CAUNEILLE**
✆ 05 58 49 24 16
www.lescheminsdupain.com
Ouvert du mardi au vendredi de 7h30 à 14h et de 17h à 19h ; le samedi de 7h30 à 14h. Gluten-free friendly.

Ici, Anne-Cécile vous conseille et vous fait partager la vie de son fournil. D'ailleurs, tout est fabriqué sous vos yeux. Baguettes, pains sans gluten, au petit épeautre, pains moulés aux graines... Le pain est à base de farines bio issues de moulins situés à proximité comme à Saint-Pé-de-Léren. Selon l'humeur de la boulangère, de petites pâtisseries et viennoiseries voient le jour, notamment les pelotes à la cannelle. Retrouvez aussi tous ces bons produits à l'occasion de nombreux événements ainsi que le samedi matin au marché de Dax.

DOMAINE API-MELLI

270, chemin de Menautat - **SAINT-LON-LES-MINES**
✆ 06 70 06 09 17
www.mielapimelli.com
Bienvenue à la Ferme. Vente à la ferme le vendredi de 16h à 18h. Visite sur rdv.

Api-Melli est une exploitation apicole. Apiculteur depuis 2008, Thierry Francke vous expliquera l'entretien d'une ruche (il en a 300 en production et 200 pour la fécondation), le nourrissement des abeilles l'hiver, les problématiques dues au climat, l'extraction, etc. Vous pourrez déguster différents miels, du plus liquide au plus crémeux. Bruyère, châtaignier, tournesol, acacias... A chacun sa particularité gustative. Miels, pollen, gelée royale, pain d'épices, nougat et autres bonbons sont à retrouver dans la boutique et chez des revendeurs à Dax et Hastingues.

LA FERME DE BOY

325, route de Haut Bordes
SAINT-LON-LES-MINES ✆ 06 09 07 22 19
https://fermedeboy.fr/
Ouvert le mardi et le vendredi de 16h à 18h30. Uniquement sur commande. Visite guidée sur rendez-vous.

Fille d'agriculteurs, Stéphanie Siberchicot a repris l'exploitation familiale où elle cultive des céréales et des oléagineux cultivés en Agriculture Biologique qu'elle transforme en huiles, farines, biscuits et pains au levain naturel. Avec son mari Fred, diagnostiqué hypersensible au gluten, ils lancent le projet « Paysans du grain au pain » en 2016. La Ferme de Boy raconte aussi cette prise de conscience, entre pratiques traditionnelles et techniques innovantes. La boutique est ouverte à tous les gourmands et les curieux. On y retrouve d'autres produits du coin.

KIWI DELICES

1000, route de Saint Cricq
SORDE-L'ABBAYE
✆ 06 73 73 22 15
www.kiwis-delices.com
Prendre RDV par téléphone pour vente direct à la ferme. Livraison possible (boutique en ligne).

Il n'y a pas qu'en Nouvelle-Zélande qu'on trouve des kiwis, les Landes ont également les leurs ! Kiwis Délices est un producteur de Kiwis de l'Adour et propose toute l'année des produits à base de kiwis, tels que des confitures, des compotes, des jus de fruits mais également des cosmétiques à base d'huile de pépins de kiwis. Vous pouvez vous procurer leurs produits sur leur site internet, en vente directe sur l'exploitation (sur RDV) ou dans de nombreux points de vente de la Vallée du Kiwi à Sorde-l'Abbaye, Hastingues, Peyrehorade et Saint-Lon-les-Mines.

MARCHÉ DE PEYREHORADE

Le mercredi matin.

Depuis 1358, le marché traditionnel de Peyrehohade se tient le mercredi matin. C'est le plus ancien marché des Landes ! Plus d'une centaine de producteurs locaux, commerçants, artisans et autres camelots posent leurs étals de la place du Sablot à la place Aristide Briand. On termine ou on commence par une dégustation de pieds de cochon dans l'un des restaurants ouverts très tôt ce jour-là. Aussi : petit marché alimentaire le samedi matin sous les halles, marché au gras d'octobre à mars le mercredi matin et une journée gasconne le mercredi avant les fêtes en été.

SAVEURS DES SAISONS

92, place Aristide Briand
✆ 06 16 25 32 24
Mardi, jeudi et vendredi : 9h30 à 12h30 et 15h30 à 19h ; mercredi : 8h30 à 12h30 ; samedi : 8h30 à 12h30 et 15h30 à 19h.

A Peyrehorade, depuis 2016, la boutique Saveurs des Saisons vous propose de nombreux produits de producteurs locaux, principalement des Landes et du Pays basque. On trouve le vrac côté épicerie fine (fruits secs, huiles, farines, quinoa des Landes, produits d'Espelette, etc.), les bières, les vins, les fruits et les légumes bio, ou encore de bons fromages et de la charcuterie. Que vous soyez du coin ou de passage dans la région, n'hésitez pas à leur commander votre plateau apéritif. C'est l'occasion de découvrir le meilleur du terroir.

BIJE BOOTCAMP

Route d'Orist - chemin de Priet
SAINT-LON-LES-MINES ✆ 07 84 56 38 76
www.bijebootcamp.com
Parcours d'obstacles de 20 € à 28 €/personne. Bootcamp. Saut en parachute. Team building.

Saviez-vous que le plus grand parcours d'obstacles de France a été inauguré le 14 mai 2022 dans une forêt communale de Saint-Lon-les-Mines ? Stéphane Bijard alias *Bije*, son fondateur, vous propose alors de faire l'expérience des forces spéciales. L'objectif est simple : défiez vos limites ! Bootcamp, sauts en parachute, course d'orientation, parcours individuels et collectifs de différents niveaux avec une trentaine d'obstacles... Et une dark zone inspirée des parcours militaires qui demande de l'engagement psychologique, technique et physique. Ça vous tente ?

LE MUSÉE DU FRUIT

157 bis, route Lesablère
CAGNOTTE
✆ 06 78 54 02 80
www.museedufruit.fr
Visite libre sur réservation. Tarif unique : 5 €. Aire de pique-nique.

Mais de quoi s'agit-il ? Le musée du fruit est un lieu inédit en Nouvelle-Aquitaine. Et c'est à Pierre Argelès et à son épouse que l'on doit cette belle initiative en pleine nature. Accessible à tous, sur les terres de son enfance, le musée du fruit vous invite à découvrir un parcours à travers 12 vergers représentant les 12 mois de l'année. Se déversant les uns dans les autres, les bassins alimentent le système d'irrigation tout en développant la biodiversité. Fruits rares, anciens, nouvelles cultures... Petits et grands auront beaucoup de choses à apprendre !

LES TAOULERES €

783, route des Bordes-de-Haut
✆ 06 07 12 17 87
www.lestaouleres-hastingues.fr
3 chambres (1 à 3 pers.) à partir de 65 €. Location à partir de 3 nuitées en juillet et 2 en août. Piscine partagée.

Guy et Gisèle vous accueilleront chaleureusement dans leur maison contemporaine. À l'orée des bois, trois chambres confortables et entièrement rénovées vous permettront de profiter de la campagne. Les deux fenêtres de la chambre du Jardin ont vue sur la forêt et le jardin. Elle est équipée d'un lit double et d'une alcôve avec lit simple. Exposée plein sud, la chambre des Pyrénées profite d'une porte-fenêtre qui ouvre sur une terrasse en bois privative, où il est agréable de se détendre. La chambre du Bois est quant à elle très appréciée pour sa fraîcheur en été.

HASTINGUES

Située sur un éperon dominant les Gaves réunis, la bastide d'Hastingues fut fondée en 1289 par John de Hastings, sénéchal de Gascogne représentant Edouard Ier, roi d'Angleterre et duc d'Aquitaine. Le site est un ancien oppidum romain. Hastingues fut bâtie pour défendre le port de Bayonne, regrouper une population livrée à l'insécurité et renforcer la puissance et l'autorité du roi anglais. Hastingues resta d'ailleurs anglaise jusqu'en 1451. Elle a gardé une porte fortifiée du XIVe siècle et d'adorables maisons. En pleine nature, l'abbaye d'Arthous, construite au XIIe siècle, abrite le Musée départemental d'Archéologie des objets de fouilles landaises.

LE CHÂTEAU D'ESTRAC €€

43, place du Général Monsabert ✆ 05 58 73 12 20
www.chateau-destrac.fr
Ouvert d'avril à octobre. Chambres d'hôtes à partir de 75 €/nuit et suites (5 pers.) avec cuisine à partir de 153 €.

Avec son parc arboré et fleuri qui deviendra bientôt l'un des rares Jardins remarquables des Landes, le château d'Estrac vous ouvre ses portes pour un séjour dans un autre temps. Passionnés d'histoire, d'architecture et de patrimoine, Eric et Rémy consacrent tout leur temps à la rénovation de ce château du XVIIIe siècle. Belle enfilade typique de cette époque, œuvres d'art, collections de tableaux, gravures… Vous séjournerez dans l'une des chambres d'hôtes ou dans une suite pour 4 à 5 personnes et profiterez des parcs aménagés, de la bibliothèque et de la piscine.

ABBAYE D'ARTHOUS ★

785, route de l'Abbaye
✆ 05 58 73 03 89
www.landes.fr/abbaye-arthous
Ouvert d'avril à mi-novembre. Gratuit jusqu'à 26 ans. Adulte : 5 €. Groupe (10 personnes) : 3,50 €.

Aujourd'hui transformée en site départemental dédié au patrimoine, l'ancienne Abbaye d'Arthous abrite un musée d'Histoire et d'Archéologie. Lieu d'accueil et de partage des savoirs, elle organise des résidences artistiques et scientifiques, propose des expositions temporaires et une programmation culturelle tout au long de l'année. Cet édifice classé Monument historique a été fondé au XIIe siècle sur le chemin de Saint-Jacques-de-Compostelle et appartient à l'ordre des Prémontrés. Labellisé Musée de France, le musée vous fera découvrir le Pays d'Orthe.

L'ÉCRIN DES GAVES €€

51, Côte du Pic
✆ 07 69 51 78 84
www.ecrindesgaves.com
Gîtes de France (4 épis). Chambre double de 115 € à 170 € ; suite de 165 € à 205 €. Piscine à débordement.

Perchée dans les hauteurs des Landes, cette maison d'hôtes se découvre avec délectation. On prend le temps de savourer son entrée discrète sous les feuillages, jusqu'à s'émerveiller devant la vue panoramique sur la rivière. La piscine à débordement et le parc s'intègrent à merveille dans l'environnement naturel, comme deux amis qui dialoguent depuis toujours. À l'intérieur, 4 belles chambres aux boiseries noires chaleureuses et à la décoration romantique. Côté table, les bons petits plats de Claude se prennent avec supplément. Vue magique !

ORTHEVIELLE

Bordé au sud par les Gaves Réunis, le village d'Orthevielle est situé au cœur du Pays d'Orthe. Anciennement nommé *Aortae villae*, c'est là que s'implanta pour la 1re fois la maison d'Orthe au IXe siècle. On peut y visiter l'église Saint-Pierre, édifiée sur un éperon rocheux et qui abrite un autel en marbre des frères Mazetti, découvrir la fontaine de Pampara, qui débite sans trêve une eau non potable, et des lavoirs. À Orthevielle, il existe encore plusieurs Caveries dont celle de Montgaillard, Peyroux, Gestède et Lasalle. Ces demeures anciennes appartenaient autrefois aux nobles chevaliers assurant eux-mêmes leur défense en s'entourant de fossés.

MAISON BASTA €€

335, chemin de Basta
✆ 06 64 13 23 33
www.maison-basta.fr

Ouvert toute l'année. 5 chambres (2 à 4 pers.) à partir de 78 €. Petit déjeuner inclus. Table d'hôtes.

Cette belle demeure du XVIIIe siècle est implantée dans un parc avec piscine. Les cinq chambres, spacieuses et uniques dans la composition des couleurs et des décors, sont équipées de salles d'eau privatives. Les chambres Persanne et Saharienne peuvent accueillir jusqu'à 3 voyageurs, alors que la chambre Tchanqué est conçue pour 4. L'ambiance est chaleureuse et authentique. La table d'hôtes peut accueillir 15 convives autour de plats régionaux ou plus exotiques (fermée le samedi). Pour garder la forme : piscine, vélos, ping-pong, pétanque, espace fitness...

LA FERME D'ORTHE €€

9, rue de la Fontaine
✆ 05 58 73 01 03
www.lafermedorthe.fr

Ouvert du mercredi au dimanche le midi ; du jeudi au samedi le soir. Menu-carte : 40 €. Formule du midi : 17 €.

A la Ferme d'Orthe, Michel Labastie fait ses foies gras et ses confits lui-même. Il change son menu-carte tous les deux mois environ, mais quand demoiselle palombe veut bien se montrer, un menu lui est consacré le temps de son passage. A cela s'ajoute une formule déjeuner très attractive à retrouver du mercredi au vendredi. Il revient à Mylène, son épouse, de choisir les vins en fonction des mets et de ses coups de cœur. L'établissement ouvre également ses portes le mercredi soir en haute saison. Réservation recommandée bien sûr !

LAIT GOURMAND

241, route des Lavoirs
✆ 06 89 02 61 15
www.laitgourmand.fr

Boutique en ligne (service click & collect). Le mercredi de 9h à 12h ; le vendredi de 16h à 19h.

La Ferme de Saraillot a toujours connu la culture du maïs, du tournesol et l'élevage des vaches, sans oublier les vergers de kiwis. Mais lorsque Rémi a rejoint l'aventure en juin 2017, il a lancé un défi à toute sa famille : produire et commercialiser des produits laitiers. Après quatre mois dans les Alpes où il a appris la transformation du lait en glace, mozzarella, yaourt, fromage blanc et crème, il a lancé Lait Gourmand. À vous de passer commande en deux clics sur le site (à retirer le mercredi et le vendredi). Du producteur au consommateur, tout simplement !

L'ETRIER D'ORTHE

✆ 06 64 64 03 15

Ouvert toute l'année (sur réservation). Balades à cheval : 25€/1h15 (prévoir 2h avec la préparation du cheval).

Situé à Orthevielle, dans la vallée du kiwi, à 2 minutes de Peyrehorade et à 20 minutes de Dax, l'Étrier d'Orthe propose à vos enfants de 2 à 10 ans deux circuits de balade à dos d'âne. Pour les plus petits, la sortie de 25 minutes est suffisante tandis que les plus grands pourront garder leur monture pendant 1 heure. Mélanie, accompagnatrice de Tourisme Équestre, pourra aussi se déplacer avec ses bêtes pour vos événements (anniversaires, mariages, animation dans les campings, sur les marchés, etc.). Toute l'année, sur réservation uniquement.

PORT-DE-LANNE

Port-de-Lanne a longtemps été un port de pêcheurs professionnels et de bateliers. En 1903, 320 000 tonnes de marchandises transitaient par le village. Jusqu'à l'arrivée de la voie ferrée, le port fut prospère. Berceau du recrutement des professionnels gabariens (inscrits maritimes au service du roi) imaginé par Colbert, Port-de-Lanne était considéré comme la capitale spirituelle de l'Adour. Une des plus belles églises gothiques du XIIIe siècle veille s'y trouve encore ; inscrite à l'inventaire supplémentaire des Monuments historiques. Ne manquez pas la « fête des brocs » qui rassemble plus de 400 brocanteurs, antiquaires et bouquinistes professionnels.

POUILLON

A 17 kilomètres de Dax, la station verte de Pouillon est un charmant village fleuri. Il est construit le long de la voie romaine, sur l'axe Bordeaux-Pampelune. Comme dans beaucoup de villages landais, une source aux vertus médicinales fut exploitée au début du XXe siècle. Son église, fortifiée pendant l'occupation anglaise, date du XIe siècle. Les arènes attestent quant à elles de la force des traditions tauromachiques toujours présentes et bien ancrées. La fête du lac de Luc se déroule le 14 juillet. Et tout ceci dans un environnement bucolique ! Ne manquez pas le marché du vendredi après-midi de mai à octobre et les marchés nocturnes d'été.

VILLA LORTIN €€

209, avenue de la Liberté
✆ 06 16 98 69 18

Ouvert d'avril à fin septembre. Gîte 4 personnes à partir de 680 €/semaine. Piscine partagée.

Claudine et Gérard vous accueillent dans leur maison familiale nichée au cœur d'un jardin particulièrement bien entretenu, avec piscine et stationnement sur place. Vous serez hébergés dans ce gîte de charme décoré avec soin. Les deux chambres, grandes et très confortables, disposent chacune d'une salle de bain à la manière d'une suite parentale. Idéalement située entre les Landes, le Béarn, le Pays Basque, l'océan et l'Espagne, la maison se trouve à deux pas du centre-ville et des commerces. Vous êtes à 17 km de la gare de Dax. Matériel bébé sur demande.

LA PETITE FERME DE POUILLON

665, chemin de Camparadé
✆ 06 45 61 14 35
www.lapetitefermedepouillon.com

Ouvert toute l'année. De 7 € à 8 €. Hébergements. CB non acceptée. Animations. Aire de pique-nique.

Venez vous détendre en famille, dans un environnement naturel où vivent des poneys Shetlands, des ânes, des lamas, des chevaux, des écureuils, des perruches et des paons en parfaite harmonie. Les enfants pourront entrer dans le poulailler et dans l'enclos des chèvres. Ils pourront aussi donner les biberons aux petites chèvres, aux moutons et aux cochons. Promenades à poney, aires de jeux et de pique-nique, camping à la ferme... Profitez-en aussi pour cueillir vous-même des légumes bio.

LOUIS €€

347, boulevard des Sports
✆ 09 88 04 38 37

Restauration du mardi au dimanche le midi ; jeudi au samedi le soir. Formule du midi : 15,50 €. Pizzas à emporter.

Grand frère de l'ex-Big Louis (le bus à pizza qui se trouvait à côté), Louis est à la fois un bar ouvert dès 7h30 (8h le dimanche), un restaurant et un salon de thé. Avec leur fille Luna, les propriétaires ont meublé cette sympathique brasserie avec beaucoup de goût. On aime particulièrement les luminaires anciens et ce magnifique comptoir en étain fabriqué par l'Atelier Nectoux à Dax. Il y a comme une ambiance des années 1930 dans l'air. Au bar, on retrouve aussi Manon. Pizzas, viandes grillées, circuits courts, menu du jour... Concerts et soirées à thème.

HAVRE DE PAIX*** €€

375 bis, chemin de Montpeyroux
✆ 06 20 26 45 75
https://havredepaix40.com/

Ouvert toute l'année. Pour 4 personnes (68 m²). De 525 € à 630 € la semaine selon saison. (2 nuits minimum).

Certains gîtes portent leur nom mieux que d'autres. Celui de Laurent et Kristell en fait partie. D'abord, parce qu'il est au milieu des champs de maïs à 3 km du centre du village où vous trouverez tous les commerces utiles. Là, en pleine campagne, il n'est pas rare de voir des chevreuils, des lièvres ou des oiseaux migrateurs. Ensuite, le confort et la décoration (le point fort de Kristell dont c'est le métier) mariant harmonieusement le vert, le bois, l'osier, le jute et le coton. Vous séjournerez dans l'ancienne étable d'une ferme landaise entièrement rénovée.

L'AUBERGE DU PAS DE VENT €€

281, avenue du Pas de Vent ✆ 05 58 98 34 65
www.auberge-dupasdevent.com

Ouvert du jeudi au mardi le midi ; du jeudi (de juin à octobre) au samedi le soir. Menu à 30 €. Formule du midi : 15 €.

Dans cette auberge traditionnelle chargée d'histoire, le chef Aurélien Bellocq sublime les produits locaux. Ses passages auprès de chefs étoilés, Jean Coussau à Magescq et Gérard Passedat à Marseille, ne sont sans doute pas étrangers à son engagement de restituer la cuisine chalossaise et landaise dans son expression la plus proche de la tradition. Le menu « Tiap a nouste » en est la preuve. Et aussi à la carte ! En dehors des repas de famille et évènements, faites une halte en semaine sous la tonnelle avec ses tables aux nappes fleuries. Réservation recommandée.

LANDES

LA CAVE DES VIGNERONS DE TURSAN

367, boulevard des Sports
✆ 05 58 98 20 68
www.tursan.fr

Du mardi au samedi de 9h à 12h et de 14h à 17h30 (de 14h30 à 18h30 en juillet et août). Boutique en ligne.

Ici, c'est Christophe, un enfant du pays, qui vous proposera de découvrir et déguster des vins AOP Tursan, IGP Chalosse et IGP Landes. Il pourra vous expliquer que les raisins sont récoltés à maturité, vendangés et travaillés par une équipe technique, responsable de la qualité des vins que vous retrouverez à la vente. Le fonctionnement est celui d'un grand domaine. Les vins sont mis en bouteille à la propriété à Geaune, là où sont organisées les visites.

SORDE-L'ABBAYE

Village pittoresque, Sorde s'étire au pied d'un coteau, sur la rive droite du gave d'Oloron. Au pied d'une falaise, plusieurs gisements préhistoriques, en particulier l'abri Duruthy, ont pu attester de la très ancienne présence de l'homme dans la région. De très nombreuses et remarquables pièces magdaléniennes y ont été mises au jour. Ces dernières sont maintenant présentées au centre départemental du patrimoine, à l'abbaye d'Arthous à Hastingues. La cité s'est développée autour d'une abbaye bénédictine édifiée sur l'emplacement d'une villa gallo-romaine, qui disposait de thermes et d'un bel ensemble de mosaïques du IVe siècle. A visiter !

ABBAYE DE SORDE ★

232, place de l'Église
✆ 05 58 73 09 62
www.abbaye-sorde.fr

Ouvert d'avril à fin novembre. Gratuit jusqu'à 18 ans. De 2 € à 4 €. Visites libres et guidées. Boutique. Animations.

Site classé au Patrimoine mondial de l'Humanité par l'Unesco au titre des chemins de Saint-Jacques, ce monastère du XVIIe siècle est une étape des pèlerins cheminant vers Saint-Jacques-de-Compostelle. L'ensemble abbatial s'organise autour d'un cloître et d'une cour, et donne sur une terrasse surplombant le gave d'Oloron. À ne pas manquer, notamment pour sa grange batelière, le cryptoportique (unique en France !) ou le parcours sonore « Trobairitz » dès 8 ans (sur réservation). Deux livrets-jeux sont proposés à partir de 4 ans.

CANOË KAYAK 2X AVENTURES

Impasse du Poun
✆ 06 10 61 79 02
www.2xaventures.com

Ouvert de mai à fin septembre. Balade en eau calme (6 km) de 11 € à 18 €. Canoë en eau-vive (9 km) de 18 € à 23 €.

Envie de découvrir la Petite Amazonie lors d'une balade en canoë ? Aline et Arnauld assurent la location de canoës en privilégiant les relations humaines et les relations à la nature. Dès 7 ans, différents parcours, de 6 à 20 kilomètres, à la demi-journée ou à la journée, vous permettront d'observer un paysage parsemé de vestiges historiques, tout en profitant de la fraîcheur du Gave d'Oloron pour une baignade entre quelques coups de pagaie. La descente en eau vive n'est pas spécialement réservée aux plus sportifs. Toutes les activités peuvent être encadrées.

LANDES

Abbaye de Sorde.

SAINT-PAUL-LÈS-DAX ★

Située sur la rive droite de l'Adour, Saint-Paul-lès-Dax naît véritablement avec la Révolution française. Sous la IIIe République, la petite ville devient un centre économique important. Le début du XIXe siècle annonce une période difficile avec le déclin de l'activité métallurgique, mais après la Seconde Guerre mondiale, la commune connaît un nouvel essor. Tournée vers le thermalisme et le tourisme, Saint-Paul-lès-Dax compte aujourd'hui plusieurs établissements thermaux et l'un des centres de remise en forme les plus modernes et performants d'Europe. La ville est l'une des plus accessibles pour les personnes en situation de handicap dans les Landes.

ÉGLISE DE SAINT-PAUL-LÈS-DAX ✞ ★

Rue de l'Abbé Bordes

Visite libre tous les jours de 9h30 à 18h (en dehors des offices et des célébrations).

Sur le chemin de Saint-Jacques-de-Compostelle, la très belle église de Saint-Paul-lès-Dax possède un chœur roman orné de magnifiques bas-reliefs historiés. Posée sur un promontoire arboré, cette église aurait été élevée dès le XIe siècle et remplacée au XIIe siècle. Classée Monument historique, elle semble faire un clin d'œil à la cathédrale de Dax. Composés de onze plaques de marbre blanc finement sculptées, les bas-reliefs présentent notamment plusieurs étapes de la vie du Christ.

LES TOURBIÈRES DE L'ESTANQUE

307, route de l'Estanque
MÉES

Visite guidée (renseignements à l'office de tourisme). Parking bus.

Caractérisée par la présence de sphaignes, la tourbière est un milieu très particulier constitué de végétaux gorgés d'eau et dont les résidus s'accumulent pour former la tourbe. C'est aussi l'habitat de plusieurs espèces protégées, ainsi que de plantes carnivores. À Mées, les tourbières de l'Estanque (zone Natura 2000) promettent une belle promenade accessible à tous grâce à un sentier sur pilotis. N'hésitez pas à découvrir le site en faisant une chasse aux trésors *via* Terra Aventura.

BEST WESTERN SOURCEO*** €€

355, rue du centre aéré
✆ 05 58 90 66 00
www.bestwestern.fr

Toute l'année. 195 chambres, chambres-salons ou appartements. Restauration. Thermes intégrés. Espace aquatique. Spa.

Le Best Western Sourcéo est un complexe hôtelier, avec tous les services désirés : restaurant (le 355), bel espace aquatique et de remise en forme, salle de fitness, des balcons privatifs... Certes, il s'agit d'une grande structure, car les Landes, en plus d'offrir des paysages splendides, sont aussi spécialisées dans la balnéothérapie d'une eau thermale aux vertus reconnues. Le Best Western Sourcéo vous propose de multiples de forfaits avec soins, demi-pension, etc. Si votre budget vous le permet, offrez-vous une parenthèse de bien-être en balnéo.

DOMAINE EQUESTRE EL CAMPO €€

1011, route de Constantine - **MÉES**
✆ 05 58 35 37 04
https://domaine-elcampo.fr

Ouvert toute l'année. Roulotte de 2 à 4 personnes à partir de 69 €/nuit. Kitchenette intégrée. Sanitaires privés. Wifi.

A 10 minutes de Dax, El Campo est un domaine équestre à l'architecture d'inspiration mauresque où il est désormais possible de séjourner dans l'une des 6 roulottes. Chacune profite d'une kitchenette, une salle de douche, un wc privatif et une terrasse ! Lits faits à l'arrivée, mise à disposition du linge... ce sont les petits plus qui font la différence. Autre atout : on laisse son véhicule sur le parking à l'entrée du domaine. Voilà qui dépayse ! Les enfants sont les bienvenus.

LES JARDINS DU LAC*** €€

728, allée de Christus
✆ 05 58 90 09 89
www.cerise-hotels-residences.com

Ouvert toute l'année. 50 appartements meublés (2 à 4 pers.). Tarifs en ligne. Service petit déjeuner. Animaux acceptés.

A proximité du lac et de la forêt, cet hôtel-résidence est idéalement situé pour une nuit, un week-end, une semaine ou le temps d'une cure thermale. Les 50 appartements meublés ont été rénovés en 2022. Ils disposent d'un grand espace avec un coin cuisine, canapé et chambre séparée. Les terrasses donnent sur les équipements sportifs de la commune ou sur la piscine. Au rez-de-chaussée, un bar-salon vous permettra de prolonger la soirée. Si vous ne préparez pas vous-même votre petit déjeuner, il vous sera servi en salle près de la piscine.

LES PINS DU SOLEIL**** €€

701, Route des Minières ✆ 05 58 91 37 91
www.pinsoleil.com
Ouvert d'avril à fin octobre. Emplacement de 22 à 29 €/nuit. Locations de 350 à 925 €/semaine. Club enfants. Animations.

Aux portes de Dax, le camping *Les Pins du Soleil* vous accueille dans un parc de 6 hectares, calme et ombragé. Plusieurs types de locatifs climatisés (mobil-homes, chalets et bungalows toilés accessibles aux personnes à mobilité réduite) sont disponibles, en plus des emplacements pour tentes, caravanes ou camping-cars. De mai à septembre, vous profiterez de la piscine chauffée et de la pataugeoire. En juillet et août, des animateurs encadrent les enfants. Soirées dansantes en saison, tournois de pétanque... Et on se régale toute la journée au bar et au restaurant.

LES SABLES LANDAIS €€

168, route de Herm - **GOURBERA**
✆ 06 61 69 44 91
www.les-sables-landais.com
Gîtes de France (3 épis). Ouvert toute l'année. Pour 6 personnes (120 m², 3 ch). A partir de 375 €/sem. Prêt de vélos.

Lui, Dacquois depuis toujours, n'aura pas eu besoin d'user de beaucoup d'arguments pour convaincre Clémentine de venir s'installer dans Les Landes. À 10 km de Dax et à 25 minutes de l'océan, ce couple vous accueille avec grand plaisir dans ce petit village-étape sur le chemin de Compostelle. Mitoyen de leur maison, avec deux terrasses privatives, le gîte s'entoure d'un jardin clôturé de 7 000 hectares. C'est un superbe terrain de jeux pour les petits et les grands. Et bien sûr, il y a une piscine ! Notez que les trois chambres disposent d'une salle de bains.

LE BRASERO €€

507, route de la Bernadère
✆ 05 58 89 28 67
www.restaurant-grill-brasero.com
Lundi au jeudi (8h30-14h) ; vendredi et samedi (8h30-14h ; 19h-22h). Menu : 34,50 €. Plats combinés de 15,90 à 21,90 €.

Le Brasero est l'un des rares restaurants des Landes à proposer une cuisson à la pierre de lave. Cette pierre volcanique garde la chaleur et la restitue tout en absorbant les graisses et le jus de cuisson. Les grillades à la pierre de lave se déclinent en plats du jour. Et pour une grillade de qualité, Le Brasero veille aussi à la provenance de sa viande. Ainsi, le bœuf est exclusivement d'origine française. Aux commandes, Isabelle et Jean-Louis qui ont repris l'établissement créé par Cédric Bouillon en 2013. Les plats combinés ont toujours la cote.

LA CÔTE À L'OS €€

1, rue Victor Hugo
✆ 05 58 58 08 72
www.la-cote-a-los-restaurant-dax.com
Du mercredi au samedi le midi et le soir ; le dimanche midi. Menu : 30 €. Formule du midi : 15 € (plat + dessert).

C'est le royaume des amateurs de viande ! Bavette d'Aloyau Blonde d'Aquitaine, tartare de bœuf de Chalosse au couteau, côte de veau fermière et sa sauce sangria... Sans oublier les ris de veau en sauce et les burgers. Le tout avec des garnitures maison : frites, gratin dauphinois, ratatouille, purée de carottes au cumin... Une dégustation à précéder de l'os à moelle rôti au four ou la trilogie de foie gras maison. L'établissement privilégie les circuits courts et les commerces de proximité. On profite du marché animé du jeudi par exemple pour venir déjeuner.

LA RUCHE €€

324, rue Marensin - **MÉES**
✆ 05 58 35 85 64
Ouvert en semaine de 8h à 15h. Afterwork (17h à 21h) le jeudi et le vendredi. Formule du midi : 16 €. Tapas le soir.

Il faut venir la chercher, certes, mais une belle surprise vous attend à l'intérieur de cette brasserie. Avec ses murs peints en noir, ses luminaires en cannage habillant entièrement le plafond, son bar avec son bandeau en zinc et ses touches de bois, La Ruche attire pas mal de monde le midi. Avec ses grandes tablées au milieu de la salle, on s'y retrouve aussi entre copains le jeudi et vendredi en *afterwork*. Il y a même un baby-foot à l'étage. On aime aussi les grandes baies vitrées qui s'ouvrent sur la terrasse et la forêt. On y mange bien. Pensez à réserver !

LE RELAIS DES PLAGES €€€

158, avenue de l'Océan
✆ 05 58 91 78 86
www.restaurant-relais-des-plages.com/
Du mercredi au dimanche le midi ; du mercredi au samedi le soir. Menus de 51 € à 73 €. Formule du midi : 27 €. Terrasse.

Après Versailles et Cannes, l'arrivée de Philippe Treffot au Relais des Plages en 2017 apparaît comme un pari réussi ! Et heureuse surprise, le menu « saveurs » (uniquement du lundi au vendredi le midi) annonce une volonté d'échapper à la monotonie. Les produits de la région en filière courte sont privilégiés. De son côté, la carte évolue tous les 15 jours. Si vous optez pour le menu inspiration, c'est le chef qui choisira les deux entrées, le poisson, la viande, le fromage et le dessert. Ce menu unique est servi à l'ensemble des convives. Réservation recommandée.

DOMAINE EQUESTRE EL CAMPO

1011, route de Constantine
MÉES
✆ 05 58 35 37 04
https://domaine-elcampo.fr
Ouvert toute l'année. Spectacles et animations. Salle de réception (mariages, séminaires, repas de groupe).

El *Campo* est un domaine équestre où vaches et taureaux sont élevés dans la plus pure tradition espagnole ; un site exceptionnel avec son architecture d'inspiration mauresque et des écuries couleur ocre. Et des azulejos ! Ici, l'équitation est à l'honneur. Le domaine est ouvert aux cavaliers pour des cours d'initiation ou de perfectionnement en compagnie d'un moniteur diplômé d'Etat. Des balades à cheval, en poney (à partir de 3 ans et demi), mais aussi en calèche, sont organisées.

SOURCÉO

355, rue du Centre Aéré ✆ 05 58 90 66 66
www.thermes-dax.com/sourceo
Ouvert tous les jours de 10h à 20h30 pour l'espace aquatique et de 10h à 19h pour le spa. Tarifs en ligne.

Imaginez trois bassins intérieurs et deux bassins extérieurs formant un espace aquatique de 4 000 m² et où la température de l'eau thermale est à 33 °C. L'ensemble du centre a bénéficié d'une rénovation complète en marbre de Carrare et en pierre naturelle des Pyrénées. Rivière rapide, lits et bains bouillonnants, geysers, cascades, hydrojets, cols de cygne, sauna, hammam... Du bien-être ! L'accès à la salle de cardio-training et aux cours d'aquagym est compris dans tous les forfaits. Le spa propose des soins, des modelages et des épilations sur rendez-vous.

JOA CÉSAR PALACE

Lac de Christus ✆ 05 58 91 52 72
www.joa.fr/casinos/st-paul-les-dax
*Ouvert tous les jours de 10h à 2h30 ou 3h30. Bar et restaurants. Escape game. Bowling. Jeux d'arcade. Hôtel***. Parking.*

Loin de Las Vegas et du désert du Nevada, le casino Joa César Palace de Saint-Paul-lès-Dax est pourtant idéalement situé sur les rives du lac de Christus. Au programme : 100 machines à sous, 200 m² dédiés aux jeux de table traditionnels et électroniques, une zone de jeu dans un patio extérieur avec vue sur le lac, deux bars dont un pour les passionnés de sport avec retransmissions de matchs, un restaurant, un bowling, un espace jeux et un *escape game* sur le thème de la prohibition des années 1920 aux États-Unis. L'hôtel*** propose 42 chambres entièrement rénovées.

MONTFORT-EN-CHALOSSE ★

Bastide du XIIIe siècle, Montfort-en-Chalosse détient le label Station Verte de vacances. À 110 mètres d'altitude, le bourg domine les coteaux environnants, que l'on découvre notamment du point de vue panoramique (le belvédère). L'enfant du pays, Marcel Saint-Martin, artiste peintre et poète reconnu, en parle en ces termes : « Montfort-en-Chalosse est une perle sur la gorge du ciel, une rose de Chalosse vue d'en haut par les nuages et les oiseaux ». Tout proche du belvédère, ne manquez pas le Jardin de Payot ; un jardin de métayer où poussent légumes, arbres traditionnels et plantes médicinales. Superbe panorama sur les Pyrénées depuis l'église romane.

MUSÉE DE LA CHALOSSE ★

480, chemin du Sala
✆ 05 58 98 69 27
www.museedelachalosse.fr
Du mardi au dimanche (10h-18h) de mars à oct ; du lundi au vendredi sur rdv (groupes) de nov à fév. Adulte : 8 €.

Une vaste maison de maître du XVIIe siècle et ses dépendances, la maison du métayage et son jardin... Au domaine de Carcher, le visiteur retrouve l'âme d'un lieu habité et découvre le mode de vie rural des XIXe et XXe siècles. C'est un véritable conservatoire de l'identité chalossaise ! Dans ce musée ethnographique destiné à toute la famille, vous trouverez une reconstitution minutieuse des pièces meublées et garnies de multiples détails de la vie quotidienne. Expositions temporaires, boutique, livret-jeu pour les 7-12 ans... et de nombreux événements.

OFFICE DE TOURISME TERRES DE CHALOSSE

55, place Foch
✆ 05 58 98 58 50
www.chalosse.fr
Qualité Tourisme. Accueil vélo. Ouvert toute l'année. Jours et horaires d'ouverture variables selon la saison.

L'office de tourisme de Montfort-en-Chalosse délivre un programme riche et varié. Nuit des Musées, Moments Musicaux en Chalosse en juillet, festival 40 en Paires à Mugron, Festival de Blues à Hinx, Temps des Vendanges, marchés de l'avent et Haille de Nadau... L'accueil y est très chaleureux et l'équipe saura vous aider à préparer et animer votre séjour. Bons plans, randonnées, parcours de Géocaching Terra Aventura, bonnes adresses... La réponse est ici !

CABANE PAPYJOTTE €€

150, chemin de Navarri
✆ 06 30 83 38 85
Gîte de France 3 épis. Ouvert toute l'année. Pour 2 à 3 pers. à partir de 120 €. Petit déjeuner inclus. Chèque Vacances.

Accessible par un escalier en bois très praticable, cette cabane a demandé beaucoup d'astuces lors de sa réalisation pour allier esthétique et confort. Elle a été construite autour d'un magnifique chêne, avec pas moins de 10 essences de bois différentes, par Joël (propriétaire et charpentier). La terrasse ombragée de 20 m² est idéale pour prendre le petit déjeuner préparé par Brigitte, à partir de produits locaux et faits maison. Fonctionnelle, la Papyjotte n'a rien à envier aux chambres d'hôtes classiques. Original, le lavabo est soutenu par un jeu de rondins !

LES CHEMINS DE BERDIS €€

194, chemin de Berdis
✆ 06 19 81 44 81
www.lescheminsdeberdis.fr
Ouvert toute l'année. Chambre à partir de 80 €/nuit. Petit déjeuner inclus. Table d'hôtes. Ferme agroécologique.

Les Chemins de Berdis sont à la fois une maison d'hôtes et une ferme agroécologique de 3,5 hectares. Au détour d'une balade, vous pourrez ainsi rencontrer des cochons Kunekune, des canards coureurs indiens, etc. Envie de les nourrir ? Vos hôtes, Jérémie, Sandrine et leur fils, mais aussi Buddy, se feront un plaisir de partager ce moment avec vous. Ils sont aussi producteurs et transformateurs de fruits avec leur projet les Jardins de Berdis : vous pourrez notamment retrouver leurs bons produits pour le petit-déjeuner et en table d'hôtes.

LES ÉCURIES DU CHÂTEAU TAUZIET €€

1102, route Raphaël Lonné ✆ 06 07 34 62 55
www.gites-de-france.com
Gîtes de France (5 épis). Ouvert toute l'année. Pour 4 personnes (145 m², 2 chambres). A partir de 700 €/semaine.

Situé sur une belle propriété seigneuriale, le Château Tauziet (fin XVIIIe) a été entièrement détruit après la Révolte des Métayers. La bâtisse est restaurée par des Compagnons, qui la reconstruisent à l'ancienne, avec des matériaux d'époque. Lorsque Jean-Philippe et Marie-Thérèse de Valleuil en font l'acquisition, ils transforment les écuries en gîte indépendant (deux chambres). Les visiteurs peuvent aussi être hébergés dans l'une des quatre chambres de la maison de maître. Superbe !

L'INTEMPORELLE €€

831, avenue de la Chalosse - **OZOURT**
✆ 05 58 77 91 77
https://lintemporelle40.com/
Gîtes de France (3 épis). 3 chambres d'hôtes et 1 caravane vintage à partir de 76 €/nuit. Table d'hôtes. Prêt de vélos.

Construite au début du XIXe siècle dans un parc boisé de plus d'un hectare, cette ancienne maison de maître dispose de trois chambres d'hôtes. Suzanne est une chambre familiale de 28 m² (1 à 4 personnes) tandis que Maria et Rachel sont conçues pour accueillir respectivement 2 et 3 personnes. Mais c'est peut-être bien Colette, la caravane vintage, que l'on préfère. Table d'hôtes le soir (sur réservation), piscine hors sol, parking sur la propriété... Le lieu idéal pour les grandes familles qui souhaitent découvrir la chalosse et ses trésors culturels.

AUX TAUZINS €€€

547, rue Raphaël Lonné
✆ 05 58 98 60 22
www.auxtauzins.com
Ouvert toute l'année. Menu de la semaine : 29 €. Menu du week-end : de 40 € à 52 €. Réservation conseillée.

Une table gastronomique incontournable ! Dans cette maison familiale de quatrième génération, la Chalosse prend toute sa dimension dans l'assiette. On y déguste l'omelette aux cèpes, la salade landaise, les incontournables produits du canard, le civet de gibier, le tournedos de bœuf (foie gras et cèpes)... Dans la salle de restaurant ou sur la terrasse dominant les coteaux pittoresques de la Chalosse, le festin s'accompagne bien sûr de vins de Chalosse ou du Béarn. En saison, le restaurant est ouvert tous les jours, sauf le lundi. Réservation recommandée.

COOPERATIVE FOIE GRAS DE CHALOSSE

602, avenue Jean Jaurès
✆ 05 58 55 39 45
www.foie-gras-sud-ouest.fr
Le lundi de 14h à 18h ; du mardi au vendredi de 9h à 12h et de 14h à 18h ; le samedi de 9h à 12h. Boutique en ligne.

Cette coopérative est née en 1982 à l'initiative de producteurs de canards souhaitant mettre en commun leur savoir-faire. En 1999, ce travail de valorisation de la qualité des produits a payé avec l'obtention du Label Rouge. Aujourd'hui, ce sont environ 80 éleveurs et gaveurs de canards qui approvisionnent chaque semaine la coopérative en produits frais. Des produits et coffrets à retrouver du côté du magasin, mais aussi sur la boutique en ligne. Pensez au *click & collect* !

LANDES

SAINT-SEVER ★★

Saint-Sever doit son nom à Severus, envoyé par le pape pour évangéliser la Novempopulanie, une des provinces d'Aquitaine. Sur son tombeau furent édifiés un martyrium, puis une première église à la fin du Xe siècle, agrandie au XIe siècle avec sept absides échelonnées. L'âge d'or de la ville se situe aux XIe et XIIe siècles, époque de la reconstruction de l'abbatiale. Dans le scriptorium de l'abbaye bénédictine a été rédigé un *Beatus*, rare manuscrit illustré du XIe siècle, qui est le commentaire sur l'*Apocalypse* de saint Jean retraçant la fin des temps avant le Jugement dernier. Saint-Sever est l'une des plus anciennes villes taurines de France.

GANADERIA DE MAYNUS

route de Toulouzette ✆ 06 07 94 64 18

www.ganaderia-maynus.fr

Visite de l'élevage le mercredi de juillet à mi-septembre à 16h. Spectacles taurins. Restauration. Location de salles.

Cécile et Chrystel poursuivent l'œuvre de leur père, Christian Brettes, en élevant un troupeau d'une centaine de bêtes de souche espagnole *(Perez Tabernero, Torrestrella, Domecq, Sepulveda)* ou camarguaise *(Fernay, François André)*. La Ganaderia de Maynus propose des spectacles taurins à la carte comme les traditionnelles courses landaises – sur place ou dans les villages –, mais aussi des *capeas* à l'espagnole. Vous pourrez également visiter l'élevage, et vous promener en carriole au milieu du troupeau. Restaurant, salle de location pour réception ou séminaire...

EGLISE ABBATIALE SAINT-SEVER ✝ ★

Place du Tour du Sol

✆ 05 58 76 34 64

www.landes-chalosse.com

Visite guidée via l'Office de tourisme, visite libre (accès limité pendant les offices).

Classée à l'UNESCO au titre des chemins de Saint-Jacques-de-Compostelle, l'abbaye de Saint-Sever rayonne tel un joyau du patrimoine. La légende raconte qu'une église martyriale fut construite après la mort de Severus (Ve siècle) et que des moines s'y installèrent précocement. L'abbaye actuelle fut fondée en 988. Au Moyen Âge, elle dominait la région, mais après un incendie au XIe siècle, l'église-abbatiale fut reconstruite dans des dimensions impressionnantes selon un plan bénédictin original à sept absides échelonnées. Avec son chœur pavé de mosaïques romanes, elle abrite un ensemble exceptionnel de 150 chapiteaux sculptés, dont la moitié de l'époque romane, des décors polychromes ou encore un orgue romantique Cavaillé-Coll du XIXe siècle parmi les plus réputés au monde et qui résonne lors des offices et des concerts. De nombreuses destructions et reconstructions ont fait évoluer l'église dont l'intérieur est entièrement rénové comme au XIXe siècle. Le cloître et la salle capitulaire, devenue salle du trésor, se visitent aussi librement. Grimper jusqu'au clocher pour admirer la vue sur le centre ancien de la cité ou goûter la paisible atmosphère du cloître attenant. En dehors des visites guidées estivales, rendez-vous à l'Office de tourisme pour louer une tablette afin de suivre « Le Voyage de Guilhem » qui vous contera la riche et incroyable histoire de Saint-Sever et de son abbaye. Vous profiterez d'une superbe vue sur le chevet de l'église depuis la place de Verdun.

LA MAISON DU DOCTEUR SENTEX

9, place de Verdun

✆ 05 58 76 34 64

www.landes-chalosse.com

Adulte : 5 € ; enfant (10 à 18 ans) : 4 €. Visite guidée (réservation auprès de l'Office de tourisme Landes Chalosse).

La maison du docteur Sentex se trouve dans le centre historique de Saint-Sever. Les belles mosaïques que vous aurez l'honneur de fouler dès l'entrée proviennent d'une villa gallo-romaine du IVe siècle. Au moment de leur découverte en 1870, Léopold Capdeville se charge de leur extraction et fait reconstituer ce sol chez lui. Elles recouvrent alors un long couloir et plusieurs pièces. On est frappé par la richesse des couleurs, la diversité des tesselles et des dessins.

MUSÉE D'ART ET D'HISTOIRE DU CAP DE GASCOGNE

Rue du général Lamarque ✆ 05 58 76 34 64

www.mahcapdegascogne.fr

Ouvert d'avril à octobre et durant les vacances scolaires (printemps, été et Toussaint). Gratuit -10 ans. De 3 à 4 €.

Le Musée d'art et d'histoire du Cap de Gascogne est l'occasion de mêler plaisir et érudition. En déambulant dans l'ancien couvent des Jacobins, plongez dans l'Antiquité avec la villa gallo-romaine du Gleyzia et découvrez la richesse de l'abbaye de Saint-Sever, une des plus puissantes d'Aquitaine durant le Moyen Âge. Vous pourrez admirer le *Beatus*, célèbre manuscrit de l'Apocalypse, réalisé à Saint-Sever au XIe siècle et ayant inspiré de grands artistes de l'Art moderne comme Picasso.

© FÊTES LANDAISES

© ABBATIALE DE SAINT-SEVER *INSCRITE AU PATRIMOINE MONDIAL DE L'UNESCO AU TITRE DES CHEMINS DE SAINT-JACQUES DE COMPOSTELLE

© LA DAME DE BRASSEMPOUY

LANDES CHALOSSE TOURISME

Place du Tour du Sol ✆ 05 58 76 34 64
www.landes-chalosse.com
Qualité Tourisme. Ouvert toute l'année. Jours et horaires variables selon la saison. Boutique. Wifi gratuit.

L'Office de Tourisme Landes Chalosse se trouve dans une belle bâtisse en cœur de ville. C'est un passage incontournable pour tout savoir sur la cité historique de Saint-Sever où de nombreux travaux ont permis de mettre encore plus en valeur le patrimoine tel que l'abbatiale classée à l'UNESCO au titre des chemins de Compostelle. Pour découvrir les sites majeurs, des visites guidées sont proposées toute l'année, ainsi qu'une chasse au trésor pour les enfants et une visite sur tablette numérique. La boutique vous donnera également un bel aperçu du territoire.

© LA CRYPTE DE SAINT-GIRONS À HAGETMAU

© LE VIGNOBLE DU TURSAN

TERRA AVENTURA - CHASSE AU TRÉSOR EN FAMILLE

www.landes-chalosse.com

Application à télécharger.

Terra Aventura propose des parcours de *geocaching* à travers toute la Nouvelle-Aquitaine. Muni de votre smartphone et de l'application gratuite, vous partirez à la découverte du patrimoine local. Un parcours ludique et culturel, parsemé d'indices et d'énigmes à résoudre. L'itinéraire de Saint-Sever «Un ange tombé du ciel» propose une aventure médiévale sur une distance de 2,5 km, et une durée approximative d'1 heure. Idéal pour découvrir les trésors cachés de la ville en s'amusant.

LE VOYAGE DE GUILHEM

✆ 05 58 76 34 64

www.landes-chalosse.com

Adulte : 5 €. Enfant : 4 €. Visite guidée sur tablette numérique (location de tablettes à l'Office de Tourisme).

Le voyage de Guilhem vous fera vivre l'aventure d'un jeune moine novice du XIe siècle ayant ouvert malencontreusement le Beatus de Saint-Sever (manuscrit enluminé datant du milieu du XIe siècle contenant notamment un commentaire de l'Apocalypse par Beatus de Liébana). En sillonnant les rues de la ville, ce personnage fictif vous fera découvrir plusieurs sites majeurs : église abbatiale, chapiteau d'Hérode, chapiteau Daniel, couvent des Jacobins, maison Sentex, villa gallo-romaine du Gleyzia d'Augreilh, le belvédère et les arènes de Morlanne... Comptez 1h30 à 2h.

CHAMBRE D'HÔTES LARREY €€

1047, route du Château-d'Eau - **AUDIGNON**

✆ 05 58 06 23 68

https://larrey40.jimdofree.com

Ouvert toute l'année. Tarif 1 pers. à 75 € ; 2 pers. à 80 € ; 3 pers. à 95 € ; 4 pers. à 120 €. Petit déjeuner inclus.

Stéphane et Muriel vous accueillent dans une ancienne maison du XVIIIe siècle. Spacieuses, les trois chambres donnent sur la campagne et sont bien équipées, notamment avec des douches hydromassantes. Les petits déjeuners se prennent dans l'ancienne souillarde avec ses tomettes au sol et sa grande cheminée ouverte. Un petit coin salon et bibliothèque avec wifi gratuit invitent à la détente. Vous pourrez également profiter du parc (8 000 m^{2}) et de la piscine aménagée pour les enfants, ainsi que des produits fermiers produits sur place à goûter absolument.

LE CHÂTEAU DE FRAMBOISE €€

265, route des Châteaux - **DUMES**

✆ 06 33 42 62 65

Gîte, chambres d'hôtes, tipis, roulotte champêtre et tiny house. Tarifs en ligne. Réceptions et mariages.

Entièrement rénovée pour une ambiance romantique dans un cadre délicieusement champêtre, la bâtisse du XVIIIe siècle du Château de Framboise ouvre ses portes aux futurs mariés, à leurs invités et à tous les amoureux de la nature et de l'insolite. Mais surtout, et ce toute l'année, vous pouvez séjourner dans le parc, dans une magnifique roulotte très bien équipée et fabriquée par un ébéniste, dans l'un des deux tipis géants ou dans une tiny house avec vue sur les Pyrénées, mais aussi dans l'une des deux belles chambres d'hôtes et dans le gîte d'un ancien pressoir.

LANDES

Abbaye de Saint-Sever.

DOMAINE DE SENGRESSE €€

544, route de Gouts
SOUPROSSE
✆ 05 58 97 78 34
www.sengresse.com
Chambres d'hôtes à partir de 135 €. Petit déjeuner inclus. Gîte de 750 € à 1 200 €/semaine.

À Souprosse, le Domaine de Sengresse est un véritable havre de paix. Dès l'entrée, vos hôtes pourront vous conter l'histoire de la bâtisse. Les murs sont couverts d'œuvres d'art et de multiples objets décorent les chambres. De très beaux tissus, répliques de tissus anciens, et des meubles de famille donnent un ton délibérément *british*. Le gîte a été pensé pour accueillir jusqu'à 4 personnes. Entrée avec piano, salon donnant sur le jardin, bibliothèque, grande cuisine, jardin d'hiver... Le tout à proximité de la piscine et du potager.

DOMAINE DE VIGNE VIEILLE*** €€

122, chemin de Vigne Vieille - **SARRAZIET**
✆ 06 52 26 63 12
https://www.domainedevignevieille.com/
Ouvert toute l'année. Gîtes 2 pers. et 4/5 pers. à partir de 85 €/nuit. Gîte 17 pers. à partir de 280€/nuit.

Le domaine de Vigne Vieille abrite 3 gîtes 3 étoiles avec piscine chauffée partagée. Pour vous recevoir, ce sont Victorine et Guillaume, mais aussi Nathan, Léo et Zoé, leurs enfants. Que vous soyez 2 ou plus, cette charmante famille a forcément un toit à mettre sur votre tête. Le «Petit Balazin» conçu pour 2 personnes, «Lou Pitchoun» peut recevoir entre 4 et 5 personnes et le «Grand Balazin» 12 personnes. Le tout avec une vue sur les Pyrénées ! Privatisation du domaine possible.

GÎTE DES GRANGES €€

70, place de l'Église - **FARGUES**
www.gites-de-france-landes.com
Gîtes de France (2 épis). Ouvert toute l'année. Pour 4 personnes (65 m², 1 chambre). A partir de 400 €/semaine.

Aux confins de la région Chalosse Tursan, à 15 minutes de Saint-Sever et à peine plus de Geaune, vous séjournerez dans le village de Fargues qui abrite le plus bel ensemble mégalithique de la région, avec les pierres de Puzacq, Loustau et Gachot. Dans le coin, le gîte des Granges est plutôt atypique. Charpente apparente, murs en pierres... mais pas de cloisons entre la cuisine, le séjour avec son canapé convertible et le coin chambre. On aperçoit la chaîne des Pyrénées depuis la terrasse. De juin à septembre, vous partagerez la piscine avec les propriétaires.

L'HEXAGONE €€

524, route d'Eyres-Moncube - **SARRAZIET**
✆ 06 77 12 67 98
lhexagoneevasion.com
Tte l'année. 155 €/nuit (avec petit déjeuner). Restauration (planche locale salée : 25 €). Bain bouillonnant. Terrasse.

Nichée au cœur de la Chalosse, L'Hexagone est l'adresse idéale pour une escapade nature. Au milieu des tilleuls, cette cabane haut de gamme offre tout le confort nécessaire. Lit king size, bain à remous extérieur, et vue panoramique sur la forêt landaise, voilà un hébergement insolite qui promet une expérience unique. Des prestations premium sont proposées en supplément : massages bien-être, planches apéritives avec fromage et charcuterie de producteurs locaux… Une incitation à la détente et à la reconnexion avec la nature. Ouvrez grand les yeux et profitez !

LE MOULIN DU GABAS €€

745, route de Sainte-Colombe - **EYRES-MONCUBE**
✆ 06 72 83 19 21
https://lemoulindugabas.fr
D'avril à septembre. Pour 5 personnes (160 m², 3 chambres). De 700 à 790 €/sem. Stationnement sur place. Prêt de vélos.

A 5 minutes de Saint-Sever, 20 minutes de Mont-de-Marsan, le moulin du Gabas est inscrit au patrimoine du bâti à caractère historique. En effet, cette bâtisse est datée du XVIe siècle. Et comme on l'imagine, un moulin à eau est attenant à la partie habitation qui a été entièrement rénovée. À l'étage, une des trois chambres (une simple et deux doubles) et sa salle de bain ; et au rez-de-chaussée, les deux autres chambres et une salle d'eau. Les extérieurs, avec de grands chênes centenaires, un lac et un bois, sont particulièrement agréables.

LA ROSERAIE €€€

3, rue du Bellocq ✆ 06 84 21 23 67
www.laroseraie-saintsever.fr
Gîtes de France (3 épis). Ouvert toute l'année. Pour 5 personnes (2 chambres). De 400 € à 750 €/semaine.

Cette maison de maître du XVIIIe siècle s'entoure d'un parc classé. Si vous aimez les hauts plafonds, les petits salons, les boiseries et les beaux escaliers, vous allez être séduits. Situées au premier et au deuxième étage, les cinq chambres et suites sont climatisées et très bien décorées. Un charme que l'on doit aux tons des tentures et des objets choisis. Dominique a chiné et recherché des matériaux pour des effets subtils, comme ce *tadlack* lie de vin (« caresser » en berbère) au mur d'une salle de bains avec sa baignoire ancienne assortie. Un bel endroit !

LE VINTAGE €

26, avenue du Général de Gaulle
✆ 06 26 71 10 09

Le lundi et du jeudi au samedi de 18h30 à 20h30 ; le jeudi et le vendredi de 12h à 13h30. Burgers de 11 € à 11,50 €.

Le Vintage est une caravane *vintage* installée sur le parking de la microbrasserie Micromégas. Et ils sont nombreux à savoir que l'on mange ici de délicieux burgers (pain du boulanger, viande du boucher...). Une chose est sûre, il faut connaître ! Aux beaux jours, la terrasse aménagée permet de rester sur place, mais l'hiver, il sera bien plus agréable d'emporter les burgers. Les prix s'entendent avec les frites au piment d'Espelette. Comptez 2 euros en plus pour une boisson en canette. On est accueilli avec le sourire et dans la bonne humeur.

LA LOUVE LIBRAIRIE CAFÉ SOCIAL CLUB

12, place du Tour du Sol
✆ 05 58 03 81 82

Ouvert du mardi au samedi de 9h30 à 19h. Ateliers, cafés littéraires, goûters, dédicaces (programmation en ligne). Café.

Au cœur de Saint-Sever, la Louve est un véritable lieu de vie. Si la librairie propose plus de 6500 références, du roman à la BD, en passant par la littérature jeunesse et les livres d'art, on s'y retrouve avec plaisir le temps d'un café. On apprécie les conseils avisés et passionnés des libraires, et la programmation culturelle qu'ils orchestrent d'une main de maître. L'ambiance est chaleureuse et pour les curieux, on y trouve une belle sélection d'ouvrages sur la Chalosse.

L'ART DES METS €€

1, chemin du Prouyan
✆ 05 47 87 90 41
www.lartdesmetsaintsever.com

Ouvert toute l'année. Tous les jours le midi ; du vendredi au samedi le soir. Menu : 36 €. Formule du midi : 16 €.

Dans l'ancien chai des écuries du Général Lamarque (armée de la Révolution et de l'Empire), Nicolas Fort concocte des plats originaux qui naissent parfois d'un détail ou d'un ingrédient dans l'air du temps, repéré au marché. Selon la saison : *focaccia* aux tomates cerises, jambon de Vielle Tursan, roquette et vinaigrette à la betterave, caille fermière des Landes grillée, légumes rôtis et sauce *chimichurri*, gâteau coulant au chocolat noir de Sao Tomé sélectionné par Diogo Vaz à Mont-de-Marsan... Le menu du jour est servi le midi du lundi au samedi.

L'ATOUT FERMIER

Zone d'Activités Escalès
✆ 05 58 06 35 37
www.latoutfermier.fr

Ouvert du mardi au samedi de 9h30 à 12h30 et de 15h30 à 19h. Service click & collect.

Ce magasin d'agriculteurs et d'éleveurs répond à l'engouement manifeste pour les productions locales. Trois producteurs locaux se sont réunis pour vendre en magasin leur production paysanne et locale de fruits, légumes, viandes... Sans oublier les produits d'épicerie et la crèmerie jusqu'aux petits pots de légumes pour bébés ! Depuis, nos trois pionniers ont été rejoints par plus de 60 producteurs. L'Atout fermier fait partie du réseau Tourisme Gourmand, et apporte une attention spécifique à l'accueil, la valorisation des produits locaux et les circuits courts.

CAFE LALALANDES

3, place de Verdun ✆ 07 69 90 40 56
https://cafelalalandes.fr

Ouvert toute l'année (jours et horaires variables selon la saison, les animations culturelles, et soirées à thèmes).

Lauréate en 2021 du concours «Mon Centre Bourg a un incroyable commerce» avec son projet Lalalandes, le *Petit Futé* a rencontré Eva Egloff. Sur fond de papier peint seventies, son petit café, aussi *good vibes* qu'elle, a ouvert ses portes en 2022. Avant, c'était une vieille imprimerie. On retrouve une partie des produits d'épicerie (locaux uniquement) à la carte des vins, des bières et des tapas (le soir). Presque chaque jour, Eva propose un rendez-vous : ateliers zéro-déchet, belote, soirée couscous, jeux... Et des concerts aux beaux jours sur la belle terrasse.

CASTAING

19, Avenue de l'Océan
✆ 05 58 76 02 10
www.castaing-foiegras.com

Liste des boutiques et points de vente sur le site.

Installée à Saint-Sever, la Maison Castaing est une institution dans le monde du foie gras. L'entreprise familiale perpétue un savoir-faire de génération en génération, depuis plus d'un siècle. Si l'établissement est réputé pour ses foies gras, elle propose également une gamme variée de produits gourmands : magrets, confits, truffes, plats cuisinés... Des saveurs uniques et un terroir d'exception. Les Landes offrent un environnement idéal pour l'élevage du canard. On retrouve les produits Castaing en vente dans de nombreuses boutiques spécialisées et marchés.

LES CONSERVISTES

470, Rte de Pau
✆ 06 58 85 10 25
https://lesconservistes.com

Boutique en ligne. Les Conservistes sont à retrouver sur diverses manifestations, infos sur leurs réseaux sociaux.

À Saint-Sever, Baptiste Gougy, Yohan Labarrère et Romain Pajaro renouvellent l'image de la conserve avec des packagings modernes. Et s'ils mettent en avant les produits locaux : porc de Biscay, piment béarnais, foie gras landais…, les trois associés travaillent aussi à des recettes de pâtés et rillettes aux saveurs inattendues : pin des Landes, piment fumé au bois de figuier… En quelques années, Les Conservistes ont réussi à moderniser le pâté, tout en conservant un savoir-faire traditionnel. Un pari audacieux en terre landaise, mais qui fait l'unanimité.

L'ÉPICERIE D'AURÉLIE

1, place de Verdun
✆ 05 58 76 01 44

Du mardi au vendredi de 8h30 à 12h30 et de 15h à 19h ; samedi de 7h30 à 12h45 et de 15h à 19h ; dimanche de 8h30 à 12h.

C'est en juin 2023 qu'Aurélie Mallet décide de reprendre l'ancienne épicerie adossée à l'abbatiale de Saint-Sever. De ses origines en 1946, il ne reste que les bons produits ! Au milieu des théières et de quelques accessoires utiles à notre quotidien, on trouve des fruits et légumes frais cultivés à quelques kilomètres de là, des fromages fermiers et artisanaux, des confitures, des pâtés, du vin… La jeune femme prépare aussi de belles corbeilles de fruits et des plateaux de fromages, organise des dégustations et vous reçoit en mode salon de thé.

DAVID LEMÉE

115, chemin d'Arretutet
SERRES-GASTON
✆ 06 10 58 66 77
www.davidlemee.com

Vente directe à la chocolaterie (sur rdv).

Sans compter son apprentissage dans la pâtisserie familiale, David Lemée a près de 20 ans d'expérience. Après Granville, Rennes, Valence et Saint-Sever, il a monté son laboratoire à Serres-Gaston en Chalosse. Il y travaille le chocolat Valrhona et en particulier les grands crus. Dans le coin, il ne passe pas inaperçu. Pour le chef Michel Guérard, il a élaboré un chocolat armagnac-verveine-citron vert. Ballotins, tablettes, pâtes à tartiner et glaces sont à retrouver sur les principaux marchés, marchés de producteurs, de Noël et dans différents points de vente.

LA FERME BACOTTE

Chemin de Soustras
✆ 06 87 44 90 36

Collège Culinaire de France. Points de vente en ligne.

Fils et petit-fils de métayer, Clément Baillet a eu l'idée, il y a 10 ans, de débroussailler un lopin de terre familial avec l'aide de huit biquettes pour devenir chevrier et vivre d'une production fromagère. Le pari est-il réussi ? Oui ! Rejoint par Marie en 2016, les deux associés n'hésitent pas à parler d'eux comme de paysans effrontés. Aujourd'hui, ils élèvent un troupeau de 150 chèvres des Pyrénées pour la production de lait et de chevreaux, ainsi que des porcs gascons. On les retrouve pour la vente de fromages sur le marché de Saint-Sever le samedi matin.

LA DÉESSE DES GOURMETS

65, route de Bordes - **CASSEN**
✆ 05 58 98 92 87
www.deessedesgourmets.fr

Bienvenue à la Ferme. Boutique. Gîte rural pour 5 pers. (3 épis) et chambre d'hôtes. Ferme-auberge (sur réservation).

En plus de la culture du blé et du maïs, Didier et Sophie Gaugeacq élèvent le canard Mulard lequel est réputé pour donner le meilleur foie gras. Réceptionné dès ses premiers jours, le caneton est d'abord protégé en intérieur puis élevé en liberté selon une charte bien précise. Il sera ensuite gavé au maïs entier pendant 14 jours, avant d'être transformé en différents produits que vous pourrez déguster à la ferme-auberge de La Déesse des Gourmets ou retrouver dans la boutique en conserves. Les produits peuvent être commandés directement sur internet.

LA TOURTIÈRE LANDAISE

12, avenue du Tursan
✆ 05 58 76 26 18

Ouvert du lundi au vendredi de 7h30 à 13h. Sur le marché de Mont-de-Marsan le samedi matin.

Si vous n'avez pas encore goûté l'un des desserts typiques des Landes, rendez-vous dans la fabrique artisanale de La Tourtière Landaise ! Ici sont fabriquées artisanalement dans les règles de l'art les fameuses spécialités landaises : pastis, tourtière, tourte des Pyrénées mais aussi gâteaux basques… Un vrai délice à absolument essayer lors de votre séjour ou à ramener dans vos valises ! Vous pourrez également retrouver un stand sur le marché de Mont-de-Marsan le samedi matin ainsi que lors des nombreuses manifestations organisées à Saint-Sever.

Ô PÊCHEUR DE LUNE

35, rue du Bellocq
06 11 76 55 59
www.galerieopecheurdelune.com
Ouvert toute l'année. Jours et horaires d'ouverture variables selon la saison. Boutique en ligne.

Dans cette impressionnante galerie d'art, arts décoratifs, mobilier du XXe siècle et art contemporain se côtoient. Son créateur, Vincent Tourrès, a parcouru la France allant de salon en salon, y compris les puces du design et celles de Saint-Ouen. Spécialiste des arts décoratifs du XXe siècle, ils sont largement représentés. On trouve des pièces des années 1950 aux années 1990, ainsi que du mobilier vintage et design. Ô Pêcheur de Lune est un lieu d'expositions où se mêlent les œuvres d'artistes d'hier à celles des artistes plus contemporains.

PAINTBALL DU LAC

398, route du Moulin
CAUNA
07 62 18 03 18
www.paintball-du-lac.com
Toute l'année. En été, tous les jours de 9h30 à 19h30. Sur réservation hors saison. De 18 à 30 €.

Maxime Testa a ouvert son activité de paintball dans un endroit privilégié, sur les bords des lacs de Cauna à une quinzaine de minutes de Saint-Sever. Entre stratégies tactiques et adrénalines, les joueurs (famille, amis ou collègues) évoluent dans un environnement naturel, en pleine forêt. Les enfants de 8 à 12 ans sont les bienvenus. Tout l'équipement est fourni (masque, protège-cou, protège-mains, plastron et combinaison). Sur place, il y a une buvette et Maxime met à disposition des boules de pétanque, des fléchettes, un Mölkky et un mikado géant.

SENTIERS DE L'ADOUR (AUGREILH À PÉRÉ SAINT-SEVER)

www.tourismelandes.com

Le Sentier de l'Adour est un itinéraire de randonnée pour les déplacements doux, qui chemine le long du fleuve sur 130 km. L'itinéraire traverse ainsi 28 communes, alternant rive gauche et rive droite. Différents tronçons s'offrent à vous : Dax et Saint-Vincent-de-Paul, Candresse et Hinx, Préchacq-les-Bains et Gousse… Le sentier de l'Adour permet de rejoindre Saint-Sever depuis Toulouzette, puis Augreilh à Péré pour Montgaillard. Bref, de jolies balades en perspectives !

VOIE VERTE DE CHALOSSE

www.landes-chalosse.com

Ancienne voie ferrée, la *Voie verte de Chalosse* relie les communes de Saint-Sever à Dax en passant par Hinx, où la piste rejoint la route, mais aussi Mugron et Montfort-en-Chalosse. Longue de 34 km, elle alterne zones de gravillons et zones de revêtement, la rendant praticable pour les VTT et VTC, ainsi que pour la marche à pied. Le départ se fait dans le quartier d'Aulgreilh, à 3 km du centre-ville de Saint-Sever. De là, vous pourrez par exemple utiliser la Voie verte sur 10 km pour rejoindre la commune de Montaut. Vous trouverez des aires de pique-nique.

HAGETMAU

Traversée par le Louts, petit affluent de l'Adour, « la Perle de la Chalosse » s'est développée autour de son industrie de la chaise et du fauteuil, ainsi qu'autour du tombeau de saint Girons situé dans la crypte qui porte son nom. Lors de la Deuxième Guerre mondiale, Hagetmau devient une zone de parachutage de matériel destiné au maquis landais. Un épisode historique que l'on peut retrouver dans le roman *Un sac de billes* de Joseph Joffo. En 2012, la ville a été élue « Ville la plus sportive de France » par le journal *L'Équipe*. Hagetmau a été labellisée Terre de Jeux 2024 par le Comité d'Organisation des Jeux olympiques et paralympiques.

CRYPTE DE SAINT-GIRONS ★

875, avenue Corisande
05 58 79 38 26
www.crypte-st-girons.fr
Ouvert de juillet à fin septembre du mardi au dimanche de 14h30 à 18h30 et pendant les vacances scolaires.

De l'abbaye du XIe siècle élevée à la gloire de saint Girons, seule la crypte est encore aujourd'hui visible sur les hauteurs de la ville. Classée à l'inventaire des Monuments historiques, elle abritait le tombeau de saint Girons, un saint chrétien du Ve siècle. Sur le chemin de Saint-Jacques-de-Compostelle, c'est un objet de culte et de vénération pour les pèlerins. Au centre, quatre colonnes de marbre encadrent l'espace légèrement surélevé, où reposait le sarcophage sacré contenant les reliques insignes de saint Girons. Visites guidées pendant les vacances.

BUREAU D'INFORMATION TOURISTIQUE D'HAGETMAU

70, place de la République ✆ 05 58 79 38 26
www.landes-chalosse.com

Qualité Tourisme. Ouvert toute l'année. Jours et horaires d'ouverture variables selon la saison. Boutique. Wifi gratuit.

Toute l'équipe vous accueille en cœur de ville pour vous aider dans votre séjour. Vous en apprendrez plus sur la « Cité Verte » ; un site unique aux infrastructures sportives de qualité. Si vous êtes férus de patrimoine, vous serez orientés vers la Crypte de Saint-Girons et ses remarquables chapiteaux MH sur les chemins de Compostelle. Pour les plus sportifs, des topo-guides vous présenteront les circuits de randonnée autour des lacs d'Agès et d'Halco et le long de la rivière Louts.

REFUGE DE SAINT-JACQUES €

434, rue de Saint-Girons
✆ 05 58 79 79 79

Ouvert de mi-mars à fin octobre. Hébergement de pèlerins (7 lits). Tarif : 9 €/nuit. CB non acceptée.

Historiquement, les pèlerins venant du nord de la France empruntaient le chemin qui débutait au sanctuaire de la Madeleine à Vézelay. En se dirigeant vers la route de Saint-Jacques-de-Compostelle, ils passaient à Hagetmau pour se rendre à l'abbaye de Saint-Girons (détruite en 1569). Ce refuge municipal construit dans l'ancienne caserne des pompiers peut accueillir jusqu'à 7 pèlerins. Il y a une cuisine aménagée, une salle à manger, deux chambres (3 et 4 lits) et une salle de bain. Le code d'accès vous sera remis à l'accueil de la piscine.

À LA VIEILLE ÉCOLE €€

500, chemin de Moncade - **MONSÉGUR**
✆ 07 70 06 34 22
www.alavieilleecole.eu

Toute l'année. 3 chambres à partir de 115 €. Petit déjeuner inclus. Table d'hôtes le soir sur réservation. Boulodrome.

Dans cette vieille école datant des années 1920, Suzanne et Raf ont aménagé une chambre d'hôte au rez-de-chaussée (ancien appartement du maître). Les deux autres se trouvent à l'étage. Toutes ont été baptisées de noms de matières scolaires et leur décoration rend ainsi hommage à ces disciplines. On aime y revenir que l'on ait été cancre ou élève modèle. Le petit déjeuner est servi dans la grande salle donnant sur la piscine, bordée de haies et d'arbres fruitiers. Un boulodrome a été aménagé au nord de la bâtisse. Depuis, c'est toujours les vacances...

LA CITÉ VERTE

Pace de Tordesillas
✆ 05 58 79 79 79
www.complexe-sportif-hagetmau.fr

Tte l'année. Horaires et tarifs sur le site. Restauration. Hébergement. Séminaires. Séjours sportifs et remise en forme.

Les 30 hectares de ce centre sportif hors norme au cœur de la Chalosse labellisé «Terre de jeux 2024» abritent une piscine olympique couverte (réservation de ligne d'eau sur internet), avec espaces ludiques (bain à remous, banquettes hydromassantes, toboggan...), aquagym, cours de natation, ateliers d'aquaphobie. De la piste d'athlétisme au dojo en passant par le golf 9 trous, il est possible d'y pratiquer de nombreux sports *outdoor* et *indoor*, en hébergement collectif au cœur du complexe (5000 stagiaires en pension complète/an), ou à l'hôtel des Lacs d'Halco****.

© CITÉ VERTE

© CITÉ VERTE

LANDES

© GILLES ARROYO

La crypte de Saint-Girons.

LA CHAISE HAUTE €€

857, chemin de Peyroulet
✆ 06 31 99 95 23
www.lachaisehaute.com

Toute l'année. 3 chambres doubles et 1 suite familiale. A partir de 90 € /nuit (base 2 pers.). Petit déjeuner inclus.

Répondant à des couleurs, les chambres (pour 2 personnes) de cette maison d'hôtes entièrement rénovée sont confortables et spacieuses. La chambre rose est pour 4 personnes, avec un lit double et deux lits simples. Les noms font référence à la couleur des murs, qui se décline tout en douceur sur la décoration. Elles sont chacune équipées d'une salle de bain et de toilettes privatives. Votre hôte met à disposition des espaces communs (salon et cuisine), et vous pourrez profiter du jardin. Le potager est un garde-manger de première qualité.

LA PETITE COURONNE*** €€

1462, Route d'Amou - **SAINT-CRICQ-CHALOSSE**
✆ 05 58 79 38 37
www.hotel-lapetitecouronne.com

Ouvert toute l'année. Chambre double à partir de 99 €. Lodge à partir de 145 €. Petit déjeuner inclus. Bain chaud.

Néerlandais, Nancy et Iwan sont tombés amoureux de ce petit coin de Chalosse il y a plus de 10 ans. Ils imaginent alors un hôtel lodge tourné vers le bien-être des voyageurs et le respect de l'environnement. Desservies par une coursive, les grandes chambres profitent de balcons ou de terrasses orientés vers la campagne vallonnée. Le petit déjeuner est servi sur la grande terrasse du pool house où l'on trouve aussi transats et hamacs. Pour répondre au besoin d'indépendance des amoureux ou des familles, l'écolodge « La cabane des canards » se trouve en retrait.

LAOUILLEROUN €€

65, chemin de Laouilleroun ✆ 06 08 13 14 19
https://laouilleroun.fr/

Toute l'année. Chambre double : 70 €. Suite (4 pers.) : 95 €. Privatisation (3 chambres, 8 couchages) : 220 €/nuit.

Le saviez-vous ? *Laouilleroun* signifie « petit berger » en Gascon. Un nom bien indiqué pour une ferme du XVIIIe où l'on élevait des brebis. D'ailleurs, c'est toujours le cas. Il y a aussi des poules qui donnent de bons œufs frais pour le matin, des chèvres et des moutons, qui font le bonheur des enfants. Vous pourrez séjourner en chambres d'hôtes ou en gîte, jusqu'à 3 chambres et 8 couchages. Les espaces communs comptent une cuisine et un salon d'agrément. La piscine extérieure, entourée d'une plage en bois, est accessible à tous. Un bel endroit !

AUBERGE DU CONTE €

406, rue Carnot
✆ 05 58 79 33 79

Toute l'année. Du lundi au vendredi le midi. Réservation recommandée. Formule midi : 14 €. Sur place ou à emporter. Bar.

Signée Christophe Bellocq, la cuisine de ce restaurant traditionnel landais est toujours maison et à base de produits frais. Tous les midis, un buffet d'entrées est proposé. La bouteille de vin est posée sur la table et le café est compris dans ce menu unique et bon marché. Durant la période de chasse, il ne faut surtout pas manquer la palombe à la broche, flambée au lard de jambon et à l'armagnac ! Les portions sont généreuses. Les marcheurs de Saint-Jacques-de-Compostelle s'y arrêtent souvent. L'équipe au service est très sympathique.

LE JAMBON €€

245, rue Carnot
✆ 05 58 79 32 02
www.hotel-restaurant-lejambon.com
Ouvert du mardi au dimanche le midi et le samedi soir. Menu gourmand : 35 €.

Cuisinier de troisième génération, Philippe Labadie a naturellement été initié par son père avant de faire son apprentissage chez Cousseau au *Relais de la poste* à Majescq, et décrocher le titre national de meilleur apprenti en 1974. Le chef travaille avec subtilité les produits rigoureusement sélectionnés chez des producteurs locaux. Sa cassolette de ris de veau aux cèpes, son foie de canard mi-cuit confit de pétales de roses et pain d'épices toasté, son filet de dorade royale et son inimitable soufflé chaud au Grand Marnier sont des classiques.

MAISON BERTHON

66, rue Victor-Hugo
✆ 05 58 79 31 28
www.maison-berthon.com
Mardi-samedi 8h-18h. Autre point de vente à la conserverie : chemin de Betloc à Hagetmau. Traiteur. Produits locaux.

La Maison Berthon, c'est un savoir-faire transmis de génération en génération. Fondée en 1956, l'entreprise est devenue une référence en matière de produits gastronomiques du terroir. Particulièrement grâce à son foie gras et à ses conserves artisanales. Ici, tout est cuisiné avec des produits de qualité, sélectionnés chez les producteurs locaux. Terrines, pâtés, foie gras, confits, plats cuisinés et produits frais… tout est travaillé dans le respect des traditions. Un incontournable. La conserverie située chemin de Betloc, propose elle aussi un point de vente.

MAISON DANDIEU

380, chemin de Melet
✆ 05 58 79 28 08
https://maisondandieu.fr
Ouvert du mardi au vendredi de 8h30 à 12h30 et de 14h à 18h ; le samedi de 8h30 à 12h. Boutique en ligne.

Succédant à ses parents, Olivier Dandieu est à la tête de cette volaillerie née à Brassempouy il y a plus de 50 ans. Le site regroupe l'abattoir, l'atelier de coupe, l'unité de fabrication de produits élaborés et de conserves et la boutique. On y travaille des volailles élevées en plein air dans les Landes ou les départements limitrophes : poulardes, pintades, canards... Sans oublier la star : le poulet. Parmi les gourmandes spécialités de la Maison, on retrouve le pâté Chalossais (30 % de foie gras), la guitteline (magret fourré au foie gras) et l'axoa de canard.

NOUN LA NOISETTE

343, route d'Encos
COUDURES
https://noun-lanoisette.fr/
Livraison possible (boutique en ligne).

Faire perdurer l'agriculture française et s'engager dans une consommation raisonnable, raisonnée, locale et écologique, c'est l'ambition de Jacques et sa fille Manon à travers leur production de noisettes. Grâce à leur plantation de plusieurs hectares de noisetiers, ils proposent des produits sains et sans conservateurs au bon goût de noisettes : céréales croustillantes pour le petit-déjeuner, pâtes et purées à tartiner, huile de noisettes, noisettes salées au piment d'Espelette pour l'apéritif ou encore noisettes en vrac... La boutique en ligne est à croquer !

OH ! MON GÂTEAU

81, rue du Docteur Larquier ✆ 05 58 79 46 21
www.ohmongateau40.fr
Ouvert du mardi au samedi de 7h à 12h45 et de 14h à 19h ; le dimanche de 7h à 12h45. Boutique en ligne.

Les recettes de Séléna et Guillaume reflètent leur passion pour les créations innovantes et la tradition landaise. Si l'établissement propose des pâtisseries traditionnelles incontournables telles que le pastis et la tourtière, le couple est continuellement à la recherche d'idées nouvelles, comme la création d'une marque déposée «Lou Escarts» (les palets à l'effigie des acteurs de la course landaise sont un délice). Reconnue pour sa valorisation des richesses locales et son engagement envers la qualité, l'adresse fait désormais partie du réseau Tourisme Gourmand.

SALON DE LA CHAISE

✆ 05 58 05 77 33
3e week-end d'octobre. Marché couvert, salle de la Rotonde et place de la République. Entrée libre. Restauration.

Chaque année, Hagetmau célèbre le mobilier et la décoration sur mesure, avec son emblématique Salon qui met en lumière le savoir-faire local (on y fabrique des sièges depuis le XIXe siècle) et rassemble artisans, fabricants, designers, autour d'expositions, conférences, et visites d'ateliers. De la chaise épurée en bois comme celle pour N-D-de-Paris, aux créations plus modernes, le salon valorise un patrimoine unique tout en explorant les tendances actuelles. Une occasion conviviale de découvrir la culture de la ville, longtemps surnommée «capitale de la chaise».

LANDES

BRASSEMPOUY

Ce petit village de Chalosse est devenu célèbre grâce à ses vestiges préhistoriques. Le site de Brassempouy est constitué de quatre cavités : la grotte du Pape, la grotte des Hyènes, la galerie du Mégacéros et l'abri Dubalen. C'est dans la grotte du Pape que fut découverte, en 1894, la célèbre sculpture de la Dame de Brassempouy, connue comme la plus ancienne représentation artistique d'un visage humain. Elle date du Paléolithique supérieur, soit il y a entre 29 000 ou 22 000 ans, et serait ainsi le plus ancien portrait réaliste de l'histoire de l'art ! Mais vous pourrez découvrir bien d'autres vestiges découverts sur place dans le PréhistoSite.

LE BISTROQUET DE LA DAME €€

388, rue du Musée
✆ 06 68 24 26 63

Fermé du 15 janvier au 1er mars. Horaires variables (voir site). Formule midi 19 €. Menu soir : 33 €.

© LE BISTROQUET DE LA DAME

A Brassempouy, berceau de la célèbre Dame à la Capuche, Le Bistroquet nous accueille à deux pas du PréhistoSite. Si, ici, produits frais, de saison, et producteurs locaux sont privilégiés et mis en avant, David est également reconnu pour sa cuisine raffinée. La carte, gourmande et travaillée, évolue au gré des saisons et défie toute concurrence. On apprécie la justesse des cuissons et des associations de saveurs. Au menu : velouté de Saint-Jacques ; Civet de chevreuil, chanterelles et pommes vapeur ; Crémeux à l'Armagnac et pomme caramélisée. Un incontournable.

PRÉHISTOSITE DE BRASSEMPOUY

404, rue du Musée ✆ 05 58 89 21 73
www.prehistoire-brassempouy.fr

Du 22 février au 16 novembre 2025. Tarif plein 11 €, tarif réduit 9,50 €, Pass Tribu : 36 €, gratuit -5 ans.

Perché sur les coteaux de Chalosse, Brassempouy est un village entièrement dédié à l'archéologie. Le PréhistoSite est un espace consacré à la vie durant la Préhistoire avec un musée, un ArchéoParc, un site archéologique, ainsi qu'un pôle pédagogique et scientifique. Entrez en contact avec l'homme de Cro-Magnon, ses outils et les animaux qui l'entouraient au Paléolithique supérieur ! Le musée est dédié à l'histoire des fouilles menées depuis le XIXe siècle sur le site archéologique des grottes du Pape. Ici, l'art préhistorique est à l'honneur, avec des gravures sur os, des parures et une importante collection de statuettes féminines (moulages), dont la célèbre Dame à la capuche (moulage), l'une des plus anciennes représentations de visage humain connues dans le monde. L'ArchéoParc présente des reconstitutions d'animaux à taille réelle comme le majestueux cerf mégacéros, les mammouths ou la hyène des cavernes. Initiez-vous aussi à la chasse préhistorique avec le tir au propulseur (atelier de 30 minutes), découvrez les techniques de taille de silex et d'allumage du feu (tous les jours). Une manière originale et concrète de vivre la Préhistoire ! Vous cherchez des activités originales pour occuper vos vacances ? Petits et grands sont invités à participer à des ateliers (sur réservation) pour apprendre à sculpter la Dame à la capuche, peindre comme nos ancêtres ou fabriquer des bijoux. Expositions, conférences, spectacles… Pour ne rien louper, rendez-vous sur le site internet !

SITE ARCHÉOLOGIQUE DES GROTTES DU PAPE

✆ 05 58 89 21 73
www.prehistoire-brassempouy.fr

D'avril à septembre. Sur réservation. Horaires sur le site. Tarif plein : 16 € (tarif réduit : 14 €). Pass Tribu : 50 €.

C'est en ces lieux qu'ont été découverts les vestiges préhistoriques présentés, en partie, dans le musée, ainsi que la célèbre Dame à la Capuche (conservée au Musée d'Archéologie Nationale). Découvrez l'histoire de ce site occupé durant plus de 30 000 ans et fouillé depuis près de 150 ans ! Deux possibilités s'offrent à vous pour visiter les Grottes du pape, qui sont excentrées du village, soit à pied par un sentier de randonnée soit par un accès rapide en véhicule.

GÎTE MINJOUNET €€

840, chemin des Camines
✆ 06 62 22 68 45
www.giteminjounet.fr
Toute l'année. Pour 4 pers. (65 m², 1 chambre), de 680 à 880 €/semaine. Court séjour à partir de 280 € (2 nuits min.).

Attenante à la maison des propriétaires, Hélène et Dominique, cette maison de 65 m² est idéale pour deux personnes, mais le canapé convertible dans l'espace salon permet d'être jusqu'à 4. La terrasse de 70 m², avec son salon de jardin et ses transats, est privative. La piscine chauffée est commune, le jardin également. Pour la décoration, les propriétaires ont su faire preuve de bon goût, alliant le charme de l'ancien au confort moderne. Très bien situé, le gîte se trouve à proximité du PréhistoSite de Brassempouy et de la grotte du Pape.

L'ATELIER DU CHAT D'ARGENT

27, route du Duc
Horaires variables. Salon de thé. Ateliers (céramique, fabrique de savons…). Librairie. Vente de créations artisanales.

L'Atelier du Chat d'Argent est un lieu unique et chaleureux comme on aime en découvrir. Pour savourer une délicieuse infusion et quelques confitures de chez Kosmös (productrice passionnée de Brassempouy), trouver quelques pépites dans le coin librairie, ou s'essayer à la céramique, la peinture ou à la fabrique de savons, vous partagerez un moment gourmand et créatif. Et avant de partir, faites-vous plaisir en vous offrant un joli bijou (création artisanale et locale, bien évidemment).

L'ESTANQUET - FERME MOULIÉ €€

250, Chemin du Moulié
✆ 06 32 25 27 45
Du 1er mars au 11 novembre. Juillet/août : mardi-dimanche midi, mercredi-samedi soir. Menus de 19,50 € à 28,50 €.

© RESTAURANT L'ESTANQUET

Cette ferme-auberge accueille les amoureux de produits du terroir depuis 1950. En plein cœur de la campagne landaise, on vient y déguster des plats locaux faits maison : cuisse de canard confite, magret, assiette de la ferme 100% canard, burger au canard, salade landaise, piperade... Sans oublier un délicieux pastis landais en dessert ou une bonne assiette de fromage de brebis. Durant l'été, des marchés et des petits concerts sont organisés. Une belle adresse pour les gourmands !

L'ESTANQUET - FERME MOULIÉ

250, Chemin du Moulié ✆ 06 32 25 27 45
Bienvenue à la Ferme. Ouvert du lundi au vendredi de 15h à 18h, ou sur rendez-vous.

A quelques encablures du PréhistoSite de Brassempouy, la Ferme Moulié fait partie du réseau Tourisme Gourmand des Landes. Si on y savoure de délicieux plats régionaux, et que l'établissement nous plonge au cœur d'une exploitation traditionnelle lors des visites guidées, le passage par la boutique est incontournable. Idéale pour faire le plein de produits du terroir, préparés dans le plus grand respect de la tradition. Foie gras, canard confit, rillettes… difficile de résister.

LA PALME DU COIN

793, chemin des Camines ✆ 06 83 30 62 62
www.lapalmeducoin.fr
Producteur de porc Mangalitza et de canard gras. Vente à la ferme sur rdv, et sur les marchés de Mourenx et Amou.

Au cœur des Landes, cette exploitation agricole familiale va régaler vos papilles. Jennifer et Florent pratiquent une agriculture raisonnée et se sont spécialisés dans l'élevage de canards, mais aussi de porcs Mangalitza. Conserves, saucissons, jambons… Sur place, la boutique est ouverte sur rendez-vous, et la Palme du Coin est également présente sur les marchés, et dans les commerces autour de Brassempouy. La ferme, qui nous invite à découvrir et savourer la gastronomie régionale, s'inscrit dans une démarche respectueuse de l'environnement et du bien-être animal,

LANDES

AMOU

La découverte de poteries du bronze final et du premier âge du fer atteste de l'ancienneté de l'habitat du village. Sur les rives du Luy de Béarn, Amou est classé station verte de vacances et site fleuri. Amou ouvre ses cours et jardins sur les ruelles d'autrefois et sur les places ombragées de platanes plus que centenaires. D'origine romaine, l'église Saint-Pierre des Luys se compose d'éléments hétéroclites de différentes époques. Les arènes Jean Lafittau, construites en 1954, sont le lieu de spectacles taurins qui égayent les fêtes locales, notamment l'été. Rendez-vous au Bureau d'Information Touristique pour organiser votre séjour.

ARÈNES DE LA « MECQUE DE LA COURSE LANDAISE »

18, rue du Baron - **POMAREZ** ✆ 05 58 89 02 25
https://pomarez.fr/

Visite guidée le mercredi et le vendredi à 15h en juillet/août ; le reste de l'année sur réservation. Escape game.

Honorée dès le début du XXe siècle du surnom de La Mecque de la Course landaise pour sa grande tradition tauromachique, Pomarez a toujours su offrir les meilleurs spectacles taurins. Si les arènes à Pomarez sont documentées depuis le 24 juin 1841, c'est à Albert Pomade, déjà brillant auteur des arènes de Dax, à qui l'on doit le plan de type espagnol réalisé en 1931. Entrez dans l'arène, voyez les torils et découvrez ce « Haut lieu de la tauromachie » à l'occasion d'une visite guidée.

LE CHÂTEAU D'AMOU ★

170, chemin de Ronde ✆ 07 60 04 10 58
www.chateauamou.com

Ouvert pour les groupes sur rendez-vous de mai à octobre. Visite guidée. Plein tarif : 5 €. Mariages & réceptions.

Classé Monument historique, le château d'Amou regroupe deux ensembles : le château, construit sur les plans de Jules Hardouin Mansart, architecte du Roi-Soleil à Versailles, et les dépendances de style régional. Inchangé au fil des siècles, son agencement intérieur offre un témoignage vivant de l'art de vivre de son époque. À voir : une mosaïque gallo-romaine du IVe siècle. La salle de réception a conservé son plafond et ses murs d'époque. Le château peut devenir le théâtre de vos réceptions (jusqu'à 300 personnes). Consultez les prestations sur le site Internet.

AU FIL DES FLEURS*** €€

263, chemin de Moutha ✆ 05 25 00 64 40
www.gites-de-france-landes.com/

Gîtes de France (2 épis). De juillet à fin octobre. 6 personnes (200 m², 4 chambres). De 460 € à 750 €/semaine.

Dans le paisible village d'Amou, aux portes du Béarn et des Pyrénées, ce gîte vous permettra de découvrir le charme de la Chalosse. Ce nouveau venu a tout pour lui. Un cadre bucolique, une maison rénovée, mêlant subtilement tradition et modernité, et des hôtes qui se feront un plaisir de vous conseiller et partager leur amour de la région. Au rez-de-chaussée, une vaste pièce à vivre avec cuisine équipée ouverte sur le séjour. À l'étage, 4 chambres offrent une vue imprenable sur la campagne, le jardin et son espace enfants. Le spot idéal pour un séjour nature.

BUREAU D'INFORMATION TOURISTIQUE D'AMOU

28, rue Saint-Pierre ✆ 05 58 89 02 25
www.landes-chalosse.com

Qualité Tourisme. Ouvert toute l'année. Jours et horaires d'ouverture variables selon la saison. Boutique. Wifi gratuit.

En bordure de rivière, l'Office de Tourisme Landes Chalosse à Amou vous accueille dans ses beaux locaux. L'équipe se fera un plaisir de vous conseiller et de vous aider à organiser votre séjour. Un large panel d'activités est proposé : visites guidées, géocaching, spectacles... Mais aussi vente de billets pour les sites touristiques et événements sur place ! Vous pourrez également en profiter pour vous connecter gratuitement au wifi et découvrir la petite boutique de souvenirs.

K-HUTES €€

180, impasse de Bus - **CASTAIGNOS-SOUSLENS**
✆ 06 10 77 08 71
www.k-hutes.fr

Ouvert toute l'année. Cabanes pour 2 personnes à partir de 185 €/nuit. Petit déjeuner inclus. Parking gratuit sur place.

Anciens soigneurs animaliers, Hugo et son épouse Justine, ainsi que la grande sœur de cette dernière, Elodie, architecte d'intérieur, portent ce beau projet. K-hutes est un domaine écotouristique d'environ 3 hectares, avec un poulailler et un potager en permaculture. C'est cet environnement privilégié, avec une vue dégagée sur les Pyrénées, qu'ils ont choisi pour vous recevoir dans ces 4 cabanes en bois avec terrasse privative et bain nordique pour l'une d'entre elles. Équipées d'un petit coin cuisine, vous y serez en totale autonomie, hors du temps.

LA LOUVE €€

264, chemin de Puts - **ARSAGUE**
✆ 06 13 68 47 34
www.gites-de-france.com
Gîtes de France (3 épis). Ouvert toute l'année. Pour 2 personnes (30 m², 1 chambre). A partir de 350 € la semaine.

Non accessible aux personnes à mobilité réduite, le gîte de la Louve (30 m²) se trouve à la limite des Pyrénées, près du cœur vallonné de la Chalosse. Aménagé à l'étage d'une authentique ferme landaise, vous profiterez d'une belle pièce à vivre, avec une cuisine ouverte et un espace salle à manger. D'une belle superficie, la chambre est équipée d'un grand lit de 160 x 200. Le mobilier ancien et les objets de décoration rendent l'endroit plus chaleureux. A l'exception de la piscine, les extérieurs sont communs avec les propriétaires.

CHEZ DARRACQ €€

2, place de la Poste ✆ 05 58 89 02 28
www.hotel-commerce-darracq.com
Du mardi au samedi midi et soir et dim midi. Fermé le mardi de sept à juin. Menu de 33 € à 52 €. Formule midi : 19 €.

Une institution ! Sur les rives verdoyantes du Luy de Béarn, l'imposante bâtisse de l'Hôtel du Commerce accueille les gourmets de passage depuis six générations. En été, on profite de la terrasse alors qu'en hiver, on se réfugie près de la cheminée pour déguster une cuisine simple, authentique et généreuse. Au menu : de belles spécialités régionales comme le confit de canard maison, les asperges blanches des Landes, le magret Rossini, les ris de veau sauce forestière, le foie gras chaud aux pommes, la sole aux cèpes, tournedos de Bœuf de Chalosse, la croustade...

API' SENS

961, route de Chalosse
✆ 05 58 49 35 56
www.apisens.fr
Ouvert du lundi au vendredi de 9h à 17h. Autres points de vente : voir le site. Boutique en ligne.

Api' Sens est né de la rencontre entre David, un agriculteur passionné formé à l'apiculture, et Maryline, une talentueuse laborantine mordue de cosmétique. Gérante et fondatrice de la marque, Maryline Reuschlé a créé toute une gamme de cosmétiques bio certifiés Ecocert mêlant trésors de la ruche et extraits végétaux naturels et locaux dénichés à moins de 200 km d'Amou. En 2018, la « miellée gommante perfectrice », composée à 99 % d'ingrédients d'origine naturelle et à 70 % d'ingrédients issus de l'agriculture biologique, a décroché le trophée Meilleur Produit bio.

CASA NATURE

139, chemin du Yout
POMAREZ
✆ 05 58 98 50 90
www.casanature-savonnerie.com
Ouvert toute l'année, le mercredi de 14h à 18h. Boutique en ligne.

C'est à la fin des années 90, sur les îles parfumées de la Guadeloupe que Béatrice et Hervé Carel ont fabriqué leurs premiers savons. De retour en métropole, ils ont choisi de s'installer à proximité de Dax où ils ont commencé à écouler leurs produits sur les marchés locaux. De Baigts à Pomarez, rien à changer ! Savons, gels de bains, laits pour le corps, crèmes de soins, shampoings et autres soins du corps, tout est fait maison à partir d'huiles végétales et huiles essentielles. Et aussi pas mal d'huile de coude et d'autres produits naturels encore.

ACCROBRANCHE AMOU

240, chemin de Chabrague
✆ 07 88 98 97 94
https://accrobrancheamou.fr/
Ouvert en saison. De 14 € à 20 €. Parking gratuit. Aire de pique-nique. Snack.

A 3 minutes du centre du village, sur la route de Brassempouy, l'Accrobranche Amou s'adresse aux petits, à partir de 5 ans, et aux grands ! Comme sur les pistes de ski, vous aurez le choix entre 12 parcours du vert au noir, dont 2 100 % tyrolienne, et un saut dans le vide pour les amateurs de sensations. Notez que les animaux ne sont pas admis sur le parc. Réservation plus que conseillée pour les particuliers et obligatoire pour les groupes. Le domaine propose également un Golf practice connecté, et prévoit l'ouverture d'un restaurant et d'un hôtel courant 2025.

CIRCUIT DES ARÈNES EN PAYS COURSAYRE

18, rue du Baron - **POMAREZ** ✆ 06 79 45 11 83
www.arenesdepomarez.fr
Visite guidée toute l'année sur réservation (sauf le dimanche) à partir de 10 personnes. 25 €/personne (repas inclus).

Que diriez-vous de découvrir les arènes de Pomarez, Cantegrit à Estibeaux, Rachou à Mouscardès, Meunier à Tilh, puis celles de Lafittau à Amou, avant de clôturer le circuit par un déjeuner à Brassempouy ? L'association «Pomarez Arènes Tradition» propose tout un tas de circuits thématiques. Notez que les plus grandes courses landaises se déroulent pour les fêtes du 15 août et le spectacle «Art et Courage», unique à Pomarez, a lieu le dernier dimanche d'avril (infos au 05 58 89 30 28).

LANDES

Château de Gaujacq.

GAUJACQ

Edifié sur un site gallo-romain, le village a conservé des vestiges de sa citadelle féodale. Datant de la fin du XVIIe siècle, le château témoigne des splendeurs de son passé. Situé sur les hauteurs de Gaujacq, c'est une demeure seigneuriale érigée par François de Sourdis, lieutenant général des armées du roi Louis XIV. Son architecture de plain-pied est originale et insolite. Ne manquez pas non plus le jardin botanique de l'association Pépinière Botanique et Plantarium où vous allez pouvoir apprécier plus de 3 000 espèces et variétés. Et découvrez le métier de musiniériste ! Les fêtes locales se tiennent la deuxième quinzaine d'août.

LES ARBRES ET NOUS

31, place des tilleuls
✆ 06 13 50 29 08
www.lesarbresetnous.com
Bains de forêt sur demande les week-ends, durant les vacances et les jours fériés de mars à novembre. 30 €/personne.

Praticienne holistique et officiante de cérémonies spirituelles de mariages, Julie est aussi guide de bains de forêt. Pour celles et ceux qui maîtrisent le sujet, pas de problème, mais pour les autres, vous vous demandez sans doute de quoi il s'agit. En fait, c'est l'autre nom de la sylvothérapie. Le principe ? Utiliser des techniques et des jeux pour démultiplier les bienfaits de la forêt sur le corps, l'âme et l'esprit. Le bain de forêt est une expérience de groupe proposée de mars à novembre. Julie saura vous guider pour « revenir à soi ».

LE CHÂTEAU DE GAUJACQ ★

2, route de Brassempouy
✆ 05 58 89 01 01
http://chateau.de.gaujacq.free.fr/
Ouvert de mi-avril à mi-octobre ; toute l'année pour les groupes. Visite guidée. Gratuit jusqu'à 12 ans. De 7 € à 12 €.

Un château unique en Europe construit à l'image d'un palais italien ! François de Sourdis fit bâtir le château au XVIIe siècle sur un site gallo-romain et médiéval. Quatre corps de logis en rez-de-chaussée ouvrent sur un jardin intérieur, dit « des délices », entouré par une galerie à l'italienne. A l'intérieur, de splendides appartements décorés des XVIIe et XVIIIe siècles sont habités et meublés. Des visites nocturnes aux chandelles sont organisées tous les lundis en été (sur réservation par téléphone). La famille qui l'habite vous fait partager sa passion.

MAISON LAFITTE FOIE GRAS

455, route du Béarn
✆ 05 58 76 49 98
www.lafitte.fr
Ouvert du lundi au vendredi de 8h à 12h30 et de 13h30 à 17h.

Depuis plus de 100 ans, la Maison LAFITTE entretient l'excellence et le savoir-faire de la gastronomie landaise. Partenaire exclusif du Club des Chefs cuisiniers des Chefs d'Etat à travers le monde, la Maison LAFITTE est reconnue pour la qualité supérieure de ses produits. Venez découvrir l'univers gastronomique du Foie Gras, magret des Landes... toute une gamme de produits autour du canard. Boutique du site de la conserverie, la Maison LAFITTE est également présente aux Halles de Dax, Mont-de-Marsan, Bayonne, Bordeaux et Paris (4e et 7e arrondissements).

MONTAUT

Le bourg de Montaut est d'origine médiévale. Pour autant, on sait, d'après les silex retrouvés, divers objets et des vestiges d'habitat, qu'il était occupé dès la préhistoire. Edifié sur les hauteurs, comme son nom l'indique (*Mons Altus*, colline élevée), Montaut était sans doute destiné à contrôler la route de crête qui domine le cours du Gabas. Au XVIe siècle, Montaut était une place forte importante. A ne pas manquer : la porte du Bourg qui donne un cachet pittoresque au village et l'église Saint-Catherine datant du XIVe siècle. Destinées aux courses landaises, les arènes de Montaut sont de jolies arènes ovales de type espagnol en béton.

MUGRON

Mugron fut longtemps un port important. Par l'Adour, transitaient en gabarres les vins de Chalosse à destination de la Hollande et de la Grande-Bretagne. Appelé le belvédère de la Chalosse, Mugron offre par temps clair un point de vue incomparable sur la plaine de l'Adour et la forêt. Il est agréable de profiter de Mugron pour son tourisme de pleine nature. Au programme, notamment pendant l'été : baignade, pêche, randonnée pédestre sur la voie verte de Chalosse... Et découverte de savoir-vivre de la commune avec ses produits gastronomiques locaux de qualité. Ne manquez pas les marchés de producteurs régionaux qui se tiennent en saison estivale.

BASE DE LOISIRS DE LA SAUCILLE

96, rue du Vieux Port
✆ 05 58 97 98 50
www.chalosse.fr
Ouvert tous les jours de 12h30 à 19h30 en juillet et août. Gratuit jusqu'à 3 ans. Adulte : 3 €. Snack-bar. Animations.

Alimenté par une source souterraine, au bord du fleuve Adour, le lac de Mugron est accessible en juillet-août pour une baignade surveillée loin de la foule et des baïnes. Traitée par oxygénation, soit sans produits chimiques, l'eau est un peu moins bleue qu'avant, mais tout aussi qualitative. Snack-bar, formule déjeuner sur le pouce et *food truck* le mercredi. Des jeux pour les enfants sont proposés par l'association Mexico Loisirs : château gonflable ou encore *bubble foot* !

LA TERRASSE DE LA GRAND'RUE €€

4, rue Frédéric Bastiat ✆ 05 58 97 66 27
www.terrasse-grand-rue.com
Gîtes de France (3 épis). Label Tourisme & Handicap. Chambres (2 à 4 pers.) de 80 à 105 €/nuit. Petit déjeuner inclus.

Au cœur de son village natal, Marie-Hélène vous accueille dans une belle maison de caractère du XVIIIe siècle avec sa grande terrasse et sa remarquable glycine, sa pergola et son olivier. La Terrasse de la Grand'Rue possède de beaux volumes aux plafonds moulurés avec planchers d'origine, escalier en fer forgé et cheminées. La chambre Coquelicot permet de recevoir les familles de 4 personnes. La chambre Bruyère est de style romantique alors que la chambre Fougère est plus contemporaine.

FERME-AUBERGE MARQUINE €€

Route d'Hagetmau
✆ 05 58 97 74 23
http://ferme-auberge-marquine.fr
Bienvenue à la Ferme. Ouvert toute l'année. Menu à partir de 17 €. Repas de groupe à partir de 20 €/personne. Boutique.

Dans cette ferme-auberge traditionnelle de Chalosse, on élève et on gave les canards gras avec les céréales produites sur l'exploitation. Vous pourrez ainsi faire le plein de produits dérivés du canard. Mais vous pourrez également déguster (le midi) une cuisine régionale typique, à base de produits frais : le foie frais aux pommes et aux raisins, la garbure, les rillettes de canard, la salade landaise, le magret grillé au charbon de bois, la tourtière... Sans oublier la poule au pot ou l'entrecôte (sur commande uniquement). Réservation obligatoire !

LA CAVE DES VIGNERONS DE TURSAN

Avenue René Bats
✆ 05 58 97 70 75
www.tursan.fr
Ouvert toute l'année, du mardi au samedi de 9h à 12h et de 14h à 17h30 (de 14h30 à 18h30 en juillet et août). Boutique.

Ici, c'est Marine, une enfant du pays de Chalosse, qui vous proposera de découvrir et déguster des vins AOP Tursan, IGP Chalosse et IGP Landes. Elle pourra vous expliquer que les raisins sont récoltés à maturité, vendangés et travaillés par une équipe technique, responsable de la qualité des vins que vous retrouverez à la vente. Le fonctionnement est celui d'un grand Domaine. Les vins sont mis en bouteille à la propriété à Geaune, là où sont organisées les visites.

ROUGE GARANCE

11, rue Jean Darcet
✆ 05 58 97 92 15
www.rouge-garance.net
Du vendredi au dimanche 15h-18h30. Boutique en ligne. Visite guidée de la charpente monumentale, tous les jours sur rdv.

Chai du XVIIe siècle sous l'une des plus importantes charpentes civiles de France, Rouge Garance est un lieu unique à la fois boutique de décoration et galerie d'art. Au rez-de-chaussée, Florence et René Hutt ont mis en scène de nombreux objets : petit mobilier, poteries, céramiques, verres, linge de table, tapis, coussins, parfums d'intérieur... La salle d'exposition se trouve à l'étage. Dans ce lieu préservé et chargé d'histoire, les œuvres prennent toute leur dimension. Un « concept store » à découvrir et une visite guidée des lieux qui s'impose !

TARTAS

A mi-chemin entre le Parc naturel régional des Landes de Gascogne et le terroir de la Chalosse, Tartas est traversé par la Midouze, affluent de l'Adour. Depuis Mugron, n'hésitez pas à vous arrêter sur la route chez le producteur de kiwis des bords d'Adour à Souprosse. A Tartas, le séjour se décline autour des loisirs d'extérieur : profitez du charme de la campagne et des anciens chemins de halage longeant les rivières de l'Adour et de la Midouze. Autrefois empruntés par les gabares de Mont-de-Marsan à Bayonne, ces itinéraires sont aménagés en circuits de randonnées pédestres et VTT. Laissez-vous guider au fil de l'eau avec des canoës.

OFFICE DE TOURISME DU PAYS TARUSATE

151, place Gambetta ✆ 05 58 73 39 98
www.lecoeurdeslandes.com

Ouvert toute l'année. Jours et horaires d'ouverture variables selon la saison. Accueil cyclotouristes.

L'office de tourisme du Pays Tarusate vous propose une immersion au cœur d'un territoire à la riche gastronomie et au patrimoine religieux d'exception. Vous pourrez aussi consulter toutes les informations touristiques grâce à une tablette connectée, acheter des guides de randonnée ou de boucles cyclotouristiques, louer un VTT ou un VTC, réserver des sorties en canoë, vous procurer votre carte de pêche... Renseignez-vous également au sujet de la Scandibérique !

LES FRÈRES PASTIS

✆ 06 30 61 30 60
https://lesfrerespastis.fr/

Points de vente à consulter sur le site. Boutique en ligne.

Bertrand et Gérald sont les Frères Pastis ! Vous aurez certainement l'occasion de les rencontrer, car ce sont eux qui tiennent le stand quand ils vont sur les marchés de Mont-de-Marsan, Morcenx-la-Nouvelle et Dax. D'ailleurs, il n'y a que sur les marchés (ou sur commande) que vous pourrez trouver les bébés pastis. Les gourmands n'en feront qu'une bouchée ! A partager, on opte plutôt pour le format classique de 600 grammes. Œufs bio des landes, levain naturel, lait entier bio, vanille naturelle de Madagascar, sel de Salies-de-Béarn... Avec de bons produits !

ADVENTURE LANDES PARAMOTEUR

Route de Mariterre ✆ 06 85 59 70 92
www.paramoteurlandes.fr

Ouvert toute l'année sur réservation. Baptêmes de 50 € (10 min) à 280 € (1h). Autres prestations sur demande.

Vous avez toujours rêvé de voler ? Mission accomplie avec Adventure Landes Paramoteur. Thierry, votre pilote, vous emmène depuis la base ULM de Tartas en chariot biplace, admirer les paysages enchanteurs des forêts landaises. D'inoubliables et magiques sensations de liberté, que du bonheur ! Si ensuite vous souhaitez voler en toute autonomie, il assure votre formation théorique et pratique, validée par l'obtention du brevet. Présent également au Pays Basque à Saint-Pée-sur-Nivelle.

SAMADET

Il existe, au sud du bourg de Samadet, au cœur du vignoble de Tursan, un camp préhistorique et les vestiges d'une villa gallo-romaine. C'est là que fut construite la chapelle romane Saint-Jean. Elle était jusqu'en 1826, église paroissiale. Des mosaïques ont été mises au jour. Aujourd'hui, l'édifice sert de grange. Le village de Samadet, fort de ses quelque 1 100 âmes, est édifié sur un coteau. Son histoire est étroitement liée à la faïencerie. Fondée en 1732 par l'abbé Roquépine, baron de Samadet et de seigneuries voisines, la faïencerie fonctionna jusqu'à la moitié du XIXe siècle. Cette activité renaît aujourd'hui à travers un artisanat de qualité.

MAISON DE LA CERAMIQUE ★

Place de la Faïencerie ✆ 05 58 79 65 45
www.chalosseturssan.fr

Entrée libre de juin à septembre, du mardi au dimanche de 14h30 à 19h (jours fériés inclus). Animations.

Sur la place de l'ancienne manufacture royale de faïence, la *Maison de la céramique* propose une collection permanente de plus de 150 pièces contemporaines. Vases, trompe-l'œil, grès, porcelaines, faïences... Teintées de réalisme, de poésie ou de grains de folie, elles donnent à voir toute la vitalité et les techniques de la création actuelle dans un écrin à l'architecture résolument contemporaine. Chaque été, des céramistes reconnus en France ou à l'étranger viennent également y exposer leurs œuvres. Les enfants peuvent s'adonner à la décoration d'assiettes.

MUSÉE DE LA FAÏENCE ET DES ARTS DE LA TABLE ★

2378, route d'Hagetmau ✆ 05 58 79 13 00
www.landes.fr/musee-faience-samadet

Qualité Tourisme. Mom'art. Ouvert de mi-février à mi-novembre, horaires variables. Gratuit -18 ans. De 3,50 € à 4,50 €.

Samadet a imprimé son nom dans la terre du Tursan, devenant célèbre grâce à sa « manufacture royale de faïence », créée en 1732, et qui a produit pendant près de 100 ans des pièces aux décors riches et caractéristiques qui ont fait sa réputation. C'est l'histoire de la faïence de Samadet et celle des arts de la table que le musée départemental (à 3 km du bourg) raconte à travers trois salles d'exposition permanente. Des ateliers parents-enfants sont organisés pendant les vacances.

LANDES

Garein
Brocas
D 353
C 3
Maillères
C 5
Cère
Geloux
Pegleize
D 49
D 365
D 38
Tourta
C 4
Saint-Avit
Saint-Martin-d'Oney
D 413
D 38
MONT-DE-MARSAN
D 365
Saint-Perdon
Meilhan
D 351
D 321
Benquet
D 390
D 404
Le Leuy
D 351
Aurice
C 9
D 3
D 824
Bas-Mauco
Souprosse
Cauna
L'Adour
Sainte-Eulalie
Toulouzette
SAINT-SEVER
MONTAUT
D 25
D 408
Montgaillard
Bancons
Audignon
D 52
D 78
Dumes
D 18
Doazit
Coudures
Horsarrieu
D 944

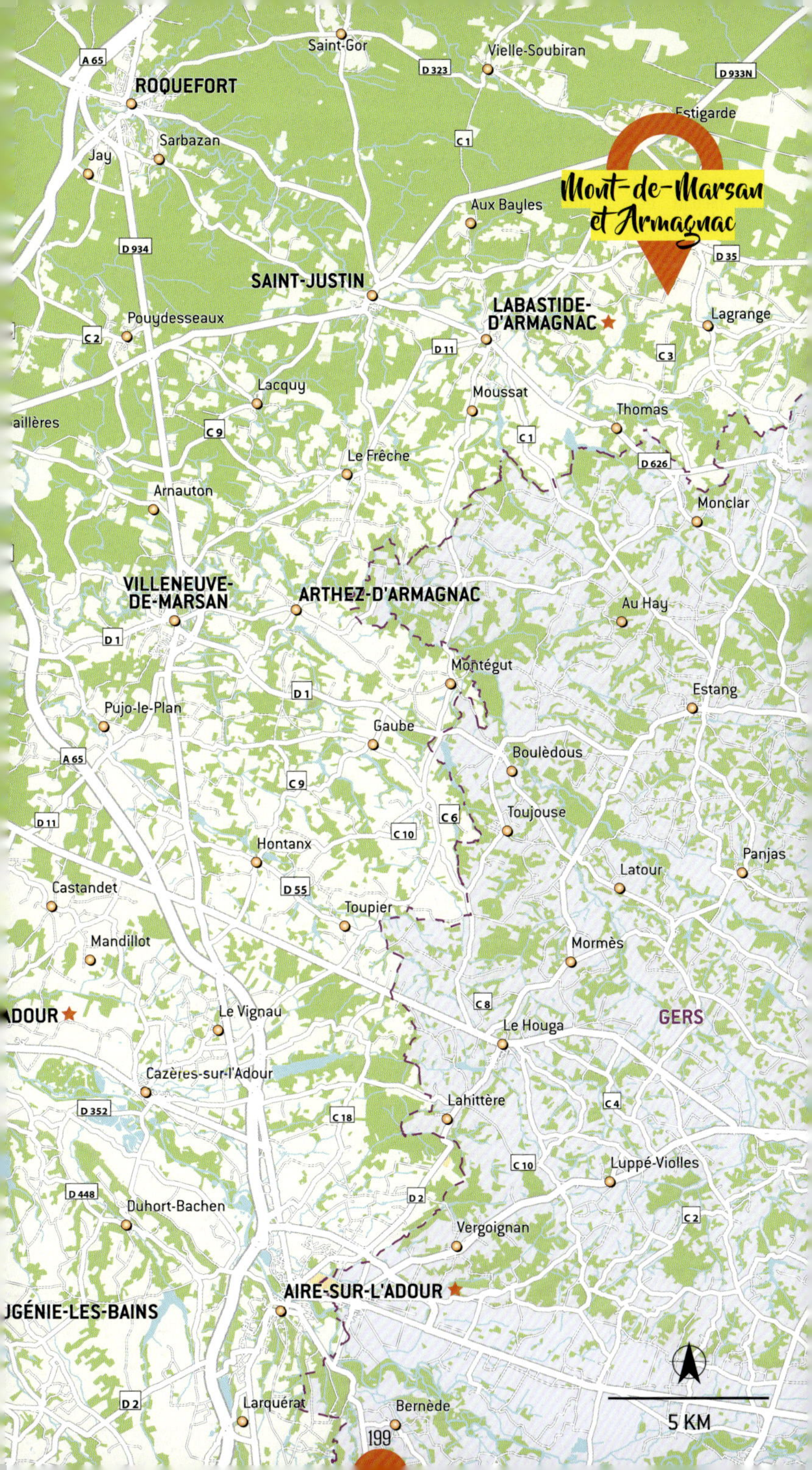
Mont-de-Marsan et Armagnac
ROQUEFORT
Saint-Gor
Vielle-Soubiran
Estigarde
Sarbazan
Jay
Aux Bayles
SAINT-JUSTIN
LABASTIDE-D'ARMAGNAC
Lagrange
Pouydesseaux
Lacquy
Moussat
Thomas
aillères
Le Frêche
Monclar
Arnauton
VILLENEUVE-DE-MARSAN
ARTHEZ-D'ARMAGNAC
Au Hay
Montégut
Estang
Pujo-le-Plan
Gaube
Boulèdous
Toujouse
Hontanx
Panjas
Latour
Castandet
Toupier
Mandillot
Mormès
ADOUR
Le Vignau
GERS
Le Houga
Cazères-sur-l'Adour
Lahittère
Luppé-Violles
Duhort-Bachen
Vergoignan
AIRE-SUR-L'ADOUR
GÉNIE-LES-BAINS
Larquérat
Bernède
199
5 KM
A 65
D 323
D 933N
C 1
D 934
D 35
C 2
D 11
C 3
C 9
D 626
D 1
C 6
C 10
D 55
C 8
D 352
C 18
C 4
D 448
D 2

MONT-DE-MARSAN ★

Située entre l'océan Atlantique et la chaîne des Pyrénées, Mont-de-Marsan est un havre de paix. Les gourmands se régaleront au Marché Saint-Roch, classé dans les cents plus beaux de France, où les spécialités landaises sont mises à l'honneur. Les amateurs d'art moderne et contemporain seront conquis par le musée Despiau-Wlérick, consacré à la sculpture figurative du XXe siècle. Quant aux amoureux de la nature, ils tomberont sous le charme du parc Jean-Rameau, un écrin de verdure de six hectares. Mont-de-Marsan s'anime durant les fêtes de la Madeleine, avec ses manifestations musicales, ses courses landaises, ses cavalcades et sa fête foraine.

Histoire

C'est vers 1133 que Pierre de Lobanner, vicomte de Marsan, fonda le castelnau de Mont-de-Marsan – castelnau, du mot occitan *castèlnòu*, désigne un bourg, ville ou village à proximité d'un château. La région du Marsan a été rattachée par mariages à la maison de Foix-Béarn. Gaston Fébus (1331-1391) proclame sa neutralité dans le conflit franco-anglais de la guerre de Cent Ans (1337-1453). Au XIIIe siècle, Mont-de-Marsan devient une plaque tournante du commerce aquitain avec les blés de Gascogne, les seigles et produits résineux des Petites Landes, les vins de Tursan et les armagnacs. Remplies de ces marchandises, les gabarres voguaient sur la Midouze vers Bayonne où elles les échangeaient contre du sel, de la morue, des sardines, des laines d'Espagne, des draps et des fromages de Hollande. Ce trafic prend de l'importance au XVIe siècle, un véritable port naît, entouré de sa propre enceinte fortifiée.
Dans la première moitié du XIXe siècle, Mont-de-Marsan affirme sa vocation administrative et tertiaire grâce à Napoléon Ier : siège de la préfecture, du palais de justice, de la gendarmerie et de la prison. L'architecte Panay dessine plusieurs de ces édifices officiels dans le style néoclassique de l'époque : la préfecture, la gendarmerie ou la Rotonde. Dans la seconde moitié du siècle, la ville reste à l'écart de la révolution industrielle, mais profite de « l'arbre d'or », le pin. La base aérienne 118 de Mont-de-Marsan, l'une des plus grandes de l'Armée de l'air française et maillon essentiel de la défense aérienne du pays, a été créée à l'issue de la Deuxième Guerre mondiale, même si la tradition aérienne montoise remonte au début du XXe siècle.

LES ARENES DU PLUMAÇON

3, place des Arènes ✆ 05 58 05 87 37
www.montdemarsan-tourisme.fr
L'été, visite guidée : 6 € (information et réservation auprès de l'Office de Tourisme au 05 58 05 87 37).

Construites en 1889, consolidées et considérablement agrandies en 1933 par l'architecte Franck Bonnefous, les arènes du Plumaçon évoquent les arènes andalouses. En 1960, elles accueillent des têtes d'affiche comme Paco Camino, Antonio Ordoñez ou Jaime Ortoz. Un peu plus tard, c'est la présentation dans le Sud-Ouest du Mozart du toreo ; le jeune Emilio Muñoz. Les arènes, aux 7 129 places, ont obtenu le label « Patrimoine du XXe siècle ». Elles vibrent aussi lors des Fêtes de la Madeleine. L'été, l'Office de tourisme vous propose d'en découvrir les coulisses !

BASE DE LOISIRS DU MARSAN

✆ 05 58 05 87 37
www.montdemarsan-tourisme.fr
Accès libre. Label Handiplage. Restauration. Animations. Lac de baignade et de pêche. Aires de jeux et de pique-nique.

Au cœur d'un espace boisé de plus de 120 ha, la base de loisirs du Marsan est le lieu idéal pour se détendre. L'accès à la plage de sable fin et au plan d'eau aménagé est libre, et la baignade est surveillée de mi-juin à début septembre. Le site comprend aussi un second lac pour la pêche en eau douce, 5 circuits pédestres et 3 circuits VTT balisés. L'été, de nombreuses activités sont proposées : accrobranche, Zumba, beach-volley, yoga, tir à l'arc, *Bubble bump*, course d'orientation...

CENTRE DE BIODIVERSITÉ JEAN ROSTAND

882, Route de Sainte-Foy - **POUYDESSEAUX**
✆ 05 58 79 85 11
www.centredebiodiversite.com
Ouvert d'avril à octobre, du mardi au samedi de 10h à 18h. Visite libre. Visite guidée le samedi (tarifs en ligne).

Implanté sur un site naturel de 30 hectares, ce centre de biodiversité se démarque par son écosystème d'une grande diversité biologique. Plusieurs balades y sont proposées avec des installations et un parcours pédagogique autour de l'écoresponsabilité. Des visites guidées sont organisées le samedi. Une véritable promenade ludique et pédagogique pour se reconnecter avec la nature ! De nombreuses zones de pique-nique sont également à disposition pour parcourir le site à son aise.

LANDES

ÉGLISE DE LA MADELEINE

Rue Victor Hugo

Ouvert toute l'année, tous les jours de 8h à 19h en accès libre. Visite guidée sur réservation.

L'église de la Madeleine se situe près du vieux château. Elle est formée d'un grand clocher carré et massif, d'un clocheton grêle et d'un cloître. Sa construction remonte au XIVe siècle. En 1821, l'architecte Arthaud la fait reconstruire à la suite de l'effondrement de certaines de ses voûtes. A partir de 1822, l'église de la Madeleine appartient au style néoclassique. Une fresque représentant la vie de sainte Marie-Madeleine est l'œuvre de Mme Grimard-Baudet. Consacrée en 1829, l'église a été inscrite à l'Inventaire des Monuments historiques en 1975.

RENCONTRE AVEC LES GREETERS

Profitez de moments de partage avec les Greeters de Mont-de-Marsan, qui appartiennent au réseau « Greeters 40, ambassadeurs des Landes ». Vous rencontrerez des bénévoles tous passionnés, amoureux de leur environnement, de leurs traditions, de leur culture et souhaitant faire connaître et partager leur terroir, leurs savoir-faire et leurs anecdotes. Une balade gratuite (1h30 à 2h) et sur rendez-vous à l'office de tourisme de Mont-de-Marsan. L'occasion de découvrir le territoire à travers le regard des habitants et surtout une belle façon de valoriser le patrimoine matériel et immatériel local (renseignements au 05 58 05 87 37 ou sur le site www.greeters-landes.com).

LE DONJON LACATAYE

Place Marguerite de Navarre

✆ 05 58 05 87 37

Renseignements auprès de l'Office de Tourisme.

Symbole de la ville, il fut construit au XIIIe siècle pour protéger le côté sud-est. C'était une maison forte, un poste d'observation sur le Midou, l'une des deux rivières de Mont-de-Marsan. Le donjon Lacataye est une tour crénelée monumentale, édifiée en pierre coquillière. En 1860, le maire de Mont-de-Marsan, Antoine Lacaze, le restaura et en fit don à la ville pour y installer une garnison. Depuis 1962, il abrite le musée Despiau-Wlérick, consacré à des collections de la sculpture figurative de la première moitié du XXe siècle.

ESPACE PATRIMONIAL ROZANOFF

1276, avenue de Nonères

https://epr118.fr/index.html

Ouvert toute l'année, le mercredi et le jeudi de 9h30 à 12h et de 14h à 17h. Gratuit. Visite libre ou guidée.

L'Espace Patrimonial Rozanoff, soutenu par la Base Aérienne 118, est géré par les bénévoles de l'association ADER 118. Au cours de votre visite, ces passionnés (pour la plupart d'anciens aviateurs) vous raconteront l'histoire de la base aérienne montoise et les débuts de l'aéronautique dans le ciel landais, avant de vous présenter les tenues des aviateurs, les matériels, des maquettes, un simulateur ou encore des pièces d'avions crashés ou abattus. Une visite passionnante !

LANDES

ECO-BALADE DES LAGUNES

Rue de l'Etang - **BROCAS**

www.parc-landes-de-gascogne.fr

Accès libre. Informations auprès de l'office de tourisme et sur le site web Ecobalade.

Cette jolie boucle de 12 km de niveau facile et d'une durée moyenne de 3 heures vous amène à la découverte des milieux riches en biodiversité, entre forêts de pins, zones sableuses et mares forestières appelées « lagunes ». Au cœur des Landes de Gascogne, le départ se fait depuis l'étang des forges. Vous passerez aux abords de dunes continentales et rencontrerez le Faux-Cresson de Thore, une toute petite plante vivace qui ne vit qu'ici. Le tracé de la balade est disponible sur le site de l'Office de tourisme ainsi que sur https://ecobalade.fr.

FESTIVAL ARTE FLAMENCO

✆ 05 58 06 36 66

https://festivalarteflamenco.fr/

Du lundi 30 juin au samedi 05 juillet 2025

Tous les étés depuis 36 ans, Mont-de-Marsan se pare de couleurs andalouses pour accueillir le plus grand festival de Flamenco en France. Créé en 1989, le Festival international Arte Flamenco est le rendez-vous incontournable pour tous les amoureux de culture flamenca. Chaque édition témoigne de la qualité de cet événement, auquel participent des artistes de renom et des jeunes talents. Mais l'esprit même d'Arte Flamenco, au-delà de la tradition, c'est son incomparable programme réunissant danse, musique, arts visuels, chant et littérature.

LES FÊTES DE LA MADELEINE

http://regiefetes.montdemarsan.fr

Du 16 au 20 juillet 2025. Tarifs des corridas, novilladas et concours landais en ligne.

Les fêtes de la Madeleine réunissent chaque année des milliers d'habitants et de touristes venus profiter des différentes animations organisées dans les rues de la ville : concerts, défilés, repas, spectacles... Au programme, cinq jours et cinq nuits de festivités et de réjouissances. Le lancement des fêtes de la Madeleine est officialisé par la procession, qui conduit la statue de sainte Marie Madeleine de l'église de la Madeleine vers la chapelle des arènes du Plumaçon.

MUSÉE DES FORGES DE BROCAS ★

Route de Garein - **BROCAS** ✆ 06 75 35 19 43

https://musee-forges-brocas.fr

Ouvert tous les jours en juillet et août de 15h à 19h sauf le lundi, le reste de l'année sur réservation.

Installé dans la minoterie désaffectée du village, le musée fait renaître les anciennes forges en ouvrant à la visite son haut-fourneau, son atelier, la grange charretière et même les appartements des ouvriers. L'histoire des forges est retracée à travers divers objets rassemblés avec passion par les membres de l'association : moules, outils de mouleurs, plaques de cheminées et pièces uniques. Le musée est un vibrant témoignage du dur travail de nos anciens forgerons du XIXe siècle.

MUSÉE DU 34E RÉGIMENT D'INFANTERIE ★

495, avenue du Maréchal Foch ✆ 05 58 76 01 98

www.tourismelandes.com

Ouvert le mercredi, le vendredi et le samedi de 14h à 17h. En été, le mercredi et le samedi de 15h à 18h.

Régiment des Landes depuis 1876, le 34e Régiment d'Infanterie est l'héritier du régiment de Plessis-Joigny, créé en 1625. Il s'est illustré sur les champs de bataille de la Révolution, des deux empires, ainsi que dans les deux Guerres mondiales. Le musée. conserve et honore la mémoire du régiment le plus populaire des Landes. Durant la visite, vous découvrirez des documents d'époque et des photos de jeunes soldats en exercice et d'autres souriant en 1914 au moment de partir au front.

PARC ANIMALIER DE NAHUQUES

Avenue de Villeneuve ✆ 05 58 75 65 41

www.montdemarsan.fr

Ouvert toute l'année, tous les jours (horaires variables selon la saison). Promenade à poney (5 €). Aire de pique-nique.

Déployé sur 4 hectares, ce parc abrite une faune variée en semi-liberté. Idéal pour une sortie en famille, vous y croiserez des ânes, chèvres naines, moutons, mouflons de Corse, lamas, daims, wallabies, cygnes, lièvres de Patagonie et même des émeus et de nombreuses autres espèces d'oiseaux. Des promenades à poney y sont proposées les après-midi durant les vacances, le mercredi et les week-ends. Vous trouverez à l'entrée du parc, boissons fraîches et sodas, glaces, crêpes et gaufres.

PARC JEAN RAMEAU

Place Francis Planté

✆ 05 58 05 87 37

www.montdemarsan-tourisme.fr

Ouvert toute l'année. Tous les jours. Gratuit.

Ce parc, nommé en hommage au grand poète et romancier landais Jean Rameau, a été créé en 1793 pour permettre la culture du pin des Landes. Devenu jardin public en 1947, il offre la possibilité de découvrir de remarquables végétaux, de belles collections de plantes et des sculptures remarquables comme L'homme et la mort de Léon-Alexandre Delhomme ou La chute des feuilles de Julien Lorieux. Un espace jeux pour enfants, un kiosque, un théâtre de verdure, un jardin japonais... Ce parc est très agréable en toute saison. Des visites guidées sont organisées l'été.

PARC NATUREL URBAIN DU MARSAN

www.montdemarsan-tourisme.fr

Accessible librement.

Ce Parc Naturel Urbain du Marsan a été créé pour mettre en valeur le patrimoine naturel, architectural et historique et favoriser sa préservation. Pari réussi ! Il se compose de plusieurs sites : Neuf Fontaines, à Bostens, Castets à Bougues, l'étang de Massy, à Gaillères, la zone humide de Limac à Laglorieuse, le projet «Rivière dans la ville de Mont-de-Marsan»... On peut y découvrir des étangs, y faire des balades, observer la faune et la flore : il y en a pour tous les goûts !

LANDES

COMITÉ DÉPARTEMENTAL DU TOURISME DES LANDES

4, avenue Aristide Briand
✆ 05 58 06 89 89
www.tourismelandes.com
Ouvert tous les jours de 9h à 18h.

Sur le site internet du CDT des Landes (Tourisme Landes), vous trouverez toutes les informations utiles, notamment en termes d'hébergement et de restauration, ainsi que les activités à pratiquer dans le département : la découverte du riche patrimoine landais, le surf – le littoral landais jouit d'une réputation mondiale –, le thermalisme (1er département thermal de France), le cyclotourisme, mais aussi les fêtes traditionnelles de villes et villages et bien sûr la gastronomie landaise.

OFFICE DE TOURISME DE MONT-DE-MARSAN

1, place Charles de Gaulle
✆ 05 58 05 87 37
www.montdemarsan-tourisme.fr
Qualité Tourisme. Ouvert toute l'année (tous les jours en juillet/août). Boutique. Visites guidées.

Situé au bord de la Midouze, l'Office de Tourisme est reconnaissable à ses fenêtres multicolores. Pendant les heures de fermeture, une borne d'infos permet de consulter 24h/24 les hébergements disponibles et l'adresse des restaurants par exemple. La boutique propose des produits locaux, mais aussi de la papeterie, des livres, des idées cadeaux. Des visites guidées sont proposées tout l'été sur différentes thématiques : histoire de la ville, coulisses des arènes, balade sensorielle...

MAIRIE DE MONT-DE-MARSAN

2, place du Général Leclerc ✆ 05 58 05 87 87
www.montdemarsan.fr
Ouvert du lundi au vendredi de 8h à 16h30 (vendredi à 12h30).

Mont-de-Marsan, ou Moun en gascon, est le chef-lieu et la préfecture des Landes depuis 1790. Les clés sur son blason pourraient être celles de Saint-Pierre, patron de la paroisse sur laquelle la ville fut construite, ou celles de Pierre de Lobanner, le fondateur de la cité. Elles pourraient aussi faire référence aux deux rivières, la Douze et le Midou – qui se réunissent pour former la Midouze. Restez informé de l'actualité de Mont-de-Marsan et de son agglomération sur le site internet de la mairie ou grâce au magazine trimestriel *m2m.ag*.

TRANSPORTS MARSAN AGGLOMÉRATION

245, avenue du 34e Régiment d'Infanterie
✆ 05 58 45 04 26
www.bustma.com
Ouvert du lundi au vendredi de 9h à 12h30 et de 14h à 17h30 et le samedi de 9h à 12h30.

Les 6 lignes urbaines fonctionnent du lundi au samedi (hors jours fériés et Fêtes de la Madeleine) de 6h35 à 19h48 (variable selon les lignes), sans oublier une navette gratuite dans le centre-ville du lundi au samedi de 7h30 à 19h (toutes les 20 minutes). Un service de transport à la demande adapté pour les personnes à mobilité réduite est proposé. Les plans et horaires sont disponibles à l'agence Tma, sur le site internet, à l'office de tourisme et sur l'appli mobile MyBus.

LANDES

Point de vue sur les 3 rivières à Mont-de-Marsan.

A VÉLO SUR LA SCANDIBÉRIQUE

Le territoire de Mont-de-Marsan Agglomération accueille depuis l'été 2018 l'Eurovéloroute n° 3, connue aussi sous le nom de Scandibérique ou « Route des Pèlerins ». Au départ de Trondheim au Danemark jusqu'à Saint-Jacques-de-Compostelle en Espagne, la route cyclable traverse 7 pays européens sur plus de 5 000 km. Cette immense balade à vélo est reconnaissable grâce à son panneau bleu avec les étoiles de l'Union européenne et le numéro de la Véloroute (3) au centre. Dans les Landes – déjà traversées par la Vélodyssée –, la Scandibérique compte environ 194 km à parcourir et traverse Labastide-d'Armagnac, Villeneuve-de-Marsan, Mont-de-Marsan, Tartas, Dax, et Saubusse.

KYRIAD DIRECT** €

71, allée Mamoura
SAINT-AVIT
✆ 05 58 44 43 91

Tourisme & Handicap. Ouvert toute l'année. Chambre double à partir de 55 €. Petit déjeuner buffet : 8,50 €.

Agréables prestations pour cet hôtel simple et fonctionnel : jolies couettes, écrans plats, espaces bureau, salles de bain confortables... Les chambres bénéficient de la climatisation et d'une bonne insonorisation. Dans un secteur calme en bord de zone d'activités en développement, cet hôtel est idéal pour une étape ou un séjour à prix doux. Le petit déjeuner à volonté est servi sous forme de buffet de 6h30 à 10h en semaine et de 7h à 10h le week-end et les jours fériés. Consultez le site internet pour connaître les promotions en cours.

LE DOMAINE DE LUGAZAUT €€

VIELLE-SOUBIRAN ✆ 06 33 07 76 05
www.ledomainedelugazaut.com

Chambre double à partir de 70 € pour 2 personnes. Table d'hôtes le soir sur demande : 25 € par personne.

C'est dans cette forêt landaise du nord-est du département aux sources et fontaines miraculeuses que Mélanie s'est installée. Vous serez charmé par la beauté de la maison : hauts plafonds, corniches, grand vestibule, bel escalier, chambres spacieuses, vue dégagée. Les hôtes ont la possibilité de déjeuner dans la grande pièce très lumineuse ou sur le toit-terrasse. Mélanie propose également des séjours à thème : cuisine, équitation, chasse... Le domaine est tellement vaste que des vélos (prêtés) vous seront nécessaires pour vous rendre aux étangs pour la baignade.

ABOR HOTEL*** €€

112, chemin de Lubet - **SAINT-PIERRE-DU-MONT**
✆ 05 58 51 58 00
www.aborhotel.com

Toute l'année. Chambre double dès 80 €. Petit déjeuner buffet : 10 € (13 € en chambre). Parking. Restauration.

L'hôtel Abor a plusieurs atouts pour séduire une clientèle plus ou moins de passage. Proche de la forêt, à dix minutes du centre-ville de Mont-de-Marsan, il dispose tout d'abord d'un grand parking surveillé et d'un restaurant où l'on mange très bien. Les 66 chambres, de la simple à la quadruple, en passant par la suite une ou deux personnes, offrent un confort essentiel. Elles sont climatisées et insonorisées. La literie est confortable, le petit déjeuner copieux. Piscine d'été, terrasse... La réception est ouverte 24 h sur 24.

L'ESCALE DU MIDOU €€

10, avenue Aristide Briand ✆ 06 83 43 90 39
https://lescaledumidou.com/

Toute l'année. 2 juniors suites et 2 chambres doubles à partir de 105 €/nuit. Parking inclus. Salle de sport et spa.

Demeure emblématique de Mont-de-Marsan, sur les rives du Midou, cette superbe maison d'hôtes a entièrement été rénovée et somptueusement décorée par Ludivine pour offrir un endroit haut de gamme où les voyageurs s'octroient un réel moment de détente. Stationnement dans la cour, piscine extérieure chauffée en saison, terrasse sans vis-à-vis, salle de sport, piscine intérieure avec balnéothérapie et chromathérapie... L'Escale du Midou est l'une de nos adresses coup de cœur en centre-ville ! Tout est fait en plus pour mettre en avant les artisans locaux.

GÎTE DU DOMAINE DE CAP'BAT €€

290, avenue de la Chalosse - **SAINT-PERDON**
✆ 06 69 98 95 76
www.gite-reception-landes.com

Ouvert d'octobre à avril. Pour 15 personnes. 220 €/nuit (du dim. au jeudi) ; 520 €/week-end (2 nuits) ; 1 520 €/semaine.

Dans un cadre verdoyant de 1,6 hectare, ce grand gîte entièrement rénové en 2020 dispose de six chambres, un jardin, deux terrasses et un barbecue pour profiter des beaux jours. Datant de 1829, il combine à la perfection charme d'antan et confort moderne. Authenticité, convivialité et tranquillité sont au rendez-vous pour vous assurer des moments de bien-être et de détente. A noter que le linge de lit et les serviettes peuvent être fournis moyennant des frais supplémentaires.

GÎTE PIGEROT €€

1725, route de Roquefort
LUCBARDEZ-ET-BARGUES
✆ 07 89 03 15 03
https://gite-pigerot.business.site/
Ouvert toute l'année. De 35 € à 55 € /personne. (+ 20 €/personne supplémentaire).

A environ 15 km de la gare de Mont-de-Marsan, le gîte Pigerot est l'endroit idéal où séjourner quelques nuits, voire une semaine, au milieu de la forêt pour un retour au calme et à la nature. L'aménagement paysager est particulièrement agréable. D'ailleurs, la piscine s'entoure de cet îlot de verdure où l'on se prélasse sans voir le temps passer. De son côté, le gîte offre tout le confort utile (lave-vaisselle, four, barbecue, lave-linge...). Autre atout supplémentaire, les propriétaires connaissent le territoire des Landes à la perfection.

GITES DE FRANCE LANDES €€

1610, avenue de Villeneuve-de-Marsan
✆ 05 25 00 64 40
www.gites-de-france-landes.com
Du lundi au vendredi de 8h30 à 12h30 et de 13h30 à 17h30. Permanence téléphonique du lundi au samedi de 8h30 à 18h.

Avec une équipe 100 % locale, cette agence est à la fois une centrale de réservation et un lieu où trouver des renseignements sur les locations dans le département. Vous profiterez des offres de séjour et pourrez offrir des cartes-cadeaux. Les Gîtes de France Béarn – Pays basque – Landes assurent la garantie qualité, la garantie réservation et la garantie des avis clients certifiés. Des centaines de références sont proposées parmi lesquels des hébergements labellisés Tourisme et Handicap et des écogîtes. Documents et brochures à disposition sur place.

HÔTEL-RESTAURANT LES PYRÉNÉES*** €€

20, avenue du 34e Régiment d'Infanterie
✆ 05 58 46 49 49
www.hotel-restaurant-pyrenees.fr
Ouvert toute l'année. Chambre double dès 96 €. Apart'hôtel (5 personne) : 106 €. Pdj : 9 €. Restaurant.

A quelques pas du centre-ville et à seulement 2 minutes de la gare, l'hôtel Les Pyrénées dispose de 24 chambres rénovées en 2020/2021, toutes équipées d'une nouvelle et confortable literie. L'hôtel propose des chambres et suites pour les familles ou groupes et même 5 appart'hôtels. La décoration est simple et chaleureuse. On s'y sent bien. Le copieux petit-déjeuner, à déguster en salle ou sur la confortable terrasse, est proposé sous forme de buffet.

HÔTEL RICHELIEU*** €€

3, rue Robert Wlérick
✆ 05 58 06 10 20
www.hotel-richelieu-montdemarsan.com
Citotel. Logis. Ouvert toute l'année. Chambre standard à partir de 123 €. Pension complète. Demi-pension. Pdj dès 14 €.

Au cœur de Mont-de-Marsan, à deux pas des principaux sites de la ville, dans un cadre classieux, ce charmant hôtel-restaurant est un endroit agréable avec ses grands volumes, ses rampes en fer forgé et sa luminosité. L'hôtel propose 20 chambres spacieuses, dont 4 suites, et des espaces confortables pour accueillir vos événements privés et professionnels. Côté restaurant, le chef propose différents menus et formules évoluant au gré des produits du marché. Notez que le restaurant est fermé le samedi (sauf repas de groupes) et le dimanche soir.

LA MAISON FLORENCE €€

49, avenue Georges Clemenceau
✆ 06 83 06 05 03
www.lamaisonflorence-montdemarsan.fr
Toute l'année. 4 chambres (2 à 3 pers.) dès 105 €. Petit déjeuner inclus. Stationnement vélos. Panier-repas sur demande.

La Maison Florence est d'abord une maison d'hôtes avec quatre chambres (trois chambres doubles et une chambre triple). Mais c'est aussi une fabrique de gourmandises ; des pâtisseries (à la commande) majoritairement préparées par Florence Cail à partir d'ingrédients locaux et bio (autant que possible). Imaginez ce que vous allez pouvoir retrouver le matin au petit déjeuner ! Florence prépare également des paniers-repas sur demande (en supplément). Cette maison de ville avec jardin et piscine est décorée avec beaucoup de goût. Une belle adresse où se (re)poser.

LA MAISON VH €€

17, rue Victor Hugo
✆ 06 18 63 77 25
www.lamaisonvh.fr
Ouvert toute l'année. Chambre double dès 95 €/nuit ; chambre familiale à partir de 190 €. Parking à proximité.

Avec ses beaux vitraux, ses carreaux de ciment, ses arches et ses grands volumes, la Maison VH, située en cœur de ville, vous reçoit dans l'une de ses deux chambres d'hôtes avec salle de bain privé. Depuis ses fenêtres, on aperçoit d'ailleurs le donjon Lacataye du musée Despiau-Wlérick. Notez que si la première chambre est pour deux personnes (25 m²), la seconde peut accueillir jusqu'à 5 personnes. Vous séjournerez au deuxième étage de ce bel hôtel particulier du XIXe siècle. Le petit déjeuner est inclus et il est possible de stationner devant la maison.

GASCUNA €

45, Rue Léon Gambetta
✆ 07 89 57 69 14
gascuna.fr
Ouvert toute l'année. Du mardi au vendredi de 11h30 à 14h. Formule complète du midi : 17 €. Terrasse. Vente à emporter.

© GASCUNA

Que vous soyez pressé, que vous n'ayez pas envie de cuisiner mais que vous ayez quand même envie de déguster une bonne cuisine faite maison avec des produits frais, le restaurant à emporter Gascuna a pensé à vous ! Vincent, Quentin et Gaëtan proposent un service ultra rapide de leurs petits plats traiteur. Rougail saucisses et ses gnocchis, boudin noir aux pommes, pâtes au pesto ricotta... avec en dessert une tartelette citron, un cookie chocolat fruits rouges ou encore un flan pâtissier à la pistache... Le menu change toutes les semaines et vous vous régalerez !

VILLA AQUITAINE €€

26, 26 clos du Haou
BRETAGNE-DE-MARSAN
✆ 05 58 52 39 36
www.villa-aquitaine.fr
Ouvert d'avril à fin octobre. Chambre à partir de 95 €. Petit déjeuner inclus. Table d'hôtes.

Dans cette superbe demeure, vous trouverez tout ce qu'il faut pour passer un agréable séjour, des équipements à l'accueil. Ici, les chambres sont claires, les salles de bains modernes, décorées dans des tons sobres. Un grand salon permet de regarder la télévision ou de boire l'apéritif. Le petit déjeuner se prend généralement à l'extérieur sur la terrasse agrémentée de voiles d'ombrage. Autour de la piscine au sel, transats, hamacs, petits guéridons, parasols et bande de sable marin, jouxtent la cuisine d'été ou vous pourrez librement vous servir des boissons.

VILLA MIRASOL**** €€€

2, boulevard Ferdinand de Candau
✆ 05 58 44 14 14
www.villamirasol.fr
Ouvert toute l'année. 5 chambres de 115 à 160 € ; 2 suites de 150 à 215 €. Lit sup' : 25 €. Petit déjeuner : 15 €.

L'hôtel de la Villa Mirasol dispose d'une situation exceptionnelle sur les berges de la Midouze. Hauts plafonds sculptés, œuvres d'art originales (peintures, dessins et céramiques), boiseries... Tous les ingrédients sont réunis pour en faire un hôtel enchanteur. Chaque chambre a sa propre identité. Confort et bien-être sont au rendez-vous grâce à une literie haut de gamme. Les 2 suites sont de véritables petits appartements à l'abri des regards, de véritables havres de paix. Le restaurant de l'hôtel, la Table Mirasol, a obtenu 1 étoile au guide Michelin.

LE BISTROT DE MARCEL €

1, rue du Pont du Commerce
✆ 05 58 75 09 71
www.lebistrotdemarcel.fr
Ouvert toute l'année. Du lundi au vendredi le midi ; du lundi au samedi le soir. Menu à 37 €. Formule du midi : 13,90 €.

Avec sa terrasse presque secrète, le Bistrot de Marcel est un lieu que les Montois aiment fréquenter, grâce à son ambiance chaleureuse et son cadre, qui allie pierres, poutres et mobilier contemporain. La cuisine moderne et traditionnelle met en avant les produits locaux. La carte, qui change tous les 3 mois, affiche tout de même quelques classiques de la région : salade landaise, confit de canard, burger Rossini au foie gras poêlé... En dessert : pastis landais perdu, craquant chocolat noisette, tourtière aux pommes... au rythme des saisons bien sûr.

HÔTEL-RESTAURANT LES PYRÉNÉES €

20, avenue du 34e Régiment d'Infanterie
✆ 05 58 46 49 49
www.hotel-restaurant-pyrenees.fr
Maître Restaurateur. Du mardi au vendredi le midi et le soir ; le samedi soir ; le dimanche midi. Formule midi : 18,90 €

Dirigé par l'ancien rugbyman Marc Giraud, cet établissement propose une cuisine traditionnelle qui change au rythme des saisons. Parmi les spécialités, on relève : la côte de cochon pays basque, le paleron de veau ou encore la darne de lieu jaune rôti. Mais vous trouverez aussi à la carte des tapas, un foie-gras maison et des côtelettes d'agneau. La carte change régulièrement et le menu du midi est également inspirant. Les plus ? L'ambiance conviviale et la terrasse ombragée !

AUX TOQUÉS DU BOCAL €

82, rue Léon Gambetta
✆ 05 58 51 03 63
www.auxtoquesdubocal.fr
Lundi de 9h à 17h ; du mardi au vendredi de 9h à 18h. Menu semaine : 13,90 €. A emporter.

Plus qu'une épicerie fine, Aux Toqués du Bocal est un restaurant où le fait maison est roi ! Morgane et Alexandre, un jeune couple passionné par la cuisine, ont eu la bonne idée de conditionner de bons petits plats en bocal. Un procédé écolo – les bocaux sont consignés et donc réutilisables à l'infini – avec la garantie d'un goût authentique (pas de conservateurs). Sur place pour le déjeuner ou à emporter, Morgane et Alexandre proposent un menu unique chaque semaine élaboré à base de produits de saison grâce à des producteurs locaux.

TRATTORIA PEPPE €

10, rue du Maréchal Bosquet ✆ 05 58 51 74 25
www.trattoriapeppe.fr
Du mardi au samedi le midi et le soir. Pizza de 9,50 € à 17 €. Formule du midi : 13,90 €. A emporter. Livraison.

Déjà à la tête du Bistrot de Marcel et du pub O'Green Oak à Mont-de-Marsan, Mohammed Chohra a ouvert la Trattoria Peppe en 2019. L'établissement paré de pierres et de poutres apparentes sur ses deux étages respire le confort chaleureux et l'élégance. Un cadre tendance pour savourer la cuisine de Vanessa Cruz, formée par le chef milanais Gualtiero Ferrari. Ses antipasti, piatti, pizze et dolci changent à toutes les saisons. Tous les produits sont importés d'Italie, y compris la farine pour les pizzas. La trattoria (tratto pour les intimes) profite d'une terrasse.

ABOR HOTEL €€

112, chemin de Lubet - **SAINT-PIERRE-DU-MONT**
✆ 05 58 51 58 00
www.aborhotel.com
Lundi au vendredi le midi et le soir (week-end sur demande). Menus du midi de 13,50 à 17,50 €. Plats de 16 € à 23 €.

Attenant à l'hôtel Abor, le restaurant l'Airial se trouve à 10 minutes du centre-ville de Mont-de-Marsan. Malgré un certain manque de charme du bâtiment, figurez-vous qu'on y mange très bien. Malin pour les résidents de l'hôtel, l'adresse l'est encore plus pour celles et ceux qui veulent se faire plaisir en faisant attention à leur budget, notamment le midi. Le soir, au choix entre la carte (entrecôte, magret de canard, pavé de lotte, cuisse de canard confite, burger...) ou bien la formule avec le buffet d'entrées et le plat du jour.

AUBERGE DU GRAND MEGNOS €€

1155, route de Laglorieuse - **BOUGUE**
✆ 05 58 52 98 68
www.aubergegrandmegnos.com
Toute l'année, du jeudi au mardi le midi ; vendredi et samedi le soir en été. Menus de 16,50 € à 34 €. Résa. conseillée.

Cette vieille bâtisse restaurée du XIXe siècle, autrefois ferme landaise puis ferme-auberge, est aujourd'hui un joli restaurant au cadre campagnard qui surplombe l'étang du Grand Megnos. Vous serez charmé par cette belle demeure à colombages, avec sa cheminée à l'ancienne où les viandes grillent l'hiver. Garbure landaise, cuisse de canard confite, magret de canard gras poêlé, souris d'agneau confite 7h... Vous serez conquis par la cuisine du chef. La carte des vins est à la hauteur ! Et aussi : vente de produits régionaux et plats cuisinés côté boutique.

CHEZ LILI €€

12 bis, rue du Maréchal Bosquet
✆ 05 58 52 66 21
https://chezlili.fr
Ouvert le mardi et dimanche midi ; du mercredi au samedi midi et soir. Menus à 15,80 € et 30 €. Plat du jour : 10,80 €.

© CHEZ LILI

Elise et la cheffe Marina ont ouvert leur joli restaurant familial en 2022, en ayant à cœur de proposer une cuisine originale, faite maison et réalisée avec des produits bruts, frais et de qualité. À côté de la carte, vous retrouverez la liste des producteurs locaux chez qui elles s'approvisionnent. Un menu du jour est proposé ainsi que des plats à la carte : magret de canard à l'exotique, truite marinée au curcuma, burgers, mais aussi des plats végétariens comme une parillada de légumes ou des gnocchis de carottes. Gardez une place pour les délicieux desserts !

LE PLUMAÇON €€

20, rue du Plumaçon
✆ 05 58 06 17 56
Lundi et mardi de 8h à 16h ; mercredi au samedi de 8h à 18h. Formule du midi : 17 €. Accueil des groupes. Terrasse.

© LE PLUMAÇON

A côté des arènes, en bas des escaliers de la gare, le Plumaçon défie toute concurrence. Là depuis des années et des années, il a été repris fin 2022 par Elodie et Jean Vignier. Et le couple n'a aucune envie de changer la recette – un menu unique à 17 euros –, car elle fonctionne et attire beaucoup de monde. D'autant plus que tout est fait maison ! Beaucoup y viennent aussi pour boire un café sur la grande terrasse et déguster une bonne pâtisserie en attendant le train. Le service est rapide et se fait avec le sourire. Vu le succès, on vous conseille de réserver !

BELLA STORIA €€

17, rue Lacataye
✆ 05 58 46 56 98
Du mardi au samedi de 12h à 14h et de 19h à 21h30. Réservation recommandée. Pizza de 11 € à 16 €. Terrasse.

Anciennement Little Italie, cet établissement au cœur de Mont-de-Marsan a été repris à l'été 2021 par trois anciens rugbymen du Stade Montois. À la tête de cette Bella Storia, Simon Michaux, Rudolph Bérek et David Goletto offrent une carte qui sent bon l'Italie ! Au menu : des pizzas gourmandes, réalisées par Paulo, le maître pizzaiolo, ainsi que quelques spécialités : gnocchi à la Genovese, les fiocchetti au gorgonzola, l'escalope de veau au Marsala... Pour l'apéritif, optez pour un verre de prosecco ou un spritz et une pizza à partager sur l'une des terrasses.

BRASSERIE LE DONJON €€

2, avenue Aristide Briand
✆ 05 58 46 09 09
Ouvert toute l'année du lundi au samedi de 7h45 à 18h45. Plats de 12 € à 19,90 €. Suggestion du jour 14,50 €. Terrasse.

Cette brasserie à l'allure parisienne se situe à deux pas des rues commençantes de Mont-de-Marsan.

On vous met l'eau à la bouche dès votre arrivée, avec la vitrine de desserts faits maison (tiramisu, crème brûlée, macaron). Les suggestions changent tous les jours, avec toujours de la viande et du poisson. A la carte, on retrouve de belles assiettes avec leurs frites maison : entrecôte, magret de canard grillé, andouillette... Bonne cuisine, service rapide, c'est sûrement pour ça que le restaurant ne désemplit pas ! On vous conseille alors de réserver à l'avance.

LE DIVAN €€

5 bis, place Charles de Gaulle
✆ 05 58 75 00 87
www.restaurant-le-divan.fr
Ouvert toute l'année. Fermé le lundi. Horaires variables selon la saison. Menu midi à 19,90 €.

Depuis mai 2023, Bastien D'Andréa a laissé place à Pascal Gaüzère, nouveau gérant du Divan. Ce café-restaurant, bien connu du centre-ville pour sa belle terrasse et sa baie vitrée avec vue sur les berges du Midouze, sert une cuisine bistronomique à base de produits frais et de plats faits maison. Au service, la chaleureuse équipe vous proposera les suggestions du jour, parmi lesquelles vous pourrez trouver le pavé de saumon, les linguines aux fruits de mer, le risotto crémeux aux gambas, le cassoulet maison ou encore le burger du Divan. Réservation recommandée !

HÔTEL-RESTAURANT LE RENAISSANCE €€

225, avenue de Villeneuve ✆ 05 58 51 51 51
www.le-renaissance.com
Du lundi au vendredi midi et soir. Menus à 19,90 €, 23,90 € et 42 €. Plats de 16 € à 25 €. Réservation conseillée.

Le Renaissance constitue un havre de paix à deux pas du centre-ville. La carte, renouvelée par le chef Christophe Belmonte au fil des saisons, met en avant une cuisine authentique et raffinée du Sud-Ouest. Chaque jour, un poisson frais, la fameuse salade du Renaissance et son foie gras maison, ou encore les délicieuses profiteroles faites sur place. Le tout est accompagné des crus d'exception issus de vignobles de la région. L'équipe assure un service rapide et attentionné.

LANDES

MAMÉTA BISTRO €€

40, boulevard de la République ✆ 05 58 79 00 31
www.mameta-bistro.com

Du lundi au samedi le midi ; mardi au samedi le soir. Plat du jour à 12 €. Cocotte du moment à 14 €.

Grandes baies donnant sur le boulevard, tables organisées façon bistrot, grandes ardoises au mur où se déclinent les suggestions du chef (des burgers à la cocotte du moment)... Difficile de faire plus moderne en termes d'agencement et de décoration. On y croise une clientèle d'actifs à l'*afterwork*, des amis en quête d'une planche de charcuterie et d'un verre de vin, et ceux qui viennent pour déguster des huîtres « de retour du marché »... Avec sa terrasse à l'abri des regards, la Maméta (« mamie » en gascon) ne manque pas de charme ! Réservation recommandée.

Ô BOUCHON €€

6, rue Dominique de Gourgues
✆ 05 58 76 06 08

Ouvert du mardi au samedi le midi ; du jeudi au samedi le soir. Réservation recommandée. Formule du midi : 20 €.

Très belle surprise ! Cet élégant bistrot, ouvert en mai 2024, bénéficie d'un emplacement idéal au cœur de Mont-de-Marsan et a su séduire rapidement habitants et visiteurs dès son ouverture. Au choix, le menu de la semaine ou la carte : vous vous régalerez d'une andouillette, de tagliatelles épinard ricotta et saumon, d'une entrecôte beurre maître d'hôtel ou encore d'une bruschetta aux légumes... Mais aussi une belle planche de tapas, le tout fait maison avec des produits frais ! Service très agréable et ultra-rapide, pensez à réserver !

RESTAURANT DU GOLF €€

1419, Route de Pessourdat - **SAINT-AVIT**
✆ 05 58 79 15 16
www.golfmontdemarsan.com

Ouvert toute l'année, du jeudi au mardi le midi. Réservation recommandée. Formule du midi : 20 €. Terrasse.

Golfeurs ou non, l'équipe du restaurant du Golf vous accueille chaleureusement dans une maison ancienne qu'il partage avec le *club-house* du golf. En salle ou en terrasse avec vue sur le *green*, découvrez des plats simples, savoureux et généreux et un menu qui change en fonction des saisons : chipirons, entrecôte avec des frites, merlu et légumes... Gardez une place pour la pavlova aux fruits, la brioche perdue au caramel, le tiramisu ou le *cheesecake* coulis pêche en dessert ! Bonne assiette et convivialité sont toujours au rendez-vous.

VILLA MIRASOL €€

2, boulevard Ferdinand de Candau
✆ 05 58 44 14 14
www.villamirasol.fr

Maître Restaurateur. Ouvert toute l'année. Menus de 39 € à 52 €. Menu du déjeuner : 27 € (le midi en semaine). Terrasse.

Cette maison Belle Epoque, longtemps privée, abrite un bar à vins, deux restaurants et un hôtel 4 étoiles. Le charme est partout : à l'intérieur avec ses œuvres d'art, à l'extérieur avec son jardin botanique et sa terrasse couverte, qui offre une vue plongeante sur les trois rivières et la cascade. La cuisine, raffinée et innovante, est élaborée sur base de produits locaux et de saison. Le chef Philippe Lagraula, que l'on peut voir en cuisine, vous reçoit également à sa table gastronomique. Le service et l'accueil sont impeccables. Très bel endroit.

LES CLEFS D'ARGENT €€€

333, avenue des Martyrs de la Résistance ✆ 05 58 06 16 45
www.clefs-dargent.com

Ouvert du mardi au samedi le midi et le soir. Menus du jour de 30 à 40 €. Menus création de 77 € à 97 €.

Un incontournable de la région. Christophe Dupouy, une étoile Michelin depuis 2009, est un chef ouvert au monde. Accompagné de son épouse Eugénie, il a ouvert cette adresse : une cuisine généreuse et authentique avec des produits du terroir et du marché et des menus, renouvelés chaque mois, qui se déclinent en différents nombres de services et peuvent être accordés aux vins. Secreto de porc et condiment abricot chorizo, houmous de haricots blancs «pochas» au crabe, piment et anchois...

LA TABLE GASTRONOMIQUE DE LA VILLA MIRASOL €€€

2, boulevard Ferdinand de Candau
✆ 05 58 44 14 14
www.villamirasol.fr

1 étoile Michelin. Ouvert du jeudi au samedi le soir ; le vendredi et samedi midi. Menus à 95 € et 110 €.

Une dégustation en 5 ou 6 temps au rythme des surprises du chef... Nichée dans une jolie salle de la Villa Mirasol****, la Table Gastronomique (1 étoile au guide Michelin) joue la carte de l'intime. Goûter à la cuisine du chef Philippe Lagraula pourrait bien se mériter. Après un passage chez Alain Ducasse, l'enfant du Pays a l'art et la manière de marier les saveurs de son terroir à celles de son imaginaire. Sa seule limite ? L'équilibre des goûts et l'harmonie des textures.

L'ATELIER À T

4, rue Saint-François
✆ 05 58 75 93 89
Ouvert le lundi de 10h à 14h30 ; du mardi au samedi de 10h à 18h. À emporter. Terrasse. Salon de thé. Brunch.

Cette ancienne limonaderie offre une architecture originale. Installés dans la mezzanine, vous avez une vue plongeante sur le comptoir et ses alléchantes pâtisseries. Sur plus de 200 m², ce restaurant-salon de thé atypique est tenu par Thierry, maître d'hôtel et sommelier. À midi, on vous propose le plat du jour, présenté dans un bocal ! L'ouverture se prolonge jusqu'à 18h et permet de déguster de nombreuses douceurs : des crêpes et des pâtisseries faites maison. Le tout, avec l'un des 25 thés en vrac proposés. Et il y a un brunch un dimanche par mois.

AUX ÂMES SUCRÉES

1, place Saint-Roch
✆ 06 89 70 84 60
Boutique ouverte tous les samedis matin, jour de marché : de 9h30 à 12h30

Reine des gâteaux, Caroline Tahon vous accueille dans sa charmante pâtisserie pour vous proposer des entremets qui font rêver et donnent l'eau à la bouche. Trianon, opéra, scones, forêt noire, *cheesecake* ou encore des tartes magnifiques comme la tarte au citron meringuée, la Bourdaloue, les tartes chocolat noir et caramel moelleux, chocolat praliné chantilly… Il y en a pour tous les goûts ! Des gâteaux traditionnels français mais aussi du monde entier, puisque Caroline puise son inspiration et son savoir-faire de ses différents voyages à travers le globe.

L'ATELIER DE LA TRUITE

11, rue Cazaillas
✆ 06 24 62 40 46
Ouvert le mardi, le mercredi, le vendredi et le samedi de 9h à 13h. Et vendredi et samedi de 16h à 19h.

Olivier Truchetet décline la truite sous toutes ses formes dans cette charmante boutique, récemment implantée au cœur de Mont-de-Marsan. Fumée à chaud ou à froid, en filet, en saucisses, en tournedos, en brandade, en marinade… La truite y est tout simplement divine. Olivier Truchetet met également à l'honneur une multitude des produits locaux et artisanaux, un éventail de saveurs qui ne vous laissera pas en reste. Des produits que vous pourrez retrouver sur le marché montois du samedi matin ou à la pisciculture de Geloux ouverte tous les vendredis après-midi.

LA BRÛLERIE MONTOISE

1, rue du 4 Septembre
✆ 05 58 75 02 63
www.bruleriemontoise.fr
Ouvert du mardi au vendredi de 9h à 12h30 et de 14h à 19h ; le samedi de 8h30 à 12h30 et de 14h à 19h.

Dans ce magasin montois, l'un des plus anciens de la ville, le café est torréfié chaque jour de manière artisanale. Et on le sent ! Jean-Philippe, torréfacteur, vous guidera dans vos choix. Vous pourrez également opter pour de nombreux thés : Ceylan, Inde, thé noir chinois, Japon vert au jasmin, blancs aromatisés, rooibos, etc. Sans oublier un large choix de tisanes et infusions. La Brûlerie montoise compte quelque 200 références ! Vous y trouverez des jus de fruits biologiques et équitables ainsi que des gourmandises : galettes, madeleines, chocolats…

LA CERVOISERIE MONT-DE-MARSAN

287, avenue du Maréchal Juin ✆ 07 86 60 16 69
www.lacervoiserie.com
Ouvert du lundi au mercredi de 16h à 21h ; du jeudi au samedi de 10h à 14h et de 16h à 22h. Animations.

Les amoureux de la bière seront conquis par cette cave comprenant plus de 500 références de spiritueux et bières, locales et internationales. Vous pourrez même accompagner votre boisson de grignotages (saucissons, fromages, terrines…). L'accueil y est chaleureux et vous pourrez faire confiance à l'équipe, toujours disponible, pour des conseils avisés selon vos goûts. Des soirées spéciales, à thème, et autres animations y sont régulièrement organisées pour favoriser les rencontres !

CHÂTEAU DE CASTANDET

40, place de l'Église
CASTANDET
✆ 05 58 44 00 53
www.armagnac-castandet.com
Appeler avant de passer. Livraison possible (boutique en ligne).

Ce château a été construit vers 1870 par l'arrière-grand-père de l'actuel propriétaire, Emmanuel de Coutard. En 1975, la bâtisse a été modifiée, ressemblant aujourd'hui à une belle demeure à l'italienne recouverte de vigne vierge. La production de très Vieil Armagnac issu du plan du baco s'y fait dans le respect d'une tradition familiale ancestrale axée sur la qualité. Les armagnacs sont conservés dans des fûts en chêne réalisés de façon artisanale par l'un des derniers tonneliers landais. Le plus ancien millésime date de 1974 et il a reçu une médaille d'or !

LANDES

CONSERVERIE LA SOURBÈRE

641, allée des Mésanges
SAINT-AVIT
✆ 05 58 06 29 47
https://foiegraslasourbere.com
Ouvert du lundi au vendredi de 9h à 18h ; le samedi de 10h à 12h30.

Située seulement à 5 min de la sortie de l'autoroute, la conserverie La Sourbère a été créée par Adeline et Fabrice, un couple d'épicuriens fervents défenseurs des circuits courts et du « fabriqué en France ». Ils cuisinent des fruits et légumes frais de saison et de la viande, qu'ils proposent ensuite dans leur boutique. Rillettes de canard, pâté, saucisse sèche, cassoulet, foie gras, moussaka, ratatouille, salaisons, mais aussi confitures et miels... Un véritable repaire pour les gourmands. En ligne, ils proposent aussi des recettes et des conseils de cuisine.

DENIS DAUBOS CHOCOLAT

1, place Abbé Bordes ✆ 05 58 75 00 81
Ouvert le mardi de 8h30 à 12h et de 14h45 à 19h ; du mercredi au samedi de 8h30 à 18h30 ; le dimanche de 8h30 à 12h.

Avec un grand-père et un oncle boulangers, son père et son frère pâtissiers, Denis Daubos a toujours su qu'il deviendrait pâtissier à son tour. C'est durant son service militaire, en 1980, qu'il saisit alors l'opportunité d'être le pâtissier du ministre de la Défense avant de céder sa place à Pierre Hermé. Quel parcours ! À Mont-de-Marsan, lui seul, peut vous proposer des chocolats et pâtisseries aux saveurs d'armagnac et de grand cru du coin. On lui connaît également de délicieux oursons à la guimauve à la poire, à la noix de coco, au vin chaud... Un régal !

DIOGO VAZ CHOCOLATE

1, Rue Léon des Landes
✆ 05 58 93 90 14
https://diogovazchocolate.com
Ouvert du mardi au samedi de 9h à 19h. Boutique en ligne.

Voici dans la première boutique française de Diogo Vaz en France, une plantation de fèves de cacao à Sao Tomé dans le golfe de Guinée (où ce chocolat est directement produit). Ici, on vient déguster cet excellent cru sous toutes ses formes : plaques à casser, bouchées au chocolat, coffrets, grué de cacao. Le précieux chocolat est travaillé de manière brute ou toute en gourmandise avec des fruits secs et ganaches... Il y en a pour tous les goûts. À ne pas manquer : les pâtisseries, glaces artisanales, à consommer sur place, en salle ou en terrasse. Un délice !

LA PARENTHESE DU MOUN €

36, rue Frédéric Bastiat
✆ 05 58 75 11 80
www.laparenthesedumoun.fr
Maître Restaurateur. Toute l'année. Du mardi au dimanche le midi. Réservation recommandée. Formule du jour à 18,90 €.

La Parenthèse du Moun abrite un joli patio végétalisé et ombragé pour offrir un peu de fraîcheur l'été. Distingué par le titre de maître restaurateur, Kevin Govaerts prône la simplicité avec une carte resserrée autour de produits frais, à savoir l'entrecôte, le magret de canard et le saumon grillé du côté des *combinados*, et trois suggestions d'entrées, de plats et de desserts si on opte pour la formule du jour (hors week-end). Service rapide et efficace, prix abordables. Et comme tout est fait maison, la réservation est recommandée, voire impérative.

LIBRAIRIE CARACTÈRES

17, rue du Maréchal Bosquet
✆ 05 58 06 44 12
Ouvert le lundi de 14h à 19h ; du mardi au samedi de 9h30 à 19h. Animations.

Sur près de 600 m², au milieu des étagères en pin des Landes, l'ancien éditeur Anthony Clément et son équipe accueillent, orientent et conseillent les amoureux de littérature qui peuvent profiter de 15 000 titres. Plus qu'une librairie, vous voici dans un « café social club », du nom de l'association qui regroupe quelque 350 adhérents autour d'un projet culturel global. Des rencontres littéraires, des dédicaces avec les auteurs, des concerts, des pièces de théâtre, des performances d'artistes, des conférences et ciné-débats y sont régulièrement organisés.

MARCHÉ DE MONT-DE-MARSAN

Marché couvert Saint-Roch
www.montdemarsan.fr
Marché alimentaire tous les mardis et samedis matin. Marché tous produits, les mardis de 9h à 18h (place des Arènes).

Classé parmi les 100 plus beaux marchés de France, le marché Saint-Roch de Mont-de-Marsan est un incontournable ! Ici, tous les mardis et samedis matin, bat le cœur montois. La gastronomie landaise y est représentée sous toutes ses formes par de nombreux producteurs locaux. Une véritable ode aux produits du terroir ! Ne manquez pas cette belle occasion de flâner et d'aller à la rencontre des producteurs locaux qui se feront un plaisir de partager leur passion. C'est également le mardi que s'installe place des Arènes le marché aux vêtements et aux chaussures.

LE PALAIS DU CAFÉ

13, avenue Sadi Carnot
✆ 05 58 46 58 04
Ouvert du mardi au samedi de 9h à 19h. Terrasse.

Cette boutique spécialisée dans la torréfaction fait également salon de thé. L'ambiance y est conviviale et propice au *cocooning* ! Ici, une dizaine de cafés sélectionnés dans le monde entier (Colombie, Brésil, Burundi, Papouasie, Mexique – bio –, Costa Rica, mélange italien...) et une soixantaine de thés (des Indes, du Japon, de Ceylan, vert ou blanc de Chine, rouge – rooibos – de Noël) jouent au coude à coude. Face à un tel choix, les conseils de Barbara sont précieux ! Le plus ? On peut s'y installer pour des petits encas sur le pouce.

LE RUCHER DE CLARON

1153, Route de Laglorieuse - **BOUGUE**
✆ 06 78 22 42 05
https://rucherdeclaron.fr
Boutique ouverte du lundi au vendredi de 9h à 17h30. Visite gratuite (2h), sur réservation à l'O.T. de Mont-de-Marsan.

Au cœur de la forêt landaise, les apiculteurs passionnés du Rucher de Claron vous proposeront une visite interactive de la miellerie. Au programme : anecdotes et démonstration d'ouverture d'une ruche. Pour aller plus loin, la formule Apibox vous permet de découvrir les coulisses de la vie d'un rucher lors d'une journée d'immersion. Vous y apprendrez les bases de l'apiculture : comment prendre soin des abeilles et repérer la reine, quels sont les gestes pratiques... Chaque visite se termine bien sûr par une dégustation gourmande et un passage à la boutique !

GOLF DE MONT-DE-MARSAN

1419, route de Pessourdat - **SAINT-AVIT**
✆ 05 58 75 63 05
www.golfmontdemarsan.com
Ouverture du club-house tous les jours (horaires variables selon la saison). Practice : dès 7 €. Boutique. Restauration.

Ce 18-trous au milieu d'une forêt de pins, renferme une authentique ferme landaise, située dans un airial parfaitement conservé. Entouré de chênes centenaires, le Golf de Mont-de-Marsan possède également un club-house et un restaurant. Le dessin du parcours est très varié, passant de la forêt à la prairie, vallonné et traversé par un charmant ruisseau, Le Roumat. Côté pratique, le golf met à votre disposition 25 postes sur tapis dont 9 couverts ainsi qu'une zone d'entraînement sur herbe, et une zone comportant un green et des bunkers pour perfectionner votre jeu.

MEDIATHÈQUE DU MARSAN

Place du 6e R.P.I.Ma ✆ 05 58 46 09 43
www.lamediathequedumarsan.fr
Ouvert toute l'année mardi, jeudi et vendredi (12h-18h) ; mercredi (10h-18h) ; samedi (10h-17h). Animations.

La Médiathèque du Marsan a été construite dans un secteur emblématique de la ville de Mont-de-Marsan, celui de la Caserne Bosquet et du 6e Régiment Parachutiste d'Infanterie de Marine. Expositions, conférences, ateliers pour petits et grands se déroulent dans ce lieu de découverte de verre et d'acier à l'architecture absolument remarquable. La médiathèque, la 3e d'Aquitaine après Bordeaux et Pau, abrite quelque 100 000 livres, 12 000 CD musicaux, 6 000 DVD et 32 postes informatiques. Sans oublier son auditorium de 120 places. De quoi trouver son bonheur culturel !

STADE MONTOIS CANOË-KAYAK

9, place Francis Planté
✆ 06 89 02 35 86
https://stade-montois.fr/canoe-kayak
Renseignements et réservation à l'Office de Tourisme de Mont-de-Marsan. De 15 € à la demi-journée à 21 € à la journée.

Le Stade Montois canoë-kayak organise des descentes en canoë sur la Midouze, en autonomie, en saison. Les parcours sont proposés à la demi-journée ou à la journée sur une rivière calme et ombragée, accessible aux pagayeurs de tous niveaux. Le départ se fait en plein centre-ville de Mont-de-Marsan, au pied de l'office de tourisme. Des départs depuis Tartas sont également proposés. Une activité de plein air inoubliable sur un cours d'eau accessible à tous et à toutes.

STREET PARK

Avenue de Villeneuve
✆ 05 58 05 87 87
Accessible librement.

Situé sur le plateau intermédiaire à deux pas du parc animalier de Nahuques et du château, ce Street Park est divisé en deux parties : une aire de skate en béton de 1 000 m² avec des modules, des rampes et du pump-track adaptée aux skateboards, rollers, vélos, trottinettes et BMX, ainsi qu'une piste de BMX en terre, pour tous les niveaux. Accessible à tous, qu'importe l'âge et le niveau, il est un lieu de rencontre pour les amateurs de glisse. On peut également profiter de l'aire de pique-nique sur place pour y passer toute la journée.

PAINTBALL LA SABLIÈRE

Domaine La Sablière
CAMPET-ET-LAMOLÈRE
✆ 06 50 23 49 51
https://paintball-lasabliere.com
Dès 15 €, sur réservation. Autres tarifs des activités en ligne.

À une dizaine de minutes de Mont-de-Marsan, venez vous défouler sur cette aire de jeux de trois hectares qui dispose de nombreuses activités, en plus des activités de paintball : essayez le laser tag, un nouveau jeu laser sans projectile et sans protection particulière, ou encore l'escape game mélangeant chasse au trésor et course d'orientation, le lancer de haches, l'Archery Sab et enfin le Sabh Lanta, avec une dizaine de défis par tribu, le tout inspiré de la fameuse émission TV. On vous promet ici des moments inoubliables à vivre en famille ou entre amis !

THÉÂTRE DE GASCOGNE

Place Charles de Gaulle
✆ 05 58 05 87 57
https://theatredegascogne.fr
Abonnement possible. Billetterie en ligne ou sur place. Programmation de la saison disponible sur le site web.

Le Théâtre de Gascogne regroupe 3 lieux de diffusion de spectacles : le Pôle à Saint-Pierre-du-Mont, Le Molière et le Péglé à Mont-de-Marsan. Ce regroupement a pour vocation de diffuser des spectacles avec des artistes locaux, des compagnies régionales, mais aussi des spectacles diffusés au niveau national et international. Des salles de création, des studios de danse et d'enregistrement et un théâtre de verdure sont également mis à disposition d'artistes ! Cirque, danse, musique, théâtre... Pour connaître la programmation, rendez-vous sur le site internet.

MAISON LAFITTE FOIE GRAS

62, rue Léon Gambetta
✆ 05 58 06 06 91
www.lafitte.fr
Ouvert du mardi au samedi de 8h30 à 12h30 et de 14h30 à 19h.

© LAFITTE

Depuis plus de 100 ans, la Maison LAFITTE entretient l'excellence et le savoir-faire de la gastronomie landaise. Partenaire exclusif du Club des Chefs cuisiniers des Chefs d'Etat à travers le monde, la Maison LAFITTE est reconnue pour la qualité supérieure de ses produits. Les canards gras traditionnels sont élevés 102 jours minimum et engraissés au maïs grain entier, selon les cahiers des charges Label Rouge et IGP Landes. Figurant parmi les produits d'excellence, le Foie Gras Millésimé est à retrouver chaque année en édition limitée.

ROQUEFORT

Les origines du village de Roquefort, le Fort sur le Roc, remontent au XIe siècle. Situé sur la voie limousine du chemin de Saint-Jacques-de-Compostelle, le lieu a conservé un magnifique patrimoine architectural avec des édifices à découvrir au fil de ses ruelles, au premier rang desquels figure l'église Sainte-Marie, classée Monument historique, le château de Foix, construit entre le XIIIe et le XIVe siècle, ou encore les arènes de la commune. Aux alentours, les forêts de pins procurent un cadre idéal pour des randonnées à pied ou à vélo.

LANDES

OFFICE DE TOURISME DE ROQUEFORT

1, place du Soleil-d'Or

Informations accessibles en ligne et notamment sur l'application Terra Aventura.

Partez sur le parcours du patrimoine de cette cité jacquaire ! On en apprend plus sur l'église Sainte-Marie, la chapelle Saint-Joseph, le pont gothique, la Place des Cagots, les vieilles tours du château de Marsan et du château de Foix, les remparts, les arènes classées… Accessible via une application gratuite, le parcours Terra Aventura vous propose de découvrir Roquefort à travers des énigmes à résoudre. Une balade insolite et sympathique idéale en toute saison.

LE CAMPUS

490, Avenue Gaston Lescouzeres

✆ 05 58 05 65 08

www.lecampusbowling.fr

Du mardi au jeudi 14h-0h ; 14h-2h le vendredi & samedi, 14h-19h le dim. (minuit lors vacances). Karting dès 16 €/pers.

L'ancienne Fabrique Ludique à Roquefort s'est transformée, c'est désormais Le Campus qui vous accueille pour toutes vos activités préférées. Petits et grands y viennent pour profiter d'une session de karting, de soccer, d'une séance de padel, d'une partie de bowling en famille ou entre amis, d'un baby-foot humain, mais ce n'est pas tout ! Lancer de haches, salle d'arcades, écrans pour la diffusion de matchs, aire de jeux pour les enfants, restaurant et bar ambiance... C'est l'endroit où se réfugier lors d'une journée pluvieuse et pour vos sorties *fun* !

LE SAINT-VINCENT*** €€

76, rue Laubaner

✆ 06 35 18 60 87

www.lestvincent.com

Ouvert toute l'année. Chambre double dès 74 €. Petit déjeuner : 11 €. Wifi. Restauration. Salle de réunion.

En 2021, Aude et Guillaume se sont installés dans cette belle demeure du XIXe siècle, au cœur de la commune de Roquefort. A l'image de la bâtisse, les huit chambres sont très spacieuses, en témoigne la charmante chambre Compostellane de 30 m², avec son lit king size et sa salle d'eau privative, très romantique. Le petit déjeuner, continental et complet, se prend en salle, à moins que vous ne préfériez être servi au lit ou sur le balcon. Le restaurant est ouvert (presque) tous les jours, midi et soir, et propose une cuisine gourmande de saison (sur réservation).

LE SAINT-VINCENT €€

76, rue Laubaner

✆ 06 35 18 60 87

www.lestvincent.com

Ouvert du lundi au samedi le soir. Réservation au plus tard la veille. Plats à partir de 20 €. Terrasse.

En entrant dans cette bâtisse du XIXe siècle, à l'exceptionnel escalier de pierres, on découvre une salle intimiste pouvant accueillir jusqu'à douze couverts et surplombant un jardin, face à la cuisine à l'ancienne. C'est ici qu'Aude et Guillaume vous accueillent et proposent des recettes gourmandes de saison. La carte met en valeur les produits du terroir, issus majoritairement de la production locale. Au menu : foie gras mi-cuit IGP Landes et gelée à l'Armagnac, aiguillettes de canard aux 2 purées, cassolette de truite fumée... Une adresse à tester !

GRENADE-SUR-L'ADOUR ★

Son nom en latin, *Terra Granata*, signifie « terre riche en grains », autrement dit fertile en céréales. La bastide de Grenade-sur-l'Adour a été fondée en 1322 par les Anglais. Cœur du pays de l'opulence gasconne, Grenade-sur-l'Adour évoque la gastronomie. Du pont de l'Adour, on découvre le charme des vieilles maisons aux balcons de bois. De ses origines, la cité conserve sa place quadrangulaire encore pourvue de cornières au sud et à l'est. La rue des Capucins est bordée d'anciennes maisons dont les galeries donnent à l'arrière sur le fleuve. Ses petites rues pittoresques où il fait bon flâner soulignent l'existence d'anciennes fortifications.

LA BASTIDE DE GRENADE-SUR-L'ADOUR

✆ 05 58 45 45 98

https://tourisme-paysgrenadois.fr/

Livret de visite disponible à l'Office de tourisme. Chasse aux trésors sur un parcours de visite.

Découvrez la sublime bastide de Grenade-sur-l'Adour à travers une visite ludique en famille, sous forme de chasse aux trésors ! Retirez votre livret de jeu gratuitement à l'office de tourisme et partez à la découverte de l'histoire de la commune. Vous passerez par la place centrale, ses cornières et ses arcades. De vieilles maisons des XIVe et XVe siècles et leurs balcons de bois bordent le fleuve. Une visite plus classique (parcours ponctué de six panneaux) est aussi possible.

LANDES

CHAPELLE NOTRE-DAME DU RUGBY ★

LARRIVIÈRE-SAINT-SAVIN
✆ 05 58 45 45 98

Ouvert du lundi au vendredi de 9h à 17h ; le week-end de 9h à 18h. Accès libre. Pèlerinage annuel le lundi de Pentecôte.

Découvrez cette chapelle unique au monde où sont dévoilés 180 maillots de rugby. Cet étonnant lieu de culte a été construit en 1861 en haut d'une butte. L'abbé Devert, enfant du pays, a porté son projet de restauration à la suite du décès de trois jeunes rugbymen. Quatre vitraux atypiques éclairent la chapelle : la Vierge à la touche, au joueur blessé, la Vierge aux pèlerins et la Vierge à la mêlée. En face, une petite salle d'exposition expose 430 maillots du monde entier.

PAVILLON DE LA RÉSISTANCE ET DE LA DÉPORTATION ★

2 bis, rue de Verdun
✆ 06 86 80 17 68
www.tourisme-aire-eugenie.fr

Ouvert toute l'année sur rendez-vous et en visite guidée uniquement. Gratuit.

Grenade-sur-l'Adour est devenue une ville martyre le 13 juin 1944 quand des maquisards interceptèrent un convoi allemand, entraînant des représailles. La population, rassemblée sur la place publique sous la menace des mitrailleuses, dut assister à l'incendie des principaux édifices de la ville. Cinquante personnes furent prises en otage et bon nombre d'elles déportées. Le Pavillon de la Résistance et de la Déportation rassemble les nombreux témoignages de cette sombre période.

PETIT MUSÉE DE L'HISTOIRE LANDAISE

20, place des Déportés ✆ 05 58 76 05 25
http://musee-landais.blogspot.com

Ouvert toute l'année du mercredi au vendredi, 14h-18h. Tous les jours sur rendez-vous. Entrée : 3 €. Gratuit -12 ans.

Depuis 1990, Marina vous accueille sur les sentiers de la mémoire landaise. Cette passionnée d'histoire locale vous fera découvrir les traditions des hommes et femmes d'ici, de 1900 à nos jours à travers des anecdotes et plus de 1 200 objets usuels et insolites exposés dans ce musée du terroir. Une halte indispensable pour tous les curieux souhaitant en savoir un peu plus sur la culture et l'histoire gasconne. Des événements sont organisés toute l'année (expositions, fêtes de Noël).

OFFICE DE TOURISME DU PAYS GRENADOIS

14, place des Tilleuls ✆ 05 58 45 45 98
http://tourisme-paysgrenadois.fr

Qualité Tourisme. Tourisme & Handicap. Ouvert du lundi au samedi. Horaires variables selon la saison.

Si vous appréciez la nature, la détente, les loisirs et la gastronomie traditionnelle, le Pays Grenadois vous propose des sentiers de randonnée, des tables raffinées, des produits fermiers et artisanaux et des musées. Découvrez, entre autres, la bastide de Grenade-sur-l'Adour, la chapelle Notre-Dame du Rugby et la salle d'exposition de Larrivière-Saint-Savin. Tous les profils de voyageurs sont comblés. Des guides sont disponibles à l'office de tourisme (topoguides en vente).

CAMPING MUNICIPAL DE GRENADE-SUR-L'ADOUR €

5, rue Pierre-de-Coubertin ✆ 01 83 64 69 21
www.grenadesuradour.fr/camping

Ouvert toute l'année aux camping-cars. Tentes et caravanes de mi-mai à mi-octobre. Piscine municipale accessible à pied.

Ce camping municipal, inauguré en 2021, est situé sur une agréable aire verdoyante au bord de l'Adour. Il est ouvert toute l'année pour les camping-cars (sanitaires fermées hors saison) et en été seulement pour les tentes, vans et caravanes. La piscine municipale borde le camping et les commerces du village sont accessibles à pied. Profitez également des boulodromes municipaux en accès libre, des terrains de pelote, de tennis et de beach-volley pour passer un agréable séjour.

AUX TROIS PETITS COCHONS €€

6, place des Tilleuls ✆ 05 58 45 19 02
www.auxtroispetitscochons.fr

Ouvert tous les jours le midi ; le vendredi et samedi soir. Formule du midi en semaine dès 20 € ; dès 27 € le soir.

C'est au cœur de la bastide de Grenade-sur-l'Adour, sur la magnifique place du village que se tient la belle terrasse des Trois Petits Cochons. Les propriétaires, Thierry et Frédéric, nous font partager leur cuisine basée sur le travail des produits locaux. A la carte, deux menus au choix, renouvelés tous les jours : un menu « campagne » avec des plats rustiques (brandade gratinée, poulet cocotte grand-mère...) et un menu « ville » plus élaboré (magret de canard grillé, merlu de ligne à la plancha...). Une adresse incontournable ! Réservation recommandée.

LANDES

LANDES

LABASTIDE-D'ARMAGNAC ★

Labastide-d'Armagnac (687 âmes), qui conserve son charme médiéval, est certainement l'un des villages les plus attachants des Landes. A la suite du mariage d'Aliénor d'Aquitaine avec Henri Plantagenêt, la Gascogne devient anglaise et c'est en 1291 que le comte Bernard VI, comte d'Armagnac, obtient l'autorisation du roi d'Angleterre Edouard Ier de fonder la bastide. Labastide-d'Armagnac témoigne parfaitement de l'organisation urbaine des villes nouvelles du Moyen Age : elle a conservé sa structure originelle jusque dans les moindres détails architecturaux et paysagers (passages, jardins, etc.). L'église forteresse, un lavoir, un moulin du XIVe siècle et le château du Prada, achevé en 1764 avec son vaste parc, complètent la découverte de ce site landais. Son incontournable place Royale est entourée de pittoresques maisons à couverts avec arcades ou colonnes, des halles médiévales sous la mairie et d'antiques maisons à colombages. La place est également magnifiée par son imposant clocher fortifié. Ici, petite et grande histoire se mêlent. Un exemple au 9, rue Bataille, où Colette recevait sa clientèle jusqu'à ses 93 ans, dans le plus vieux café de France, le Tortoré, ouvert en 1885 par sa grand-mère. Juste à côté, rue du Portail, vécurent le peintre Gérard Vulliamy (1909-2005, mouvement Abstraction-Création) et son épouse Odette Dupeyron, modèle du célèbre sculpteur Charles Despiau. Henri IV se serait inspiré de la place centrale du village pour créer la place des Vosges à Paris. Après avoir pris le temps de flâner sous les arcades, aventurez-vous sur les sentiers du patrimoine Armagnacais à la découverte de domaines et châteaux, pour y goûter l'armagnac, cette eau-de-vie dont le taux d'alcool est supérieur ou égal à 40 %. Issu de la distillation de vins blancs secs vinifiés à partir de 4 principaux cépages, cet alcool, l'or gascon, est de renommée mondiale et fait la richesse de ce territoire. Pour découvrir les chais d'Armagnac, une carte des établissements au label « Vignobles et Découvertes » est à disposition dans les offices de tourisme locaux. Chaque année, le dernier week-end d'octobre, l'Armagnac en Fête est le rendez-vous du bon goût : dégustation d'armagnac et de produits des terroirs au programme. Pour sa qualité et son art de vivre, Labastide d'Armagnac bénéficie du label Cittaslow, qui promeut un rythme de vie au ralenti, loin de la frénésie urbaine.

ARMAGNAC EN FÊTE

Place Royale

✆ 05 58 03 40 31

www.armagnacenfete.fr

Dernier week-end d'octobre chaque année. Restauration.

C'est un événement culturel et festif qui se déroule dans le pays de l'Armagnac chaque dernier week-end d'octobre, juste après les vendanges. Labastide-d'Armagnac, mais aussi Eauze, Montréal-du-Gers ou Montesquiou célèbrent le fameux breuvage gascon le temps de quelques jours. Au programme de ces festivités hédonistes qui se déroulent sur la place Royale, la plus ancienne eau-de-vie de France est célébrée au gré de concerts, repas, marchés de producteurs, ateliers, expositions, mais aussi courses landaises. Un festival joyeux et convivial à ne pas manquer !

CHAPELLE DE LUGAUT

RETJONS

✆ 05 58 93 36 42

www.tourisme-landesdarmagnac.fr

Accès libre en extérieur. Visite guidée (sur réservation toute l'année). Guide présent à l'intérieur l'été de 15h à 19h.

A Retjons, étape sur le chemin de Saint-Jacques de Compostelle, les randonneurs et les touristes empruntent un petit chemin forestier pour découvrir la précieuse chapelle romane. Il s'agit du plus bel ensemble pictural du XIIIe siècle conservé dans la région Aquitaine : vous pourrez donc admirer des scènes inspirées de l'Évangile, Annonciation, Visitation, Nativité, Visite au tombeau, Descente aux enfers, et aussi des scènes à motifs symboliques. Le site est accessible librement en extérieur toute l'année. Un lieu très reposant à découvrir pendant les beaux jours.

CHÂTEAU DE CAUMALE

Château de Caumale - **ESCALANS**

✆ 07 71 14 11 59

www.chateaudecaumale.fr

Visites guidées de juillet à septembre sur rdv. Gratuit jusqu'à 12 ans. Adulte : 7 €. CB non acceptée. Animations.

Geneviève Fabre et son mari vont vous faire passer un moment extraordinaire en replongeant dans le passé ! Vous pénétrez alors dans un château où les hôtes vivent parmi des œuvres d'art, de la vaisselle, des meubles signés, des objets usuels, des vêtements... un véritable trésor retraçant la vie des occupants de cette demeure datant du XIIe. Mais c'est aussi le château aux quatre « C » pour cacao, café, canne à sucre et coton. Vous pourrez notamment y observer une collection remarquable de chocolatières des XVIIIe et XIXe siècles. Parfum d'exotisme assuré !

LE CHATEAU DE RAVIGNAN ★

Domaine de Ravignan - **PERQUIE**
✆ 05 58 45 33 07
www.armagnac-ravignan.com
Jours et horaires d'ouverture variables selon la saison. Entrée château + parc : 9 € (Gratuit -6 ans). Visite guidée.

Ce château est un trésor pour les amateurs d'histoire et de nature. Construit au XVIIe siècle, de style Louis XIII, il abrite une belle collection de mobiliers, tableaux et objets de qualité, comme 500 gravures évoquant Henri IV, ou de beaux costumes masculins. Entouré d'un jardin à la française et d'un parc romantique, il est inscrit à l'inventaire des Monuments historiques. On peut aussi y découvrir l'histoire de la famille avec un guide et les chais du domaine. Les Rendez-vous aux Jardins, visite et dîner aux chandelles... de nombreux événements y sont organisés.

EGLISE NOTRE-DAME DE L'ASSOMPTION

Place Royale
✆ 05 58 44 67 56
www.tourisme-landesdarmagnac.fr
Accès libre. Visite guidée de la bastide pour les groupes de +10 pers. sur réservation auprès de l'O.T. (4 €/adulte).

L'église Notre-Dame de l'Assomption présente un donjon crénelé transformé en clocher au XVe siècle. À l'intérieur, divers mobiliers classés ont été restaurés et réinstallés en 2019. À voir : l'autel inscrit au titre des Monuments historiques, la peinture en trompe-l'œil réalisée par Cerroni en 1831 qui recouvre la totalité du chevet, le retable en bois sculpté et doré à l'or fin datant du XVIIe, le balustre et l'escalier du XVIIe, la piéta en bois de tilleul polychrome réalisée au XVIe.

LAGUNES DE NABIAS

Route de Nabias
ARUE
www.parc-landes-de-gascogne.fr
Accès libre. Possibilité de pique-nique. Pêche autorisée sans permis.

Cet espace protégé sensible s'est formé lors de la dernière glaciation. Typique du paysage landais avant la plantation des pins maritimes, il s'agit aujourd'hui de petits plans d'eau - rares - qui offrent un intérêt écologique grâce à leur faune et flore particulière. Espaces entre terre et eau, on y découvre lors de sa balade des plantes carnivores telles que la drosera. On vous invite à suivre le sentier d'interprétation de 4,5 km balisé et jonché de panneaux explicatifs pour comprendre les particularités de ce milieu humide aujourd'hui préservé.

ECOMUSÉE DE L'ARMAGNAC ★

3850, route d'Estang ✆ 05 58 44 84 35
http://ecomusee-armagnac.fr
Ouvert toute l'année. Visites de 6 à 12 €. Tarifs famille à 14 € (2 adultes et jusqu'à 3 enfants). Boutique. Animations.

Entre Landes et Gers, au cœur du Bas Armagnac, étendu sur 82 hectares, le château Garreau abrite L'Ecomusée de l'Armagnac, association loi 1901 reconnue d'intérêt général œuvrant pour la promotion du terroir d'Armagnac, la découverte de son patrimoine, mais aussi pour les savoir-faire à travers ses différents musées et expositions.

Dans une grange du XVIIe siècle, on peut découvrir le musée du Vigneron, la vie du paysan vigneron, sans oublier ses outils. Il y a aussi le musée des Alambics avec son nouveau diaporama. La distillerie du Château Garreau fonctionne chaque année en novembre et décembre. Une deuxième salle a été créée afin de mieux mettre en valeur les 11 alambics différents.

L'Armagnac du domaine est vieilli dans un chai souterrain centenaire unique que vous pourrez visiter en choisissant la visite du prince suivie d'une dégustation.

L'auditorium est une salle qui accueille des expositions temporaires où il est possible de participer au jeu des arômes. Prenez part également aux moments festifs organisés durant l'année : repas au pied de l'alambic, marché gourmand, pique-nique...

Dans la boutique, faites connaissance avec ces armagnacs créés à partir de cépages Baco Ugni Blanc et Folle Blanche distillés avant assemblage, puis élevés en fût de chêne. A noter que le site Internet est une mine de savoureuses recettes de cuisine et de cocktails. Vous pourrez également commander différentes gammes via la boutique en ligne.

En 2020, le Château Garreau a lancé son escape game sur le thème de l'Armagnac, élaboré par les professionnels de Fun Room Escape Game Mont-de-Marsan. Unique sur le département, ce jeu vous invite à résoudre toutes les énigmes autour de la distillation de son Armagnac. En famille ou entre amis, vous avez une heure pour retrouver la pièce perdue de l'alambic qui permettra au Château Garreau de démarrer la distillation de son Armagnac. Pas d'inquiétude pour les novices, le jeu ne nécessite aucune connaissance particulière pour venir à bout des énigmes.

Le Château Garreau est aussi un lieu atypique pour réunir vos équipes locales ou régionales pour un congrès ou un séminaire. L'établissement propose deux salles originales pour accueillir les groupes : la distillerie du domaine au pied des alambics centenaires ainsi que l'auditorium Gascogne et son agencement modulable selon vos souhaits. Il est équipé d'un vidéoprojecteur, d'un écran, d'une sonorisation et du wifi. Au programme : visite et dégustation avec la possibilité de proposer, vous l'aurez compris, des prestations personnalisées. Bonne visite au Château Garreau !

LANDES

NOTRE-DAME DES CYCLISTES

Sanctuaire Notre-Dame des Cyclistes
✆ 05 58 03 40 31
www.notredamedescyclistes.net

Ouvert de mai à octobre (le reste de l'année sur rendez-vous). Visite libre : 1 €. Site de Géou ouvert toute l'année.

Sanctuaire National unique en France, la chapelle Notre-Dame des Cyclistes a été inaugurée le 18 mai 1959. À l'intérieur, les murs sont presque entièrement recouverts par plus de 700 maillots (Coppi, Anquetil, Merckx, Virenque...). L'association « Les amis de Notre-Dame des Cyclistes » assume bénévolement l'ouverture, l'entretien et la conservation du site. Des événements y sont également organisés chaque année. Un lieu incontournable dans Les Landes pour tous les amoureux de la petite reine, mais aussi pour toutes celles et ceux à la recherche de l'insolite.

TEMPLE DES BASTIDES

Rue du Portail
✆ 05 58 44 81 42
www.tourisme-landesdarmagnac.fr

Entrée libre. Expositions temporaires (agenda sur le site de l'office de tourisme).

A deux pas de la place Royale, le Temple des Bastides est un ancien temple protestant, édifié en 1607. Alors que les guerres de Religion ont beaucoup abîmé les lieux de culte locaux, ce temple a fait de Labastide d'Armagnac un des hauts lieux du protestantisme. Aujourd'hui, le bâtiment est devenu un lieu d'expositions temporaires, principalement axées sur les sculptures et la peinture. Des visites guidées vous permettront une meilleure connaissance des lieux et des œuvres présentées. N'hésitez pas à jeter un œil à l'agenda de l'office de tourisme !

TERRA AVENTURA : LONGUE VIE À L'ARMAGNAC

Centre-ville
✆ 05 58 03 40 31
www.tourisme-landesdarmagnac.fr

Renseignements à l'office de tourisme Landes d'Armagnac de Labastide-d'Armagnac.

Grâce à cette chasse au trésor, partez à la découverte de Labastide-d'Armagnac, cette célèbre bastide médiévale fondée par le Comte d'Armagnac à la fin du XIIIe siècle au cœur de la campagne landaise. Sur un magnifique parcours de 3 km (compter 1h-2h), vous plongerez dans le Moyen Âge et résoudrez les énigmes pour trouver la cache et son mot mystère. Une belle activité familiale pour tous les aventuriers dans l'âme et les amoureux des vieilles pierres en quête de trésors cachés !

OFFICE DE TOURISME DES LANDES D'ARMAGNAC - BUREAU DE GABARRET

Place de l'église - **GABARRET** ✆ 05 58 03 40 31
www.tourisme-landesdarmagnac.fr

D'avril à octobre : lundi à vendredi : 10h-13h, 15h-18h.Juillet et Août, le samedi aux mêmes horaires. Sur rdv en hiver.

Gabarret est le point d'entrée de la Voie verte du Marsan et de l'Armagnac et de la Scandibérique dans les Landes. Un paradis du vélo ! Ce bourg aux frontières du Gers et du Lot-et-Garonne vaut le détour. À l'office du tourisme, installé sur la place de l'église, vous trouverez les incontournables à découvrir comme la visite des arènes de Gabarret, le Château de Caumale et la Ganaderia de Buros à Escalans ou encore une visite d'un chai d'Armagnac.

LA GANADERIA DE BUROS

1234, route de Buros - **ESCALANS**
✆ 05 58 44 36 57
www.ganaderiadeburos.fr

Visite commentée de 5 € à 10 €. Soirée Gasconne (de 18 € à 32 €) : en juillet, août et septembre, le jeudi à 19h.

Personnalité landaise emblématique, ancien écarteur et conteur intarissable, Jean Barrère fait partager sa passion d'éleveur pour la course landaise. La Ganaderia de Buros est le lieu où l'on peut observer les animaux en toute sécurité dans la nature. Tous les étés, il organise des visites commentées de la Ganadéria et de la palombière. Ne manquez pas non plus la soirée gasconne. Au programme : initiation aux quilles de 6 et aux échasses, apéritif et repas animés avec charcuteries landaises, magret à la plancha et vin rouge. Au cœur de la tradition gasconne !

AIRIAL DE LACHAYRE €€

2162, route de Mont de Marsan - **LACQUY**
✆ 07 89 34 05 59
https://lachayre.fr/

Gîtes de France (3 épis). Pour 46 personnes. De 1 760 € à 2 016 € la nuit selon la période. Séminaires, mariages.

Sur ce domaine de 3,8 hectares, Angeline et Charlotte accueillent tous vos événements au cœur de la forêt landaise. Dans cet environnement bucolique rêvé, l'airial dispose de deux gîtes pouvant accueillir jusqu'à 46 personnes avec pour la plupart une salle de bain privative à la chambre, mais également une salle de réception de 270m² et une jolie prairie et sa forêt avec des jeux pour les enfants. Un bel endroit pour accueillir une soirée de mariage, un team-building d'entreprise ou même pour se retrouver en famille ou entre amis pour un séjour bien-être.

LANDES

© CHÂTEAU GARREAU

© ECOMUSÉE DE L'ARMAGNAC

CHÂTEAU GARREAU - ÉCOMUSÉE DE L'ARMAGNAC

3850, route d'Estang
✆ 05 58 44 84 35
www.chateau-garreau.fr
Ouvert du lundi au vendredi en hiver, toute la semaine d'avril à octobre. Horaires variables. Entrée : 6 €.

Bienvenue à la Ferme version Vignobles et Découvertes. L'écomusée œuvre pour la promotion de la liqueur emblématique et du terroir d'Armagnac. À découvrir : des visites sur le thème du vigneron qui dévoile la vie d'un paysan-vigneron à travers ses outils, la découverte des Alambics grâce à une collection de 11 alambics différents et une salle d'exposition. De plus, on peut visiter un chai souterrain centenaire remarquable où vieillit l'Armagnac et faire une dégustation.

© CHÂTEAU GARREAU

© CHÂTEAU GARREAU

LA BERGERIE DE MONSEIGNON €€

230, route de Plante-Monseignon
SAINT-JULIEN-D'ARMAGNAC ✆ 05 58 44 82 34
www.ferme-de-monseignon.com
Gîtes de France (4 épis). De juin à mi-septembre. Pour 6 personnes (105 m², 3 chambres), dès 175 € la nuit.

Dans ce grand jardin clos de 4 000 m², cette ancienne bergerie a été restaurée avec goût et dans le respect des matériaux. Sans voisin ni vis-à-vis, vous pourrez profiter d'un séjour au calme en famille ou entre amis. La terrasse couverte est l'endroit idéal pour prolonger les soirées d'été après une après-midi piscine et un bon repas à la plancha. Lumière naturelle, décoration soignée, accueil chaleureux... C'est un bel endroit. Les draps et le linge de maison sont fournis.

LE POUTIC €€

10, route Saint Julien d'Armagnac
CRÉON-D'ARMAGNAC ✆ 09 86 33 41 07
www.lepoutic.fr
Gîtes de France. De mars à mi-novembre. Chambres d'hôtes dès 90 €/nuit (2 pers.). Gîte dès 840 €/semaine. Table d'hôtes.

Isabelle et Florent ont eu un coup de cœur pour cette authentique ferme landaise du XVIIIe siècle. Après quelques travaux de rénovation et de décoration, le Poutic a rouvert ses portes au printemps 2023 ; d'abord le gîte (pour 4 personnes) avec sa jolie terrasse de 25 m², puis les 4 chambres d'hôtes. Si les entrées sont indépendantes, le parc (non clôturé) de 6 000 m² et la piscine chauffée sont communs. On vous y propose la table d'hôtes le midi et le soir ainsi que des planches et assiettes. Le plus ? Une salle à louer pour des réunions jusqu'à 10 personnes.

DOMAINE DE PAGUY €€

BETBEZER-D'ARMAGNAC
✆ 05 58 44 81 57
www.domaine-de-paguy.com
Bienvenue à la Ferme. Gîtes de France. Chambres d'hôtes à 86/91 € (base 2 pers.). Gîtes (3/4 épis) dès 330 €/semaine.

Sur 77 hectares, dont 13 de vignes, ce domaine a tout pour plaire ! Il abrite un chai, deux gîtes ruraux labellisés Gîtes de France et cinq chambres d'hôtes (la suite familiale porte le label Tourisme & Handicap) à l'intérieur de la magnifique demeure du XVe siècle. Elles sont spacieuses et offrent tout le confort possible. Les salles de bains sont modernes. Le domaine dispose d'une belle piscine extérieure en accès libre, d'une grande terrasse et d'un jardin fleuri. Vous pourrez également visiter le chai du domaine et profiter d'une dégustation !

LA VILLA DES REMPARTS €€

Rue de la Chaussée
✆ 05 58 52 33 67
Gîtes de France (4 épis). Ouvert toute l'année. Chambres à partir de 80 €. Vélos à disposition.

Sur le haut des remparts de Labastide-d'Armagnac datant du XIIIe siècle, cette bâtisse des années 1920 aux volets bleus n'attendait que Bertrand et Gregory. L'art est partout, et dès l'entrée, vous êtes happés par les œuvres exposées qui semblent faire partie du lieu. Les quatre chambres sont extrêmement claires et décorées avec raffinement. Le petit déjeuner est servi dans une jolie cuisine ou en terrasse. Citons également le joli parc de 1 500 m², la piscine et les soirées apéro en présence d'artistes organisées régulièrement.

GITE ATELIER 55 €€

55, avenue de l'Armagnac
Gite de France. À partir de 550 euros la semaine (4 personnes). Terrasse.

En plein cœur de Roquefort, posez vos valises dans ce loft-atelier au charme unique avant de rayonner pour découvrir les trésors des Landes d'Armagnac. Parfaitement équipé, ce gîte dispose de deux chambres doubles et d'une petite terrasse sur laquelle flâner. Pierres apparentes, gros fauteuil chesterfield, motos customisées ou encore œuvres d'art disséminées çà et là... Le couple qui tient ce gîte affiche la couleur : ils sont passionnés de vintage, mais apprécient également le confort. Ils ont tenu à allier le moderne et l'ancien, et c'est réussi !

AUBERGE DES CHASSEURS €€

Route d'Estigarde
CRÉON-D'ARMAGNAC
✆ 05 58 44 34 66
Ouvert du mardi au dimanche le midi ; du mardi au samedi le soir. Terrasse.

Si vous êtes dans le coin et que vous demandez un restaurant où manger, il y a une chance sur deux pour que l'on vous parle de l'Auberge des Chasseurs. Ouverte en 2013 et profitant des bords d'un lac pour installer une terrasse de 50 couverts, l'Auberge des Chasseurs se trouve à 5 min de Labastide, 10 min de Barbotan-les-Thermes et Gabarret. Et c'est le chef Bruno Génébès qui régale avec ses recettes traditionnelles et familiales. Les plats sont cuisinés avec des produits locaux et les assiettes sont copieuses. Le grand parking est idéal pour stationner.

LANDES

OFFICE DE TOURISME DES LANDES D'ARMAGNAC – BUREAU DE LABASTIDE D'ARMAGNAC

53, Place Royale ✆ 05 58 44 67 56
www.tourisme-landesdarmagnac.fr
Avril à juin - sept oct lun. au ven : 10-13 ; 15-18.Été lun. au sam : 10-13 ; 15-18 / dim. et fériés 15-18.

Découvrez cette bastide du XIIIe siècle avec le parcours patrimonial, en suivant une visite guidée en saison ou en résolvant les énigmes de Terra Aventura (app. gratuite). Ne manquez pas les festivals L'Oreille en Place et Musique en Bas Armagnac l'été. Le dernier week-end d'octobre, se déroule la traditionnelle Fête de l'Armagnac sur la place royale. Partez sur les routes à la rencontre des vignerons ! Ne manquez pas la visite de l'Ecomusée de l'Armagnac.

AU BASTIGNAC €€

29, place Royale
✆ 05 58 75 11 24
Ouvert toute l'année. Du lundi au samedi le midi. Réservation recommandée. Formule du midi : 16 €. Terrasse.

Maryse et Alain Baillou, ainsi que leur fille Aurélie, vous reçoivent dans ce restaurant au cœur du village. Après le succès de leurs différents établissements dans les Landes et le Gers, ils rouvrent Au Bastignac en 2017. Sur la terrasse à l'ombre des arcades ou dans la jolie salle aux pierres apparentes, ils nous font vivre de bons moments avec des assiettes savoureuses et généreuses. Vous pouvez prolonger le plaisir en achetant des produits régionaux du côté de la boutique ou bien profiter de leurs plats à emporter toute la semaine. Accueil chaleureux garanti.

RESTAURANT LES TILLEULS €€

2602, Route de castelnau d'auzan - **ESCALANS**
✆ 05 58 44 31 10
www.restaurantlestilleuls-escalans.fr
Ouvert tous les jours le midi (sauf samedi). Dimanche et jour férié sur réservation. Menu à 16 € (27 € le dimanche).

Aux confins des Landes, à 1 km du château de Caumale, sur l'airial de l'église Saint-Jean-Baptiste, le restaurant Les Tilleuls nous replonge dans une époque où l'on savait encore prendre le temps. Quelle que soit la météo, vous serez séduit par le calme et la sérénité des lieux, et par les grands tilleuls de la terrasse. Le chef vous concocte une cuisine à la fois du terroir et de la mer, agrémentée de recettes créoles inspirées de l'expérience du chef à la Martinique. Le semainier fait la part belle aux classiques : poule au pot, rougail saucisse, tête de veau...

LES ARMAGNACS PICHON-LONGUEVILLE

560, avenue de Briat
MAUVEZIN-D'ARMAGNAC
✆ 06 85 83 23 23
armagnacs-pichon-longueville.com
Visite et dégustation sur RDV. Boutique en ligne.

Avant de devenir propriété du baron Raoul de Pichon-Longueville en 1864, le domaine passa par les mains de diverses familles. Stéphane de Luze est l'un des descendants de celui qui sut si merveilleusement enrichir le savoir-faire traditionnel de l'armagnac. La sélection se porte sur le bas-armagnac la Blanche de Briat, 100 % folle blanche, exprimant pleinement la finesse aromatique du cépage ainsi que son parfait équilibre olfactif gustatif. Très belle étiquette.

ASTÉRIA

17, rue Notre Dame
✆ 06 03 88 91 43
www.tourisme-landesdarmagnac.fr
Ouvert tous les jours de 11h à 18h. Téléphoner avant de passer.

Pour les férus d'artisanat, venez à la rencontre de Christine Garnier, créatrice de luminaires design et artistiques en calebasse à Labastide-d'Armagnac. Depuis plus de 25 ans, cette artisan d'art aime donner vie aux matériaux pour créer de jolies lampes uniques, des créations propices aux rêves et à la détente grâce aux projections émises sur les murs. Vous pouvez venir visiter l'atelier et la salle d'exposition mais également participer à l'un de ses ateliers d'initiation à la fabrication, où on peut repartir avec sa création !

CHATEAU DE LACQUY

404, route de l'Armagnac - **LACQUY**
✆ 05 58 03 88 22
www.chateaudelacquy.com
Ouvert toute l'année. Visite et dégustation tous les jours, horaires variables. Boutique en ligne.

Elu meilleur producteur d'eaux-de-vie de vin au monde en 2022, l'armagnac a toujours été au cœur de cette superbe demeure transmise de génération en génération. Gilles de Boisséson, l'actuel propriétaire, représente la 10e génération. Le domaine s'étend sur 400 hectares, avec 22 hectares de vignes et 200 hectares de bois. Ce château est à ce jour la plus ancienne propriété familiale de l'appellation Armagnac. L'eau-de-vie produite est immédiatement mise en fûts de bois de chêne, placés pour son vieillissement dans un chai en pierre et terre battue datant de 1876.

DOMAINE D'ESPÉRANCE - CLAIRE DE MONTESQUIOU

320, chemin d'Espérance
MAUVEZIN-D'ARMAGNAC ✆ 05 58 44 85 93
www.armagnac-esperance.com
Accueil, visite et dégustation. Ouvert toute l'année (jours/horaires variables selon la saison). Gîte. École de cuisine.

Le bas-Armagnac landais est hautement reconnu pour sa qualité. Le Domaine d'Espérance, où l'excellence est de mise, ne déroge pas à la règle. Avec une grande gentillesse, Jean-Louis et Claire de Montesquiou font visiter le chai à vin et le chai d'armagnac avant une dégustation de leurs vins de pays : blanc « cuvée d'Or », rouge « Cuvée Rouge », rosé « Cuvée Rosée », ou de leur apéritif, floc de Gascogne blanc et rosé... Au milieu des vignes, les propriétaires ont aménagé un gîte.

DOMAINE DE LABALLE

Château de Laballe - **PARLEBOSCQ**
✆ 05 58 73 81 57
boutique.laballe.fr

Visite et dégustation mercredi et vendredi (10h-12h / 14h-18h). Samedi (10h - 13h). Également à L'Annexe (Capbreton).

Cette adresse fait partie de nos coups de cœur. Attachante et attachée aux traditions armagnacaises depuis 8 générations, la famille Laudet-Bastié distille et élève chaque année la précieuse eau-de-vie de bas-armagnac du Château Laballe. A découvrir : un blanc sec, issu d'un assemblage de colombard (60 %) sauvignon (25 %) et de gros manseng (15 %), un vin minéral aux arômes de fruits exotiques qui se conjuguera parfaitement avec de la viande blanche ou du poisson. Dégustation et vente au château, mais également à la boutique de Capbreton (4, rue des Resiniers).

EL CARPINTERO

Rue des Fossés
✆ 06 04 01 53 49
www.elcarpintero.fr

Ouverture de l'atelier sur demande (appeler avant). Tarif en fonction du modèle (pièces uniques). Espèces seulement.

Dans son atelier, ouvert sur demande, Laurent Carpintero se fera un plaisir de vous raconter l'histoire de ses couteaux. Cet artisan, artiste et créateur, est toujours en quête du ressort ou de l'inspiration apportés par de nouveaux matériaux. Chaque modèle est unique. Il se procure les parties métalliques à Thiers (capitale de la coutellerie) et procède à l'assemblage avant de passer à la partie la plus esthétique : le manche. Pour les gauchers ou encore les personnes ayant un handicap aux mains, ce coutelier est capable de réaliser LE couteau parfait !

MARQUART MINÉRAUX

33, route de Martinon
LAGRANGE
✆ 07 70 02 55 07

Ouvert du lundi au vendredi de 10h à 19h et le samedi de 10h à 13h.

Nicolas est un passionné de lithothérapie, de minéraux et de bijoux. C'est donc tout naturellement qu'il s'est lancé dans la vente de pierres fines, précieuses et la création de bijoux que vous pouvez retrouver sur sa page Facebook ou Instagram. Il pourra vous conseiller au mieux les pierres qui correspondent à vos besoins. Ses bijoux sont tous faits main et peuvent être personnalisés pour vous correspondre au mieux. Et même si vous n'êtes pas porté lithothérapie, les colliers, bracelets et boucles d'oreilles font de très beaux cadeaux à offrir et à s'offrir.

LE VÉLO LABASTIDIEN

12, Cours Maubec ✆ 06 30 12 62 10
www.levelolabastidien.com

Ouvert le mardi, mercredi, vendredi et samedi de 10h à 17h30. Vélo vintage : 8 € la 1/2 journée, 10 € la journée.

Joseph, passionné de deux-roues et de son territoire, vous accueille dans sa boutique et vous conseille sur le vélo adapté à vos envies. Tout près de la Voie Verte du Marsan et de l'Armagnac, enfourchez alors un VTC, un VTT, un vélo électrique ou même un vélo vintage pour partir en mode slow et rétro à la découverte des chemins forestiers, de la Scandibérique ou encore de la Chapelle des Cyclistes. Si besoin, Joseph vous suggère des circuits autour du patrimoine ou même de la gastronomie. Réparation de vélo, ainsi que pièces et accessoires à la vente sur place.

ESCAPE GAME AU CHÂTEAU GARREAU

Domaine de Gayrosse ✆ 05 58 44 84 35
www.chateau-garreau.fr

Sur réservation uniquement. Dès 6 ans. À partir de 15 € par personne (tarif dégressif). Non remboursable.

Élaboré par les professionnels de l'enseigne Fun Room de Mont-de-Marsan, ce jeu d'énigmes est une animation permanente du château Garreau. Vous êtes invités à vivre une expérience insolite et à mettre à profit vos talents d'enquêteurs pour retrouver la pièce perdue de l'alambic, qui permettra au Château Garreau de démarrer la distillation de son Armagnac. Le jeu ne nécessite aucune connaissance préalable pour venir à bout des énigmes. De 1 à 5 joueurs, le jeu dure 1 heure.

ARTHEZ-D'ARMAGNAC

Cette petite commune compte environ une centaine d'habitants, les Arthéziens. Elle est située dans la partie Est du département des Landes, à proximité du département du Gers. On y trouve la bastide d'Arthez, qui a été fondée par acte de paréage entre Jeanne d'Artois, veuve de Gaston de Foix, et Arnaud d'Ognoas en 1320. Le domaine départemental d'Ognoas distille chaque année quelque cinq cents hectolitres d'armagnac. La visite de sa bâtisse, datant de 1260, est conseillée. D'autres petites curiosités jalonnent la commune comme son moulin du XIXe siècle ou encore les vestiges du manoir des Templiers de Tampouy qui date quant à lui du XIVe siècle.

DOMAINE D'OGNOAS

1 043, route d'Ognoas
✆ 05 58 45 22 11
www.domaine-ognoas.com

Visites guidées et escape game (horaires en ligne). Dégustation et boutique ouverte toute l'année.

Vitrine du terroir landais, le Domaine d'Ognoas et ses 565 hectares en Bas-Armagnac produit l'armagnac AOC depuis 1905 et le floc depuis 1990. Les visites guidées vous feront découvrir le précieux breuvage disponible dans des millésimes plus ou moins vieux. Découvrez par exemple une eau-de-vie Moon Night dans sa bouteille « Little Pasha » ou un coffret-jeu « Dégustation mystère ». Des produits surprenants comme les chocolats permettent de faire connaissance avec l'armagnac. Le domaine possède le plus vieil alambic de Gascogne.

DOMAINE DE MAOUHUM

2495, route de Villeneuve - **LE FRÈCHE**
✆ 06 71 76 79 30
www.domainedemaouhumbyelle.fr

Ouvert du lundi au vendredi de 9h à 19h. Visite et dégustation.

Près de Mont-de-Marsan, partez à la rencontre d'une productrice d'armagnacs et de vins Côte de Gascogne blancs et rosés. C'est sur le terroir du Bas Armagnac Landais que Christelle Lasseignou exploite huit hectares de vignes. Elle propose des dégustations sur rendez-vous, dont son produit phare : l'apéritif AOP Floc de Gascogne, mélange d'un jus de raisin frais et d'un jeune armagnac. Son armagnac a d'ailleurs gagné la médaille d'argent au Concours Agricole de Paris en 2023. L'occasion de repartir avec quelques bouteilles en souvenir de votre séjour landais !

SAINT-JUSTIN

Du haut d'un promontoire, la bastide de la commune de Saint-Justin domine la rivière Douze et tous les alentours. En 1280, la vicomtesse Constance de Marsan signe avec les Chevaliers Hospitaliers de Saint-Jean-de-Jérusalem (futur Ordre de Malte) l'acte de partage fondant la bastide de Saint-Justin sans l'autorisation de leur suzerain duc d'Aquitaine et roi d'Angleterre. Les trois tours octogonales, le chemin de ronde longeant les remparts et la curieuse prison témoignent de ce passé guerrier. Un destin batailleur qu'elle partage avec sa voisine et longtemps rivale Labastide-d'Armagnac. Aujourd'hui, les fleurs ont remplacé les canons !

Histoire

Saint-Justin conserve son histoire de ville majeure pour le commerce et les échanges. En témoignent la Foire du 1er mai qui réunit chaque année de nombreux commerçants, ou encore le passage attendu en septembre de la Route de la Transhumance sur la place de la bastide. Saint-Justin témoigne du charme hérité de siècles d'histoire : place à arcades, maisons à pans de bois sculptés, demeures à fenêtres à meneaux, manoir romantique. Sa visite comprend une antique côte pavée, unique dans les Landes, des quartiers qui offrent leurs propres curiosités : églises classées, château de Fondat avec son parc planté d'essences rares. Il y règne un sentiment d'éternité et un léger parfum de nostalgie. La douceur de Saint-Justin en fait un petit paradis où il fait bon vivre.

LES ALLÉES €€

17, allées Gaston Phoebus
✆ 06 65 18 49 69
https://restaurantlesallees.com

Ouvert du mercredi au dimanche le midi, du mercredi au samedi le soir. Formule midi : 22,50 €. Réservation recommandée.

© LES ALLEES

Coralie Gauvrit et Antoine Latry se sont rencontrés dans les cuisines du Relais de la Poste à Magescq, avant de créer Pastis d'Armagnac. Depuis, ils se sont aussi installés dans une adresse emblématique de Saint-Justin, le genre d'endroit qui a une âme et une histoire à raconter. Ce qu'ils ont fait de l'ex-Café des Allées et des deux terrasses est superbe, convivial et élégant à la fois. Noix de Saint-Jacques snackées, mignon de veau, poulpe grillé... Le chef excelle dans la cuisson des poissons, et les desserts de Coralie sont tout simplement à tomber.

LANDES

LE CHATEAU DE FONDAT ★★★

Route de Créon d'Armagnac ✆ 06 21 52 16 50
www.chateaudefondat.com
Visite guidée à horaire variable l'été. Le reste de l'année sur RDV. Adulte : 8 €.

Au cœur des Landes, adossé à sa forêt de 44 ha, se trouve cet édifice romantique néo-Renaissance d'exception entouré par un grand parc (4 ha) et inscrit au titre des Monuments historiques. Lors de la visite en compagnie du propriétaire, vous découvrirez des éléments d'exception : une fontaine Médicis, un vivier datant du XVIIe siècle, un colombier du XVIIe siècle (en reconstruction), un chai à armagnac construit à la même époque et un sublime miroir d'eau. Le grand Pavillon style Médicis vaut également le détour ! Une belle balade hors du temps.

VISITE DE LA BASTIDE ★

✆ 05 58 44 86 06
www.tourisme-landesdarmagnac.fr
Visite guidée pour les groupes de +10 pers (adulte : 4 €). Sur réservation, toute l'année.

Fondée en 1280, la bastide de Saint-Justin a été une ville frontière chahutée. De son passé guerrier, elle conserve trois tours octogonales, le chemin de ronde généreusement fleuri longeant d'anciens remparts et une curieuse chambre d'arrêt. Toutes l'année sur réservation, les visites guidées (pour les groupes) sont l'occasion de découvrir la bastide ; une balade ponctuée de panneaux relatant l'histoire de la cité afin d'en apprendre plus sur ce phénomène de villes nouvelles au Moyen Age. Un livret de visite est aussi disponible auprès de l'Office de tourisme.

OFFICE DE TOURISME DES LANDES D'ARMAGNAC - BUREAU DE SAINT JUSTIN

23, place des Tilleuls ✆ 05 58 03 40 31
www.tourisme-landesdarmagnac.fr
Avril à juin et sept. à oct. lun. - ven : 10-13h ; 15-18h.Été : lun. - sam. 10-13h ; 15-18hSur rdv de nov. à mars.

Explorez la bastide du XIIIe siècle seul avec le parcours jalonné de panneaux explicatifs ou lors des visites guidées en saison. Découvrez aussi le Château de Fondat ou la cité jacquaire de Roquefort. L'office de tourisme donne des idées de balades à la découverte des quartiers et des églises. Retrouvez les « quillous », jeu traditionnel gascon, les mercredis à 17 h en saison. Le village est traversé par la Route de la Transhumance la 4e semaine de septembre.

FANTAISIES GASCONNES

2, place du Chêne Rond
✆ 05 58 03 24 72
Label Tourisme Gourmand. Le mardi et du jeudi au samedi de 10h à 12h30 et de 15h à 19h ; le dimanche de 9h30 à 12h30.

© FANTAISIES GASCONNES

Une halte gourmande sur la route des vacances ! Avec ses produits de terroir (plus de 1 500 références) comme le Floc de Gascogne, ses délices salés en bocaux, ses gourmandises sucrées comme le P'tit Landais, ses paniers garnis et ses idées de cadeaux, la boutique de Dominique et Georges Dejean porte bien son nom. L'adresse promet d'être un passage obligé pour prolonger le souvenir d'un séjour, mais aussi pour faire découvrir les Landes d'Armagnac à la famille et aux amis. Ici, on saura mieux que personne vous conseiller et vous parler de la région. Profitez-en !

LE CADET DE GASCOGNE €€

6, Allée Gaston Phoebus
✆ 05 58 51 84 59
www.le-cadet-de-gascogne.fr
Fermé mardi et mercredi. Ouvert tous les jours midi et soirs, sauf dimanche soir. Menu à 35 €. Formule midi : 19,50 €.

Sur la route de l'océan, Le Cadet de Gascogne constitue une étape idéale ! Il est recommandé de réserver, notamment si vous souhaitez profiter aux beaux jours de la jolie terrasse à l'ombre des érables. Aux fourneaux, le chef concocte une cuisine traditionnelle et généreuse, dans laquelle on peut retrouver les « classiques » landais autour du canard de la maison Lafitte. De plus, le service proposé est à la hauteur de la qualité des mets ! L'hôtel 3 étoiles propose neuf chambres rénovées et un copieux petit déjeuner.

PASTIS D'ARMAGNAC

15, allées Gaston Phoebus
✆ 06 27 24 43 70
Points de vente (Saint-Justin, Mont-de-Marsan, Cazaubon, Eugénie-les-Bain...) et vente directe sur les marchés.

Coralie Gauvrit et Antoine Latry revisitent le fameux pastis landais qu'ils confectionnent dans leur nouveau restaurant Les Allées, ce délicieux gâteau parfumé à la vanille et à l'Armagnac. Récompensés au concours saveurs Nouvelle-Aquitaine en 2022, ces deux passionnés de pâtisserie ont revisité la recette de grand-mère, réalisée avec des produits simples et de qualité (vanille importée de Madagascar). Vous trouverez ces pastis dans de nombreuses boutiques des alentours, notamment chez Fantaisies Gasconnes, ou encore sur les marchés. N'hésitez pas à tester !

VILLENEUVE-DE-MARSAN

Au cœur de l'Armagnac, Villeneuve-de-Marsan, capitale du terroir landais qui produit la plus réputée des eaux-de-vie, a su conserver ses traditions, en particulier ses fêtes patronales début août. En saison, elle est animée par les courses de vaches landaises et les *novilladas*. Elle compte des arènes de style mauresque et une église édifiée au début du XIVe siècle. Aujourd'hui, la ville conserve encore quelques vestiges de son passé comme la Tour crénelée, les arènes construites en 1911 et le marché couvert. Un parcours au départ de l'église vous permet de partir à la découverte du théâtre de verdure, du lavoir construit en 1820 et d'une fontaine.

OFFICE DE TOURISME DES LANDES D'ARMAGNAC - BUREAU DE VILLENEUVE DE MARSAN

181, Rue Grand'Rue
Ouvert mercredi matin : 10h-13h de Pâques à septembre. Ouvert mardi au samedi : 10h-13h et 15h-18h en juillet et août.

L'église Saint-Hippolyte, l'Alambic des Arts, les arènes, le circuit des lavoirs... Ce village plein de charme ouvre les portes des Landes d'Armagnac et se trouve sur la Scandibérique. Capitale du Bas Armagnac et de nombreux chais à la visite comme le Château de Ravignan à Perquie, le Domaine d'Ognoas à Arthez avec son parcours ludique Terra Aventura, aire de camping-cars gratuite, marché mercredis matins, l'un des plus beaux et derniers marchés au gras des Landes.

AU COEUR DES LANDES €

26, route du Marsan - **GAILLÈRES**
✆ 05 58 93 69 48
www.aucoeurdeslandes.fr
Ouvert toute l'année. Studios équipés à partir de 50 € (2 pers.). Demi-pension. Petit déjeuner : 6 €. Restauration.

Hôtel, appart-hôtel, restaurant, relais de Poste... Ce « multi-services » au cœur des Landes se situe sur la place de l'église de Gaillères. C'est un lieu comme le *Petit Futé* les aime, car il suffit à donner vie à ce village en proposant deux studios confortables et parfaitement équipés où les pèlerins en chemin vers Compostelle, par exemple, sont parfaitement reçus. Le restaurant n'étant pas ouvert le soir, Julien et Virginie ont pensé à tout puisqu'ils seront en mesure de vous proposer un dîner-plateau servi en chambre. Deux parkings gratuits jouxtent l'hôtel.

DOMAINE DE LASSAUBATJU €€

4, rue du Métier - **HONTANX** ✆ 05 58 03 23 01
www.armagnac-lassaubatju.com
Toute l'année. Chambre double : 88 €/nuit. Table d'hôtes. Bain bouillonnant. Initiation à la dégustation d'armagnac.

A 10 minutes de l'échangeur de l'A65, cette élégante demeure familiale du XIXe siècle vous attend au cœur du village d'Hontanx. A gauche, le chai et la boutique de Véronique et Frédéric Blondeau, propriétaires du domaine de Lassaubatju, certifié en agriculture biologique en Armagnac pour ses spiritueux, armagnacs et apéritifs. A l'arrière, vous trouverez le parc, sa magnifique piscine et le spa. Côté hébergement, un charmant gîte avec jardin privatif ainsi que trois chambres d'hôtes au mobilier d'époque sont proposés : l'Ortolan, la Rapière et la Part des Anges.

GÎTE MACHAXJU €€€

4, rue du Métier
HONTANX
✆ 05 58 03 23 01
www.armagnac-lassaubatju.com
Ouvert toute l'année. Pour 2 personnes. A partir de 120 €/nuit. Bain bouillonnant.

Ce pigeonnier datant du XIXe siècle a été transformé en gîte par Véronique et Frédéric Blondeau, viticulteurs et propriétaires du Domaine de Lassaubatju. Aménagé pour un couple, les matériaux utilisés et certains critères en font un gîte Bacchus. Tout ici évoque la vigne, son travail et l'art d'apprécier le breuvage inimitable qu'est l'armagnac. L'accès à la chambre située en mezzanine se fait par une échelle de meunier. Vous aimerez profiter du confort moderne au milieu des pierres et des poutres apparentes. Autres points forts, la magnifique piscine et le spa.

AU COEUR DES LANDES €

26, route du Marsan - **GAILLÈRES**
✆ 05 58 93 69 48
www.aucoeurdeslandes.fr
Du lundi au samedi le midi. Menu complet du midi : 15,90 €. Terrasse. A emporter. Bar. Hôtel. Epicerie. Relais de Poste.

Julien, le chef, et Virginie (en salle) font vivre la place du village de Gaillères depuis plus de 10 ans avec leur appart-hôtel - bar - épicerie - relais de Poste et restaurant ! Non loin de l'étang de Sainte-Foy, Au cœur des Landes est un établissement qui affiche souvent complet. Ici, tout commence (en général) par le buffet de hors-d'œuvre puis le copieux plat du jour cuisiné en fonction du marché et des saisons : émincés de volaille à la crème, paupiette de bœuf sauce bordelaise, rôti de porc au cidre ou encore filet de merlan basquaise... Pensez à réserver !

DOMAINE DE LASSAUBATJU

4, rue du Métier - **HONTANX** ✆ 05 58 03 23 01
www.armagnac-lassaubatju.com
Ouvert tous les jours de 9h à 17h (Appeler avant de passer). Boutique en ligne. Livraison. Gîte et chambres d'hôtes.

En plein cœur du Bas-Armagnac, ce chai au sol en terre battue est le chai du Domaine depuis son origine au XIXe siècle. Lors de la visite, on vous expliquera le travail de la vigne et de la distillation. La grande pièce où trônent les différentes bouteilles renfermant l'armagnac et les apéritifs à base d'armagnac jouxte la cave où sont entreposés les tonneaux contenant des millésimes anciens. Les Bas-Armagnac du Domaine de Lassaubatju, à la fois puissants et légers, parfumés et fruités. À consommer bien sûr avec modération. Trois chambres d'hôtes sont proposées.

DOMAINE DE MARQUESTAU

1095, route de Marquestau - **HONTANX**
✆ 05 58 03 10 44
https://marquestauandco.com
Menu déjeuner à 18 euros le jeudi et vendredi. Brunch buffet à 42 euros.

Riche d'un siècle de production d'Armagnac d'exception, le domaine de Marquestau est un lieu hors du commun. En plus de sa vocation vinicole, cette ancienne ferme gasconne magnifiquement rénovée abrite une table et une boutique où trouver les meilleures productions maison. C'est dans l'ancienne étable, remise au goût du jour, que se tiennent chaque jeudi et vendredi des déjeuners plus que gourmands. Le chef Sylvain Mauran y concocte un menu frais et de saison des plus savoureux ! À ne pas manquer également les brunchs en buffet de l'étable le dimanche !

LE CAFÉ DES ALLÉES €€

44, allée Haussez
✆ 09 70 35 97 68
www.le-cafe-des-allees.com
Du mardi au mercredi (8h-0) ; le vendredi et le samedi (8h-2h) ; le dimanche (8h-15h). Formule du midi : 16,50 €.

© LES ALLEES

Au Café des Allées, Cyril et Angélique connaissent bien les habitués. Il y a ceux qui viennent pour le café du matin, pour déjeuner, pour un verre dans la journée... N'y voyez pas qu'un simple bar-restaurant traditionnel. C'est une adresse où il fait bon vivre et bien manger. Ici, pas de chichis, mais on se régale avec le menu du jour ou la carte (tartare de bœuf, tête de veau sauce gribiche, moelleux au chocolat Diogo Vaz...). Le chef compose lui-même la carte des vins qui sont minutieusement sélectionnés. Le plus ? Le lieu a intégré un coin PMU en 2024.

DOMAINE DU BERDET

768, route des Couloumats
BOURDALAT
✆ 05 58 03 10 51
https://domaineduberdet.fr/
Boutique ouverte de 10h à 17h, tous les jours sauf dimanche. Horaire des visites variables.

Ce domaine est tenu par la même famille depuis plus de 70 ans. Animé par la passion de l'excellence, Thierry et Isabelle cultivent 50 hectares de vignes pour produire leurs différents Armagnacs, dont la plupart sont médaillés. En complément de leur production, ils proposent des visites du domaine à pied ou en remorque, des dégustations d'Armagnac et de produits locaux... Ici, on aime la bonne chère et on aime surtout la partager ! D'ailleurs, le domaine est membre de l'association France Passion et propose ainsi une aire de camping-car gratuite.

LANDES

DOMAINE DE MARQUESTAU €€

1095, route de Marquestau
HONTANX
✆ 05 58 03 10 44
https://marquestauandco.com
Ouvert le jeudi, vendredi et dimanche le midi et le samedi soir.

C'est dans l'ancienne étable rénovée avec soin que le domaine de Marquestau a ouvert son restaurant : l'éTable. Chaleureux et convivial, le lieu peut se louer pour des événements, mais on aurait tort de ne pas y aller pour un repas bien pensé par le chef Sylvain Mauran. À l'heure du déjeuner, un menu gourmand est proposé mettant en avant des produits locaux, frais et de saison. Des soirées gastronomiques et des brunchs sous forme de buffet sont également régulièrement organisés. Un délice ! Ce qui a retenu notre attention ? La créativité et le cadre !

© MARQUESTAU

© MARQUESTAU

Ô CHAMPS

1120, avenue des Pyrénées
✆ 05 58 79 67 61
Bienvenue à la Ferme. Ouvert du mercredi au samedi de 9h30 à 12h30 et de 16h à 19h.

Ce magasin est le fruit du travail de sept producteurs des communes autour de Villeneuve-de-Marsan. Afin de consommer « responsable », vous y trouverez des fruits et des légumes de saison, de qualité et cultivés selon des pratiques « vertes ». On vous y propose aussi de l'Armagnac, du vin, des truites, des volailles et canards gras ou encore des produits en provenance du Pays Basque comme des biscuits salés artisanaux (fromage de brebis tomate/oignon, au piment d'Espelette...). Des journées de dégustation sont organisées pour découvrir tous ces produits locaux !

ETANG CLASSÉ DE SAINTE-FOY

Route de l'étang - **SAINTE-FOY**
✆ 05 58 03 40 31
www.tourisme-landesdarmagnac.fr
Accès libre. Barbecue, jeux pour enfants, espace pétanque.

Lieu privilégié pour la pêche (réglementée), l'étang classé de Sainte-Foy est un site naturel, sauvage et pittoresque. Vous y trouverez des tables de pique-nique, un barbecue, des jeux pour enfants, une aire de pétanque, des parcours d'orientation avec 12 parcours répartis en 3 niveaux de difficulté. De 0,9 km à 2,1 km, ils sont accessibles à tous en 30 minutes à 1 heure. Le four à pain que vous pourrez admirer a été principalement réalisé par des bénévoles de la commune en 2021.

ÉTANG DE MASSY

Chemin de Massy
GAILLÈRES
www.tourismelandes.com
En accès libre. Aires de pique-nique, jeux pour enfants, itinéraires de randonnée balisés, parcours botanique.

Peu fréquenté, le site de l'étang de Massy est pourtant superbe. C'est un lieu de pêche (entre avril et octobre), mais aussi de balades digestives, dominicales ou plus sportives grâce à des parcours dédiés à la course d'orientation de 1 km à 3,5 km. Il y a encore un parcours de découverte botanique. Notez aussi que les sites naturels de Gaillères sont partiellement inclus dans une zone naturelle d'intérêt écologique, faunistique et floristique. À pied ou à vélo, le circuit des étangs fait 6,6 km et le circuit des Airials fait 6 km. De belles photos en perspective.

LANDES

ORGANISER SON SÉJOUR

Il n'a jamais été aussi simple de se rendre et de se déplacer dans les Landes. Le département est encadré par deux aéroports au nord et au sud, en Gironde à Bordeaux et dans le Pays basque à Biarritz, à seulement quelques kilomètres. Le trajet en TGV entre Paris et Bordeaux prend deux heures, puis un réseau TER et des lignes de bus permettent de rejoindre les Landes en peu de temps. Dans cette partie du guide, vous trouverez toutes les informations essentielles pour rendre votre venue plus pratique et plus simple. Comment se déplacer ? Comment venir ? Comment s'informer ? Autant de questions basiques, mais indispensables, pour préparer au mieux son séjour ! S'installer plusieurs jours à un point stratégique puis rayonner autour, découvrir le département en itinérance à vélo ou en van ou alterner séjour sportif, naturel et culturel... Les Landes se prêtent à tous types de voyage, libre à vous de composer celui de vos rêves !

S'Y RENDRE

Les Landes sont facilement accessibles, notamment avec un réseau qui ne cesse de se développer. Avec ses deux aéroports, celui de Biarritz-Pays basque et de Bordeaux-Mérignac, dans les départements voisins, qui permettent de voyager à 1h30 en moyenne des grandes villes françaises et des capitales européennes. En train ensuite, avec la gare Saint-Jean qui relie Bordeaux et la capitale en 2h, sans oublier la gare de Biarritz et celle de Mont-de-Marsan via les TER. Les compagnies *low cost* (Ouibus, Blablabus, Flixbus...) permettent elles aussi de relier les principales villes en car : Paris, Lyon, Marseille, Toulouse avec des voyages, même de nuit, dans le plus grand confort. Pour rejoindre Bordeaux, Mont-de-Marsan ou Biarritz en voiture, les plus téméraires viendront via l'A10 en partance de La Rochelle ou Paris (comptez tout de même 6 à 8h de trajet pour cette dernière !), via l'A64 en partance de Toulouse et Pau, ou l'A89 en partance de Lyon.

SNCF CONNECT

www.sncf-connect.com

Le site et l'application SNCF Connect vous permettent d'organiser tous vos voyages. Pensez à réserver vos billets de train en avance, afin de les obtenir au meilleur prix ! Vous pouvez également acheter des cartes de réduction qui valent le détour : par exemple, la carte Avantage Adulte à 49 € permet de bénéficier de 30 % de réduction sur vos voyages, ainsi que d'une réduction supplémentaire pour les enfants accompagnants. Elle est généralement rentabilisée dès le premier trajet. Voilà une manière de se déplacer et de voyager de manière plus responsable.

SNCF TER NOUVELLE-AQUITAINE

✆ 0800 87 28 72

www.ter.sncf.com/nouvelle-aquitaine

Accueil téléphonique du lundi au vendredi de 6h30 à 19h30 ; samedi de 8h30 à 18h30 ; dimanche et fêtes de 13h30 à 19h30.

TER Nouvelle-Aquitaine permet d'adapter sa façon de voyager à son budget grâce à différents abonnements à la semaine, au mois ou à l'année, et à des tarifs préférentiels. La carte MODALIS (TER, tram et bus du réseau TBC) offre par exemple jusqu'à 75 % de réduction sur un trajet déterminé et des voyages illimités. La carte Avantage Jeune permet de bénéficier pendant un an de 30 % de réduction tous les jours sur tous les trajets. Accueil téléphonique accessible 7j/7.

AÉROPORT BIARRITZ-PAYS BASQUE

7, esplanade de l'Europe - **ANGLET / ANGELU**

✆ 05 59 43 83 83

www.biarritz.aeroport.fr

6 parkings accessibles 24h/24, 7j/7. Location de véhicules et de salles. Boutiques, dab et restaurants.

C'est le 2ème aéroport de la Région Nouvelle-Aquitaine en trafic passagers. Avec 6 parkings, une gare routière, un centre d'affaires, plusieurs boutiques et restaurants à la terrasse du hall de départ ou en salle d'embarquement. Près de 20 destinations directes desservies par 9 compagnies aériennes (Air France, Transavia, Easyjet, Ryanair, Volotea, Swiss, Luxair, Lufthansa, SAS) : Paris, Lyon, Marseille, Ajaccio, Bastia, Amsterdam, Londres, Dublin, Copenhague, Bruxelles, Stockholm...

AÉROPORT DE BORDEAUX

MÉRIGNAC

✆ 05 56 34 50 50

www.bordeaux.aeroport.fr

Commerces et services. Bureau de change. Parkings. Service voiturier. Hôtels à proximité.

La Guadeloupe, Vérone, Funchal, Munich... Voici quelques-unes des destinations accessibles au départ de Bordeaux. Au total, vous pourrez partir vers près de 90 villes, principalement en France et en Europe. De nombreuses destinations sont proposées en *low cost* depuis le terminal Billi. L'aéroport de Bordeaux est très bien desservi, notamment depuis l'arrivée du tram A qui vous conduira jusqu'au centre-ville de Bordeaux en 35 minutes ou jusqu'à la gare Saint-Jean avec un changement à Porte de Bourgogne. Un nouveau parc abrité pour les deux-roues motorisés a ouvert.

SÉJOURS ET CIRCUITS

Bénéficiant d'une position géographique exceptionnelle, entre terre et mer, les Landes sont un formidable terrain de jeux pour tous, seul, en famille ou entre amis ! La diversité des paysages permet d'en découvrir toutes les richesses au gré de nombreuses thématiques. Ainsi, il existe une multitude de circuits que l'on soit à pied, à vélo ou en van ! Pour un séjour nautique, sportif, gastronomique et culturel, partez à la découverte de la côte depuis le nord à Biscarosse ou Mimizan jusqu'au sud à Tarnos, à la frontière du Pays Basque. Pour des découvertes historiques, traditionnelles, gourmandes et festives, rendez-vous dans les terres pour une escapade haute en couleurs. Quelques bons plans vous attendent ici pour préparer au mieux votre séjour. Faites confiance au Petit Futé pour vous guider d'adresses gourmandes en adresses pratiques en passant par les hébergements et les activités de loisirs.

AQUITAINE TOURISME

26, impasse de la Joncasse (bât 2)
BEYCHAC-ET-CAILLAU ✆ 06 03 18 83 83
www.aquitainetourisme.net
Agence réceptive enregistrée à l'Office de Tourisme de Bdx et référencée auprès du Comité Régional du Tourisme de Bdx.

Parcs de loisirs, week-ends à la neige, croisières fluviales… Née au cœur du territoire en 1998, *Aquitaine Tourisme* vous propose des séjours & excursions «clé en main» en Nouvelle-Aquitaine et en France. La force d'Aquitaine Tourisme réside dans la conception de programmes personnalisés, étudiés pour vous et par vous, sur des thèmes variés : culture & patrimoine, terroir & gastronomie, vignoble & océan, activités sportives & insolites, bien-être & thalasso… Demandez l'expertise de Graziella et laissez-vous conseiller par Jean-Luc !

DECATHLON TRAVEL

✆ 04 85 80 03 54
www.decathlontravel.com

Cette plateforme digitale, lancée par la célèbre enseigne, a été créée en 2021. Elle propose près de 700 séjours sportifs, sur 60 destinations, en France et à l'étranger. Que l'on soit féru de sport ou débutant, une multitude d'activités sont proposées, de la découverte du VTT électrique aux séjours « aventure » (stage de survie, bivouac, bushcraft) en passant par la plongée et la spéléologie. Decathlon Travel est également très impliquée dans le tourisme responsable et solidaire. De nombreux voyages bas carbone sont ainsi disponibles sur le site.

QUOTATRIP

41, rue de Babylone
www.quotatrip.com
Tarifs : devis sur demande en ligne.

QuotaTrip est une plateforme de réservation de voyage en ligne qui met en relation des voyageurs à la recherche d'expériences authentiques et uniques, et des agences de voyages locales sélectionnées pour leurs compétences et leur sérieux. Le réseau de QuotaTrip couvre près de 200 destinations dans le monde entier. Le but de ce rapprochement est simple : proposer un séjour entièrement personnalisé aux utilisateurs. QuotaTrip promet ainsi l'assurance d'un voyage serein, sur mesure, sans intermédiaires et sans frais supplémentaires.

VOYAGES SARRO

3, place Charles de Gaulle - **BAYONNE / BAIONA**
✆ 05 58 73 01 00
www.voyages-sarro.com
Excursions thématiques : shopping à Ibardin, carnaval de Menton et Fête des Citrons, etc. 4 agences en Aquitaine.

Voyages Sarro est un autocariste qui compte un effectif de 70 personnes et une flotte d'une cinquantaine de véhicules de transport collectif de 4 à 78 places à Bayonne, Peyrehorade et Mont-de-Marsan. Fort d'une expérience de plus de 70 ans, il s'affirme aujourd'hui comme un prestataire de services complet en matière de transport de voyageurs (séjours, circuits, voyages à la place ou voyages organisés dans le plus grand confort). Salon de l'agriculture, festival de danse de Tossa, carnaval de Venise, de Tarragone et de Cunit, réveillon du Nouvel An à Salou, etc.

SE DÉPLACER

Se déplacer sur la côte aquitaine n'aura jamais été aussi facile, avec un réseau de transports qui ne cesse de se développer. Les cars Régionaux Nouvelle-Aquitaine en sont le parfait exemple avec de nombreuses lignes qui relient notamment Bordeaux, Mont-de-Marsan et Biarritz, entre autres, et permettent, outre la côte aquitaine, de circuler dans l'ensemble de cette grande région. Economiques et bien implantés dans chaque territoire, des réseaux urbains permettent également de se déplacer plus facilement dans les communes de la Gironde, des Landes et du Pays basque. Le Petit Futé vous accompagne dans vos déplacements sur l'ensemble du terroir. Retrouvez ainsi les principaux réseaux de bus, mais aussi des agences de location de véhicules pour circuler en voiture, en van ou en deux-roues motorisés. Sans oublier les vélos, bien sûr ! La côte aquitaine s'y prête bien volontiers. Prêt à visiter ?

TRANSPORTS EN NOUVELLE-AQUITAINE

BORDEAUX
✆ 09 70 87 08 70

Ticket à l'unité (2h) : 2,50 € ; ticket A/R (dans la journée) : 4,50 €. Autres tarifs et abonnements : voir le site.

En Gironde, le réseau est constitué de 48 lignes de cars interurbaines desservant 270 communes et de 5 lignes touristiques organisées en intermodalité avec les réseaux urbains de transport TBM (Bordeaux Métropole), Calibus (Libournais), Baïa (Bassin d'Arcachon) et le réseau TER Nouvelle-Aquitaine. Les voyageurs bénéficient de véhicules confortables et climatisés, d'un service d'information en temps réel, et d'une tarification unique quel que soit le trajet ou la distance.

TRANSPORTS MARSAN AGGLOMÉRATION

245, avenue du 34e Régiment d'Infanterie
MONT-DE-MARSAN ✆ 05 58 45 04 26
www.bustma.com

Ouvert du lundi au vendredi de 9h à 12h30 et de 14h à 17h30 et le samedi de 9h à 12h30.

Les 6 lignes urbaines fonctionnent du lundi au samedi (hors jours fériés et Fêtes de la Madeleine) de 6h35 à 19h48 (variable selon les lignes), sans oublier une navette gratuite dans le centre-ville du lundi au samedi de 7h30 à 19h (toutes les 20 minutes). Un service de transport à la demande adapté pour les personnes à mobilité réduite est proposé. Les plans et horaires sont disponibles à l'agence Tma, sur le site internet, à l'office de tourisme et sur l'appli mobile MyBus.

TXIK TXAK

10, chemin de la Marouette - **BAYONNE / BAIONA**
✆ 05 47 75 76 64
https://www.txiktxak.fr/

Enfants -6 ans gratuit à l'année. Location VAE 45€/mois. Ticket 1 voyage 1,30€, 10 voyages 9,90€. 1 aller = 1 voyage.

Bus, Tram'bus, car interurbain, VAE, ou transport à la demande : avec TXIK TXAK, on bouge ensemble de manière plus pratique, plus économique et surtout bien plus écologique. Quels que soient nos envies et nos besoins, il y a forcément une solution TXIK TXAK qui nous convient. Prenons de nouveaux réflexes avec TXIK TXAK au quotidien. Un site web et une application unique nous permettent de suivre en temps réel le passage des bus, toutes les infos trafic, également de calculer notre itinéraire ou encore de réserver notre transport à la demande !

AVIS LOCATION

Boulevard du Commandant Passicot
SAINT-JEAN-DE-LUZ / DONIBANE LOHIZUNE
✆ 05 59 26 76 66 - https://www.avis.fr/

Ouvert du lundi au samedi de 9h à 13h et de 14h à 17h. Grand choix de véhicules. Retour disponible 24h/24.

Parmi les très nombreuses agences de location de véhicules, celle de Saint-Jean-de-Luz, située face à la gare, dispose d'une large gamme de véhicules, avec des offres promotionnelles toute l'année. De la citadine électrique à la compacte séduisante, d'une berline élégante, voire cabriolet ou décapotable pour découvrir les routes sinueuses du Pays Basque, ou encore un monospace spacieux pour emmener votre, l'agence adaptera la meilleure offre à votre demande, car on est ici chez Avis, une enseigne internationalement reconnue pour ses prestations sur-mesure.

BLUEBIRD VTC

BORDEAUX

✆ 06 50 25 29 08

www.bordeaux-chauffeur-prive.com

Service de chauffeur VTC (24 heures sur 24 et 7 jours sur 7).

Bluebird est un regroupement de VTC pour le transport de personnes. Et les maîtres mots sont élégance, bienséance, proximité et gain de temps. Ces chauffeurs privés sont aux petits soins de leurs clients. Leurs prestations sont nombreuses : voyages, séminaires, mariages, événements, rendez-vous professionnels, transfert aéroport/gare, etc. Les chauffeurs choisissent le meilleur itinéraire en anticipant et optimisant votre temps. Ils offrent 24 heures sur 24 et 7 jours sur 7, une large gamme de véhicules, de la berline au van, pour transporter de 1 à 8 passagers.

À BICYCLETTE 40

69, avenue du Marensin - **LIT-ET-MIXE** ✆ 06 30 97 93 99

www.abicyclette40.fr/

Accueil vélo. Ouvert toute l'année. Livraison possible. Réparation et vente. VTC-VTT adulte : 16 €/jour, 50 €/semaine.

Juste à côté du musée A bicyclette 40, initiative personnelle de Pierricq Vincent, se trouve son atelier-boutique de réparation, vente et location de vélos. VTC, VTT, vélo électrique, tandem, remorque et siège pour les enfants... Vous avez la possibilité de louer votre monture à l'heure, à la demi-journée, à la journée comme pour 3 semaines. Les tarifs sont dégressifs. Près de 130 vélos sont ainsi disponibles pour arpenter les nombreuses pistes cyclables du coin. A la vente, vous trouverez une large gamme de vélos et accessoires. Atelier de réparations sur place.

E-BIKE & CO

208, route des Lacs - **SAINT-JULIEN-EN-BORN**

✆ 05 58 42 75 12

www.e-bikeandco.com

Tte l'année. Hte saison : lundi-samedi 9h30-18h30 ; dimanche 9h30-12h30. VTC dès 11 €/jour, circuits, vélositting.

E-bike & Co a débarqué dans les Landes en avril 2022 avec ses vélos musculaires et à assistance électrique en location. Le magasin propose des circuits de visite pour découvrir les alentours. Vous pourrez également louer un e-skateboard ou une e-trottinette pour faciliter vos déplacements et rider les cheveux au vent. Ils ont aussi des triporteurs. Le tout est disponible à la vente. Toute l'année, l'équipe assure encore la réparation et le vélositting de vos montures de vacances en toute sécurité. Autres boutiques à Bias et Mézos.

JOE BIKE

119, avenue des Tisserands - **HOSSEGOR**

✆ 05 58 41 75 41

www.joebike.fr

Ouvert toute l'année. L'été, tous les jours : 9h30-12h30/14h30-19h. Autres agences à Capbreton, Seignosse, Moliets.

Experts de la location de vélos, les agences Joe Bike se situent un peu partout dans les Pyrénées, au Pays Basque et dans les Landes : 3 points de location à Capbreton, 2 à Hossegor et Seignosse et un à Moliets-et-Maa. Choisissez le vélo qui vous convient entre VTT, vélo de ville ou de route, *big bike* ou encore vélo électrique, puis partez à l'aventure à travers les chemins landais ! Joe Bike propose également des activités organisées comme des sorties thématiques et plusieurs services : réservation en ligne, livraison de vélos à domicile, assistance dépannage...

LOISIRS BOULEVARD

543, boulevard d'Arcachon - **BISCARROSSE**

✆ 05 58 78 33 63

www.location-velos-biscarrosse.com

Ouvert tous les jours d'avril à fin octobre de 9h30 à 13h et de 14h à 19h (hors période sur rdv). Tarifs en ligne.

Chez ce spécialiste du vélo, vous n'aurez que l'embarras du choix : VTC, VTT, e-bike, cruiser californien, tandem, vélo pour enfant... *Loisirs Boulevard* assure aussi la vente et la réparation de vos deux-roues. Autres points de location : camping Campéole *Le Vivier* (Biscarosse-Plage), camping *Le Bimbo* (Biscarosse-Lac), *Slow Village* (Maguide), résidence Pierre et Vacances *Domaine de Gascogne*, camping Campéole Navarrosse et Port Navarrosse. Et dans les hébergements partenaires ! Réservation en ligne et possibilité de livraison du matériel sur votre lieu de séjour.

TANDEM MX40

Route de choux - **MORCENX-LA-NOUVELLE**

✆ 06 49 47 09 26

https://le-tandem-1.jimdosite.com

Ouvert toute l'année. Location de vélos. Randonnées à vélo. Atelier de réparation. Magasin d'équipement de vélos.

Plus qu'un loueur de vélos (et de structures gonflables)... A 6 km de la Réserve nationale d'Arjuzanx, Tandem MX40 est le partenaire de vos sorties en VTT ou vélo électrique. L'équipe vous propose ainsi des forfaits allant d'une heure (8 euros pour un VTT adulte) à plusieurs jours (180 euros pour 21 jours). Mais Tandem MX40 vous accompagne aussi pour découvrir les alentours avec de chouettes randonnées à vélo (bien sûr) : sortie nocturne autour du lac d'Arjuzanx, sunset beach plage de Contis avec pique-nique et retour en véhicule (70 euros), etc.

S'INFORMER

Outre les quotidiens et les hebdomadaires traditionnels de la presse régionale comme Sud-Ouest ici, des médias plus spécifiques de la presse landaise en passant par la télévision et la radio vous permettront d'en connaître davantage sur l'actualité locale à l'image des radios Fréquence Grands Lacs à Biscarosse, Wave Radio à Hossegor, Côte Sud à Seignosse ou encore du magazine lifestyle Slowly. France 3 du réseau national France Télévision, RFM, etc. témoignent de la grande diversité d'informations locales. Les relais et correspondants locaux œuvrent sur le territoire afin que rien ne soit laissé de côté. S'informer passe aussi par les offices de tourisme et les mairies qui donnent la programmation des événements, activités et manifestations. Et c'est sans compter sur les très nombreux ouvrages se référant à ce généreux territoire. Le Petit Futé est l'un des plus exhaustifs, avec une mise à jour constante sur son site.

DESTINATION FRANCE

3, rue Chateaubriand
CHAMALIÈRES
https://shop-vasco.com/
7,95 €. Abonnement à 59 € pour 2 ans.

Il y a Paris, bien sûr, la côte basque, la Gironde, la Provence et la Côte d'Azur, les châteaux de la Loire, les massifs montagneux en été comme en hiver, mais aussi des destinations moins connues, et pourtant tout aussi magiques... Notre patrimoine, nos paysages, notre gastronomie, nos vins, notre art de vivre attirent toujours autant de visiteurs étrangers. Quant à nos régions, elles constituent la principale destination touristique de nos compatriotes. En ce sens, *Destination France* s'adresse aussi bien aux lecteurs français qu'aux touristes étrangers.

DETOURS EN FRANCE

✆ 01 43 23 45 72
www.detoursenfrance.fr
6,50 €. Abonnement à 4,10 €/mois. Autres tarifs.

Depuis 1991, *Détours en France* est l'un des rares magazines (bi-média) tourisme et évasion, consacrés aux régions de France. Titre de référence sur son secteur, *Détours en France* invite ses lecteurs à chacun de ses numéros, à partir à la découverte ou la redécouverte d'un petit bout de France à travers son patrimoine culturel, avec des idées de balades, des itinéraires ainsi qu'une sélection de bonnes adresses (hôtels, restaurants, artisanat, produits locaux, etc.). Sans oublier les pages shopping, livres, etc. A consommer sans modération.

ECHAPPEES BELLES

8, rue Buffon - **CLERMONT-FERRAND**
✆ 04 73 14 03 00
https://turbulences.aboshop.fr/
7,50 €. Abonnement de 19,50 € à 39 € pour 6 numéros (18 mois).

Inspiré de l'émission éponyme sur France 5, le magazine *Échappées Belles* met en lumière la rencontre et la découverte de l'autre par le voyage. Curiosité, tolérance, partage et respect des cultures sont les valeurs clés de ce trimestriel. Avec la participation des animateurs Sophie Jovillard, Ismaël Khelifa et Jérôme Pitorin, *Échappées Belles* fait découvrir de superbes destinations en France et dans le monde, via de nombreuses rubriques dédiées au patrimoine, à l'artisanat, à la gastronomie et à la nature. A retrouver en kiosque et sur www.turbulences-presse.fr

FRANCE 3 NOUVELLE-AQUITAINE

136, rue Ernest Renan
BORDEAUX
✆ 05 56 01 38 38

France 3 Nouvelle-Aquitaine vous permet de rester connecté à l'actualité de votre ville ! C'est l'une des 24 antennes de *France TV*. Depuis sa création en 1962, elle émet depuis Bordeaux, mais couvre aussi la région Nouvelle-Aquitaine, soit plus de 6 millions d'habitants ! Plusieurs éditions locales sont diffusées selon votre lieu d'habitation : Bordeaux, Mont-de-Marsan ou encore Bayonne. Les événements sportifs locaux sont parfois diffusés. L'information au plus près de la vie locale !

JUNK PAGE

✆ 05 56 52 25 05
www.junkpage.fr
Mensuel gratuit diffusé dans 1050 lieux. Abonnement payant en version papier dans votre boîte aux lettres.

Promouvoir la culture en Nouvelle-Aquitaine, c'est le défi de la rédaction de *Junk Page*. Depuis 2013, l'équipe de journalistes parcourt la région de festivals en expositions, spectacles, conférences et artistes de tout horizon. Chaque mois, ce magazine culturel indépendant basé à Bordeaux met en avant les arts sous toutes ces formes à travers de passionnants reportages et interviews. Vous trouverez également des rubriques autour du patrimoine, de la gastronomie et de l'urbanisme. Une version numérique est également téléchargeable sur le site internet.

RMC INFO

PARIS (15e)
https://rmc.bfmtv.com/

Talk-shows et interactivité permanente, RMC Info fait reposer une bonne partie de sa grille sur ces deux piliers. Outre l'actualité, la station propose une grille de programmes variée allant de la vie pratique (maison, auto, internet…) au monde du poker en passant par les rendez-vous bien connus comme les matinales *Charles Matin* ou *Apolline Matin*, présentées par Charles Magnien et Apolline de Malherbe. RMC Info, c'est aussi la radio n° 1 sur le sport dont le football avec des dizaines d'heures d'antenne chaque semaine et des créneaux animés par d'anciens sportifs.

SUD OUEST

19, rue Roussanes
AGEN
✆ 05 47 49 01 50
www.sudouest.com
Parution quotidienne.

« Sud Ouest » traite de l'actualité nationale, régionale et départementale, avec des pages consacrées au Lot-et-Garonne portant sur les principales villes du département. Ainsi, Agen, Marmande, Villeneuve-sur-Lot, Nérac et Tonneins possèdent leurs articles dédiés. L'information générale et les nouvelles locales indispensables sont traitées, l'actualité quotidienne est passée au crible. Le samedi, le *Mag Sud Ouest* est distribué avec l'édition classique. Quant au dimanche, le journal propose deux suppléments : « Version Femina » et le magazine télé « Diverto ».

TVPI

137, avenue de Jalday - **SAINT-JEAN-DE-LUZ / DONIBANE LOHIZUNE** ✆ 05 59 31 28 15
Chaîne de télévision locale en Pays Basque et Sud Landes (TNT 30). Toute l'actualité locale du Pays basque.

Chaîne de télévision locale permanente, diffusée sur la TNT en immersion dans le Pays Basque et dans les Landes, *TVPI* est également sur le web. La vie de la région, ses traditions, ses passions, sa gastronomie, ses artisans... sont présentées dans des formats reportages ou magazines. Ainsi, vous pourrez assister aux compétitions de pelote basque, aux principaux événements, sportifs, culturels, aux Fêtes de Bayonne, ou encore aux championnats de surf. La chaîne diffusée 24h/24 est désormais en association avec le groupe de presse quotidienne Sud Ouest (GSO).

M RADIO (95.5 FM)

ANGERS ✆ 36 18
www.mradio.fr
Angers : 95.5 FM - Bordeaux : 88.5

Numéro 1 sur la chanson française : aucun problème de quotas donc avec cette programmation française mais très large, allant de Soprano à Étienne Daho en passant par Jenifer, Jérémy Frérot, Laurent Voulzy ou Renaud. Les auditeurs de M Radio peuvent même « personnaliser » leur programmation grâce aux différents programmes de sa webradio : « M Radio Fitness » pour des musiques qui bougent, « M radio nouveautés » et même « M Radio 100 % Johnny » ! Parmi les animateurs stars de la saison : Vincent Cerutti, Alexandre Devoise ou encore Julie Keukelaere.

WIT FM

51, rue des Terres-Neuves
BÈGLES
www.witfm.fr
Fréquences FM (Arcachon : 101.0 ; Bordeaux : 100.8 ; Lacanau : 99.1), DAB+ et application mobile.

Depuis plus de 30 ans, *WIT FM* est LA radio n° 1 dans le cœur des Girondins et des Aquitains. Proche, familiale et populaire, elle propose une programmation musicale variée avec l'essentiel de l'information locale et régionale toutes les heures. Sans oublier les rendez-vous au cœur des préoccupations de ses auditeurs avec « L'agenda loisirs » ou encore le « Récap Actu ». Unique dans le Sud-Ouest, « L'Equipe du Matin » met chaque jour au défi ses auditeurs dans un grand jeu familial : « Devinez qui ». De quoi bien commencer la journée !

INDEX

EDITION

Directeurs de collection et auteurs : Dominique AUZIAS et Jean-Paul LABOURDETTE
Responsable d'édition : Emma DILIGENT-ESPIET
Auteurs : Clémentine SANTERRE, Camille CHARLES, Samantha ROCHER, Joanne BERTHIER, Marine DADOUN, Laurène DELION, Frédérique MOREAU, Claire DELBOS, Camille KOESSLER, Frédéric CARRE, Eugénie MALINJOD, Hervé KERROS, Céline NAULIBOIS, Frédéric FILALI, Anne PINSOLLE, Catherine VALES, Krystell BONNET, Elsa LOUPIAC, Thomas GIOVANNETTI, Oihana IGOS, Hermance HITTE, Jean-Paul LABOURDETTE, Dominique AUZIAS et alter
Directeur Editorial : Stéphan SZEREMETA
Rédaction France : Briséis TEMPLE-BOYER, Désirée DEBANT, Emilie SAINT-PASTOU, Nicolas WODARCZAK
Rédaction Monde : Laure CHATAIGNON, Morgane VESLIN, Pierre-Yves SOUCHET, Henri FRUNEAU

FABRICATION

Maquette et Montage : Romain AUDREN, Julie BORDES, Delphine PAGANO
Iconographie et Cartographie : Anne DIOT, Julien DOUCET

WEB ET NUMERIQUE

Directeur Web : Louis GENEAU DE LAMARLIERE
Technical Project Manager : Hervé MARION
Développeurs : Adeline CAUX, Bastien MOINET
Intégrateur Web : Mickael LATTES, Antoine DION
Webdesigner : Caroline LAFFAITEUR
Responsable Communication Digital WEB : Alice BARBIER
Community Traffic Manager : Shirley NDEMA-KINGUE, Liman DIEW, Océane NOE et Maëlys ANDRADE
Content Manager : Aliénor de PERIER assistée de Maureen EVRARD

DIRECTION COMMERCIALE

Directeur commercial : Guillaume VORBURGER
Responsable Régies locales : Michel GRANSEIGNE
Responsable commercial Régies et Formateur : Kévin FLAVIGNY
Coordinatrice des Régies locale et nationale : Manon GUERIN
Responsables Développement régie inter : Jean-Marc FARAGUET et Guillaume LABOUREUR et Camille ESMIEU
Coordinatrice de la Régie internationale : Leila ANTRI-BOUZAR
Chefs de Publicité Régie nationale : Perrine DE CARNE MARCEIN, Jonathan TOUTOUX, Elodie DELATOUR

DIFFUSION ET PROMOTION

Directrice des Ventes : Bénédicte MOULET assistée d'Aissatou DIOP
Responsable des ventes : Jean-Pierre GHEZ assisté de Nelly BRION
Relations Presse-Partenariats : Noémie BOIDANA

ADMINISTRATION

Président : Jean-Paul LABOURDETTE
Directeur général : Louis AUZIAS
Directrice des Ressources Humaines : Dina BOURDEAU assistée de Sandra DOS REIS et Eva BAELEN
Directrice Administrative et Financière : Valérie DECOTTIGNIES
Comptabilité : Guillaume PETIT, Aminata BAGAYOKO, Franck LAHADY et Touria ZENASNI
Recouvrement : Fabien BONNAN assisté de Sandra BRIJLALL
Responsable informatique : Atik MAHJOUBI

PETIT FUTÉ LANDES

LES NOUVELLES EDITIONS DE L'UNIVERSITE
18, rue des Volontaires - 75015 Paris.
✆ 01 53 69 70 00 - Fax 01 42 73 15 24
Internet : www.petitfute.com
SAS au capital de 1 293 680 € - RC PARIS B 309 769 966
Couverture : Labastide d'Armagnac
© OT Landes d'Armagnac
Impression : IMPRIMERIE CHIRAT - 42540 Saint-Just-la-Pendue
Achevé d'imprimer : mars 2025
Dépôt légal : 14/04/2025
ISBN : 9782370575470

Pour nous contacter par email, indiquez le nom de famille en minuscule suivi de @petitfute.com
Pour le courrier des lecteurs : info@petitfute.com

FABRIQUÉ EN FRANCE